KNAUR

Liebe Leser*innen,
bei manchen Menschen lösen bestimmte Themen ungewollte Reaktionen aus. Deshalb finden Sie am Ende des Buches eine Triggerwarnung. Achtung: Diese enthält Spoiler bzw. Hinweise auf den Inhalt des gesamten Buches.

Wir wünschen Ihnen gute Unterhaltung mit *Stille blutet!*

URSULA POZNANSKI

STILLE BLUTET

THRILLER

KNAUR

Besuchen Sie uns im Internet:
www.knaur.de

Aus Verantwortung für die Umwelt hat sich die Verlagsgruppe Droemer Knaur zu einer nachhaltigen Buchproduktion verpflichtet. Der bewusste Umgang mit unseren Ressourcen, der Schutz unseres Klimas und der Natur gehören zu unseren obersten Unternehmenszielen. Gemeinsam mit unseren Partnern und Lieferanten setzen wir uns für eine klimaneutrale Buchproduktion ein, die den Erwerb von Klimazertifikaten zur Kompensation des CO_2-Ausstoßes einschließt.
Weitere Informationen finden Sie unter:
www.klimaneutralerverlag.de

FSC www.fsc.org
MIX
Papier aus verantwortungsvollen Quellen
FSC® C014496

Originalausgabe September 2022

Ein Imprint der Verlagsgruppe
Droemer Knaur GmbH & Co. KG, München

Ein Projekt der AVA International GmbH Autoren- und Verlagsagentur
www.ava-international.de
Redaktion: Regine Weisbrod
Covergestaltung: Sabine Schröder
Coverabbildung: Collage von Sabine Schröder unter Verwendung von Motiven von Adobe Stock und Shutterstock.com
Satz: Adobe InDesign im Verlag
Druck und Bindung: GGP Media GmbH, Pößneck
ISBN 978-3-426-22689-6

2 4 5 3

PROLOG

Nadine wusste, dass sie zu spät dran war, aber das Mädchen mit den Hasenzähnen zitterte in ihrem Arm wie eine Erfrierende. Die Kleine jetzt einfach stehen zu lassen, war keine gute Idee, umso mehr, weil ihr Onkel die paar Minuten Unpünktlichkeit wert war. Er stand drei Schritte entfernt und schoss Fotos; Nadine strahlte ihn an. Eine Wohltat fürs Auge, aber sie war auch nicht verwöhnt, seit die Sache mit Kurt lief.

Fans waren wichtig, die fertigte man nicht hastig ab. Man gab Autogramme, plauderte, schoss gemeinsame Fotos. Badete ein wenig in Bewunderung.

»Meine Nichte ist Ihr größter Fan«, hatte der Mann gesagt, während das Mädchen kaum gewagt hatte, Nadine anzusehen. »Ich natürlich auch. Dürfte ich ein paar Fotos von Ihnen beiden machen?«

Fans im Kindesalter waren neu, aber wahrscheinlich gab es ein paar einzelne Klugscheißerchen, die schon mit zwölf Nachrichten und Diskussionssendungen verfolgten. Für das Mädchen, das immer noch zitterte, war es jedenfalls empfehlenswert, sich eher auf den Inhalt ihres Köpfchens als auf ihr Aussehen zu verlassen. Himmel, hatten die Eltern kein Geld für eine Zahnspange?

Der Onkel trat einen Schritt näher und betrachtete lächelnd das Display. »Die sind sehr schön geworden, die Fotos. Danke!«

Nadine ließ das Kind los und stellte sich neben ihn, so knapp, dass ihre Schulter seinen Arm berührte. »Ja, wirklich. Vielleicht würden Sie mir eines davon schicken? Ich gebe Ihnen meine Nummer.« Mit demselben Stift, mit dem sie vor zwei Minuten noch die Autogrammkarte signiert hatte, schrieb sie nun ihre Handynummer auf die Innenseite seines Handgelenks. Strich dabei sanft mit dem Daumen über seine Haut. Er zuckte nicht zurück. Lächelte nur. »Danke!« Er nahm seine Nichte bei der Hand. »Na«, sagte er zu ihr, »da hast du zu Hause etwas zu erzählen.«

»Noch einen schönen Abend«, rief Nadine und lief zum Eingang des Senders, jetzt in äußerster Eile.

»War sie das wirklich?«, hörte sie das Mädchen noch sagen. Süß. Da lohnte sich auch eine kleine Verspätung, würde das Team eben Tempo machen müssen. Das war besser, als Fans vor den Kopf zu stoßen, deren Onkel vielleicht Instagram-Accounts hatten. Und wunderschön braune Augen.

Nicht, dass Iris das hätte nachvollziehen können, wie auch, sie würde niemals Fans haben. Freunde auch eher nicht. Sie hatte sich schon bei der Portiersloge auf Nadine gestürzt, hässlich und selbstgerecht, wie sie war, und sie den ganzen Weg bis in die Maske zur Schnecke gemacht. Und sie hörte nicht auf damit, auch während Nadine mit geschlossenen Augen dasaß und an sich rumpinseln ließ. »Wir gehen in sieben Minuten auf Sendung, und du siehst aus, als hättest du drei Nächte durchgesoffen! Wenn du keine Lust auf den Job hast, sag es einfach! Jemanden wie dich können wir durch jede Praktikantin ersetzen, wenn sie nicht gerade Analphabetin ist.«

Beleidigungen dieser Art ließen Nadine kalt, da konnte Iris zehnmal die Chefin vom Dienst sein. Sie saß am längeren Hebel, das wusste der ganze Sender. »Reg dich ab. In drei Minuten bin ich verkabelt, und wir starten pünktlich.«

»Ja«, fauchte Iris, »weil alle anderen doppelt so schnell arbeiten, um deine Verspätung auszubügeln! Das war das letzte Mal, klar?«

»Du tust echt so, als wären wir CNN. Ich mache den Newsflash, du erinnerst dich?« Die Sendung war nicht einmal fünf Minuten lang und bestand aus maximal zwei Meldungen, die diesen Namen auch verdienten. Der Rest waren Soft News: Misswahlen, Promizeug, von Bäumen gerettete Kätzchen. Das war es, was man sich bei Quick-TV unter Nachrichten vorstellte.

Sie öffnete die geschminkten Augen und lächelte in den Spiegel. Alles perfekt. Falls der Typ von vorhin sie nicht anrief, war er sicher schwul. »Na, siehst du«, sagte sie. »Schon erledigt. Wollen wir?«

Der langhaarige Tontechniker – Harry, Henry, Horst oder so – verkabelte sie, und Nadine glitt hinter das Newsdesk. Noch eine knappe Minute, alles bestens.

Wenn sie ehrlich zu sich selbst war, genoss sie es, die anderen auf Trab zu halten. Solange sie nicht wirklich einmal eine Sendung platzen ließ und solange der Chef die Hand über sie hielt, konnte ihr keiner vom Fußvolk etwas anhaben, schon gar nicht eine pausbäckige Kuh wie Iris, die jetzt neben der Kamera Aufstellung nahm, als müsste man Nadine bewachen. Auf dem Monitor wurden die Sekunden runtergezählt. Vier, drei, zwei, eins – und sie waren auf Sendung.

»Guten Abend, hier sind die Quick-News auf Quick-TV.« Es juckte sie jedes Mal, »Quickie-TV« zu sagen, was durchaus zu Programmgestaltung und Niveau des Senders gepasst hätte, doch etwas Derartiges würde Kurt sogar ihr übel nehmen. Sie richtete den Blick auf den Teleprompter.

»Die Zahl der Todesopfer durch das Erdbeben in der chinesischen Provinz Qinghai ist laut Angaben der Regierung auf dreiundfünfzig gestiegen, rund einhundertachtzig Personen werden noch vermisst. Der anhaltende Regen erschwert die Bergungsarbeiten …« Was feixte Iris da eigentlich in Richtung Regie? Der bebrillte Kabelträger neben ihr grinste, der schien zu wissen, worum es ging. Um sie wahrscheinlich. Um Nadine.

»… immer wieder kommt es zu Erdrutschen.«

Nächste Meldung. Iris zog eine Grimasse und schüttelte in gespielter Verzweiflung den Kopf, wieder in Richtung Regie. Dachte sie, Nadine bekam das nicht mit? Es war ihr bewusst, dass hinter ihrem Rücken getuschelt wurde, hauptsächlich über ihr besonders gutes Verhältnis zum Chef. Wobei man »besonders gutes« auch weglassen konnte, wenn man gehässig sein wollte. Und das wollte Iris zweifellos.

»Ein trauriges Ereignis droht demnächst die Medienlandschaft zu erschüttern«, las Nadine vom Prompter und versuchte gleichzeitig, Iris und den Bebrillten im Auge zu behalten. »Eines der hoffnungsvollsten Talente der heimischen TV-Szene wird in Kürze tot aufgefunden werden.« Am liebsten hätte sie sich umgedreht, um zu sehen, was Max in seiner Regiekammer tat. Er musste der Anlass für Iris' Heiterkeit sein, die allerdings gerade eben ins Gegenteil umgeschlagen war.

»Was soll das?«, hörte sie ihn über den Knopf in ihrem Ohr rufen. Nadine stockte kurz, sie hatte kaum auf das geachtet, was sie vom Prompter ablas; hatte dem, was sie in die Kamera sprach, gerade so viel Aufmerksamkeit geschenkt, dass sie sich nicht in der Zeile irrte.

Die eben gelesenen Worte hallten in ihr nach, und erst jetzt wurde sie sich ihrer Merkwürdigkeit bewusst. *In Kürze aufgefunden werden?*

»Ein Verbrechen wird man nicht ausschließen können«, las sie automatisch weiter, ohne merkliche Unterbrechung, während sie gleichzeitig Max im Regieraum fluchen hörte: »Was soll der Schwachsinn, was erzählst du da?«

Man durfte ihr die Verwirrung nicht anmerken, die Kamera lief noch, oder? Ja, tat sie, und auch der Text auf dem Prompter rutschte weiter, also fuhr Nadine fort, was sollte sie auch sonst tun, einfach nur wortlos in die Kamera glotzen? »Bei dem Opfer handelt es sich um die siebenundzwanzigjährige Nadi…« Sie wollte innehalten, bremste sich aber zu spät. »Nadine Just.«

Ihr Name, ihr eigener Name. Was war das für eine Scheiße, was zur Hölle sollte das?

»Abbruch!«, schrie Max, seine Stimme kam schmerzhaft laut über das Earpiece. Iris, sichtlich nicht mehr zu Scherzen aufgelegt, rannte bereits aus dem Studio, zurück blieben der Kameramann und sein Assistent. Auf dem Teleprompter war noch der letzte Satz zu lesen: *Bei dem Opfer handelt es sich um die siebenundzwanzigjährige Nadine Just.*

Sie musste jetzt etwas sagen, etwas tun. Die Situation retten. Aber da war nichts als Leere in ihrem Kopf. Und das überdeutliche Bewusstsein, dass sie gerade eine denkbar schlechte Figur vor laufender Kamera abgab. Halb offener Mund, Hilfe suchende Blicke nach allen Seiten. War sie noch live, immer noch? Nein, das Licht war erloschen, der Kameramann trat hinter seinem Gerät hervor.

»Verdammt!« Max' Stimme in Nadines Ohr überschlug sich. »Da baut jemand Mist, und die blöde Kuh liest den tatsächlich vor.«

Sie sprang auf, riss sich das Empfangsteil aus dem Ohr und lief ins Off. Blöde Kuh, aha. Jetzt würden Köpfe rollen, aber ihrer würde keiner davon sein.

»Wer von euch beschissenen Ärschen ist das gewesen?« Sie war in ihre Garderobe gerannt, wo sich nach und nach das ganze Quick-News-Team versammelte. »Das habe ich dir zu verdanken, nicht wahr?«, fuhr sie Iris an. »Als kleine Revanche für ein paar Minuten Verspätung?«

»Ich? Was für ein …«

»Oder aus Neid?« Nadine ließ sie nicht zu Wort kommen. »Denkst du, ich weiß nicht, dass du lieber auf meinem Platz als bloß in der Redaktion sitzen würdest? Tut mir echt leid, aber etwas wie dich will keiner auf dem Bildschirm sehen!«

Es war klar erkennbar, dass Iris ihre ganze Beherrschung aufbringen musste, um ruhig zu bleiben. »Schon möglich«, sagte sie langsam. »Dafür habe ich genug Hirn, um zu verstehen, was ich lese. Inhaltlich, weißt du? Und entsprechend zu reagieren.« Sie drehte sich zu Max um. »Ich habe immer gesagt, es wäre besser, Profis hinter das Newsdesk zu setzen, die sich in einer solchen Situation geistesgegenwärtig verhalten können und nicht wie Kaninchen vor der Schlange.«

Nadine verschränkte die Hände, damit niemand sah, wie sehr sie zitterten. Die anderen würden sofort Schwäche wittern. Würden denken, sie hätte Angst, dabei war sie nur kurz davor, alles klein zu schlagen vor Wut. »Ich kriege raus, wer das gewesen ist. Mithilfe der Polizei, und dann werdet ihr nicht bloß gefeuert, sondern kassiert obendrauf eine Anzeige. Das war eine Todesdrohung, ist euch das überhaupt klar? Wer hat den Text geschrieben?«

Iris wandte sich einer jungen Frau mit Haarknoten und Nasenpiercing zu, die mit gesenktem Kopf im Hintergrund stand. »Das war Melanie. Aber sie sagt …«

»Der Text mit der Todesankündigung war nicht von mir«, fiel Melanie ihr panisch ins Wort. »Die erste Meldung war China, bei der zweiten ging es um den 5G-Ausbau. Keine Ahnung, wer sich da dran zu schaffen gemacht hat!«

»Jemand, der mich tot sehen will.« Nadine wählte ihre Worte mit Bedacht und legte extra dunkles Timbre in ihre Stimme. »Ich weiß, dass mich hier keiner leiden kann. Aber das hier ist nicht nur geschmacklos, es ist unprofessionell und schadet dem Sender.« Sie wandte sich Max zu. »Es ist alles rausgegangen? Alles? Mein Name auch?«

Er nickte. »Und tut mir leid, das mit der blöden Kuh.« Die Entschuldigung klang eher genervt als überzeugend. »Ich habe so schnell wie möglich abgebrochen. Wäre bloß hilfreich gewesen, wenn du … na ja, ein bisschen schneller reagiert und nicht alles bis zum Schluss vorgelesen hättest.«

»Also meine Schuld, ja?« Es kam schriller heraus, als sie es beabsichtigt hatte, aber sie kam gegen ihre Wut nicht mehr an. Klar, sie war es, die in der Öffentlichkeit als dumme Nuss dastehen würde, die stumpf alles in die Kamera plapperte, was man ihr vorlegte. Nicht die unfähige Redakteurin. Auch nicht Iris, die für die Schlusskontrolle der Texte zuständig war, und schon gar nicht die Person, die den Prompter sabotiert hatte. »Ich will wissen, wer diese Meldung geschrieben hat. So viele können ja nicht Zugriff auf die Redaktionscomputer haben, oder?«

Max hob beschwichtigend die Hände. »Keine Sorge, Nadine, wir kümmern uns darum. Wir finden heraus, wer das war. Hauptsache, du nimmst das nicht zu ernst. Ich denke, es sollte bloß ein dummer Scherz sein, keine Drohung, aber so etwas ist einfach nicht akzeptabel.«

»Nein, ist es nicht«, stimmte Iris zu. »Drohungen sind nie in Ordnung, aber verlasst euch darauf, ich weiß spätestens morgen, wer das gewesen ist. Die Aktion ist nicht nur strafbar, sie ist auch Gift für den Ruf unseres Senders. Jede Wette, dass das Internet gerade explodiert und längst ein Clip hochgeladen ist?« Sie lehnte sich gegen die Wand. »Was für eine Riesenscheiße.«

Daran hatte Nadine noch gar nicht gedacht. Aber ja, natürlich, die Sache würde viral gehen. Und sobald klar war, dass ihr nicht ernsthaft Gefahr drohte, sondern es sich bloß um einen dämlichen Streich handelte, würde niemand mehr Mitleid haben. Sie würde als inkompetent dastehen, als jemand, der sich leicht überrumpeln ließ.

»Gift für den Sender, aha«, stieß sie hervor. »Ist ja schön zu sehen, wo eure Prioritäten liegen. Aber was, wenn es kein Scherz war? Sondern eine Morddrohung? Wenn da wirklich jemand ist, der mich umbringen will?«

Max legte ihr die Hand auf die Schulter, die Geste sollte wohl beruhigend wirken. »Wir werden natürlich Anzeige erstatten.

Und die Sicherheitsmaßnahmen verschärfen. Iris und ich, wir kümmern uns darum. Du hast doch keine Angst, oder?«

Nein, hatte sie nicht. Tatsächlich nicht. Jedenfalls nicht um ihr Leben, da hatte sie schon heftigere Drohungen bekommen. Einmal hatte sie einen geköpften Frosch vor ihrer Haustür gefunden. Über die Abartigkeit der gephotoshoppten Bilder, die man ihr immer wieder schickte, hatte sie sich nach einer gewissen Zeit nur noch amüsiert.

Bellende Hunde, die nicht zubissen.

Großen Grund zur Sorge gab es jetzt allerdings, wenn es um ihre Karriere ging. Das hier konnte ein Schlusspunkt sein, wenn sie ab sofort nicht alles richtig machte. Und deshalb musste sie klug auf die Frage nach ihrer Angst reagieren. Nicht ehrlich sein, sondern geschickt die Stimmung zu ihren Gunsten drehen. »Doch«, flüsterte sie. »Und ob ich Angst habe. Derjenige, der das geschrieben hat, muss schließlich irgendwie bis in den Sender gekommen sein. Bis in die Redaktion.« Dramatische Pause. »Wenn es nicht überhaupt jemand von euch ist.«

»Ich sagte schon, ich finde es raus, und du kannst davon ausgehen, dass derjenige fliegt. Oder diejenige.« Iris strich sich in einer müden Geste das Haar aus der Stirn. »Max, du redest jetzt als Erstes mit dem Portier und findest raus, ob Besucher im Haus waren. Melanie, du überlegst genau, wen du heute Nachmittag in der Redaktion gesehen hast und wer Zugriff auf die Computer gehabt haben könnte. Dann formulieren wir eine Erklärung für die News um sieben – dazu sollten wir uns gemeinsam den Kopf zerbrechen. Wir müssen eine Rechtfertigung für die Teleprompter-Panne finden und eine Erklärung dafür, dass Nadine null reagiert hat. Angst, Schock, so was.« Sie nickte dem Team zu. »Ich bleibe hier bei ihr. Sie sollte jetzt nicht alleine sein.«

Null reagiert. Alles klar, Iris würde nicht zulassen, dass Nadine vom Sender den Rückhalt erhielt, der ihr als Opfer zustand.

Auch wenn sie sich der Öffentlichkeit gegenüber solidarisch zeigte, intern würde sie immer wieder »Inkompetenz, Inkompetenz!« rufen, bis auch Kurt keine Argumente mehr finden würde, um Nadines Karriere am Leben zu halten.

Sie fühlte, wie ihr die Röte ins Gesicht stieg, stellte sich die schadenfrohen Reaktionen im Netz vor, wünschte, sich beherrschen zu können, spürte aber, dass ihre Bemühungen scheiterten.

Sie sprang auf. »Raus hier, alle! Vor allem du, Iris, du verlogenes Dreckstück! Jeder hier weiß, dass ich diesen Mist dir zu verdanken habe, da kannst du noch so unschuldig und professionell tun!« Sie griff nach dem halb vollen Wasserglas, das vor dem Spiegel stand. Schaffte es gerade noch, es nicht nach Iris zu werfen. Allerdings schüttete sie ihr den Inhalt ins Gesicht, mit einer schwungvollen Bewegung, die sich befreiend anfühlte. »Verschwindet!«, schrie sie. »Haut ab, ich will keinen von euch mehr sehen!«

Iris, der das Wasser vom Kinn tropfte, blickte auf ihr nasses Shirt hinab, dann winkte sie die anderen zur Tür. »Du solltest dir einen guten Therapeuten suchen«, sagte sie betont ruhig, dann waren sie draußen. Alle. Nur Melanie drehte sich noch einmal zu Nadine um, verstohlen, so wie man auf einen bewusstlosen Obdachlosen schielt, der in seiner eigenen Pisse liegt. Zu gleichen Teilen mit Ekel und schlechtem Gewissen. Sie war sichtlich froh, sich verdrücken zu können.

Endlich alleine, wischte Nadine ein paar Wassertropfen von der Sitzfläche ihres Stuhls, ließ sich darauf sinken und griff nach ihrem Handy. Ohne lange nachzudenken, wählte sie Kurts Nummer.

Köpfe würden rollen.

1.

Er sah den Auftritt nicht live – seit sie sich vor über zwei Monaten getrennt hatten, fühlte Tibor sich nicht mehr verpflichtet, den News-Flash von Quick-TV zu verfolgen, ebenso wenig wie die Diskussionsrunden, die Nadine gelegentlich moderierte.

Nur hatte er, während er im *Hansen* saß und wartete, dummerweise sein Handy nicht stumm geschaltet, und die Nachrichten aus dem Freundeskreis kamen im Sekundentakt. WhatsApp, Twitter, Skype. Und überall der gleiche Link, zu einem Videoclip, in dem Nadine die Hauptrolle spielte.

»Ein Verbrechen wird man nicht ausschließen können. Bei dem Opfer handelt es sich um die siebenundzwanzigjährige Nadine Just.« Tibor war mit den Nuancen von Nadines Mimik ausreichend vertraut, er sah die Überraschung in ihren Augen, die Ratlosigkeit. Er hörte das leichte Schwanken in ihrer Stimme, bevor sie ihren eigenen Namen aussprach.

Warum in aller Welt hatte sie sich nicht vorher eingebremst? Es hätte genügt, eine technische Panne vorzuschützen, aber sie war wohl nicht bei der Sache gewesen. Schon zu Beginn der Sendung hatte sie abgelenkt gewirkt.

»Darf ich Ihnen schon etwas zu trinken bringen?« Ein junger Kellner war an den Tisch getreten, ein Tablet in Händen. Rund um einen seiner Ringfinger war eine Schlange tätowiert.

»Nein, ich warte noch auf ... oder doch. Ein kleines Bier, bitte.«

Ein schneller Blick auf die Uhr, Ricarda sollte seit zehn Minuten hier sein. Es war ihr zweites Date, und so, wie Tibor es einschätzte, auch ihr letztes. Nach der Zeit mit Nadine wollte er nichts Kompliziertes mehr – keine Eifersucht, keine Eskapaden. Nadine war ein Fehler gewesen; er hätte mit Rebecca zusammenbleiben sollen, oder überhaupt gleich mit Marie-Luise. Aber diese Dinge begriff man immer erst im Nachhinein. Für alles Künftige wünschte er sich jedenfalls Substanz, keine Effekte, die über einen Mangel an Inhalt hinwegtäuschen sollten.

Noch einmal spielte er das Video ab. Nadine war von jeher eine Meisterin der Effekte gewesen. Er zoomte ihr Gesicht größer. Sah die Überraschung darin, aber keinen Schock. Eher etwas wie Wut.

Er lächelte unwillkürlich. Nein, so leicht war sie nicht zu erschrecken. In den Social Media hatte sie sich mit Gott und der Welt angelegt und auch über die widerwärtigsten Reaktionen meist nur gelacht. Sie provozierte, es wirkte, sie verbuchte das als Erfolg.

Hatte sie den Text deswegen bis zum Schluss vorgelesen? Der Wirkung wegen? Weil sie wusste, dass diese Szene sie tage-, wenn nicht wochenlang in den Mittelpunkt des öffentlichen Interesses rücken würde? Steckte sie etwa selbst hinter der Sache?

Unwahrscheinlich. Tibor wog das Telefon in der Hand. Er wollte keinen Kontakt mehr, es ging ihm so viel besser ohne Nadines Launen, ihre Lügen, ihre Selbstbeweihräucherung, ihre Dramen.

Aber aus reiner Anständigkeit würde er zumindest nachfragen, wie es ihr ging. Er würde das Gespräch ganz kurz halten, den Ton sachlich. Es würde nicht mehr als ein Höflichkeitsanruf sein.

Die Voicemail sprang sofort an, kein Wunder, garantiert versuchte ihr gesamter Bekanntenkreis gerade, bei ihr durchzukommen. *Hallo,* hörte er ihre Stimme, *hier ist Nadine Just. Hinterlass mir eine Nachricht!*

Er räusperte sich. »Hi, Nadine, Tibor hier. Ich wollte nur nachfragen, ob alles okay ist, nach dem Vorfall heute. Schräge Geschichte. Da hat sich jemand einen wirklich schlechten

Scherz erlaubt, weißt du schon, wer es war? Es gibt echt einen Haufen Verrückte da draußen, aber die ahnen alle nicht, mit wem sie sich anlegen, hm?« Er stockte, hatte das zu unbeschwert geklungen? Gefühllos? Wahrscheinlich. Und nun wusste er nicht, wie er zu einem passenden Schluss kommen sollte. Ihr Hilfe anbieten? Ein offenes Ohr? Oder einfach Ciao sagen?

»Also dann …«, begann er, und im nächsten Moment wurde ihm die Entscheidung abgenommen. Ein lang gezogener Ton signalisierte das Ende der Aufzeichnung.

Das einfach so stehen zu lassen, fühlte sich noch falscher an als gar keine Nachricht, doch die Gelegenheit zu goldenem Schweigen hatte er nun verpasst. Er legte das Handy auf den Tisch, im gleichen Moment, als auch der Kellner das Bier brachte. Ricarda war immer noch nicht da. Hatte auch keine Nachricht geschickt.

Tibor griff nach dem Glas und stellte es zurück, ohne etwas getrunken zu haben. Stattdessen nahm er wieder das Smartphone zur Hand und öffnete WhatsApp.

Voicemail hat mich verfrüht rausgeschmissen. Wollte dir nur noch sagen, dass du dich gern melden kannst, wenn du jemanden brauchst, der zuhört. Stay strong!

Er schickte die Nachricht ab und fand sie schon im nächsten Moment fürchterlich dumm. Stay strong! Noch schwachsinniger konnte man sich nicht mehr ausdrücken. Er hasste diese Pseudo-Coolness bei anderen, und jetzt fing er selbst damit an.

Aber immerhin würde er am Ausmaß des Spotts in Nadines Antwort ablesen können, wie es ihr ging.

Nur musste die Nachricht erst ankommen, was sie zu Tibors Erstaunen nicht tat. Nicht nach zwei Minuten und auch nicht nach fünf.

Es schien, als wäre Nadines Handy offline, was in den über zwei Jahren, die Tibor mit ihr verbracht hatte, nie der Fall gewesen war, außer während Flugreisen. Er versuchte es noch einmal mit einem Anruf, landete aber sofort wieder in der Sprachbox.

Tibor stand auf, leerte sein Glas auf einen Zug und drückte dem Kellner fünf Euro in die Hand. »Wenn jemand nach mir suchen sollte, sagen Sie der Dame, ich habe lange genug gewartet.«

Kein Polizeiwagen vor dem Sender und auch sonst keine Anzeichen dafür, dass etwas Außergewöhnliches passiert war. Tibor stellte sein Auto auf einem der Besucherparkplätze ab und stieg aus, nicht mehr sicher, warum er es für eine gute Idee gehalten hatte, herzukommen.

Der Portier erkannte ihn sofort. »Guten Abend, Herr Glaser! Ich darf Sie nicht reinlassen, fürchte ich, hier herrscht heute Ausnahmezustand.«

»Das kann ich mir vorstellen.« Tibor entsperrte sein Handy. Immer noch war seine Nachricht an Nadine nicht durchgekommen. »Aber vielleicht könnten Sie mich mit Frau Just verbinden? Ich kann sie nicht erreichen und wollte ... na ja, einfach sichergehen, dass sie okay ist.«

Der Portier nickte freundlich und griff nach dem Hörer der Hausanlage. »Dann schauen wir doch einmal, wo sie gerade steckt. Im Haus müsste sie jedenfalls noch sein.« Er tippte eine Nummer ins Telefon. »Hallo, ist die Just bei euch? Okay, klar, versuche ich.«

Er nickte Tibor zu und wählte eine andere Nummer. »Bin auf der Suche nach der Just, ist die bei euch irgendwo? Auch nicht? Ah, okay, danke. Warum? Ihr Freund ist da, also ihr Ex, der Glaser, und will sie sprechen.« Er blinzelte einige Male. »Garderobe zwei? Ist gut.«

Mit dem Hörer noch am Ohr wählte er die nächste Nummer. Wartete. Zuckte irgendwann die Schultern. »Da geht niemand ran.«

»Und Nadine ist sicher noch im Haus?«

»Also, wenn sie nicht mit einem Hubschrauber vom Dach geflüchtet ist, ja.« Er legte auf, versuchte es noch einmal. »Sieht schlecht aus«, konstatierte er.

Einfach wieder verschwinden, dachte Tibor. Es als Zeichen nehmen, dass sie keinen sehen oder hören will, sonst würde sie ans Telefon gehen.

Nur dass ihr das überhaupt nicht ähnlichsah. Sie stellte sich aufrecht in jeden Shitstorm und konterte Steinwürfe mit Handgranaten. Je schlimmer es wurde, desto heftiger reagierte sie, das ging bis zur Selbstbeschädigung, zu gefährlichen Trotzreaktionen. Er musste wissen, warum sie sich gerade jetzt zurückzog, sonst würde es ihm den restlichen Abend lang keine Ruhe lassen.

»Könnte ich kurz nachsehen gehen?« Er deutete in Richtung Aufzug.

»Nein, tut mir leid.« Der Portier zog übertrieben bedauernd die Mundwinkel nach unten. »Ich habe strikte Anweisung, keine hausfremden Personen durchzulassen. Das müssen Sie verstehen.«

»Natürlich.« Ein zweites Mal wollte er sich zum Gehen wenden, als die Fahrstuhltür sich öffnete und eine Frau heraustrat, der Tibor schon begegnet war. An ihren Namen erinnerte er sich nicht mehr, aber daran, dass sie in der Redaktion beschäftigt war.

Er hob grüßend die Hand in ihre Richtung. »Hallo!«

Sie blieb stehen. Verzog das Gesicht. »Oh. Auch hallo.«

»Ich wollte nach Nadine sehen. Wissen Sie, wie es ihr geht? Ist sie in Ordnung?«

Die Frau gab ein Geräusch von sich, irgendwo zwischen Grunzen und Lachen. »In Ordnung? Wann wäre sie das jemals gewesen?« Sie schüttelte den Kopf. »Tut mir leid, ich weiß, der Zwischenfall muss unangenehm für sie gewesen sein, aber mein Mitgefühl hält sich gerade in Grenzen. Sie hat ihre ganze Wut an mir ausgelassen. Ich habe die Nase endgültig voll von ihr.« Sie warf dem Portier einen kurzen Blick zu. »Ist sie nicht längst nach Hause gegangen?«

»Nein.« Der Mann kratzte sich am Hals. »Ich habe mich seit drei Stunden hier nicht wegbewegt, und sie ist nicht vorbeigekommen.«

»Na, dann ist sie beim Chef«, stellte die Redakteurin fest. Wie hieß sie nur? Irene? Ingrid? Der süffisante Unterton in ihrer Stimme war unmissverständlich. Hätte Tibor nicht längst von der Affäre gewusst, spätestens jetzt hätten keine Zweifel mehr bestanden. Aber es ging ihn nichts mehr an, mit wem sie schlief, zum Glück. Gutes Gefühl.

»Nein, beim Chef ist sie nicht, glaube ich«, meldete sich der Portier. »Der ist vor einer halben Stunde gegangen. Dinner mit Werbekunden. Frau Just war nicht bei ihm.«

»Dann schmollt sie eben noch in ihrer Garderobe.« Die Redakteurin wirkte zunehmend ungeduldig. »Soll sie. Ich habe ihr meine Gesellschaft angeboten, und sie hat sehr deutlich klargemacht, dass sie keinen Wert darauf legt.«

Tibor nickte. »Wann war denn das?«

»Na ja, knapp nach der Sendung. Vor ungefähr eineinhalb Stunden.«

»Und seitdem haben Sie sie nicht mehr gesehen?«

Die Frau schien zu ahnen, worauf er hinauswollte. »Wir haben angeboten, uns um sie zu kümmern, und sie hat uns zum Teufel geschickt«, sagte sie patzig. »Wollen Sie ihr psychologischen Beistand vorschlagen? Mal sehen, womit sie dann nach Ihnen wirft.«

Es sah Nadine nicht ähnlich, zwei Stunden wütend vor sich hinzuköcheln, ohne ihrer Umgebung ebenfalls den Tag zu verderben. Es sah ihr nicht ähnlich, ihr Handy auszuschalten. »Ich möchte gern nachsehen«, erklärte Tibor, »ob sie wirklich noch in der Garderobe ist.«

Die Frau maß ihn mit einem Blick, aus dem gleichermaßen Belustigung und Mitleid sprach. »Ihr seid aber nicht mehr …«

»Nein. Sind wir nicht.«

Sie zuckte mit den Schultern. »Ich muss das nicht verstehen. Aber okay, kommen Sie mit. Beppo?« Sie drehte sich zum Portier um. »Ich bringe Nadines Ex zu ihrer Garderobe und dann wieder zurück. Auf meine Verantwortung.«

Die Aufzugtüren öffneten sich vor ihnen, im Inneren hing eines der Promo-Fotos des Senders. Fünf Moderatoren blickten mit strahlendem Lächeln in die Kamera, alle hielten dem Fotografen den hochgereckten Daumen entgegen, als hätten sie gerade gemeinsam einen Gipfel bezwungen. In der Mitte stand Nadine, das blonde Haar fiel ihr in Wellen über die Schultern.

»Hat eigentlich schon jemand die Polizei informiert?«, erkundigte sich Tibor.

»Ja, natürlich. Habe ich selbst gemacht, ich scheine hier nämlich für alles zuständig zu sein.« Die Frau lehnte sich gegen die Aufzugswand. »Sie wollten jemanden vorbeischicken, aber der Beamte am Telefon hat mir gesagt, sie seien nicht sicher, ob der Tatbestand der gefährlichen Drohung gegeben wäre.« Sie rieb sich die Augen. »Weil ja nichts angedroht wurde, sagte er. Es sei ein Graubereich, eventuell so etwas wie Vorspiegelung falscher Tatsachen. Es sei ja auch nicht strafbar, eine Todesanzeige für einen quicklebendigen Menschen in die Zeitung zu setzen.«

Die Fahrstuhltür glitt zur Seite, und die Frau trat auf den Gang, grüßte eine Kollegin, die mit einem Tablet unter dem Arm und dem Handy am Ohr an ihnen vorbeilief. »Da vorne, die dritte Tür rechts. Gehen Sie ruhig rein, ich warte draußen. Ich habe keine Lust, mir noch ein Glas Wasser ins Gesicht schütten zu lassen.«

Du liebe Güte. Tibor nickte und steuerte auf die Tür zu. Klopfte mehrmals, ohne eine Antwort zu bekommen. »Nadine?«, rief er. »Ich bin's, Tibor. Kann ich reinkommen?«

Keine Reaktion. Er warf der Redakteurin – Iris hieß sie, jetzt fiel es ihm wieder ein –, er warf der zunehmend ungeduldig wirkenden Iris einen entschuldigenden Blick zu, dann drückte er die Klinke nach unten.

Die Garderobe war leer. Keine Spur von Nadine, allerdings hing ihre Handtasche an einem der Wandhaken. Das bestätigte die Beobachtung des Portiers, sie musste noch im Haus sein.

Tja, das Sendegebäude war groß, und die Wahrscheinlichkeit, dass Nadine gerade ihr Herz einem Kollegen ausschüttete, ebenfalls. Wie er sie kannte, würde sie sicherstellen wollen, dass sie bei der Erklärung des Zwischenfalls möglichst gut wegkam.

Gut, dachte Tibor, ich habe es versucht. Mehr kann man von einem Ex wirklich nicht ver…

Es war, als hätte jemand den Rest seines Gedankens mit einer Axt gekappt. Tibor war einen Schritt weiter ins Innere des Raums gegangen und sah nun, was die lindgrüne Couch zuvor verborgen hatte. Den Spalt zwischen Boden und Badezimmertür, durch den kein Licht quoll, sondern glänzendes, hellrotes Blut.

2.

Fina war nicht schnell genug gewesen und fluchte innerlich, als sie den Wagen erreichte, denn Oliver saß bereits am Steuer.

Sie hasste es, wenn er fuhr. Als wäre sein Dienstausweis gleichzeitig die Lizenz für Straßenrennen, als könnte man mit einem Polizeiauto nicht ebenfalls Fußgänger umnieten.

Er startete den Motor, kaum dass sie die Beifahrertür geöffnet hatte. »Ahmed und Manfred sind informiert, Spurensicherung ist ebenfalls auf dem Weg«, sagte er. »Und das könnten wir auch sein, wenn du mal ein bisschen mehr Tempo machen würdest.«

Sie antwortete nicht, sondern suchte auf ihrem Handy nach dem Videoclip, auf dem das Opfer angeblich die kommende Tat ankündigte. Oliver fuhr mit quietschenden Reifen vom Platz – was sie weniger gestört hätte, wäre ihr nicht klar gewesen, dass er das ihretwegen tat. So war es jedes Mal, wenn sie einander zugeteilt wurden.

Fina war ziemlich sicher, dass Oliver nur zwei Typen von Partnern akzeptabel fand. Entweder einen Mann – vorzugsweise einen Kumpeltyp, der über seine Witze lachte; einen »Buddy«, mit dem er eine verschworene Einheit bilden konnte.

War sie nicht.

Oder – auch nicht übel – eine heiße Braut, die zu ihm aufblickte und seine Worte nur durch bewunderndes Nicken kommentierte.

Fina blickte durchaus zu ihm auf, was aber nicht an ihrer inneren Einstellung, sondern an ihrer Körpergröße lag. Mit einem Meter sechzig wäre sie vor einigen Jahren noch gar nicht für den Polizeidienst infrage gekommen. Eine Tatsache, die Oliver nicht müde wurde zu betonen.

Sie hatte das Video jetzt gefunden und klickte es an. Eine junge Frau blickte in die Kamera, wirkte dabei aber nicht allzu konzentriert. Immer wieder zuckte ihr Blick für Sekundenbruchteile zur Seite, während sie über das Erdbeben in China sprach. Dann eine kurze Pause, bevor sie zur nächsten Meldung überleitete.

»Ein trauriges Ereignis droht demnächst die Medienlandschaft zu erschüttern.« Im Hintergrund war völlig unpassend das Bild eines Smartphones eingeblendet. »Eines der hoffnungsvollsten Talente der heimischen TV-Szene wird in Kürze tot aufgefunden werden.«

Nadine Just hatte von Anfang an abgelenkt gewirkt, aber nun

war ihr anzusehen, dass die Quelle ihrer Irritation eine neue war. Dass sie das eben laut Gelesene erst begreifen musste, während sie schon die nächsten Sätze sprach.

»Ein Verbrechen wird man nicht ausschließen können. Bei dem Opfer handelt es sich um die siebenundzwanzigjährige … Nadine Just.«

Fina spielte die letzte Sequenz noch einige Male ab. Justs Überraschung wirkte echt, ihren eigenen Namen sprach sie leise und ungläubig aus. Danach wusste sie sichtlich nicht weiter, blickte sich um, griff sich ans linke Ohr, in dem vermutlich der Empfänger saß, über den sie Regieanweisungen erhielt. Ihr Blick war in völliger Ratlosigkeit auf die Kamera gerichtet, als der Clip abbrach.

Einer von Olivers abrupten Bremsvorgängen ließ das Handy beinahe aus Finas Hand rutschen. »Hat uns nach der Ausstrahlung niemand vom Sender verständigt?«

»Doch.« Er lenkte scharf nach links. »Es gab eine Anzeige gegen unbekannt, aber nach allem, was ich gehört habe, wollten sie es nicht so hochspielen. Weil ja sehr wahrscheinlich jemand ihrer eigenen Leute dahintersteckt, und Quick-TV ist sowieso schon in zwei oder drei Gerichtsverfahren verwickelt.«

Sie betrachtete das versteinerte Gesicht der Frau auf dem Handydisplay. »Ich schaue diesen Sender nie. Sehr trashig, oder?«

Er warf ihr einen schnellen Seitenblick zu. »Oh, du würdest kotzen. Sie stricken ihr Programm aus Klatsch, Reality-Kram und Skandalen. Alles total unter deiner Würde.«

Eigentlich war das ein Kompliment, fand Fina; aus Olivers Mund klang es trotzdem wie eine Beleidigung. Also verkniff sie sich weitere Fragen. War ohnehin besser, sich selbst ein Bild zu machen.

Der Sender war im elften Bezirk beheimatet, in einem der neuen Businesscenter nahe der Tangente, die um diese Tageszeit bis zum Stillstand verstopft war. Das Quick-Logo drehte sich in leuchtendem Orange auf dem Dach.

Oliver gab noch einmal Gas und schoss auf dem Pannenstreifen an der Kolonne vorbei auf die Ausfahrt zu.

Vor dem Sendegebäude parkten bereits drei Streifenwagen, zwei Beamte in Uniform standen rechts und links des Eingangs. »Dritter Stock«, erklärte man ihnen. »Die Spusi ist schon oben.«

Sie passierten die Portiersloge, aus der ihnen ein blasser Mann mit Glatze zunickte, und gingen auf den Fahrstuhl zu. Oliver mit so langen Schritten, dass Fina beinahe in Trab verfallen musste, um ihm folgen zu können.

Im Aufzug schwiegen sie, bis die Türen im dritten Stock zur Seite glitten und den Blick auf einen mit Deckenspots erleuchteten Gang freigaben. Garderoben zu beiden Seiten, nur drei davon standen offen.

Fina verlangsamte ihre Schritte, als sie an der ersten vorbeiging; sie erhaschte einen schnellen Blick auf eine Frau mit kurzem, weißblondem Haar und einen groß gewachsenen Mann, der vornübergebeugt auf einem Stuhl saß und das Gesicht in den Händen verbarg.

Aber Oliver war schon weitergelaufen, und sie hatte keine Lust, sich von ihm abhängen zu lassen. Noch bevor er die Tür erreichte, vor der die Koffer der Spurensicherung abgestellt standen, war sie wieder an seiner Seite.

»Homburg!«, begrüßte ihn einer der Männer. Fina war nicht sicher, ob sie ihn kannte, durch das Sichtvisier des Schutzanzugs sah man nur Teile seines Gesichts.

»Hallo, Georg.« Mit einer nachlässigen Geste wies er auf Fina. »Das hier ist unsere Neue in der Mordgruppe, sie heißt …«

»Plank«, fiel Fina ihm ins Wort, bevor er wieder ihren vollständigen Namen zum Besten geben konnte. Was er grundsätzlich nur in süffisantem Ton tat.

»Freut mich, Kollegin. Ich bin Georg Matejka. Von der Tatortgruppe, wir sehen uns künftig sicher öfter.« Er wies ins Innere des Raums, wo zwei weitere Spurensicherer am Werk waren. »Die Tote liegt im Bad, ist eine ziemliche Sauerei da drin. Bisschen müsst ihr noch warten.«

Fina lehnte sich an den Türrahmen. Versuchte, erste Details abzuspeichern. Die blutigen Schuhabdrücke zum Beispiel, die quer durch den Raum zur Tür führten und dabei immer blasser wurden. Die Lache Erbrochenes vor der Couch. Eine Damenhandtasche, die an einem Wandhaken hing, den farbigen Streifen nach wahrscheinlich von Gucci.

Fina checkte auf ihrem Handy die Social Media – offenbar war noch nicht durchgesickert, dass Nadine Justs Ankündigung ihres eigenen Todes Realität geworden war. Keine entsetzten Kommentare, keine Kerzen-GIFs, kein R. I. P. Das würde natürlich alles bald kommen. Aber im Moment war die Sache noch auf ganz andere Weise Thema; die meisten User spöttelten, dass Quick-TV offenbar vor nichts zurückschreckte, um Quote zu machen.

»So, jetzt könnt ihr.« Georg war wieder aus dem Bad getreten und klebte umständlich ein Etikett auf einen Spurensicherungsbeutel, in dem sich ein tropfnasses Smartphone befand. »Ich habe die Gerichtsmedizin schon verständigt, die sind auf dem Weg.«

Fina betrat die Garderobe, achtete darauf, nicht auf die Blutspuren zu treten, und schob Oliver sanft zur Seite, als er sich so raumfüllend vor die Badezimmertür stellte, dass er ihr jegliche Sicht versperrte.

Sie hatte sich für einen schlimmen Anblick gewappnet, trotzdem musste sie beim Blick ins Innere des Badezimmers schlucken. Im Lauf ihrer Polizeiarbeit hatte sie noch nicht so viele Tote gesehen, dass sie für Momente wie diesen eine Routine hatte entwickeln können. Und bei keinem ihrer bisherigen Einsätze war sie mit so viel Blut konfrontiert gewesen.

Nadine Just lag auf dem Bauch, den Kopf zur Seite gedreht, die Augen weit geöffnet. Sie trug noch dieselbe Kleidung wie in der Sendung – eine in Blautönen gestreifte Bluse mit V-Ausschnitt. Alles war blutverschmiert, vor allem der Hals, und dort meinte Fina seitlich eine kleine, dunklere Stelle ausmachen zu können. Ein Loch möglicherweise.

Aorta getroffen, dachte sie. Sie ließ ihren Blick über den blutbespritzten Spiegel wandern, die Fliesen, auf denen Tropfen ein Stück nach unten gelaufen und dann eingetrocknet waren. Die Handabdrücke auf dem Waschbecken, die Schmierstreifen an der Toilette. Wie jeder an ihrer Stelle musste sich die Frau zuerst an die Wunde gefasst und sich dann an allem Greifbaren festgehalten haben, bevor sie zusammengebrochen war. Auch an der Innenseite der Badezimmertür war Blut verschmiert.

»Die Trittspuren?«, fragte Oliver.

»Stammen von ihrem Ex«, erklärte Georg. »Heißt Tibor Glaser und sitzt in Garderobe vier. Er sagt, er sei hergefahren, weil er sich nach der Sendung Sorgen gemacht habe.«

Fina wandte sich um. »Ich habe ihn vorhin gesehen. Da war eine Frau bei ihm, mit kurzen blonden Haaren.«

»Iris Radnitzky«, bestätigte Georg. »Sie ist die Chefin vom Dienst in der Nachrichtenredaktion.«

»Gut.« Fina war schon auf dem Weg nach draußen, diffus dankbar dafür, das Blutbad hinter sich lassen zu können. Blutbad, dachte sie, im doppelten Wortsinn, wieso fällt mir das jetzt ein?

Sie umschiffte mit schnellen Schritten das Erbrochene und trat auf den Gang hinaus. Atmete durch.

»Du wirst für diesen Job ein dickeres Fell brauchen«, hatte ihr Vater gesagt, als sie ihm von ihrer Entscheidung erzählt hatte.

»Als ob der Rest von mir nicht schon dick genug wäre«, hatte sie grinsend geantwortet. Jetzt war ihr nicht mehr nach Scherzen zumute. Sie fühlte ihren Magen rebellieren. *Ein Verbrechen wird sich nicht ausschließen lassen.*

Wie viel Zeit war zwischen der Ankündigung und der Tat verstrichen? Eine Stunde, eineinhalb? Das war wenig. Alles musste genau nach Plan gelaufen sein. Fina steuerte auf Garderobe vier zu. Unvorstellbar, dass es jemand gewesen war, der das Haus nicht kannte.

3.

Sie hatte Iris Radnitzky gebeten, in Garderobe drei zu warten, und saß nun Tibor Glaser gegenüber. Dem Ex.

Er und Nadine mussten ein schönes Paar gewesen sein. Beide groß, sie blond, er dunkelhaarig. Gut aussehend auf nachlässige Art, als würde ihm seine Wirkung auf andere nichts bedeuten.

Im Moment traf das wohl auch zu. Er hatte Fina bei ihrem Eintreten mit einem Hilfe suchenden Blick gestreift und dann den Kopf wieder gesenkt. Seitdem hatte er sie nicht mehr angesehen, auch nicht, als sie sich einen Stuhl herangezogen und sich ihm gegenübergesetzt hatte.

»Sie sind Polizei, richtig?«, murmelte er.

»Ja.« Sie wunderte sich nur kurz über seine Ausdrucksweise. Nicht *von der Polizei,* nein, die Polizei selbst. »Mein Name ist Plank, ich gehöre zur Mordgruppe zwei. Sie sind Herr Glaser?«

Er nickte, und Fina legte ihr Handy auf den Tisch. »Ich möchte unser Gespräch gern aufzeichnen. Sind Sie einverstanden?«

Nun blickte er doch hoch. Richtete sich auf. »Ist das ein Verhör?«

»Nein, das ist nicht einmal eine Vernehmung. Alles ganz informell, aber Sie sind schließlich Zeuge.«

Er nickte, und sie tippte auf das Display, startete die Aufnahme. »Herr Glaser, in welchem Verhältnis standen Sie zu Frau Just?«

Er holte zweimal tief Luft, als müsse er gegen aufkommende Übelkeit anatmen. »Wir waren zusammen. Also, ein Paar. Vor zwei Monaten haben wir uns getrennt.«

»Sie sich von Ihnen oder umgekehrt?«

»Umgekehrt. Ich mich von ihr.«

»Warum?«

Nun suchte sein Blick erstmals ihren und glitt nicht sofort wieder zur Seite. Dunkelgrüne Augen. So was war selten. »Erstens«, sagte er, »hatten wir wegen jeder Kleinigkeit Streit. Wegen lächerlichem Zeug, zum Beispiel darüber, wer einen Teller an den falschen Platz geräumt hat. Zweitens«, er machte eine bedeutsame Pause, »hatte sie eine Affäre. Vielleicht auch mehrere, aber von einer habe ich erfahren.«

Fina ärgerte sich über ihr eigenes Erstaunen. Dass gut aussehende Menschen nicht betrogen wurden, war ein Klischee, und Klischees waren in ihrem Beruf ebenso hinderlich wie Vorurteile. »Wissen Sie auch, mit wem?«

Er gab ein Geräusch von sich, das nur entfernt einem Lachen ähnelte. »Natürlich, jeder hier weiß das. Mit Kurt Eferling, dem Eigentümer des Senders. De facto ist er auch der Programmchef, er trifft alle wichtigen Entscheidungen.«

Fina nickte langsam – hier hatte sie also ein Klischee, das abgedroschener nicht sein konnte und trotzdem der Wahrheit entsprach. Eine Karriere-Affäre.

Sie schüttelte den Kopf über sich selbst, ihre Neigung zu Wortspielen war hier echt fehl am Platz. »Wenn Sie getrennt sind, Herr Glaser, warum sind Sie dann in den Sender gefahren?«

Er lehnte sich auf dem Stuhl zurück und fuhr sich über die Stirn. »Weil ich so ein … Gefühl hatte. Dass etwas nicht stimmt. Nadines Handy war nicht im Netz, und das war extrem untypisch. Ich …« Er unterbrach sich, suchte sichtlich nach der richtigen Formulierung. »Ich hätte ein schlechtes Gewissen gehabt, wenn ich meine Ahnung ignoriert hätte. Ich war ihr nichts schuldig, aber mir selbst schon. Irgendwie.«

»Ich glaube, ich verstehe, was Sie meinen.« Fina verschränkte die Hände ineinander. Sie verstand es wirklich, aber – um ein weiteres Klischee zu bemühen, das sich oft bewahrheitete – bei Frauenmorden waren die Täter meistens die Partner. Und oft auch die Ex-Partner.

»Wer hat Frau Just gefunden? Sie?«

»Ja. Gemeinsam mit der Redakteurin. Iris. Sie hat mich heraufbegleitet.«

»Hat jemand von Ihnen die Tür zum Badezimmer geöffnet?«

Er gab ein zustimmendes Geräusch von sich, die Lippen dabei fest geschlossen. Fina wartete, ohne den Mann aus den Augen zu lassen. Fragte sich, ob Oliver bereits mit der blonden Frau sprach. Oder in Kürze hier hereinplatzen und ihr die Dinge aus der Hand nehmen würde, so wie bisher meistens.

Trotzdem würde sie Tibor Glaser nicht unter Druck setzen.

»Ich«, begann er, »ich habe die Tür aufgerissen, unten aus dem Spalt ist schon Blut geronnen. Ich habe ...« Er schloss die Augen, verlor die Kontrolle über seinen Gesichtsausdruck, kurz dachte Fina, er würde zu weinen beginnen.

»Wissen Sie«, sagte er nach ein paar Sekunden, »wie das ist, wenn man einen Menschen, der einem einmal nahegestanden hat, so sieht?«

Nein, das wusste sie glücklicherweise nicht. Bisher hatte sie Menschen nur auf gewaltfreie Weise verloren.

»Es fühlt sich an, als würde einem plötzlich die Welt entgleiten. Man glaubt es nicht, weiß aber gleichzeitig, dass es wahr ist, und dieser Widerspruch reißt einen fast in zwei Teile.« Wieder holte er Luft, ruckartig, wie ein Ertrinkender. »Und dann hat die Frau zu schreien begonnen, die Redakteurin, Iris ...«

»Iris Radnitzky«, half sie ihm.

»Genau. Es war ein merkwürdiges Schreien, auf- und abschwellend wie eine Sirene, aber vielleicht war das eine verzerrte Wahrnehmung, wegen des Schocks ... Ich bin sofort wieder raus. Hätte Frau Radnitzky beinahe umgestoßen und dann –«

»Ist Ihnen schlecht geworden?«

Er nickte. »Ich habe kaum gemerkt, was passiert, mein Magen hat sich einfach umgedreht, alles ist hochgekommen, und ich wäre fast hineingefallen ... aber ... das ist unwichtig, oder?«

»Jedes Detail im Ablauf ist interessant«, sagte Fina. »Wann genau waren Sie denn am Sender?«

Diesmal musste er kaum überlegen. »Kurz nach sieben.«

»Ist Ihnen da etwas aufgefallen? Jemand, der es eilig hatte, wegzukommen, zum Beispiel?«

»Nein.« Er dachte noch einmal nach. »Nein«, bekräftigte er dann, »es war alles erstaunlich normal. Nur der Portier war strenger als sonst.«

Mit ihm würden sie sich auch noch eingehend unterhalten müssen. Wer das Gebäude betrat, kam an ihm vorbei. Das hieß, er hatte den Täter gesehen.

Oder die Täterin, mahnte Fina sich selbst. Sie durfte nicht bloß in eine Richtung denken, auch wenn die Statistik ein klares Bild zeichnete. Sie räusperte sich.

»Hatte Frau Just Feinde? Streit mit irgendjemandem?« Die Frage war Standard, sie war alles andere als originell. Umso mehr wunderte sich Fina, als ihr Gegenüber in haltloses Lachen ausbrach. Sich kaum beruhigen konnte.

Sie ließ ihn gewähren. Anspannung machte sich auf die unterschiedlichsten Arten Luft.

»Ob sie ...«, brachte er mühsam hervor, »... Feinde hatte?« Er wischte sich über die Augen. »Sie hatte fast ausschließlich Feinde. Ich habe mir oft gedacht: Sie braucht das. Sie will diese extreme Reaktion. Ich bin sicher, Sie werden ihren Social-Media-Content durchgehen, und dann werden Sie es selbst sehen. Sie hat es geliebt, andere zu reizen – die sind sie dann plump und ungeschickt angegangen, und sie konnte sie vor allen ihren Followern lächerlich machen.«

Er war wieder ernst geworden. »Ich habe sie oft gewarnt, dass irgendwann jemand ausflippen wird. Aber es war, als würde sie aus der Aggression, die sie ausgelöst hat, Kraft ziehen.«

»War es in letzter Zeit schlimmer?«

Glaser verzog den Mund. »Keine Ahnung, wir waren getrennt. Null Kontakt.«

»Verstehe. Wissen Sie trotzdem, ob Frau Just …«

In diesem Moment platzte Oliver herein. »Tut mir leid, dass es länger gedauert hat.« Er schüttelte Glaser die Hand. »Oliver Homburg, LKA. Ich hoffe, meine junge Kollegin hat Ihnen etwas zu trinken gebracht … nein?« Er wandte sich ihr zu. »Fina, kümmerst du dich bitte? Zwei Glas Wasser, zwei Kaffee, das kriegst du hin, oder?«

Sie öffnete den Mund, um etwas zu erwidern, das dieser Unverschämtheit angemessen war, aber ihr fiel nichts ein. Besser sachlich bleiben. »Wir waren fast fertig«, erklärte sie und hasste ihre Stimme dafür, wie dünn sie klang.

Oliver drehte ihr den Rücken zu. »Sie sind sicher durstig, Herr Glaser. Ich kann mir vorstellen, wie sehr die Situation Sie mitnimmt.«

Fina stand auf und griff nach ihrem Handy. Stoppte die Aufnahme und ging nach draußen. Wünschte sich, sie wäre auch der Typ Frau, der aus Aggression Kraft ziehen konnte.

»Ich will das nicht alles noch einmal …«, hörte sie Glaser noch sagen, bevor sie die Tür hinter sich schloss.

Auf ihrer zornigen Suche nach einem Kaffeeautomaten oder der Kantine kam sie zuerst an Ahmed vorbei, dem Lieblingskollegen, der gerade die Arbeiterinnen des Putztrupps befragte und dabei offenbar Verständnisprobleme hatte. Deutsch und

Türkisch beherrschte er perfekt, aber bei seiner aktuellen Gesprächspartnerin schien etwas Slawisches gefragt zu sein. Serbisch, Bosnisch?

Er würde vermutlich einen Dolmetscher zuziehen müssen, aber im Moment versuchte er es noch mit Händen und Füßen und Geduld.

Die Fina fehlte. Sie bog um die Ecke und wäre beinahe in den Spusi-Mann hineingelaufen, mit dem Oliver sich vorhin unterhalten hatte. Georg. Ohne seine Ganzkörperverhüllung wirkte er wie ein Straßenmusiker, der zu wenig verdiente. Das dünne, blonde Haar war ein bisschen zu lang und – vermutlich dank der Overallkapuze – völlig zerzaust. »Sie sehen mitgenommen aus«, stellte er fest. »Keine Sorge, es wird einfacher. Es lässt einen nie ganz kalt, aber man lernt damit umzugehen, nach einiger Zeit.« Er lächelte, und um seine wasserblauen Augen bildeten sich feine Fältchen.

»Lernt man auch, mit fiesen Kollegen umzugehen?« Ihre Stimme klang bitter, aber das war besser, als wenn sie geschwankt hätte.

Georgs Lächeln wich einer verständnisvollen Grimasse. »Oliver? Macht er es Ihnen schwer?« Er biss sich kurz auf die Lippen. »Wäre es okay, wenn wir uns duzen? Machen wir im Kollegenkreis alle, aber wenn es dich, also Sie, stört …«

Fina schüttelte den Kopf. Es gab eine Menge, was sie derzeit störte, aber ein freundschaftlicher Umgangston gehörte nicht dazu.

»Bestens.« Georgs Lächeln kehrte zurück. »Du darfst Oliver nicht zu ernst nehmen, er ist noch nicht ganz drüber hinweg, dass Andreas in Pension geschickt wurde – und jetzt eine Frau den Platz in der Gruppe einnimmt.« Er sah sie wartend an, und als keine Reaktion von ihr kam, nahm er sie bei den Schultern. »Hey, du bist die einzige Frau in allen drei Mordgruppen! Das ist doch etwas! Das zeigt, dass du was draufhast!«

Er war nett, wirklich, aber sie hatte nicht die geringste Lust, sich beschwichtigen zu lassen. »Offenbar bin ich sehr qualifiziert dafür, Kaffee zu holen.«

Georg fuhr sich über den Kopf, was den Gesamteindruck seiner Frisur nicht verbesserte. »Am besten, du ziehst gleich klare Grenzen«, sagte er. »Jaja, ich weiß, das klingt einfacher, als es ist. Aber weißt du was? Sobald mein Bericht fertig ist, schicke ich ihn als Erstes an dich.«

4.

Es war nach zehn Uhr abends, als Tibor den Sender endlich verlassen konnte. Sein Inneres fühlte sich taub an, und er brauchte ungewöhnlich lange, um seinen Wagen auf dem Parkplatz zu finden. Psychologischen Beistand hatte er abgelehnt, er wollte nur alleine sein.

Die kleine, stämmige Polizistin war kurz zurückgekehrt, um wortlos zwei Tassen Kaffee und eine Flasche Wasser auf den Tisch zu stellen. Dann war sie verschwunden, leider, so hatte er ihrem Kollegen alles noch einmal erzählen müssen. Dessen betont kumpelhaftes Gehabe war ihm nach kurzer Zeit auf die Nerven gegangen, doch das war nur ein vages Gefühl gewesen. Alles war überlagert von den Bildern, die vor Tibors innerem Auge festhingen. So detailliert, in allen grauenvollen Einzelheiten. Diese unglaublichen Mengen an Blut. Nadines Gesicht, die Augen halb geschlossen, der Mund offen, als versuche sie, aus der Lache zu trinken.

Der gekachelte Raum wie ein Schlachthof; Nadine auf dem Boden wie ein ungeschickt abgestochenes Tier. Er hatte gar nicht erst nach ihrem Puls gefühlt oder nach Hilfe gerufen – es bestand kein Zweifel daran, dass sie tot war. Alles, was sie ausgemacht hatte, war fort; die leer geblutete Hülle nur noch ein verstörendes Objekt.

Er wusste nicht, wie er dieses Bild je wieder loswerden sollte. Den Geruch vergessen.

Zu Hause stellte er sich unter die Dusche und drehte das Wasser so heiß, wie er es gerade noch ertrug. Dann, nur in ein Handtuch gewickelt, schaltete er den Fernseher an. Der Geräuschkulisse wegen, er hätte die Ruhe seiner Wohnung nicht ertragen.

Doch er ertrug auch die läppische Komödie nicht, die auf dem eingestellten Privatsender lief. Er holte sich einen Tumbler aus der Vitrine, ließ drei Eiswürfel hineinfallen und goss mit Chivas Regal auf. Der Whisky war fünfundzwanzig Jahre alt, nur zwei Jahre jünger, als Nadine es gewesen war.

Mit dem Glas in der Hand setzte er sich auf die Couch, griff nach der Fernbedienung und zappte durch die Sender. Er mied Quick-TV, doch wie sich zeigte, war Nadines Tod auf jedem der Nachrichtenkanäle Thema Nummer eins.

Obwohl er es nicht wollte, blieb er hängen, bei einer Diskussionsrunde, die sehr eilig zusammengestellt worden sein musste. Eine Psychologin, ein pensionierter Ermittler, eine Fachfrau für Computersicherheit, eine Nachrichtenredakteurin. Und ein selbstverliebter Moderator, der es nur mühsam schaffte, Betroffenheit vorzutäuschen.

Chronik eines angekündigten Todes, war im Hintergrund eingeblendet, über einem Foto von Nadine, auf dem sie strahlend schön aussah.

Tibor schloss die Augen und nahm einen großen Schluck aus seinem Glas. Wäre er bloß nicht zum Sender gefahren, es hatte niemandem etwas gebracht. Er hatte nur den Tatort verunreinigt und sich wahrscheinlich ein veritables Trauma eingefangen.

Hätte er besser auf sein Date gewartet und sich die Hiobsbotschaft von Freunden aufs Handy schicken lassen. Er hatte es stumm geschaltet, sah aber am regelmäßigen Aufleuchten des Displays, dass unentwegt neue Nachrichten eintrafen, Anrufe ins Leere gingen.

»Wie konnte es passieren, dass diese Ankündigung gesendet wurde?«, fragte der Moderator jetzt. »Warum Nadine Just sie vom Prompter abgelesen hat, werden wir wohl nie wissen – aber wie konnte sie überhaupt dort hingelangen?«

Die Redakteurin, eine Frau um die fünfzig, hatte zu jedem seiner Worte genickt. »Das habe ich mich auch gefragt. Denn eigentlich gibt es vor jeder Sendung noch eine Art Endkontrolle des Textes. Entweder hat die bei Quick-TV nicht stattgefunden, oder es gab in letzter Minute noch Manipulationen.«

Der Moderator warf einen Blick auf seine Stichwortkarten. »Frau Just war erst seit knapp einem Jahr bei Quick-TV und hat dort eine durchaus steile Karriere hingelegt. Was sicher auch an ihrer furchtlosen Art lag, unpopuläre Meinungen zu vertreten. Sie wurde in den Social Media stark angefeindet.« Er wandte sich an den Ex-Ermittler, der unentwegt an seinem Ehering drehte. »Sehen Sie da das wahrscheinlichste Motiv? Hat ihre unverblümte Art Nadine Just das Leben gekostet?«

Der Mann rückte seinen massigen Körper auf dem Stuhl zurecht. »Ist viel zu früh, das zu sagen. So, wie es sich für mich darstellt, muss diese Tat von langer Hand geplant gewesen sein. Wenn jemand aus Wut über eine böse Bemerkung auf Twitter oder Facebook gewalttätig wird, dann lauert er der Person vielleicht vor dem Haus auf oder vergiftet die Katze.« Er schüttelte den Kopf. »Und sogar das passiert nur selten. Zum Glück. Drohungen im Netz sind meistens nichts mehr als heiße Luft, mit Betonung auf *meistens*. Wir wissen ja noch nicht so viel über die Umstände der Tat, aber es muss ein extrem hoher Aufwand gewesen sein, diese Ankündigung in die Meldungstexte zu schmuggeln.« Er räusperte sich. »In meinen Augen spricht das für einen Täter, der sich sehr persönlich von Frau Just angegriffen und geschädigt fühlt. Und wir wissen alle, was die Statistik sagt: Meistens sind es Männer aus dem engsten Umfeld. Partner oder Ex-Partner.«

Tibor lachte auf und leerte das noch halb volle Glas auf einen Zug. Natürlich. Da durfte er als Ex-Partner sich ja schon mal auf etwas gefasst machen. Kein Mensch würde ihm abkaufen, dass er aus einer diffusen Sorge heraus zum Sender gefahren war.

Aber diese Iris war bei ihm gewesen, als er die Tür zum Bad geöffnet hatte. Sie hatten Nadine gemeinsam gefunden. Außerdem gab es seine Nachrichten auf ihrer Box und auf WhatsApp. Man konnte sicher nachprüfen, von wo die geschickt worden waren. Reichte das, um ihn aus der Schusslinie zu holen?

Er wusste es nicht, und der Alkohol auf nüchternen Magen begann, ihm das Denken schwer zu machen. Undeutlich nahm er wahr, dass jetzt die Psychologin das Wort ergriffen hatte und etwas über Hass durch Kränkung und die Verletzung narzisstischer Bedürfnisse erzählte.

Mit der starken Befürchtung, dass es ein Fehler sein würde, griff Tibor nach seinem Handy und entsperrte es.

Neunundvierzig Nachrichten auf WhatsApp, dreißig entgangene Anrufe, achtzehn SMS. Tibor schenkte sich nach und schleuderte das Smartphone mit so viel Schwung auf den Couchtisch, dass es über die Kante rutschte und aus seinem Sichtfeld verschwand.

Morgen würde er es verzweifelt suchen, aber das war jetzt egal. Der Whisky ließ die Bilder im Kopf verblassen, das war im Moment das Wichtigste.

Es war drei Uhr nachts, als er wieder erwachte. Er lag bäuchlings auf der Couch, alle Lichter brannten, und der Fernseher lief immer noch. Keine Nachrichten mehr, sondern die Wiederholung irgendeines alten Agententhrillers.

Tibor kroch vom Sofa. Fand tastend sein Handy auf dem Teppich und nahm es mit auf die Toilette.

Während er geschlafen hatte, waren zweiundzwanzig neue Textnachrichten dazugekommen, drei Leute hatten versucht, ihn telefonisch zu erreichen, darunter seine Mutter und Bernie, der sich vermutlich Sorgen um den Ruf der Agentur machte.

Die Sprachnachrichten würde er morgen abhören, wenn der Restalkohol sich verflüchtigt hatte, aber durch die WhatsApps konnte er jetzt schon scrollen. Im Bett, nach dem Zähneputzen, wenn er nicht mehr den Geschmack von altem Spülschwamm im Mund hatte.

Ricarda hatte ihm mehrmals geschrieben. Erst empört darüber, dass er nicht länger auf sie gewartet hatte, dann verständnisvoll. *Wie schrecklich,* schrieb sie. *Wärst du geblieben, hättest du in mir ein bombenfestes Alibi, aber ich bin sicher, das hast du auch so.*

Ein Alibi, das würde er doch sicher nicht brauchen? Weder die Polizistin noch ihr Kollege hatten ihn wie einen Verdächtigen behandelt, aber vielleicht kam das noch. Von wegen Partner oder Ex-Partner.

Apropos Ex-Partner. Auch Esther hatte sich gemeldet, zum ersten Mal, seit er sich von ihr getrennt hatte. Was ewig her war. Acht Jahre? Unglaublich.

Ich habe gehört, was passiert ist, und wollte dir mein Mitgefühl ausdrücken, schrieb sie. *Obwohl ich immer gedacht habe, dass Nadine ein grauenvoller Mensch ist, und nie kapiert habe, warum du dich in sie verliebt hast. Du und ich, wir sind nicht im Guten auseinandergegangen, aber ich hoffe, du stehst das durch.*

Für Esthers Begriffe war das ein erstaunlich friedfertiger Text. Der gleiche Tenor, wenn auch meistens weniger kühl, durchzog den Großteil der anderen Nachrichten: Oh Gott, viel Kraft, was für eine Tragödie, sie war so jung, das ganze Leben noch vor sich, wer ist zu so etwas fähig, wie furchtbar für dich.

Bei einigen meinte Tibor, eine gewisse Neugier nach Details herauszulesen, denn offenbar war durchgesickert, dass er die tote Nadine gefunden hatte. Ja, tatsächlich: Eine frühere Kollegin, die als Grafikerin nach Berlin gegangen war, schickte ihm den Link zu einem Video. Spätnachrichten, ein junger Reporter vor dem Sendegebäude von Quick-TV. »Hinter dieser Fassade wurde heute eine unfassbare Tat begangen«, erklärte der Mann mit unheilschwangerer Stimme. »Erst war die aufstrebende Journalistin Nadine Just dazu gezwungen, ihr eigenes Todesurteil zu verkünden, und schon kurz danach fand ihr früherer Lebensgefährte die blutüberströmte Leiche in ihrer Garderobe. Ein unvorstellbares Verbr...«

Tibor stoppte das Video. Dass er erwähnt wurde – wenn auch nicht namentlich –, war schlimm genug. Vollkommen unerträglich war aber der Stil, in dem die Reportage aufgezogen war. Todesurteil, du meine Güte.

Er konnte den Blick nur schwer von dem Standbild auf dem Handydisplay lösen. Von dem jungen Mann mit seinem Mikrofon und dem Logo des Konkurrenzsenders in der linken Ecke.

Tatsache war, Nadine hätte im gegebenen Fall keinen Deut seriöser berichtet. Diese Programme fischten alle im selben Konsumentenpool. Bei der Kategorie Mensch, die Handyvideos von Unfallopfern drehten.

Tibors Magen protestierte schon wieder; schwer zu sagen, ob die Übelkeit vom Whisky oder vom eben Gesehenen ausgelöst wurde. Er scrollte weiter durch die Mitteilungen und beschloss, keine einzige davon zu beantworten. Außer die von seiner Mutter und Bernie, der ihm um ein Uhr nachts geschrieben hatte, dass er am nächsten Tag natürlich nicht in die Agentur kommen müsse. *Du weißt, dass ich immer ein schwieriges Verhältnis zu Nadine hatte, aber ich finde ihren Tod entsetzlich. Bitte nimm dir alle Zeit, die nötig ist. Wenn du etwas brauchst, bin ich für dich da.*

Tibor wusste, dass sein Freund das Handy lautlos stellte, wenn er schlief, also gab es keinen Grund, mit einer Antwort zu warten.

Danke, schrieb er, *das nehme ich gerne an. Ich werde zwei oder drei Tage brauchen, bis ich mich wieder auf die Arbeit konzentrieren kann, denke ich. Es war ein echter Schock, und wer weiß, vielleicht will mich die Polizei noch einmal sehen. Ich melde mich.*

Er ging in die Küche, um sich ein Glas Wasser zu holen, und überlegte nach dem ersten Schluck, ob er sich nicht einfach einen Finger in den Hals stecken sollte, um die Übelkeit loszuwerden. Doch nach dem zweiten Schluck wurde es besser, und Tibor kehrte ins Schlafzimmer zurück.

Er hatte sich geirrt. Bernie schlief nicht, er hatte innerhalb von zwei Minuten auf Tibors Textnachricht geantwortet.

Okay. Pass auf dich auf. Ich verstehe auch nicht, was los ist und ob gerade etwas sehr Merkwürdiges Schule macht, aber mir hat eine Bekannte vorhin einen Link geschickt. Sieh ihn dir bei Gelegenheit an. Vielleicht ist es nur ein Scherz, aber dann ist er maximal geschmacklos.

Unschlüssig ließ Tibor den Daumen über dem mitgesendeten Link schweben. Das Letzte, was er sehen wollte, waren schlechte Scherze auf Kosten seiner ermordeten Ex-Freundin. Immerhin schien es sich um kein Video zu handeln, die URL führte weder zu YouTube noch zu Vimeo, sondern allem Anschein nach zu einer privaten Homepage. gunthermarzik.at/blog lautete die Adresse.

Der Name war Tibor irgendwann schon einmal untergekommen. Wo, konnte er beim besten Willen nicht rekonstruieren.

Er legte das Handy auf den Nachttisch und schaltete das Licht aus. Morgen würde er sich ansehen, worum es ging. Er würde bei der Polizei nachfragen, ob sie schon etwas herausgefunden hatten. Außerdem würde er einen Therapeuten suchen, der Notfallhilfe anbot.

Tibor drehte sich zur Seite. Versuchte, ruhig zu atmen. Doch jedes Mal, wenn er den Schlaf näher gleiten fühlte, fuhr das Bild der toten Nadine dazwischen wie eine blutige Axt.

Eine Schlaftablette nehmen, dachte er. Und eine Kopfschmerztablette, die das sich ankündigende reißende Ziehen zwischen den Schläfen im Ansatz ersticken würde.

Er knipste die Nachttischlampe an und griff noch in der gleichen Bewegung nach seinem Handy. Sobald er es entsperrt hatte, war da wieder Bernies Nachricht.

Tibor tippte den Link an. Er las, was dort stand. Las es noch einmal und wusste, dass in dieser Nacht an Schlaf nicht mehr zu denken sein würde.

5.

Fina kochte Tee. Obwohl es draußen warm war und in ihrer Wohnung noch wärmer, innerlich fror sie. Tee anstelle einer Umarmung. Das hatte schon öfter funktioniert.

Erst vor einer halben Stunde war sie nach Hause gekommen, nachdem sie die Arbeit im Sender abgeschlossen hatten. Da Oliver ihr die Befragung von Tibor Glaser aus der Hand genommen hatte, war Fina gemeinsam mit Ahmed zu Iris Radnitzky gegangen.

Die Frau hatte ununterbrochen ihre Hände geknetet und war zweimal in Tränen ausgebrochen. Immer dann, wenn es um ihren Job gegangen war. Zu Nadine Just hatte sie sich sehr distanziert geäußert. Hatte sich bemüht, nicht abfällig zu klingen, was ihr nur bedingt gelungen war.

»Nein, sehr beliebt war sie nicht«, hatte Radnitzky gesagt und zu Boden geblickt. »Ich glaube, darauf hat sie auch keinen Wert gelegt.«

Fina goss kochendes Wasser über das Teesieb, und in der Küche begann es nach gebrannten Mandeln zu riechen. Herbsttee. Schmeckte am besten mit Honig, den sie sich besser verkneifen sollte.

Oder doch nicht. Drauf gepfiffen. Alles, was ihren Gemütszustand verbessern würde, war heute erlaubt, so wie Oliver sich ihr gegenüber benommen hatte.

Probleme mit den Kollegen, da hatten sie und Nadine Just tatsächlich etwas gemeinsam. Glaser hatte es noch deutlicher formuliert. *Sie hatte fast ausschließlich Feinde. Ich habe mir oft gedacht: Sie braucht das. Sie will diese extreme Reaktion.*

Mit ihrem Tee setzte Fina sich auf die Couch und pustete sanft in den aufsteigenden Dampf. Sie sollte schlafen gehen, aber sie fühlte sich nicht müde. Nur erschöpft. Ihr Kopf würde weiterarbeiten, sie würde sich im Bett herumwälzen und morgen erst recht ein Wrack sein.

Er hatte dann noch etwas angefügt, erinnerte sie sich: *Ich bin sicher, Sie werden ihren Social-Media-Content durchgehen, und dann werden Sie es selbst sehen.*

Fina rutschte auf der Couch ein Stück nach links, angelte sich ihr Notebook vom Beistelltisch und öffnete Twitter. @nadinejust hatte 81.433 Follower, und unter ihrem letzten Post häuften sich die entsetzten Stimmen, die ihren Tod kommentierten.

Der Thread war dafür gleichzeitig perfekt und denkbar unpassend. Fina las, was Just geschrieben hatte, und fand es widerlich und makaber zugleich. Als hätte die Moderatorin das Schicksal herausgefordert.

Am Tag vor ihrem Tod hatte sie ein Foto gepostet, das eine Frau von hinten zeigte. Rundliche Figur, kurzes, pinkfarbenes Top und sehr enge Jeans. Zwischen oberem und unterem Kleidungsstück quollen deutlich sichtbare Röllchen hervor. Rollen, um exakt zu sein.

Sollte ich jemals so aussehen, gebt mir bitte den Gnadenschuss! #gehtgarnicht #optischezumutung, hatte sie dazugeschrieben.

Ein paar User hatten in den letzten paar Stunden »Karma« darunter kommentiert, was Fina nicht völlig falsch fand. Allgemein war der Ton aber ein anderer.

Wie furchtbar. Da macht jemand einen Scherz und wird einen Tag später wirklich ermordet. #RIP

Sie hatte eine böse Zunge, aber das hat sie nicht verdient.

Das passiert mit Menschen, die unangenehme Wahrheiten aussprechen. Wir alle sollten uns das bewusst machen. #Heldin

Sie würde sich die Kommentare genauer ansehen müssen, aber für den Moment reichte ein schnelles Überfliegen. Vermutlich hatten die »unangenehmen Wahrheiten« sich nicht auf Bodyshaming und Heruntermachen von Kolleginnen der Konkurrenzsender beschränkt.

Nein, tatsächlich nicht. In einem acht Tage alten Thread, der es auf stolze zweihundertneununddreißig Antworten gebracht hatte, war sie mit zwei Usern auf eine Weise aneinandergeraten, die Fina noch nicht oft untergekommen war – allerdings trieb sie sich nur selten auf Social Media herum.

*Friss deine eigene Sch****e, du F***e,* war das Schlussstatement eines ihrer Kontrahenten gewesen. Ein anderer – oder eine? – das war anhand von Namen und Profilbild nicht erkennbar – hatte zuletzt gar keine Worte mehr verwendet, sondern stattdessen ein GIF gepostet. Blut, das auf eine weiße Fläche tropfte.

Konnte man das als Drohung werten? Ignorieren sollte man es jedenfalls nicht. Fina öffnete ein Word-Dokument und kopierte die beiden Usernamen hinein. Kroton2382 und _Astloch_. In der Auseinandersetzung war es um ein Interview gegangen, das Nadine Just mit einer Jungschauspielerin geführt hatte, die ebenso präsent in den Klatschspalten war wie Just selbst. Die Schauspielerin war erst einundzwanzig und am Ende des Gesprächs den Tränen nah gewesen. Einige Fragen schien Just deutlich unterhalb der Gürtellinie angesiedelt zu haben, und die Fans des Jungstars waren auf die Barrikaden gegangen.

Fina nippte an ihrem Tee. Ihr erster Eindruck bestätigte, was Tibor Glaser gesagt hatte: Nadine Just schien süchtig nach Gegenwind gewesen zu sein. Sie antwortete auch auf die beleidigendsten Kommentare, machte keinen Rückzieher und schaffte es fast immer, das letzte Wort zu behalten.

Fina suchte noch ein paar der härteren Repliken heraus und notierte die Namen der Verfasser. Tatsache war allerdings, dass es schwierig werden würde, jeden zu überprüfen, der Just schriftlich seinen Hass entgegengeschleudert hatte. Oder ihren. Dafür waren es schlicht zu viele.

Um halb zwei Uhr nachts fühlte sie sich endlich müde genug, um sich schlafen zu legen. Schon jetzt voller Reue, dass sie nicht früher ins Bett gegangen war, stellte sie den Wecker auf halb sieben und schaltete die Nachttischlampe aus.

Was sie dazu trieb, noch einmal nach dem Smartphone zu greifen und Facebook zu öffnen, war ihr selbst nicht klar. Wahrscheinlich nur der Gedanke, dass sie gar nicht überprüft hatte, ob Just dort einen Account besaß. Das zu checken würde nur Sekunden dauern.

Doch so weit kam sie nicht, denn schon beim Überfliegen der ersten Postings auf ihrem Feed richtete sie sich wieder auf und knipste das Licht an.

Fina hatte mehrere Nachrichtenseiten abonniert, auf denen Nadine Just nun Thema Nummer eins war. Auch dort reihte sich ein Kondolenzspruch an den nächsten, doch ganz zuoberst hatte jemand namens Rainer Hartig eine Website verlinkt. *Wird das jetzt Trend? Ist das ein Nachahmer?,* hatte er darübergeschrieben.

Fina tippte den Link an und landete auf der Seite eines gewissen Gunther Marzik, laut eigener Bezeichnung »Journalist und kritische Stimme«. Die Seite war wie ein Blog aufgebaut, und der letzte Eintrag war gerade einmal drei Stunden alt.

Kritische Stimme verstummt
Traurige Nachricht für Freunde des unabhängigen Journalismus und der freien Meinung: Mit Bedauern gebe ich bekannt, dass dies mein letzter Eintrag sein wird. Nicht, weil ich keine Lust mehr hätte, meine Wahrheiten zu verbreiten und für aufgeheizte Stimmung zu sorgen. Nein, ich werde in Kürze tot aufgefunden werden. Ein Verbrechen wird man nicht ausschließen können.

Dazu hatte er ein Foto gestellt, das ihn an seinem Schreibtisch zeigte. Haarloser Kopf, Hängebacken, wulstige Lippen. Die Augenbrauen waren hochgezogen, die Hände hatte er zu einer komisch-ratlosen Geste erhoben, einer pantomimischen Darstellung von »keine Ahnung, wie das passieren konnte«.

Seine Follower schienen es für einen Scherz zu halten, der ihm ähnlichsah. Anders als der Facebook-User, der den Beitrag auf Justs Seite geteilt hatte, machte sich hier kaum jemand Sorgen.

Ha, typisch, schrieb einer.

Schon bisschen geschmacklos, Gunther, ein anderer.

Tot aufgefunden? Du übertreibst. Normalerweise finden wir dich doch nur blau unter dem Tisch, schrieb ein Dritter und packte fünf Bierglas-Emojis dazu.

Fina schoss einen Screenshot des Beitrags, für alle Fälle. Sie war nun tatsächlich zu müde, um sicher sein zu können, dass der Wortlaut der Ankündigung der gleiche war wie bei Nadine Justs Nachrichtenansage.

Aber das dumpfe Gefühl, dass es sich so verhielt, begleitete sie bis in ihre Träume.

Oliver verzog den Mund, als sie ihm am nächsten Tag den Link zeigte. »Was soll ich damit? Da macht ein alter Sack dämliche Scherze auf Kosten einer Toten.«

Fina zog mit zwei Fingern das Bild auf ihrem Handy größer. »Da kannst du nicht sicher sein. Bei Just war es das gleiche Muster: Ankündigung der eigenen Ermordung. Mit ziemlich genau den gleichen Worten.«

Er sah sie mit diesem Blick an, den sie nicht leiden konnte. Einer Mischung aus Mitleid mit ihr, weil sie nichts begriff, und mit sich selbst, weil er sich mit ihr rumschlagen musste. »Natürlich. Er zitiert, verstehst du? Vielleicht sind die beiden einmal aneinandergeraten, sie haben ja in derselben Branche gearbeitet. Vielleicht wollte er sie vögeln, sie hat ihn abblitzen lassen, und jetzt pinkelt er auf ihr Grab, sozusagen.«

»Das ist …«

»Geschmacklos, ja«, unterbrach er sie. »Aber solche Leute gibt es, und er scheint bekannt dafür zu sein.«

Fina setzte sich an ihren Schreibtisch und legte das Handy vor sich ab. Der Bildschirm verdunkelte und sperrte sich. »Du findest nicht, wir sollten wenigstens nachhaken? Uns mit ihm in Verbindung setzen?«

»Oh, tu dir keinen Zwang an«, sagte Oliver, während er suchend seine Ablage durchwühlte. »Wir haben heute ja sonst nichts zu tun. Sieghart will, dass jemand von uns bei der Leichenöffnung dabei ist, außerdem müssen wir mit dem Sendechef reden und mit geschätzt zwanzig anderen Mitarbeitern von Quick-TV.« Er zog einen Zettel aus dem Stapel, überflog ihn und warf ihn in den Papierkorb. »Aber super, mach du nur leere Kilometer.«

Sie wartete, bis er das gemeinsame Büro verließ, dann suchte sie über die Datenbank nach Gunther Marziks Handynummer, doch ihr Anruf landete sofort in der Sprachbox. Festnetz hatte er keines mehr, wie die meisten, aber seine Wohnadresse lag nicht allzu weit vom Institut für Gerichtsmedizin entfernt. Es würden zehn Minuten Umweg sein, mehr nicht.

Das erwähnte sie auch bei der Teambesprechung und fand in

Sieghart, dem Leiter der Gruppe, unverhofft einen Unterstützer. Er stand am Fenster, eine hagere, groß gewachsene Gestalt. »Mich haben auch schon drei Leute auf die Parallele zum Fall Just aufmerksam gemacht«, sagte er. »Kann nicht schaden, den Mann schnell zu überprüfen.«

»Och bitte, Heinz«, stöhnte Oliver. »Wir haben keine Zeit für Witzbolde. Gibt es eine Leiche? Oder überhaupt irgendein Bedrohungsszenario? Dieser Marzik will bloß Klicks für seinen Blog, das ist alles.«

»Hat schon jemand versucht, ihn anzurufen?«, fragte Manfred und biss in seine Frühstückssemmel.

»Ja, aber er geht nicht ans Telefon«, erklärte Fina. »Vorhin war es nicht im Netz, aber ich versuche es gerne gleich noch einmal.« Sie hörte selbst, wie müde sie klang; der Schlafmangel von letzter Nacht rächte sich bereits. Und dabei hatte der Tag eben erst begonnen.

»Kann ich auch erledigen«, sagte Manfred kauend.

»Danke.« Fina lächelte ihm zu und wünschte sich, sie würde ihr Büro mit ihm teilen, dem bedächtigen, rundlichen Manfred. Leider verstanden er und Ahmed sich blendend, und keiner von ihnen dachte daran, den anderen gegen Oliver einzutauschen.

»Mir ist egal, wer diesen Marzik anruft«, sagte Sieghart. »Aber wenn ihr ihn erwischt, sagt ihm, er soll den Beitrag schleunigst löschen, wenn er keine Schwierigkeiten bekommen will.«

Auf dem kurzen Weg zum gerichtsmedizinischen Institut in der Sensengasse pfiff Oliver demonstrativ vor sich hin, als säße er allein im Wagen. Abgesehen davon, dass er ein Stück auf der Straßenbahntrasse fuhr, um im Morgenverkehr schneller voranzukommen, verlief die Fahrt beinahe stressfrei.

»Bei wie vielen Autopsien warst du schon dabei?«, erkundigte er sich und klang ehrlich interessiert.

»Das waren bisher zwei.« Beide waren ihr noch überdeutlich in Erinnerung. Eigentlich gehörte dieser Part der Ermittlungen in die Verantwortung der Kollegen aus der Tatortgruppe, aber manchmal wollte Sieghart – so wie es früher üblich gewesen war – jemanden vom eigenen Team dabeihaben. Ab und zu würde das eben Fina sein, sie wollte keine Sonderbehandlung.

»Zwei Mal? Na, dann hast du ja schon Routine.« Ruckartig bog Oliver auf den Parkplatz des Departements für Gerichtsmedizin ein. »Dann kann ich ja im Hintergrund bleiben.«

Fünf Minuten später wünschte Fina, er hätte sich an diese Ankündigung gehalten, aber er schob sie durch die Gänge des Instituts, als wäre er dort zu Hause. Schob sie schließlich auf einen groß gewachsenen, halb kahlen Mann im weißen Arztkittel zu, der vor einer stählernen Schiebetür stand. »Guten Morgen, Professor Weigel. Ich hoffe, wir sind pünktlich?« Die Männer schüttelten einander die Hände. »Ich glaube, Sie kennen meine junge Kollegin noch nicht. Darf ich vorstellen? Bezirksinspektorin Serafina Plank.«

Fina sah das kurze Zucken im Gesicht des Professors, der sich aber sofort wieder im Griff hatte und ihr ebenfalls die Hand reichte.

Wollte man ernst genommen werden, war der Name Serafina eine Strafe der Götter. Doppelt galt das, wenn man mit einem Körperbau wie dem ihren ausgestattet war; dreifach, wenn man mit Nachnamen Plank hieß. Serafina Plank. Es hörte sich an, als würde ein Engel im Flug gegen eine Betonmauer prallen.

»Wir haben schon alles vorbereitet«, sagte Weigel. »Dahinten sind die Garderoben, Sie wollen sich sicher umziehen.« Er wies mit dem ausgestreckten Arm auf eine kleine Tür.

Eine Assistentin suchte Kleidung für Fina heraus, Tunika und Hose, beides in OP-Grün. »Was zu lang ist, stecken Sie am besten in die Gummistiefel«, empfahl sie, als Fina begann, die Hosenbeine nach oben zu krempeln.

Gummistiefel, richtig. Allein die Erwähnung weckte wieder deutliche Bilder der letzten Leichenöffnung, bei der sie anwesend gewesen war.

Fertig ausstaffiert öffnete sie die Schiebetür zum Sektionssaal, und der Geruch von Tod und Chemikalien schlug ihr entgegen. Nadine Justs Körper lag auf dem Seziertisch, unbedeckt; Professor Weigel stand mit dem Diktiergerät daneben. »Können wir anfangen?«

Fina blickte über die Schulter zurück. »Mein Kollege ist noch nicht …«

»Er hat ein paar Telefongespräche, meinte er. Und dass es ja genüge, wenn einer von Ihnen anwesend sei.«

Stumm nickend stellte Fina sich neben den blank polierten Tisch. Blickte in das tote Gesicht, das bereits gewaschen worden war, nur im blonden Haar klebte noch Blut.

»Äußerliche Besichtigung.« Weigel begann, in sein Diktafon zu sprechen. »Weibliche Leiche, siebenundzwanzig Jahre alt, ein Meter achtundsiebzig groß, dreiundsechzig Kilogramm. Rigor Mortis voll ausgeprägt.«

Fina hatte den Blick gesenkt, auf Nadine Justs linke Hand. Da war ein tiefer Kratzer, den man in all dem Blut am Tatort nicht gesehen hatte.

Weigels Assistent reichte seinem Chef ein metallenes Maßband, das dieser am Hals der Toten anlegte. »Wundmorphologie: Zwei Einstiche am Hals linksseitig, glattrandig rund, Durchmesser null Komma sieben Zentimeter, gleichmäßige Gewebedurchtrennung. Tiefe …«, er ließ sich ein weiteres Instrument reichen, »sieben Komma zwei Zentimeter beim oberen und sechs Komma acht Zentimeter beim unten liegenden Stich. Verdacht auf Penetration der Arteria carotis communis.«

Während der Professor weitersprach, glitt Finas Blick über die Instrumente auf dem Beistelltisch. Skalpelle, Pinzetten, Knorpelmesser, Wundhaken, Knochensägen. All das würde gleich diesen Körper zerstören, auf dessen Aussehen Nadine Just unzweifelhaft sehr viel Wert gelegt hatte.

Weigel war nun an die Seite getreten, an der auch Fina stand. »Läsion an der rechten Handinnenfläche, sechs Komma fünf Zentimeter lang. Möglicherweise Abwehrverletzung.«

Dass der Rechtsmediziner nun ihren Platz beanspruchte, nahm Fina als willkommenen Anlass, ein paar Schritte zurückzutreten. »Die Todesursache waren die Stiche am Hals, oder nicht?«

Weigel unterbrach sein Diktat. »Davon ist auszugehen, ja. Aber wir sehen uns trotzdem auch alles andere genau an. Sie kennen das ja.«

Fina zwang sich zu einem halbherzigen Lächeln und einem Nicken. Hielt weiterhin Abstand vom Tisch, als Weigel nach einem Skalpell griff und mit der inneren Besichtigung begann.

Sie merkte, dass sie nun flacher atmete, obwohl keinerlei Verwesungsgeruch in der Luft hing – aber einer nach Schlachthof. Nach erkaltetem Fleisch.

Die Rechtsmediziner begannen mit der Entnahme der Organe, die Leber wurde gewogen, dann das Herz. Fina musste an das altägyptische Totengericht denken, bei dem das Herz des Verstorbenen gegen eine Feder aufgewogen wurde. Gegen eine Feder, wie unfair.

Die Sache mit dem Geruch wurde dramatisch schlimmer, als Weigel den Magen öffnete und sein Assistent den Inhalt in einer Schüssel auffing. Fina war vage dankbar dafür, dass sie nicht gefrühstückt hatte, wusste aber, dass in Kürze auch der Darm präpariert werden würde.

Und Oliver drückte sich einfach. Würde später sicher ein paar originelle Bemerkungen über ihre fahle Gesichtsfarbe loslassen und darüber, dass es nicht schaden könne, wenn es ihr mal kurz den Appetit verschlug. Vielleicht wartete er auch vor der Tür darauf, dass sie nach draußen stürzte, beide Hände vor den Mund gepresst, auf der Suche nach der Toilette.

Das würde nicht passieren. Teils aus Trotz, teils um sich zu beweisen, dass sie es konnte, trat sie wieder näher an den Sektionstisch heran. Weigel warf ihr einen freundlichen Blick zu. »Frau Just scheint zuletzt Salat gegessen zu haben«, sagte er.

Eine halbe Stunde später wies der Professor seinen Assistenten an, die Organe zurück in den Körper zu legen und den Torso wieder zuzunähen. Er zog die Latexhandschuhe aus und trat neben Fina. »Todesursache war Unterversorgung des Gehirns mit Sauerstoff durch schnellen Blutaustritt. Mit den Stichen wurden die Arteria carotis communis und die Vena jugularis interna durchtrennt.«

»Die Halsschlagader?«, fragte Fina nach.

»Genau. Und die innere Drosselvene. In der Lunge findet sich aspiriertes Blut. Als Tatwerkzeug vermute ich etwas sehr Spitzes, aber ohne Kanten. Kein Messer, eher einen Rundmeißel. Oder einen Grillspieß.«

»Verstehe.« Auch Fina entledigte sich der Handschuhe, die sie – anders als die Gummistiefel – nicht gebraucht hätte. »Gibt es sonst noch etwas Erwähnenswertes?«

»Wir müssen die Toxikologie abwarten, ich schicke ein paar Proben ins Labor. Aber nachdem das Opfer sehr rasch gefunden wurde und der Todeszeitpunkt gut eingrenzbar ist …« Er zuckte die Schultern. »Ich glaube nicht, dass uns noch große Überraschungen erwarten.«

»Lässt sich etwas zum Täter sagen?«

»Rechtshänder, hat dem Wundkanal zufolge von der Seite angegriffen. Muss zweimal sehr schnell zugestochen haben, bevor die Frau reagieren konnte.« Er formte die rechte Hand zu einer Art Klaue. »Wie eine Viper, verstehen Sie? Die stoßen auch oft mehrfach zu.« Zur Veranschaulichung ließ er die gekrümmten Finger zweimal auf Finas Gesicht zuschnellen. »Einen dritten Stoß scheint sie reflexartig mit der Hand abgewehrt zu haben, aber der war auch nicht mehr nötig.«

»Kann sie noch um Hilfe gerufen haben?«

Weigel überlegte kurz. »Die Luftröhre ist unverletzt, aber der Kreislauf muss sehr schnell zusammengebrochen sein … wenn, hat sie bestenfalls um Hilfe geröchelt.« Er schien zu registrieren, dass seine letzte Bemerkung bei Fina nicht gut ankam, und klopfte ihr freundschaftlich auf die Schulter. »Entschuldigen Sie bitte, Berufskrankheit. Die meisten von uns kompensieren ihre tägliche Portion Tod durch schwarzen Humor.«

»Ja.« Fina warf einen letzten Blick auf Nadine Justs Leichnam, der gerade mit groben Stichen zugenäht wurde. »Sie schicken uns den Bericht?«

»Natürlich.« Er reichte ihr die Hand, diese Hand, die noch vor Kurzem in Justs offener Bauchhöhle gesteckt hatte. »Es hat mich gefreut, Sie kennenzulernen. Sie sind ein Gewinn für das Team.«

Ein dickeres Fell, dachte Fina auf dem Weg nach draußen. Papa hat doch recht gehabt, ohne wird es nicht gehen. Sonst kann ich gleich den Job wechseln.

Sie entdeckte Oliver auf einer Bank vor dem Gebäude. Er hatte eine Zigarette in der linken, das Smartphone in der rechten Hand und scrollte sich durch die News-Seiten. »Ah«, sagte er, ohne aufzublicken. »Ich rieche dich kommen.«

Jede Replik, die ihr durch den Kopf ging, hätte ihn nur zufrieden grinsen lassen, also sagte sie nichts, sondern griff sich den Autoschlüssel, der neben ihm auf der Bank lag. Ungeachtet seines Protests setzte sie sich hinters Steuer und ließ den Motor an.

Zehn Sekunden später saß Oliver neben ihr. »Neue Erkenntnisse?«, fragte er, jetzt wieder sachlich.

Der Drang, ihn einfach zu ignorieren oder ihm unter die Nase zu reiben, dass er nicht fragen müsste, wenn er geblieben wäre, war stark. Aber auf diese Art würden sie nie zu einer produktiven Zusammenarbeit kommen.

»Sieht aus, als wäre alles wie vermutet. Todesursache war der starke Blutverlust, der Angriff dürfte von der Seite gekommen sein. Mit einer spitzen, spießartigen Waffe.«

»Okay.« Er ließ das Fenster auf der Beifahrerseite nach unten gleiten. »Dann fahren wir jetzt zurück.«

Es war als Anweisung gemeint, vermutete Fina, aber zu schwammig formuliert, um nicht auch als Vorschlag interpretiert werden zu können. Sie nahm Kurs auf den achten Bezirk, und als Oliver es bemerkte, waren sie schon fast an Gunther Marziks Adresse angekommen. *Ich werde in Kürze tot aufgefunden werden.* Sie hoffte, sie würde sich davon überzeugen können, dass er bloß einen schäbigen Witz gemacht hatte.

»Was willst du ... o nein, kommt gar nicht infrage!«, rief Oliver. »Davon war nicht die Rede! Wir haben mehr als genug anderes zu tun.«

»Stimmt«, entgegnete sie trocken. »Deshalb hast du ja auch die letzte Stunde über ein Sonnenbad vor der Gerichtsmedizin genommen.«

Während er sichtlich nach einer passenden Antwort suchte, bog Fina in die Florianigasse ein, in dem Bewusstsein, dass ein freier Parkplatz hier einem Lottotreffer gleichkam.

Das Haus lag auf der linken Straßenseite. Fina setzte den Blinker und hoffte auf eine Ausfahrt, in die sie den Wagen für ein paar Minuten würde abstellen können. Neben sich hörte sie Oliver etwas von einem Nachspiel murmeln, das ihre Aktion sicher haben würde, doch das nahm sie nur halb zur Kenntnis. Denn eben war jemand aus der Tür des Hauses getreten. Jemand, den sie kannte. Es war Tibor Glaser.

6.

Herzufahren war ein Fehler gewesen, das hatte Tibor sich schon gedacht, als er vor dem Haus angekommen war und Gunther Marziks Namen auf dem Klingelpanel gesucht hatte. Gefunden hatte er einen vergilbten, halb abgeblätterten Aufkleber, auf dem nur noch die Buchstaben *G. Marz* zu lesen waren. Er dachte an die Fotos des ungepflegt wirkenden Mannes mit dem aggressiven Funkeln in den Augen, die immer wieder die Blogeinträge flankierten, und wäre beinahe wieder gegangen. Doch dann rang er sich durch und drückte die Klingel.

Marziks gestriger Post konnte unmöglich Zufall gewesen sein, und vielleicht würde eine kurze Unterhaltung mit dem Mann ein wenig Licht auf das werfen, was mit Nadine passiert war. Auch wenn Tibor nichts mehr mit ihr zu tun hatte, auch wenn sich beim Gedanken an ihre letzten Gespräche alles in ihm zusammenzog – ihn ließ die Erinnerung an diesen Anblick nicht los. Nadine und das viele Blut. Ihr leerer Blick.

Er hatte die Nacht über sicher fünfzig Mal das Video angeklickt, der lebendigen Nadine dabei zugesehen, wie sie ihre eigene Ermordung ankündigte. Es hatte etwas Unwirkliches – solche Dinge passierten einfach nicht. Dass Marzik noch am selben Tag einen fast identischen Text absonderte, machte ihn zum einzigen Ankerpunkt in einem völlig irrealen Szenario. Deshalb stand Tibor nun vor dem Haus in der Florianigasse und nahm den Finger nicht mehr von der Klingel.

Doch es kam keine Reaktion, und vielleicht war das gut so, auch wenn Tibor wusste, wie sehr Untätigkeit ihm zusetzen würde. Marzik aufzusuchen war der einzig aktive Schritt, den er setzen konnte. Eine zweite Idee hatte er nicht.

In dem Augenblick, als er aufgeben und gehen wollte, wurde

die Eingangstür von innen geöffnet, und eine Frau mit zwei Dackeln an der Leine trat heraus. Tibor lächelte ihr freundlich zu und schlüpfte ins Haus.

Marzik hatte auf Nummer acht gewohnt, im zweiten Stock. Tibor stieg langsam Stufe für Stufe die Treppe hinauf. Es würde nicht einfach sein, einen überzeugenden Anfang für das Gespräch zu finden. Wenn er sofort die Karten auf den Tisch legte und nach den Hintergründen für den Blogeintrag fragte, würde der Mann ihm vermutlich die Tür vor der Nase zuschlagen. Und falls er wirklich nicht zu Hause war – wie lange sollte Tibor sinnvollerweise warten?

Doch schon, als er sich der Tür näherte, wurde ihm klar, dass er sich ein weiteres Mal Klingeln wohl sparen konnte. Auf der Fußmatte lagen Zeitungen, mindestens acht Stück. Falls Marzik geplanterweise weggefahren war, hatte er vergessen, sein Abo ruhend zu stellen.

Tibor bückte sich und suchte nach dem ältesten Blatt, das ganz zuunterst lag. Vor zehn Tagen erschienen.

Zehn Tage, in denen niemand die Schwelle dieser Wohnung überschritten hatte. Das ließ eine Menge Schlüsse zu. Besser, er ging jetzt. Besser, er ließ die Dinge auf sich beruhen und lenkte sich auf andere Weise ab – mit der Solarpaneel-Kampagne zum Beispiel, an der die Agentur gerade dran war. Oder mit einer Flasche Gin. Er war Nadine nichts mehr schuldig, sie wäre auch ermordet worden, wenn er sich nicht von ihr getrennt hätte. Schlechtes Gewissen war nicht angebracht, war nur ein unpassender Reflex, den er besser unterdrücken sollte.

Aber etwas in ihm war noch nicht bereit, lockerzulassen, also drückte er auch diese Klingel. Zog sich dazu den Ärmel seiner Jacke über den Daumen und kam sich lächerlich dabei vor.

Aus dem Inneren der Wohnung hörte er die Glockentöne von Big Ben, aber das war alles. Keine Schritte, kein »Komme gleich«.

Okay, nun reichte es wirklich. Er machte kehrt, lief die Treppen nach unten und trat vor das Haus. Er würde jetzt in die Agentur fahren und sich den betroffenen Blicken und verschämten Fragen seines Teams stellen. Früher oder später musste er das so oder so hinter sich bringen.

Er zog eben den Autoschlüssel aus der Jackentasche, als jemand seitlich in sein Blickfeld trat. Klein, kompakt, mit dunklem Haarknoten. »Herr Glaser?«

Die Polizistin von gestern. In seinem Kopf baute sich blitzschnell das Bild zusammen, das er gerade abgeben musste: das des Zeugen, der gestern die Leiche seiner Ex gefunden hatte und sich nun vor der Adresse eines Mannes herumtrieb, der ebenfalls seinen bevorstehenden Tod öffentlich gemacht hatte.

Und der seit zehn Tagen nicht mehr vor der Tür gewesen zu sein schien.

Tibor versuchte, sich zu sammeln. »Frau …«

»Plank.«

»Genau, Frau Plank. Guten Tag. Sie fragen sich bestimmt, warum ich hier bin, und das kann ich Ihnen auch erklären: Mir hat gestern ein Freund den Link zu Gunther Marziks Blog geschickt, und der letzte Eintrag war so … also, so ähnlich wie das …« Er merkte, dass er ins Stottern geriet, und hielt kurz inne. »Er war fast im gleichen Wortlaut verfasst wie das, was Nadine gesagt hat«, fuhr er ruhiger fort. »Deshalb dachte ich …«

Die Polizistin nickte, aber nicht bestätigend. Eher, als hätte sie eine lahme Erklärung wie diese erwartet.

»Ich kann Ihnen die Nachricht mit dem Link zeigen!« Tibor zog sein Handy hervor, so hastig, dass es ihm beinahe aus der Hand glitt. Er öffnete die App und scrollte nach unten, bis er Bernies letzte Meldung fand: *Ich verstehe auch nicht, was los ist, und ob gerade etwas sehr Merkwürdiges Schule macht, …*

Dazu der Link. Tibor hielt der Polizistin das Handy vors Gesicht, doch sie warf nur einen kurzen Blick darauf und seufzte dann. Es dauerte einen Moment, bis Tibor begriff, dass nicht sein Übereifer der Grund dafür war, sondern die Tatsache, dass Planks Kollege eben mit lautem Knall die Autotür hinter sich zugeworfen hatte und nun quer über die Straße heraneilte.

Der überhebliche Typ mit seinem übertriebenen Kumpelgetue. »Na, so was«, rief er im Näherkommen. »Herr Glaser. Ich kann mir nicht vorstellen, dass das ein Zufall ist.«

»Natürlich nicht. Ich habe gerade Ihrer Kollegin erklärt …«

Der Mann ließ ihn nicht aussprechen. »Fina, du überprüfst, ob Marzik zu Hause ist. Und wir, Herr Glaser, unterhalten uns.«

»Überprüfen ist nicht nötig.« Tibor empfand grimmiges Vergnügen dabei, den Polizisten zu ignorieren und sich nur an Plank zu wenden. »Ich war im Haus, vor der Wohnung stapeln sich die Zeitungen, ich würde wetten, dass auch der Briefkasten voll ist. Herr Marzik reagiert nicht auf die Türklingel.«

Plank verzog leicht den Mund. »Verstehe. Haben Sie, hm, wie soll ich sagen – sonst etwas beobachtet? Oder gerochen?«

Ihm war klar, was sie meinte. Und nun, da sie es ansprach, glaubte er wirklich, etwas zu riechen, das er nicht definieren konnte, das aber von ihr auszugehen schien. »Nein«, sagte er. »Wenn Sie meinen, ob aus der Wohnung Leichengeruch oder Brandgeruch oder Ähnliches dringt – nein.«

»Verstehe.« Plank wandte sich ab, doch schon beim ersten Schritt, den sie auf das Haus zutat, winkte ihr Kollege sie zurück. »Schon gut, ich übernehme das. Du wartest hier mit Herrn Glaser. Erkläre ihm, dass er Beobachtungen wie diesen Blogeintrag an uns melden soll, statt einen auf Sherlock zu machen.« Er nickte ihnen ungnädig zu und marschierte zum Hauseingang, wo er begann, verschiedene Klingelknöpfe zu drücken.

Tibor lehnte sich gegen einen Laternenpfahl. »Ich wollte Ihnen nicht ins Handwerk pfuschen«, sagte er müde. »Es ist nur … mich lässt Nadines Tod nicht los. Und meine beste Bewältigungsstrategie war es schon immer, aktiv zu werden.«

»Aha.« Sie warf ihm einen kurzen Blick zu und beobachtete dann weiter ihren Kollegen, dessen Namen Tibor vergessen hatte, der aber nun die Tür aufdrückte und im Haus verschwand.

Einige Zeit lang schwiegen beide. Dann hielt Tibor es nicht mehr aus. »Mir ist schon klar, wie das wirken muss. Gestern bin ausgerechnet ich es, der Nadine findet, und heute laufe ich Ihnen schon wieder über den Weg.«

Sie lächelte nicht, maß ihn nur mit prüfendem Blick. »Wir ziehen keine voreiligen Schlüsse, falls Sie das befürchten.«

Danach kehrte erneut Schweigen ein. Tibor beobachtete, wie Plank immer wieder den Kopf seitlich drehte, wie um an ihrem Haar zu riechen, und allmählich dämmerte ihm ein möglicher Grund dafür. Er biss die Zähne zusammen, fragte sich, ob die Polizistin vielleicht eben das gesehen hatte, was er sich nicht vorzustellen wagte.

»Weiß man schon«, begann er, sich von Wort zu Wort tastend, »wie Nadine ... also, woran genau sie gestorben ist?«

Plank sah zu ihm hoch, sichtlich irritiert, als hätte er gefragt, ob Wasser nass sei. »Sind Sie eigentlich Rechts- oder Linkshänder?«

»Rechts«, antwortete er automatisch und begriff gleichzeitig, worauf die Frage vermutlich abzielte. Also gab es bereits Erkenntnisse, was hieß, dass es wohl auch eine Obduktion gegeben hatte. Vielleicht erst heute. Gerade eben. Nun meinte er auch, den Geruch stärker wahrzunehmen, immer dann, wenn Plank sich bewegte. Möglicherweise Einbildung, aber wenn nicht ...

Unwillkürlich wich Tibor einen Schritt zur Seite. »Sie haben Marziks Blogeintrag auch gelesen?«, fragte er, im verzweifelten Bemühen, Small Talk zu machen. Was wahrscheinlich ein Fehler war, der ihn nur noch verdächtiger erscheinen lassen würde.

»Habe ich«, sagte Plank. Ihr Blick hing am Hauseingang, durch den ihr Kollege verschwunden war. »Kennen Sie Herrn Marzik denn?«

»Nein. Also, ich habe gelegentlich etwas von ihm gelesen, glaube ich, aber das ist schon einige Zeit her. Hat er nicht früher eine Kolumne für eine Tageszeitung geschrieben? Und war bekannt dafür, dass er nie ein Blatt vor den Mund genommen hat?«

Plank hob die Augenbrauen. »Ist das so?«

»Ja. Also, wenn ich mich richtig erinnere. Persönlich bin ich ihm aber nie begegnet, falls Sie das meinten.«

Sie zückte ihr Handy, tippte blitzschnell etwas ein und steckte es wieder weg. Ihr Kollege war noch nicht zurück – konnte es sein, dass er Marzik doch angetroffen hatte?

Aber kurz darauf trat der Polizist wieder auf die Straße hinaus. »In der Wohnung rührt sich nichts. Ich habe mit zwei Nachbarn gesprochen, aber die können sich nicht mehr genau erinnern, wann sie ihn zuletzt gesehen haben. Sie meinen, es wäre auf jeden Fall länger als eine Woche her.«

»Vermisstenmeldungen checken«, murmelte Plank. »In Ordnung. Herr Glaser? Sie bleiben bitte in der Stadt, und es wäre hilfreich, wenn Sie sich doch noch erinnern könnten, mit wem alles Frau Just Streit hatte.« Sie maß Tibor mit einem Blick, der etwas länger dauerte, als ihm angenehm war. »Wir melden uns wieder.«

7.

Ich wüsste nicht, wie er das hätte hinkriegen sollen.« Oliver saß auf dem Fahrersitz und streckte die Hand nach dem Autoschlüssel aus. »Wir wissen, wann er beim Sender angekommen ist. Es war jemand bei ihm, als er die Garderobe betreten hat.«

Fina ließ den Schlüssel in Olivers Hand gleiten und richtete ihren Blick geradeaus, während er losfuhr und dabei ohne Pause weitersprach. »Er hätte die Just umbringen und sich dann komplett umziehen müssen, denn er hätte jede Menge Blut abgekriegt. Denk an die Spritzmuster. Dann hätte er ungesehen wieder aus dem Haus müssen, um danach ganz entspannt den Portier um Zutritt zu bitten. Nicht realistisch, um es vorsichtig auszudrücken.« Oliver blieb ruckartig vor einer roten Ampel stehen. »Aber trotzdem hast du ihn irgendwie im Visier, stimmt's?«

Fina antwortete nicht. Einerseits, weil Olivers belehrender Ton ihr auf die Nerven ging. Andererseits, weil sie Glasers Auftauchen vor der Wohnung des Bloggers nicht einfach so abtun konnte. Er musste einen Grund gehabt haben, herzufahren. Und ärgerlicherweise war er vor ihnen da gewesen, er hatte Gelegenheit gehabt, Spuren zu verwischen oder Beweisstücke verschwinden zu lassen.

Aber sie musste zugeben, Oliver lag richtig, was die zeitlichen Abläufe der gestrigen Tat betraf. Und das mit Marzik war ein Schuss ins Blaue gewesen, eigentlich wussten sie rein gar nichts. Er konnte in Urlaub gefahren sein und sein Posting von einem Hotel aus hochgeladen haben, als idiotischen Scherz. Es gab keine Vermisstenanzeige und erst recht keine Leiche. Vermutlich gab es nur einen Blogger, der sich über die Verwirrung freute, die er gestiftet hatte.

Im Büro saß bereits der Fernsehchef.

Kurt Eferling war ein kleiner Mann, sogar in Finas Augen, wahrscheinlich hielt er sich deshalb so gerade. Obwohl er die sechzig schon hinter sich gelassen haben musste, war er schlank und trug einen dieser Slim-Fit-Anzüge, die gleichzeitig förmlich und sportlich wirkten. Sein Gesicht war Fina vage vertraut, er tauchte immer wieder bei gesellschaftlichen Events und Charity-Veranstaltungen auf, und er war es sichtlich nicht gewohnt, warten zu müssen.

»Tut mir wirklich leid«, sagte Oliver und schüttelte Eferling die Hand. »Ein ungeplanter Zwischenstopp. Möchten Sie gerne etwas trinken, bevor wir anfangen?«

Gleich würde er Fina wieder nach Kaffee schicken, doch sie hatte bereits am Tisch Platz genommen, das Aufnahmegerät vor sich abgelegt und verschanzte sich nun hinter einer, wie sie hoffte, undurchdringlichen Miene. »Setzen Sie sich doch, Herr Eferling«, sagte sie, absichtlich kühl, um einen Kontrapunkt zu Olivers Geschleime zu setzen. »Nachdem Ihre Zeit knapp ist, schlage ich vor, wir fangen gleich an. Sie waren während Nadine Justs letztem Auftritt im Haus?«

Es war Eferling anzusehen, dass er das Gespräch lieber mit Oliver geführt hätte. »Ja. Ich hatte eine Besprechung in meinem Büro.«

»Verstehe. Mit wem denn?«

Er hielt kurz inne. »Mit dem Unterhaltungschef. Alex Bertram. Sie können ihn fragen.«

»Machen wir.« Fina notierte sich den Namen. »Uns wurde gesagt, dass Frau Just Sie nach ihrem Auftritt in Ihrem Büro aufgesucht hat. Stimmt das?«

Der Mann nickte. »Ja, und sie war sehr aufgeregt. Verständlicherweise. Sie wollte, dass ich denjenigen finde, der den Teleprompter manipuliert hat. Oder diejenige, sie hatte Iris Radnitzky im Verdacht. Die Chefin vom Dienst, sie müsste eigentlich alles noch einmal abschließend kontrollieren, bevor es auf Sendung geht. Aber das ... dürfte nicht passiert sein.«

»Weil Frau Just erst auf den letzten Drücker eingetroffen ist, hat Frau Radnitzky uns gestern erklärt.«

»Ja, genau. Falls eine Sprecherin oder ein Sprecher nicht auftaucht, muss jemand anderes einspringen, und Iris sagte, sie wäre mit Herumtelefonieren beschäftigt gewesen.«

Fina öffnete den Mund für ihre nächste Frage, aber da hatte Oliver schon das Wort ergriffen. »Wer schreibt üblicherweise die Nachrichtentexte? Hat Frau Just das selbst getan?«

Einer von Eferlings Mundwinkel zuckte nach oben. »Nein. Wir haben im Nachrichtenteam zwar Journalisten, die selbst moderieren und schreiben, aber Frau Just hat sich auf die Präsentation konzentriert. Ihre Texte wurden von der Redaktion verfasst.«

Sie hatten schon gestern mit der jungen Redakteurin gesprochen, die die paar Sätze für die Kurzsendung zusammengestoppelt hatte. Melanie Dell war fast noch eine Praktikantin, gerade einmal dreiundzwanzig Jahre alt, und die ganze Zeit über den Tränen nahe. »Ich habe das nicht geschrieben, es war ein Beitrag über den Netzausbau, ich kann Ihnen den Text zeigen ...«

Sie hatte ihn tatsächlich ausgedruckt, und da war nirgendwo die Rede von Justs bevorstehendem Tod gewesen. Aber die Texte wurden – ganz oldschool – auf USB-Sticks gezogen, mit denen dann ein Notebook gefüttert wurde, über das der Teleprompter lief. Wer den Stick ins Studio gebracht hatte, wusste die Jungredakteurin nicht. Es war so stressig gewesen. Aber vermutlich Iris Radnitzky, meinte sie, die kümmerte sich um alles.

»Frau Just war also bei Ihnen im Büro«, schaltete Fina sich wieder in die Vernehmung ein. »Wie lange ungefähr?«

Eferlings Antwort kam unerwartet schnell. »Höchstens fünf oder zehn Minuten. Ich musste weg, ich hatte ein wichtiges Abendessen mit Werbekunden, sonst wäre ich länger geblieben und hätte sie beruhigt. Aber meine Frau hatte schon zweimal aus dem Wagen angerufen, und wir waren spät dran ...«

Zum Ende hin hatte Eferling immer schneller gesprochen, als wäre es ihm unangenehm, seine Ehe und Nadine Just im gleichen Atemzug zu erwähnen. Damit bestätigte er in Finas Augen das, was Radnitzky angedeutet und Glaser explizit ausgesprochen hatte. Aber sie wollte hören, wie Eferling es selbst sagte. Sie wollte ihm diese Frage nicht ersparen. »Wie eng war Ihr persönliches Verhältnis zu Frau Just?«

Sie konnte es hinter seiner Stirn arbeiten sehen. Wie er sich fragte, was sie schon gehört hatten. Ob es sinnvoll war, die Sache runterzuspielen. Ob sie ihn bei seiner Frau verpetzen würden.

»Wir haben uns gut verstanden«, sagte er schließlich. »Sie war talentiert, und ich wollte sie für den Sender aufbauen. Aber sonst kann ich Ihnen leider nicht viel über sie erzählen, so gut kannte ich sie nicht. Außer vielleicht, dass ich sie sehr geschätzt habe für ihre … Zielstrebigkeit. Und dafür, dass sie nie ein Blatt vor den Mund genommen hat, so was ist ja eine Seltenheit heutzutage. Damit hat sie sich nicht sehr viele Freunde gemacht, aber das haben Sie bestimmt schon von den anderen erfahren.« Er warf einen Blick auf seine Armbanduhr, und Oliver räusperte sich. »Wir werden Sie nicht mehr viel länger aufhalten. Aber ich hätte gern eine persönliche Einschätzung von Ihnen: Gibt es jemanden, dem Sie die Tat zutrauen? Sie machen auf mich den Eindruck eines Menschenkenners.«

Fina konnte sich einen ungläubigen Blick in Olivers Richtung nicht verkneifen. Was versprach er sich davon, dem Mann Honig ums Maul zu schmieren? Von wegen Menschenkenner. Nach allem, was sie bisher im Sender gehört hatte, interessierte Eferling sich nicht sehr für Menschen, seine Mitarbeiter waren für ihn mehr oder weniger austauschbar. Er betrachtete sie nicht als Teil seines Teams, sondern eher als Untergebene.

Und jetzt lächelte er wie ein gütiger König. »Wo denken Sie hin, ich würde nie jemanden von unseren Leuten verdächtigen. Wirklich nicht. Die Atmosphäre bei Quick-TV ist sehr freundschaftlich, sehr kollegial. Ich bin überzeugt davon, es muss jemand von außerhalb gewesen sein.«

»Was uns zu den Sicherheitsmaßnahmen im Haus bringt«, sagte Fina schnell, während Eferling sich bereits von seinem Stuhl erhob.

»Natürlich.« Er blickte wieder auf seine Uhr. »Die Aufnahmen der Überwachungskamera am Eingang haben Sie hoffentlich schon erhalten? Über sonstige Details sprechen Sie am besten mit unseren Portiers. Die sind gleichzeitig auch Sicherheitsbeauftragte, in gewisser Weise.«

Er streckte Fina die Hand entgegen. »Ich stehe Ihnen für Auskünfte gerne wieder zur Verfügung«, sagte er, als hätte er tatsächlich eine Wahl in dieser Sache.

Oliver bedankte sich für die *große Hilfe,* dann begleitete er Eferling nach draußen. Fina sah den beiden nach, dem großen Mann und dem kleinen. Doch obwohl Oliver den Senderchef um gut einen Kopf überragte, war nicht zu übersehen, wie sehr er zu ihm aufblickte.

Ich habe sie sehr geschätzt für ihre Zielstrebigkeit. Und dafür, dass sie nie ein Blatt vor den Mund genommen hat.

Fina setzte sich hinter ihren Computer. Das mit dem Blatt würde sie sich genauer ansehen, auch wenn sie sicher war, dass Eferling an Nadine Just vor allem andere Dinge geschätzt hatte. Ihren Hintern, zum Beispiel.

Nein, stopp. So lief das nicht. Kein Schablonendenken, auch wenn es in diesem Fall schwerfiel. Sie klickte den Browser an und stellte die Sitzfläche ihres Stuhls auf die höchstmögliche Position. Irgendjemand musste kürzlich auf ihrem Platz gesessen haben, wahrscheinlich sogar Oliver, auf dessen Schreibtisch es auch jetzt wieder aussah, als wäre eine Handgranate explodiert.

Nadine Just, gab sie bei Facebook ein. Die über tausend Kommentare, die seit gestern unter ihrem letzten Posting geschrieben worden waren, würden sie Stück für Stück durchgehen müssen.

Seien wir ehrlich, die Fernsehpreise räumen immer nur langweilig-frustrierte Produktionen und langweilig-frustrierte Frauen ab, die keiner kennt und keiner kennen will, hatte Just vermeldet und dazu freundlicherweise das Foto einer Kollegin gepostet.

Fina gestand es sich nur ungern ein, aber sie kannte sie tatsächlich nicht.

Darunter gab es jetzt eine Menge Beileidsbekundungen, Rest-in-Peace-Bildchen und Engel-GIFs. Aber auch Meldungen wie *Sie war eine Bitch, aber das hat sie nicht verdient* oder *Nicht schade um sie, sorry.*

Fina scrollte weiter nach unten, und eine halbe Stunde später war klar, dass sie vor einer Monsteraufgabe standen. Sie hatte erst die Postings des letzten Monats durchgesehen, aber schon in diesem Zeitraum zwölf Leute gefunden, über die sich Just abfällig bis rufschädigend geäußert hatte. Von denen, mit denen sie sich in die Haare geraten war, ganz zu schweigen.

Glaser hatte nicht übertrieben, seine Ex-Freundin war keiner Gelegenheit zum Streit aus dem Weg gegangen.

Sie würden eine Liste erstellen müssen. Herausfinden, wo die jeweiligen Personen sich gestern aufgehalten hatten. Aufschlüsseln lassen, wer hinter anonymen Konten steckte. Immerhin war die Wahrscheinlichkeit hoch, dass der Täter nicht von allzu weit herkam. Auch wenn das Internet die ganze Welt umspannte, kaum jemand setzte sich extra in ein Flugzeug, um eine unliebsame Unbekannte aus dem Weg zu räumen.

In einem neuen Word-Dokument notierte Fina die Namen der Facebook-User, die besonders heftig auf Just reagiert hatten, während ihre Gedanken zu Tibor Glaser und Kurt Eferling wanderten. Und zu der Binsenweisheit, dass Frauenmorde üblicherweise von nahestehenden Männern begangen wurden. Demnach wäre es viel vernünftiger, seine Energie auf den engsten Kreis rund um das Opfer zu konzentrieren. Sich beispielsweise mit Eferlings Frau zu unterhalten, von der sicher erhellendere Erkenntnisse zu erwarten waren als von Leuten, die ihre Wut im Netz auslebten.

Fina klickte die Liste weg und griff nach ihrem Schreibblock. Sie würden ohnehin jede Minute aufbrechen und ihre Befragungen im Sender fortsetzen. Sich im Studio genauer umsehen. Sich ein besseres Bild machen von …

Ihr Telefon klingelte. »Zentrale hier«, sagte eine weibliche Stimme. »Wir haben eine Meldung hereinbekommen. Eine Frau Binder behauptet, ihr Hund hätte etwas im Wald gefunden.« Kurze Pause. »Sie sagt, es ist ein Arm.«

8.

Tibor wehrte sich nicht gegen ihre Umarmungen. Sabina vom Empfang, Hanna und Celine, Amir und Dominik. Und natürlich Bernie. Sie alle fielen ihm um den Hals, als er die Agentur betrat, nacheinander. Wahrscheinlich, weil ihnen das längere Reden ersparte. Wer erfolgreiche Werbetexte schrieb, musste deshalb noch lange nicht gut mit einfühlsamen Worten sein.

Zumal es ja nicht einfach war, in diesem Fall die richtigen zu finden. Was sagte man anlässlich der Ermordung einer Ex-Freundin, wenn man noch gut in Erinnerung hatte, dass die Trennung nicht gerade harmonisch verlaufen war?

In den letzten Phasen ihrer Beziehung war Nadine zweimal in der Agentur aufgetaucht und hatte Tibor angebrüllt. Was er sich einbilde. Wie sehr er das noch bereuen würde. Dass man sich von einer Frau wie ihr nicht trenne, wenn, dann lief das umgekehrt.

Sie hatte einen seiner Werbepreise an die Wand geworfen, glücklicherweise nicht den gläsernen, sondern den aus Messing. Darunter gelitten hatte nur die Wand. Auch jetzt, als Tibor sich erleichtert in die Einsamkeit seines Büros zurückzog, fiel sein Blick auf die Stelle, die neu hatte verputzt werden müssen.

Kaum hatte er sich in den Drehsessel fallen lassen und den

Computer eingeschaltet, kam Bernie herein, in jeder Hand einen gut gefüllten Cognacschwenker. »Wie geht's dir denn?«, fragte er und stellte das Glas vor Tibor ab.

»Gute Frage. Mir geht es unwirklich, das trifft es wahrscheinlich am besten. Als wäre ich heute Morgen in einem Paralleluniversum aufgewacht. Außerdem«, er hob das Glas, »spüre ich noch den Restalkohol von gestern. Danke für den Drink, aber ich glaube, ich passe.«

Bernie nickte mehrmals und setzte sich auf einen der Besucherstühle. Als ihre Blicke sich wieder trafen, musste Tibor daran denken, dass Nadine seinen Agenturpartner immer »Frosch« genannt hatte. Wegen der leicht vorstehenden Augäpfel.

»Ich will mir gar nicht vorstellen, wie das für dich gewesen sein muss.« Bernie ließ die bernsteinfarbene Flüssigkeit im Glas kreisen. »Der Schock. Sie so zu sehen.«

Die Bilder waren wieder in seinem Kopf. Der Geruch sofort präsent. Schlachthaus. Nun griff er doch nach dem Cognac und nahm einen großen Schluck. »Der Link, den du mir gestern geschickt hast, zu diesem Blog.«

»Ja. Eigenartig, oder?«

»Ich war vorhin an der Adresse, der Mann dürfte schon tagelang nicht mehr zu Hause gewesen sein. Und weil mein Karma derzeit echt im Arsch sein muss, bin ich auch gleich noch der Polizei über den Weg gelaufen.« Er lachte auf, bitter. »Die haben den Blog auch gelesen.«

Das Mitgefühl in Bernies Zügen war etwas anderem gewichen. Etwas Härterem. »Die haben dich dort gesehen? Warum tust du so etwas, Tibor? Willst du unbedingt in der Schusslinie stehen?«

»Was? Nein! Ich wollte mit dem Mann reden und ihn fragen, ob er das tatsächlich witzig findet. Ich wollte etwas tun, verstehst du das nicht? Einfach nur herumsitzen macht mich irre, deshalb bin ich auch hergekommen, ich …«

»Das hättest du besser gleich getan.« Bernie seufzte. »Ich wollte dir das eigentlich nicht schon heute aufs Brot schmieren, aber wir haben mehr als nur eine besorgte E-Mail bekommen. Von langjährigen Kunden, die wissen wollten, ob du der Ex-Freund bist, der Nadine gefunden hat.« Noch ein Seufzen. »Wenn die Medien anfangen, dich als Tatverdächtigen zu handeln, wird es schwierig für die Agentur.«

Diesen Gedanken hatte Tibor bisher jedes Mal schnell beiseitegewischt. Aber klar, sein Name war Teil der Marke. Aschbach&Glaser, er kam im Agenturnamen nur aus Gründen der alphabetischen Reihenfolge an zweiter Stelle. Und natürlich brachte man ihn mit Nadine in Verbindung, sie waren ein bekanntes Paar gewesen, waren immer wieder in den Gesellschaftsspalten aufgetaucht.

»Ich halte mich künftig zurück«, versprach er. »Aber du selbst hast mir diesen Link geschickt, du musst doch verstehen, dass der tausend Fragen für mich aufwirft.«

»Ja.« Bernie wirkte nicht beruhigt, im Gegenteil. Er nippte an seinem Cognac. »Sag mal, wann hast du das letzte Mal einen Blick auf Nadines Facebook-Konto geworfen?«

Das war einfach zu beantworten. »Nicht mehr, seit wir uns getrennt haben. Sie hat mich geblockt, auf allen Kanälen. Wieso?«

Bernie blickte an Tibor vorbei. »Sabina hat da etwas gefunden. Am Empfang war heute nicht viel zu tun, und da hat sie – ach, sieh es dir selbst an.« Er stand auf und winkte Tibor nach draußen, in die Halle.

»Entschuldige, Bienchen, lässt du uns kurz an deinen Computer? Ich möchte Tibor zeigen, worauf du gestoßen bist.«

An Sabinas gezwungenem Lächeln war unschwer zu erkennen, was sie von dem Spitznamen Bienchen hielt. Aber sie protestierte nicht, sondern seufzte nur und machte nach ein paar Mausklicks Platz vor ihrem Computer.

Es war schlimmer, als Tibor erwartet hatte. Das Foto war durch die Fenster des *Café Sperl* aufgenommen worden, wo Nadine und er eines ihrer letzten Streitgespräche geführt hatten. Wenn nicht überhaupt das letzte. Er wusste noch genau, wie peinlich es ihm gewesen war, obwohl sowohl er als auch Nadine sich bemüht hatten, kein Aufsehen zu erregen.

Doch auf diesem Bild wirkte das ganz und gar nicht so. Es musste in dem Moment geschossen worden sein, als er genug gehabt hatte und aufgestanden war. Was hier den Eindruck vermittelte, als beugte er sich drohend über den Tisch.

Es war Tibor schleierhaft, wie dieses Foto hatte zustande kommen können. Am wahrscheinlichsten war, dass ein Passant sie durchs Fenster erkannt und die Gelegenheit für einen Schnappschuss genutzt hatte. Um den dann an Nadine zu schicken?

Egal, irgendwie hatte sie ihn in die Finger bekommen und ihn maximal wirksam eingesetzt. *Es ist vorbei, ich will diesen Mann nie wieder sehen,* hatte sie dazugeschrieben. *Ich habe etwas viel Besseres verdient.*

»Scheiße«, hörte Tibor sich selbst murmeln. Ihm war vollkommen klar, wie das Posting ihn aussehen ließ. Welche Schlüsse es nahelegte.

Die Kommentare der vergangenen achtzehn Stunden bestätigten das.

Ein Bild, das alles sagt.

Dann muss man den Täter ja nicht mehr lange suchen.

Das Arschloch hat sie auf dem Gewissen.

Nicht überraschend. Es sind doch immer die in ihrem Stolz gekränkten Männer.

Dem sollte man die Eier abschneiden.

Tibor klickte den Beitrag zu. Natürlich würde sich früher oder später herausstellen, dass er Nadine nicht getötet hatte, doch sein Ruf würde nie mehr der gleiche sein. Er war Werbemann, er wusste, welche Botschaften haften blieben. Und welche Bilder.

Am besten, sie entfernten seinen Namen gleich aus dem Agenturlogo. Oder nein, das würde nach Eingeständnis aussehen.

»Wir wissen, dass das Blödsinn ist«, hörte er Sabina mit leiser Stimme sagen. »Mach dir keine Sorgen.«

Er nickte, flüsterte ein Danke und schlich in sein Büro zurück. Diesmal folgte ihm niemand, er konnte ungestört die Wand anstarren und den restlichen Cognac in sich hineinkippen. Auf nüchternen Magen, wenn er sich nicht täuschte – nach Frühstück war ihm nicht zumute gewesen. War aber egal. Sein Kopf fühlte sich ohnehin schon an wie mit Styropor gefüllt.

Den eigenen Computer einzuschalten erwies sich als der nächste Fehler. Doppelt so viele Mails wie sonst üblich, einige davon mit dem Betreff »Unser Auftrag«. Voll böser Ahnungen las Tibor die ersten drei durch – immerhin waren es keine Stornierungen. Oder möglicherweise doch, in höflich verbrämter Form.

Angesichts Ihres eben erlittenen Schicksalsschlags hätten wir volles Verständnis dafür, wenn Sie keine Kapazitäten aufbringen können, unseren Auftrag termingerecht zu erfüllen, und würden in diesem Fall eine andere Agentur …

Halb wütend, halb verzweifelt schrieb Tibor zurück, dass er zwar erschüttert, aber durchaus in der Lage sei, seiner Arbeit nachzugehen. Termingerecht.

Nach etwa einer Stunde klopfte es an der Bürotür. »Lass uns auf einen Kaffee gehen«, schlug Bernie vor und lotste ihn ins *Café Central.* Was einerseits eine gute Idee war – den Touristen, die hier die Hauptkundschaft darstellten, war Tibors Gesicht garantiert fremd. Andererseits gehörte das *Central* zu den Kaffeehäusern alten Stils, in denen sämtliche Tageszeitungen auslagen. Von jedem Titelblatt blickte ihm Nadine entgegen.

»Wir müssen uns eine Strategie überlegen«, sagte Bernie, doch Tibor hörte ihm nur mit einem halben Ohr zu. Er hatte immer noch keinen Hunger, würde nun aber langsam etwas essen müssen, wenn er nicht wollte, dass ihm übel wurde.

»In den nächsten paar Wochen kümmere ich mich um die Kundenkontakte, wenn du einverstanden bist«, fuhr Bernie fort. Tibor nickte, während er die Optionen Apfelstrudel und Käsetoast gegeneinander abwog. Beides fühlte sich falsch an.

»Und du solltest nachdenken, ob es in deiner Vergangenheit Frauen gibt, die die Gelegenheit nutzen könnten, ein wenig späte Rache zu üben. In dieser Situation reichen eine oder zwei, die erzählen, dass du sie grob angefasst ha...«

»Was?« Das Wort war Tibor deutlich zu laut entfahren, was er erst bemerkte, als mehrere Köpfe sich nach ihm umwandten. »Spinnst du?«, fragte er leiser. »Ich habe nie irgendjemanden grob angefasst. Stimmt schon, fast alle meine Ex-Freundinnen haben sich von mir getrennt, nicht umgekehrt. Aber doch nicht aus Angst, verdammt! Zu wenig Zeit, zu wenig Aufmerksamkeit, zu viel Job ... Sie waren am Ende alle froh, mich los zu sein, und haben mich innerhalb von Wochen vergessen, fürchte ich. Waren alle schneller wieder vergeben, als ich Ciao sagen konnte. Ich schätze, das war ihnen Rache genug.« Lag da etwas wie Genugtuung in Bernies kugelrunden Augen? Und wennschon. »Esther ist mittlerweile verheiratet und schwanger, habe ich gehört. Rebecca ist sogar ausgewandert, soviel ich weiß. Ihre letzten Instagram-Postings kamen aus Panama. Marie-Luise ist Chirurgin und engagiert sich neuerdings politisch.« Tibor winkte den Kellner heran, der pantomimisch »komme gleich« signalisierte.

»Ich interessiere die einfach gar nicht mehr«, fuhr er mit müder Stimme fort. »Sie sind erfolgreich, gebunden – und zufrieden, wie ich hoffe. Keine von ihnen hat Grund, sauer auf mich zu sein.«

»Hoffentlich.« Bernie zupfte ein kurzes, braunes Haar von seinem Jackett. »Was macht Rebecca in Panama?«

»Meeresbiologie, denke ich. Das war ja immer schon ihr Ding.«

»Das und Stimmungsschwankungen.«

»Am Meer hatte sie die nicht. Hör mal, warum …«

»Ich will doch nur alle Möglichkeiten durchdenken«, erklärte Bernie, unterbrach sich aber, als der Kellner an ihren Tisch trat. Apfelstrudel, beschloss Tibor, und einen doppelten Espresso.

»Alle Möglichkeiten bedenken«, setzte sein Freund unmittelbar fort, kaum dass sie wieder allein waren. »Wir haben seit MeToo doch schon zig Male gesehen, wie das läuft. Oft zu Recht, na klar, aber wer weiß schon, ob nicht auch viele Frauen eine bequeme Gelegenheit ergriffen haben, ihrem Ex eins auszuwischen? Bei deiner Situation gerade wäre jedes schiefe Wort Dynamit.« Er nippte an seinem Cappuccino. »In welche politische Richtung engagiert sich Marie-Luise?«

So ging es weiter. Bernie klopfte die letzten zehn Jahre von Tibors Privatleben ab, ohne am Ende beruhigt zu sein. Seine Frage nach etwaigen One-Night-Stands würdigte Tibor keiner Antwort mehr, sondern schüttelte nur den Kopf und kaute jeden Bissen des Apfelstrudels so lange, bis er im Mund das doppelte Volumen angenommen hatte.

Es war sicher die Sorge um das gemeinsame Unternehmen, das hinter Bernies Fragen steckte. Keine billige Neugier. Kein Neid auf Tibors unbestreitbaren Erfolg bei Frauen. Und schon gar keine heimliche Freude darüber, dass dieser ihn jetzt Kopf und Kragen kosten konnte.

9.

Fina lief durch die Büros, aber Oliver war nirgendwo zu sehen. »Der ist zu diesem Sender gefahren«, erfuhr sie schließlich von Ahmed, der ihr auf dem Gang entgegenkam. »Mit Manfred, um noch einmal Gespräche vor Ort zu führen. Hat er dir gar nichts gesagt?«

»Nein.« Sie widerstand dem Impuls, gegen die Wand zu treten. »Und das ist echt scheiße, denn erstens hätte ich dabei sein sollen, und zweitens haben wir gerade einen Leichenfund reinbekommen. Wahrscheinlich kein Zusammenhang, aber ...«

Ahmed nickte. Einmal, kurz und militärisch, ein zackiges Senken des Kinns. »Ich kläre das schnell mit dem Chef, checke du, ob die Spurensicherung schon Bescheid weiß.«

Es dauerte gut zwanzig Minuten, bis sie losfuhren. Fina hatte telefoniert und den Ort des Funds gegoogelt – ein Waldstück in der Nähe einer Kleingartensiedlung, die den schönen Namen Wasserwiese trug. Einer Eingebung folgend, suchte sie die Siedlung erst über Google, dann auf Facebook, wo es tatsächlich eine Seite des Kleingartenvereins gab. Viele Bilder von Kletterrosen, Tomatenpflänzchen und Grillabenden.

Sie scrollte langsam immer weiter nach unten. Veilchen, Lavendel, Bratwürste und ...

Eine Gruppe von fünf Menschen, die mit Bierflaschen in der Hand beisammenstanden. Ihr Blick blieb an dem Mann ganz links haften, sie vergrößerte das Foto auf dem Bildschirm. Beugte sich vor. War das Marzik? Schwer zu sagen, er hatte den Kopf zur Seite gedreht, und die Fotoqualität war nicht berauschend.

Fina scrollte weiter, hielt erneut inne. Betrachtete das Foto, auf das sie gestoßen war, und nahm sich vor, keine übereilten Schlüsse zu ziehen, auch wenn das schwierig war.

Das Bild zeigte drei große Zucchini auf einem hölzernen Gartentisch. Der Text darunter lautete *Reiche Ausbeute.* Darüber war der Verfasser des Postings angegeben: *Gunther Marzik ist hier: Kleingarten Wasserwiese.*

Die ganze Fahrt über arbeitete Fina an dem Vorsatz, die Situation völlig offen zu betrachten. Nicht davon auszugehen, dass der gefundene Arm Marzik gehörte. Half nur leider nichts, sie fühlte, wie die Gewissheit sich in ihrem Inneren festigte. Immerhin hatte sie Ahmed nichts von ihrem Netzfund erzählt, damit würde er neutral an die Sache herangehen können.

Es dauerte knapp zwanzig Minuten, bis sie an der Wasserwiese eintrafen. Die Kleingartensiedlung lag an der befahrensten Stadtautobahn des Landes, der Südosttangente, und Fina fragte sich flüchtig, wie viel Oktan Marziks Zucchini wohl gehabt hatten. Ahmed parkte ein, und zu ihrer Linken entdeckte Fina bereits die ersten bekannten Gesichter.

Die Spurensicherung schien nur Minuten vor ihnen angekommen zu sein. Der Spusimann von gestern – Georg – stieg gerade in seinen weißen Schutzanzug, als er Fina entdeckte. »Hallo! So schnell hatte ich nicht wieder mit euch gerechnet.« Er zog sich die Kapuze über den Kopf. »Ein bisschen wird es noch dauern mit den Ergebnissen vom Just-Tatort, aber ihr seht ja …« Er deutete mit dem behandschuhten Zeigefinger in Richtung Wald. »Viel zu tun. Wir rufen euch, wenn wir fertig sind.«

»Weißt du, wo wir die Frau finden, deren Hund den Arm apportiert hat?«

»Ja, die sitzt im Schutzhaus Wasserwiese, gleich da vorne. Beeilt euch, zwei Schnäpse hat sie angeblich schon intus.« Damit ging er auf die Fundstelle zu, um die gerade rot-weißes Absperrband gezogen wurde. Aus einem Kombi stiegen zwei weitere Polizisten, jeder einen Suchhund an der Leine.

Fina ging voran, Ahmed folgte ihr, den Blick wie meistens fest auf sein Smartphone gerichtet. »Kann nicht aus dem fahrenden Auto geworfen worden sein«, sagte er, mehr zu sich selbst.

»Du meinst, der Arm von …« Sie unterbrach sich. »Der Arm der Leiche?«

»Ja. Überall Schallschutzwand. Sonst wär's relativ praktisch. Zumindest, wenn du weißt, wo die Verkehrskameras installiert sind. Du fährst die Autobahnen ab und wirfst da einen Arm raus, dort einen Kopf …«

Sie hatte die Hand schon auf der Türklinke der Gaststätte. »Praktischer als Müllbeutel und Verbrennungsanlage? Ich weiß nicht.«

Beim Eintreten empfing sie Hundegebell. Ein schwarz-weißer Mischling mit Hängeohren kläffte und wedelte ihnen hingebungsvoll entgegen. Die Frau, die ihn an der Leine hielt, saß auf der Bank hinter einem Holztisch, auf dem tatsächlich ein leeres Schnapsglas stand.

Fina schätzte sie auf Mitte sechzig, sie trug eine verblichene blaue Kapuzenjacke, die über Brust und Bauch spannte. Das graublonde Haar umrahmte ihr Gesicht in kleinen Löckchen. Eine Frisur, die zumindest zu Finas Lebzeiten nie modern gewesen war.

»Hallo, ich heiße Fina Plank, und das ist mein Kollege Ahmed Kayali. Wir sind von der Polizei, Ermittlungsdienst.« Sie hielt der Frau ihren Ausweis hin. Der Hund bellte immer noch. »Würden Sie mir Ihren Namen sagen?«

»Elfriede Binder.« Ihr Blick wanderte zu Ahmed und wieder zurück zu Fina. »Spricht er Deutsch?«

Ahmed gab ein unterdrücktes Schnauben von sich. »Ja, Frau Binder«, sagte er mit übertriebener Wiener Färbung und ebenso übertriebener Höflichkeit. »Keine Sorge, ich spreche es und verstehe es.«

Sie zog den Kopf zwischen die Schultern. »Ist gut. Entschuldigung.«

Fina setzte sich der Frau gegenüber, woraufhin der Hund endlich zu bellen aufhörte. »Sie sehen aus, als würden Sie sich nicht wohlfühlen. Sollen wir einen Arzt für Sie rufen?«

Nach kurzem Zögern schüttelte die Frau den Kopf. »Nein. Geht schon.«

»Gut. Dann würden Sie uns ein paar Fragen beantworten?«

»Ja.« Sie ließ eine Hand unter den Tisch gleiten, als wollte sie den Hund streicheln, zog sie aber unmittelbar wieder zurück.

»Wir würden gerne wissen, wie genau Sie den Arm gefunden haben. Bei einem Spaziergang, richtig?«

Elfriede Binder sah sie aus wässrigen Augen an. »Ich habe gar nichts gefunden, das war Mira. Wir gehen sonst nie auf dieser Seite der Siedlung spazieren, aber heute ist sie einfach dort hingelaufen. Sie war nicht an der Leine, wissen Sie, weil sie eigentlich sehr gut folgt.« Binder senkte den Blick kurz auf ihre nun friedlich daliegende Hündin. Schluckte hörbar. »Sie ist in dem kleinen Wäldchen verschwunden, und ich musste ihr nach, weil sie nicht mehr zurückgekommen ist, egal, wie sehr ich gerufen habe.«

»Und dort«, fragte Ahmed, »hat sie den Arm gefunden?«

Die Frau nickte. »Sie hat daran ... gefressen«, murmelte sie. »Ich sehe das immer noch vor mir. So schrecklich.« Sie sah Hilfe suchend den Wirt an, der ihre stumme Bitte umgehend zu verstehen schien und ein weiteres Schnapsglas füllte.

»Ich meine – wie soll ich das jemals vergessen? Mira ist so eine Süße, sitzt immer mit mir auf der Couch, und wir kuscheln und ...« Sie schluckte. »Das kann ich mir jetzt einfach nicht mehr vorstellen.«

Fina gab ihr Bestes, um die Frau zu beruhigen. Bekräftigte, dass die Hündin ein ganz wundervolles Tier sei, aber eben ein Hund, für den Fleisch nichts anderes als Futter war. »Jeder andere Hund hätte die Gelegenheit genauso genutzt«, sagte sie und spürte Ahmeds Blick von der Seite. Ja, seltsame Formulierung. »Haben Sie noch mehr im Wald gefunden?«, fuhr sie hastig fort. »Kleidungsstücke, zum Beispiel? Oder Ähnliches? Haben Sie etwas angefasst?«

Binder schüttelte den Kopf, griff dann nach dem Schnaps und stürzte ihn in einem Zug hinunter. Birnenbrand, dachte Fina. Riecht gar nicht schlecht. Riecht, als könnte man damit hässliche innere Bilder zersetzen. Wegätzen.

»Ich habe nur Miras Maul auseinandergezogen. Dabei habe

ich den Arm auch berührt, leider, Sie wissen gar nicht, wie der gestunken hat, das war so ... ekelhaft.« Sie wischte sich mit dem Handrücken über den Mund; der Wirt hob fragend die Schnapsflasche, doch Binder schüttelte den Kopf.

»Was ich auch noch gerne wissen würde«, tastete Fina sich vor, »gibt es bei Ihnen in der Siedlung jemanden namens Gunther Marzik?«

Die Frage überraschte Ahmed merklich mehr als Elfriede Binder. Doch er sagte nichts, obwohl seine Irritation unverkennbar war. Binder faltete die Hände vor dem Mund. »Ja. Der hat seit fünfzehn Jahren hier einen Garten, aber ich kenne ihn nicht besonders gut. Denken Sie, er hat etwas damit zu ... oder glauben Sie, er ist ...« Sie brach ab. Wahrscheinlich fragte sie sich, ob sie die Hand, die zu dem gefundenen Arm gehörte, früher schon einmal geschüttelt hatte.

Nun beugte sich auch der Wirt über die Theke. »Gunther? Ja, natürlich hat der hier ein Haus. Ist im Sommer oft hier, man könnte sagen, er ist ein Stammgast.«

»Und wann«, erkundigte sich Fina, »haben Sie ihn zuletzt gesehen?«

Der Wirt nahm sich Zeit zu überlegen. »Ich glaube, das war vor ungefähr zwei Wochen. Er war alleine da und hat Zeitung gelesen.«

»Können Sie sich noch erinnern, wie er gewirkt hat? Niedergeschlagen? Ängstlich?«

»Normal«, sagte der Wirt, dem zu dämmern schien, worauf die Fragen hinausliefen. »Er hat Gulasch und Bier bestellt. Das weiß ich noch. Ist aber keine besondere Leistung, das hat er immer gegessen.«

»Ich würde Sie etwas später bitten, uns sein Haus zu zeigen.« Fina stand auf. Betrachtete den Hund, der den Kopf auf den gekreuzten Pfoten abgelegt hatte und mäßig interessiert zu ihr hinaufschielte. »Danke für Ihre Hilfe.«

Das Absperrband flatterte im aufkommenden Wind. Fina hielt es mit beiden Händen fest und erzählte Ahmed, wieso sie nach Gunther Marzik gefragt hatte. Berichtete von ihrer Facebook-Recherche.

Zwischen den Bäumen konnte sie eine der weiß vermummten Gestalten sehen, doch es war unmöglich festzustellen, um welchen der Spurensicherer es sich handelte. Georg war es nicht, denn der tauchte ein paar Minuten später am Waldrand auf, entdeckte Fina und marschierte auf sie zu.

»Ihr solltet euch das ansehen. Ist nicht schön, aber aufschlussreich. Wir haben noch Ersatzanzüge im Wagen, ich bringe euch welche.«

Fina wusste zu schätzen, dass er sie damit ebenso meinte wie Ahmed. Kein *wenn du dir das zutraust* oder *wenn du einen guten Magen hast.* Sie nahm den Einwegoverall entgegen und merkte schon beim Hineinsteigen, dass er viel zu groß war. Wie immer. Mühsam krempelte sie Hosenbeine und Ärmel hoch. Ahmed war bereits unter der Absperrung hindurchgeschlüpft.

Fina folgte ihm, folgte auch den Stimmen, die aus dem Wald drangen. Und einem Geruch, der mit jedem Schritt intensiver wurde.

Dann sah sie, was die Kollegen mit ihren Suchhunden gefunden hatten. Hörte Ahmed »Scheiße« stöhnen und trat näher.

Die zweite Leiche an diesem Tag, und sie war in weit schlimmerem Zustand als die erste. Nicht nur der Arm fehlte, sondern das halbe Gesicht. Fina versuchte, trotzdem darin etwas von Gunther Marzik zu erkennen, eine Ähnlichkeit zu dem Foto in seinem Blog. Doch sie scheiterte.

Der einarmige Torso konnte jedem gehören. Was vom Gesicht übrig war, war schwarz, und auch mit Fingerabdrücken würden sie Pech haben, denn die verbliebene Hand war stark verstümmelt.

»Tierfraß«, erklärte Georg und stellte sich neben sie. »Gut

möglich, dass der Tote einfach mit Herzinfarkt umgekippt ist, aber nachdem er nicht gefunden wurde – tja.«

Fina drehte sich zu dem Spurensicherer herum, froh, den Blick abwenden zu können. »Füchse?«

»Möglicherweise auch, aber ich tippe hauptsächlich auf Wildschweine.« Er wies mit der Hand vage nach links. »Ein Stück weiter sind letztens offenbar Lebendfallen aufgestellt worden, weil das Viehzeug immer häufiger bis hierher wandert und regelmäßig in der Nähe der Gärten gesichtet wird.«

Wildschweine, Füchse, wahrscheinlich auch Vögel, dachte Fina. Und freundlich wedelnde Hunde mit intaktem Jagdinstinkt. »Ist jemand von der Gerichtsmedizin hier? Weigel oder so?«

»Oder so.« Georg deutete mit dem Kinn zur Seite, wo ein groß gewachsener Mann – ebenfalls im weißen Overall – auf seinen Einsatz wartete; ein voluminöser Alukoffer lehnte neben ihm an einem Baum. »Habe seinen Namen vergessen, aber er ist einer von Weigels Assistenten. Und er ...«

Lauter werdende Stimmen vom Waldrand her unterbrachen ihn. »... können hier nicht durch, sehen Sie nicht, dass abgesperrt ist?« Unverständlicher Protest, aus dem das Wort »Presse« herauszuhören war.

Fina lächelte Georg müde zu. »Ich fürchte, darum muss sich jemand kümmern.« Ohne noch einen Blick auf die Überreste des Toten vor ihr zu werfen, steuerte sie auf die Stimmen zu. Auf halber Strecke sah sie, dass zwei uniformierte Kollegen bereits dabei waren, die Journalisten zurückzudrängen.

»Ist das der zweite angekündigte Tod?« Eine Journalistin hielt ihnen einen Ausdruck von Marziks Blogartikel entgegen. »Wäre es nicht Ihre Aufgabe, das zu verhindern? Haben Sie zu langsam reagiert?«

Fina griff nach dem Papier. »Wie kommen Sie darauf? Was soll das?«

Die Reporterin hatte ihr Handy in den Aufnahmemodus gestellt. »Laut einer unserer Quellen wurden hier Leichenteile gefunden, bei denen es sich wahrscheinlich um die Überreste dieses Mannes handelt. Gunther Marzik. Er hat hier ein Haus. Können Sie das bestätigen?«

Fina wandte das Gesicht ab, um der Kamera des Fotografen zu entgehen. Es war nicht schwer zu erraten, was passiert war. Die Frau mit dem Hund hatte nach ihrem dritten Schnaps eine der Gratiszeitungen angerufen. Morgen würde sie mit einem doppelseitigen Interview die Aufmachergeschichte abgeben, und der Fotograf, der sich jetzt über die Absperrung beugte, würde das Titelfoto liefern.

Sie sah Ahmed, der nun wohl ebenfalls eins und eins zusammengezählt hatte, den Kopf schütteln und drehte ihm brüsk den Rücken zu. Die Kamera schwebte kaum eine Armlänge entfernt von ihrem Gesicht, und sie musste sich beherrschen, um sie dem Fotografen nicht aus der Hand zu schlagen. Vom Weg zwischen den Häusern her näherte sich nun ein Sendewagen, an dessen Seite das Logo von Quick-TV prangte.

Wenn das kein guter Witz war.

Fina marschierte mit gesenktem Kopf zurück zur Fundstelle.

Das bevorstehende Pressedebakel würde man ihr anlasten. Das Opfer war noch nicht identifiziert, aber es würde bereits ein Name die Runde machen. Im schlimmsten Fall ein falscher.

Sie wollte sich Olivers triumphierendes Grinsen gar nicht vorstellen.

O, DER WAHNSINN DER GROSSEN STADT, DA AM ABEND

Hallo.
Wir kennen uns noch nicht, aber ich bin hocherfreut, dich zu sehen. Ich hoffe, es ist in Ordnung, wenn ich einfach Du sage? Immerhin haben wir gemeinsam große Dinge vor, aus welchem anderen Grund solltest du sonst auch hier sein. Ich finde, da ist eine gewisse persönliche Nähe von Nutzen.

Dass ich mich trotzdem nicht mit meinem Namen vorstelle, verstehst du sicher, ich werde auch nicht nach deinem fragen, Namen werden ohnehin überbewertet. Meiner zum Beispiel wird mir überhaupt nicht gerecht. Wurde er noch nie.

Die Namen, die heute in aller Munde sind, die Namen der Toten, sind ebenfalls viel banaler, als ihre letzten Minuten es gewesen sein dürften.

Nadine Just. Gunther Marzik.

Nach allem, was man erfährt, beides unangenehme Menschen. Aber was für ein Ende! Ein Tod mit selbst vorgetragener Ankündigung, so etwas hat Größe. In der Stadt spricht man heute Abend über nichts anderes mehr, und nun haben diese beiden Tode auch uns zusammengebracht.

Ich hoffe nur, du denkst nicht, du wärst hier auf den Täter gestoßen. Bist du nämlich nicht, ich habe mit keinem der Morde etwas zu tun. Nadine Just und Gunther Marzik sind mir so egal wie tote Fliegen auf der Fensterbank.

Sehr interessiert bin ich hingegen an dem Muster, nach dem vorgegangen wird. Es ist auffällig, so wunderbar auffällig. Es lässt gar keinen anderen Schluss zu, als dass beide demselben Mörder zum Opfer gefallen sind.

Du weißt, worauf ich hinauswill, oder? Den Schluss würde

man auch ziehen, wenn nun plötzlich jemand anders an dem Muster mitwebt, denkst du nicht? Ein dritter Mord, sicherlich mit kleinen Abweichungen, doch die würden kaum ins Gewicht fallen. Die können passieren.

Man muss es natürlich geschickt angehen. Darf nichts überstürzen. Das Gute ist, dass wir über beträchtlichen Vorsprung verfügen. Meine Vorbereitungszeit überspannt bereits Jahre, ich habe Dossiers erarbeitet, so umfangreich wie Lexikonbände.

Doch die sind nutzlos, wenn sie nicht endlich auch zu Taten führen, und die sollten wir geschickterweise mit denen verknüpfen, die derzeit passieren. Also lass uns zusammenfassen, was wir wissen. Was, dank Presse, allgemein bekannt ist: Der Mord an Gunther Marzik war der erste. Er war längst vollendet, als Nadine Just ihren letzten, bluterstickten Atemzug getan hat. Doch seine Leiche wurde später gefunden, gerade mal einen Tag nach dem Auftauchen der Todesankündigung.

Die hat Marzik also nicht selbst ins Netz gestellt, nein, der Täter hat gewartet, hat das Spiel mit Nadine Just eröffnet, mit größtmöglicher Außenwirkung. Wäre Gunther Marzik früher entdeckt worden, was dann? Schwer zu sagen, aber ich denke, der Täter hätte den Beitrag dann wohl nachträglich online gestellt, zähneknirschend.

Das ist eine Vorgehensweise, die wir uns merken sollten: töten zuerst, ankündigen später. Denn wenn es schiefgeht, wie stehen wir dann da?

Zuvor aber, und das ist am allerwichtigsten, müssen wir uns überlegen, wen wir aus den Schatten des bürgerlichen Lebens zerren, um ihn angemessen hinzurichten.

Den Zwerg im Nebel? Die Faltige Göttin? Den Hühnergeneral?

Nein, sag nichts. Ich teile meine Pläne gern mit dir, aber manche Entscheidungen muss man alleine treffen.

Lass dich einfach überraschen.

10.

Nach dem Kaffeehausbesuch hatte Tibor sich verabschiedet, war nach Hause gefahren und hatte versucht, eine Stunde zu schlafen, was spektakulär gescheitert war. Er wusste nicht, ob es am Cognac, am Kaffee oder an der Situation an sich gelegen hatte, jedenfalls war ihm nach zehn Minuten im Bett so übel geworden, dass er aufs Klo gerannt war und seinen gesamten Mageninhalt ausgekotzt hatte.

Danach war ihm leichter, schlafen konnte er trotzdem nicht. Er setzte sich vor den Computer, legte sich – notgedrungen – einen neuen Account auf Facebook zu und studierte die Postings, die Nadine seit der Trennung mit ihren »Freunden« geteilt hatte.

Das Foto durchs Kaffeehaus-Fenster war nicht der einzige Inhalt, der ihm potenziell zum Verhängnis werden konnte. *Ihr habt ja alle keine Ahnung, was ich hinter mir habe,* lautete ein zweieinhalb Monate alter Eintrag. *Ich kann nicht mehr. Meine Kraft ist am Ende. Lieber bleibe ich für immer alleine, als noch einmal durch eine solche Hölle zu gehen.*

Darunter ein Foto der ungeschminkten Nadine, mit Ringen unter den Augen und in die Ferne gerichtetem Blick. Ein trauriger Engel.

Tibor checkte das Datum. Wenn er sich nicht täuschte, hatte er sich nur zwei Tage vorher von Nadine getrennt, das Posting war zu der Zeit entstanden, als sie ihn noch viertelstündlich mit Textnachrichten und Anrufen bombardiert hatte. Wie sehr er es bereuen würde. Dass man jemanden wie sie nicht einfach sitzen ließ. Dass er mit der Trennung den Fehler seines Lebens gemacht habe, sie ihn aber trotz allem zurücknehmen würde. Wenn er sie davon überzeugen könne, dass er seine ganze

Schuld einsah und bereute. Wenn er anerkenne, wie wenig er verdiente, dass sie ihn immer noch liebte.

Tibor suchte in seinem Handy nach den Nachrichten, von denen er höchstens jede fünfte beantwortet hatte. Ja, da waren sie. Die konnte er immerhin herzeigen, wenn die Polizei ihn danach fragen sollte.

Mit der Online-Community musste er sich hingegen keine Mühe mehr geben, die hatte sich bereits zum Lynchmob formiert. Die, die nicht wussten, wer es war, der Nadine so schauderhaft behandelt hatte, wurden umgehend von den anderen aufgeklärt. War Tibor zuvor nur mulmig gewesen, kroch nun Angst in ihm hoch. Nicht um sein Leben oder seine Gesundheit, aber um seinen Ruf. Verdächtigungen hatten die Eigenschaft, an einem kleben zu bleiben, auch wenn sie später widerlegt wurden. Sein Name würde für immer mit dem Mord an Nadine verknüpft sein.

Mutlos überflog er da und dort die Kommentare. Sagte sich, dass Selbstmitleid jetzt nicht das beherrschende Gefühl in seinem Inneren sein durfte. Dass Betroffenheit dominieren musste. Die Trauer um eine junge Frau, die ihm einmal nahegestanden hatte. Aber er konnte den Widerwillen, den er angesichts dessen empfand, was sie an ihre Follower geschrieben hatte, nicht beiseitewischen. Hätte er die Postings gekannt, er wäre nicht zum Sender gefahren. Hätte ein belangloses Date mit dieser Ricarda gehabt und wäre jetzt unverdächtig.

Er klappte sein Notebook zu, legte sich auf die Couch und schaltete den Fernseher an. Wollte nicht zu Quick-TV zappen, tat es dann aber doch. Es lief eine Sondersendung, und aufatmend stellte er fest, dass es darin nicht um Nadine ging. Allerdings verflüchtigte seine Erleichterung sich sofort wieder. Denn die dunkelhaarige Reporterin, die mit ihrem Mikrofon vor einem Wald stand, erwähnte einen anderen vertrauten Namen.

»... mehren sich die Hinweise darauf, dass es sich bei dem

Toten um Gunther M. handelt, den Blogger, der in seinem gestrigen Posting die eigene Ermordung angekündigt hat. Die Polizei ist immer noch am Tatort, und wir haben am Rand der Siedlung auch schon einen Wagen der Bestattung entdeckt, wir können also davon ausgehen, dass erneut ein Verbrechen …«

Schlucken fiel Tibor plötzlich schwer, er räusperte sich, hustete. Die Kamera schwenkte zur Seite und erfasste einen hellen, runden Fleck, der sich auf den zweiten Blick als Frau entpuppte. Fina Plank, die pummelige Polizistin, mit der er schon zwei Mal gesprochen hatte, die mit den wachen Augen. Sie steckte in einem dieser weißen CSI-Overalls und redete energisch auf eine Gruppe von Schaulustigen ein, die sich an der Absperrung drängten.

Es war nur eine Frage von Stunden, bis sie ihn sich noch einmal vorknöpfen würden. Wäre er selbst Polizist gewesen, er hätte ebenfalls diesen Werbemann im Visier, diesen Schaumschläger, der viel Geld für heiße Luft kassierte und sich mit hübschen Frauen von Szenefotografen ablichten ließ. Diesen Typen, der wie ein böses Omen auftauchte, kurz bevor eine Leiche gefunden wurde.

»Wenn die Vermutungen sich bestätigen«, sagte die Reporterin nun in die Kamera, »und Gunther M. tatsächlich ermordet wurde, handelt es sich um einen zweiten tragischen Fall, vermutlich begangen vom selben Täter, der gestern unsere geschätzte Kollegin Nadine Just getötet hat. Bei uns allen sitzt der Schock tief, aber wir bleiben selbstverständlich dran, um Sie auf dem Laufenden zu halten.«

Der Abend war hart, umso mehr, als Tibor sich jeglichen Alkohol verbot. Wenn die Polizei vor der Tür stand, wollte er alle seine Sinne beisammenhaben. Er rief im *Hansen* an und fragte nach dem Kellner mit dem Schlangentattoo, um sich zu vergewissern, dass der sich an seinen Besuch erinnerte. Doch der Mann hatte heute frei.

Dann, um sich zu beschäftigen, vertiefte er sich erneut in Nadines Twitter- und Facebook-Timelines, in der Hoffnung, dort Drohungen zu finden, oder wenigstens Streitgespräche, die rettungslos eskaliert waren.

Die gab es, und es waren nicht wenige. Primitive, sexistische, weiß glühend wütende Antworten auf Nadines Provokationen. Tibor konnte sich ihr süffisantes Lächeln vorstellen, wenn sie zurückschrieb, dass sie Vergewaltigungsdrohungen nur dann ernst nähme, wenn sie keine Rechtschreibfehler enthielten.

Zu dem, was er gestern gesehen hatte, was er immer noch sah, wenn er die Augen schloss, passte keine dieser Auseinandersetzungen. Um die Tat und ihr Vorspiel ausführen zu können, waren Planung und eine gute Kenntnis des Sendegebäudes nötig. Viel wahrscheinlicher war also ein Täter aus Nadines direktem Umfeld.

Und überhaupt, musste es nicht eine Verbindung zu Gunther Marzik geben?

Tibor ging in die Küche, schenkte sich ein Glas kaltes Wasser ein und kehrte damit auf die Couch zurück. Das alles hier war nicht seine Angelegenheit. Hintergründe auszuforschen war Sache der Polizei; alles, was er wollte, war, aus der Schusslinie genommen zu werden.

Aber Bernies Worte ließen ihn nicht los. *Du solltest nachdenken, ob es in deiner Vergangenheit Frauen gibt, die die Gelegenheit nutzen könnten, ein wenig späte Rache zu üben.*

Gab es die? Traute er einer von ihnen zu, sich die Situation zunutze zu machen und ihn anzuschwärzen, ihn noch verdächtiger dastehen zu lassen, als er es ohnehin schon tat? Er schloss die Augen, um besser nachdenken zu können. So mühelos, wie er es seinem Freund gegenüber dargestellt hatte, waren nicht alle Trennungen gewesen – Marie-Luise zum Beispiel hatte ihm alles Mögliche an den Kopf geworfen, unter Tränen. Dass er sie betrogen habe (wahr), dass er überhaupt nicht ernsthaft an eine

Zukunft mit ihr denke (ebenfalls wahr) und dass er nur mit ihr zusammen wäre, um ihre guten Kontakte zu nutzen (falsch, für Kontakte in diverse bessere Kreise brauchte er sie nicht).

Dass er sie schlecht behandelt hatte, war keiner ihrer Vorwürfe gewesen. Er rief sich ihr schönes, schmales Gesicht mit den dunklen Augen in Erinnerung. Sie war immer eine gute Zuhörerin gewesen, und auch das hatte er ... tja, ausgenutzt. Das ließ sich nicht beschönigen.

Noch bevor er sich überlegt hatte, was er eigentlich damit bezweckte, hatte er nach seinem Handy gegriffen und ihre Nummer aus den Kontakten herausgesucht. Kaum ertönte das Freizeichen, wollte er wieder auflegen, aber da hörte er schon Marie-Luises vertrautes »Tibor? Hallo!«.

»Hallo.« Er lehnte sich zurück und legte eine Hand über die Augen. »Ich hoffe, ich störe dich nicht.«

»Nein. Also, nicht sehr. Wie geht es dir?«

Das übliche, verlogene *Gut, danke und dir?* lag ihm schon auf der Zunge, aber das hätte den Anruf gänzlich ad absurdum geführt. »Nicht so toll«, sagte er mit einem heiseren Lachen. »Um ehrlich zu sein, fühle ich mich gerade ein wenig verloren. Du hast das von Nadine mitbekommen?«

Am anderen Ende der Leitung trat eine kurze Pause ein. »Ja. Natürlich. Entsetzlich, was ihr passiert ist.«

Schon jetzt wusste Tibor nicht mehr, wie er das Gespräch weiterführen sollte. Wie er begründen sollte, dass er von allen Menschen ausgerechnet Marie-Luise anrief, um sein Herz auszuschütten.

Vielleicht war es am besten, das direkt anzusprechen. »Es tut mir leid, dass ich dich behellige. Aber ich schaffe es gerade nur ganz schwer, meine Gedanken zu sortieren. Ich war es, der sie gefunden hat, und ...«

»Oh Gott.« Marie-Luise klang ehrlich erschrocken. »Das wusste ich nicht. Aber wart ihr nicht ... getrennt?«

»Doch. Schon über zwei Monate. Nur dachte ich nach dieser Sendung, ich sehe kurz nach ihr. Auch weil sie sich auf keine Nachricht gemeldet hat. Und … ja.«

»Das tut mir so leid für dich.«

Ihre warme Stimme war von jeher eines der anziehendsten Dinge an ihr gewesen. »Danke«, sagte er und merkte zu seinem eigenen Erstaunen, dass er den Tränen nah war. »Wirklich, Marielu, ich danke dir dafür, dass du nicht gleich wieder aufgelegt hast. Ich weiß, dass ich mich dir gegenüber nicht sehr anständig verhalten habe, und du kanntest Nadine ja auch gar nicht …«

»Äh.« Marie-Luise lachte kurz auf. »Das stimmt nicht so ganz. Ich hatte das Vergnügen.«

War das so? Tibor durchforstete sein Gedächtnis. Hatte er Nadine und Marielu einander vorgestellt? Wenn ja, dann sicher nicht vorsätzlich, ihre Wege mussten sich zufällig gekreuzt haben.

»Sie hat mich vor dem Krankenhaus abgepasst«, fuhr Marie-Luise fort. »Hat mir erklärt, ich solle gefälligst die Finger von dir lassen, sonst hätte ich bald keine mehr, und das wäre doch unangenehm für eine angehende Chirurgin.«

»Was?« Das war unmöglich. Er hatte Nadine kaum von seinen vorhergehenden Beziehungen erzählt, obwohl sie gefragt hatte. War in allem sehr vage geblieben und hatte jedes Mal schnellstmöglich das Thema gewechselt.

»Von mir hat sie nicht gewusst, wo du arbeitest«, sagte er und hoffte, dass das stimmte.

»Nein, natürlich nicht. Aber du hast mir per WhatsApp zum Geburtstag gratuliert, und das war ihr offenbar schon zu viel. Sie hat es gelesen, meinen Namen gegoogelt, und der Rest war nicht mehr schwierig.«

»Sie hat mein Handy …«

»Entsperrt, ja. Hast du das nie herausgefunden? Sie hat alle unsere alten Nachrichten gekannt, offenbar hast du die nie gelöscht.«

»Ach du Scheiße.«

»Ja. War ziemlich peinlich, weil eine meiner Kolleginnen den Auftritt mitbekommen hat.«

Sie hatte sein Handy geknackt. War vermutlich nicht allzu schwierig gewesen, er hatte sicher nicht darauf geachtet, ob sie zusah, wenn er es per Code entsperrte. Weil er davon ausging, dass Schnüffeln tabu war, weil er so etwas – bei all seinen anderen Fehlern – niemals getan hätte.

»Warum hast du mir das nicht erzählt?«

»Damit ich das Paradebeispiel der eifersüchtigen Ex abgebe? Nein, Tibor, ihr wart so ein hübsches öffentliches Paar, dass ich mich da nicht einmischen wollte. Ich habe Nadine gesagt, dass nicht ich es war, die wieder Kontakt aufgenommen hat, dass es bloß Geburtstagswünsche waren und dass sie den Rest mit dir klären soll.«

Was sie nie getan hatte. Aber sie hatte immer dazu gestanden, dass sie eifersüchtig war, allerdings auf eine neckische, spielerische Weise. Als wollte sie ihm dadurch bloß vermitteln, wie wichtig er ihr war.

»Tut mir sehr leid, Marielu«, stammelte er. »Ich wusste das nicht. Wirklich nicht.«

»Hm. Weißt du, es gab dann nicht viel später ein hässliches Gerücht hier in der Abteilung. Dass ich mit den Oberärzten schlafen würde, um meine Karriere zu beschleunigen. Es war absolut nichts dran, aber ich war nie sicher, ob jemand aus dem Haus mir schaden wollte oder …«

»Oder Nadine«, vervollständigte Tibor ihren Satz. Was für ein Irrsinn, und das Schlimmste war: Er konnte sich vorstellen, dass sie so weit gegangen war. Nach ihrer Trennung hatte sie versucht, das Gerücht in die Welt zu setzen, dass er schwul wäre. Bloß hatte das niemand geglaubt, dazu gab es zu viele – wie sollte er es nennen? Gegenbeweise. Und selbst, wenn man es ihr abgekauft hätte, so what? Er war nicht in der Politik, sondern in der Werbebranche, dort kratzte das niemanden. Es war ein Schuss ins Leere gewesen.

»Ich wünschte, ich hätte das gewusst«, sagte er. »Entschuldige bitte. Ich hoffe, jetzt ist alles gut bei dir?«

Sie lachte. »Oh ja. Ich bin verlobt, mit einem Kollegen, wir heiraten nächstes Jahr, ich habe vor drei Monaten meine Facharztprüfung bestanden, und wir suchen ein leistbares kleines Haus.«

»Das hört sich perfekt an.« Tibor hoffte, dass seine Stimme freudig klang und man den jähen Neid, den er empfand, aus seinen Worten nicht heraushörte. »Ich wünsche dir alles Glück der Welt.«

»Danke. Und Kopf hoch. Du stehst das durch.«

»Ich hoffe. Mach's gut.« Er beendete das Gespräch, behielt aber sein Smartphone in der Hand.

Nadine hatte seine Nachrichten gelesen, wer wusste schon, wie viele Jahre sie dabei zurückgegangen war. Sehr wahrscheinlich hatte sie also auch all das romantische und anzügliche Zeug gesehen, das er mit früheren Freundinnen ausgetauscht hatte, er löschte ja nichts. Was offenbar ein Fehler war.

Es gab nicht viel später ein hässliches Gerücht in der Abteilung, hatte Marie-Luise gesagt. Ob das bei seinen anderen Frauenbekanntschaften auch so gewesen war? Ob sie Probleme bekommen hatten, ohne zu ahnen, wo die Quelle dafür lag?

Er hätte sich niemals auf Nadine einlassen dürfen, er hatte von Anfang an gespürt, dass etwas an ihr anders, sehr anders war. Aber gerade das war reizvoll gewesen. Als würde man einer Tigerin den Kopf in den Rachen stecken. Er hatte gedacht, er hätte ihn rechtzeitig wieder zurückgezogen.

Aber wie es aussah, hatte sie schon vor Jahren zugebissen.

11.

Ahmed, du hättest besser aufpassen und Fina nicht einfach plappern lassen dürfen.« Oliver marschierte im Besprechungsraum auf und ab wie ein sorgenvoller General. »War doch klar, dass die Kleingarten-Frau sofort ihre zehn Minuten Ruhm wittert und die Presse anruft.«

»Das hätte sie auch so getan.« Fina sah weder Oliver noch Ahmed ins Gesicht, sie fixierte die Wand, die einen neuen Anstrich vertragen konnte.

»Nicht, wenn du ihr eingeschärft hättest, dass sie es lassen soll. Außerdem wäre Marziks Name nicht gefallen, die Leute hätten nicht sofort die Querverbindung zum Just-Mord ziehen können ...« Er hob in gespielter Verzweiflung die Arme und ließ sie wieder fallen. »Du solltest dir überlegen, ob du wirklich für diesen Job geeignet bist, Fina. Niemand hier im Team hat Zeit, für dich den Babysitter zu spielen.«

Er genoss es, er genoss es so sehr. Seit dem Zeitpunkt, als Sieghart aufgebracht ins Büro gestürmt war und wütend nachgefragt hatte, wie der Name des Opfers in den Medien hatte auftauchen können, wenn es noch nicht einmal identifiziert war. Fina hatte alles erzählt, war aber nicht sicher, ob ihn das besänftigt hatte. Jedenfalls hatte Oliver es für nötig befunden, sich an ihrer Stelle für diese Unprofessionalität zu entschuldigen und zu verkünden, er werde ihr ab sofort noch genauer auf die Finger sehen.

Dabei hätte Fina geschworen, dass ihm die Presse-Sache vollkommen gleichgültig war. Nein, er war hauptsächlich darüber erbost, dass er bei Quick-TV unergiebige Gespräche mit Praktikantinnen geführt hatte, während Fina eine gewichtigere Aufgabe zugeteilt worden war. Das sollte sich möglichst nicht wiederholen.

»Ach komm, sie hat nichts falsch gemacht«, sprang Ahmed ein. »Es ist nur dumm gelaufen. Wenn wir ehrlich sein wollen, war sie die Einzige, die sofort recherchiert hat, ob es zwischen Gunther Marzik und dem Fundort eine Verbindung gibt. Was ja der Fall war.« Er klopfte mit seinem Kugelschreiber auf die Tischplatte. »Jede Wette, dass der Tote Marzik ist. Wirst sehen, Oliver.«

Der Angesprochene stieß betont genervt die Luft aus. »Und wenn nicht? Wir arbeiten mit Fakten, nicht mit Vermutungen, und wir geben unsere Informationen selbst an die Presse weiter, statt das besoffene Zeuginnen übernehmen zu lassen.«

Fina stand auf. »Danke, Ahmed. Nett, dass du mich verteidigst, aber es hat keinen Sinn. Du siehst ja, Oliver hat zu viel Spaß daran, mir meine Fehler unter die Nase zu reiben. Er hat ja auch sonst keine Hobbys.«

Sie trat aus dem Besprechungszimmer und schloss die Tür hinter sich mit mehr Schwung, als sie beabsichtigt hatte. Das Problem war, Oliver lag nicht völlig falsch. Sie hätte sich zurückhalten müssen und nicht bei der ersten Gelegenheit mit Marziks Namen herausplatzen dürfen. So viele Schnäpse hätte die Frau mit dem Hund gar nicht intus haben können, um nicht trotzdem die richtigen Schlüsse zu ziehen.

Und richtig schienen sie zu sein, denn Marzik hatte bisher noch kein Lebenszeichen von sich gegeben, auch nach den Quick-TV-Meldungen über das potenzielle Opfer Gunther M. nicht. Selbst wenn er von der Berichterstattung nichts mitbekommen hatte, sein Handy musste heiß gelaufen sein. Trotzdem war er noch nicht wiederaufgetaucht. Das sprach stark dafür, dass die Überreste in dem Waldstück seine waren.

Genau wissen würden sie es erst nach dem DNA-Abgleich, denn den Toten durch bloßes Ansehen zu identifizieren, war ein Ding der Unmöglichkeit. Die Wildschweine hatten ganze Arbeit geleistet. »Wenn sie sich um einen Happen streiten, kann schon mal ein Arm abreißen«, hatte Weigel gut gelaunt erklärt. »Der Weichteilfraß stammt aber großteils von Füchsen, Mardern und Vögeln.« Er hatte sich neben den Toten gekniet. »Das Waldstück dürfte bei Spaziergängern nicht sehr beliebt sein, sonst hätte ihn schon früher ein Hund entdeckt.«

Fina hatte etwas von Nähe zur Autobahn und Vorsaison in den Schrebergärten gemurmelt, während in ihrem Kopf zwei Wildschweine um eine Leiche kämpften. Das Bild war sie seitdem nicht mehr losgeworden.

Zurück an ihrem Schreibtisch, fand sie eine schmutzige, leere Kaffeetasse vor, die nicht ihr gehörte, direkt daneben aber einen sauberen, neuen Umschlag mit ihrem Namen darauf.

Sie setzte sich und öffnete ihn. Georg von der Spurensicherung hatte Wort gehalten, er hatte die Ergebnisse direkt an sie geschickt. Fina überflog die Ausdrucke und legte die beigefügten Fotos vor sich auf den Tisch.

Das Badezimmer von Nadine Justs Garderobe war mit chlorhaltigen Reinigungsmitteln geputzt worden – vermutlich nur wenige Stunden vor dem Mord. Die Handtücher waren ebenfalls frisch gewesen. In dem an Wänden und Boden befindlichen Blut gab es unklare Wischmuster, leider nicht als tatsächliche Spuren auswertbar – zuordenbare Finger- und Schuhabdrücke waren nur von Nadine Just gefunden worden. Wenn man von den Trittspuren absah, die Tibor Glaser hinterlassen hatte.

So weit, so schlecht. Ihre Hoffnungen musste sie wohl auf die zwei Absätze konzentrieren, die Georg mit gelbem Marker angestrichen hatte. Es gab einen unvollständigen Fingerabdruck, der nicht von Nadine Just stammte. Ebenso wenig wie die beiden Haare, die vom Boden des Garderobenraums sichergestellt worden waren.

Über die AFIS-Datenbank war der Abdruck nicht identifizierbar gewesen; die Haare wurden derzeit noch einer DNA-Analyse unterzogen. Fina blätterte die Fotoausdrucke durch. Betrachtete die Lage der Toten und die Spritzmuster an den Wänden genauer.

Ein Stich, der die Halsschlagader getroffen hatte. Großer, plötzlicher Blutverlust, Kreislaufzusammenbruch, Tod. Der Täter konnte der Blutfontäne eigentlich nicht entgangen sein. Wie war er aus dem Haus gekommen?

Dass er keine Fußspuren hinterlassen hatte, konnte man mit schneller Reaktion und körperlichem Geschick erklären. Aber er musste seine Kleidung gewechselt und die blutbefleckte entsorgt haben. Wohin? Konnte es sein, dass sie sich noch im Sendegebäude befand?

Fina kam der Sendechef wieder in den Sinn, Kurt Eferling. Was, wenn sein Verhältnis mit Just aus dem Ruder gelaufen war? Wenn sie mehr gewollt hatte, als nur eine Affäre zu sein, wenn sie gedroht hatte, seine Ehefrau zu informieren?

Eferling hatte das Haus verlassen, bevor die tote Nadine Just gefunden worden war. Wahrscheinlich mit einer Aktentasche, die niemand kontrolliert hatte, natürlich nicht, warum auch?

Er konnte sie getötet und sich in ihrer Garderobe umgezogen haben. Danach war er ganz selbstverständlich aus dem Haus spaziert und hatte seine Werbekunden getroffen.

Möglich. Wäre da nicht noch der tote Gunther Marzik, von dem noch nicht einmal klar war, ob es sich wirklich um Gunther Marzik handelte.

Wieder öffnete Fina Google und gab seinen und Nadine Justs Namen ein, vielleicht gab es einen Zusammenhang, eine Gemeinsamkeit. Doch alle Treffer bezogen sich nur auf die Morde. Marziks Blogeintrag war vielfach gelesen und geteilt worden, und damit war es auch für die Öffentlichkeit nicht mehr schwer zu erraten, wie Gunther M. mit vollem Namen hieß.

Und noch eine weitere Sache entdeckte sie. Ein paar besonders Witzige hatten etwas ins Leben gerufen, das sie die In-Kürze-tot-Challenge nannten. Sie posteten ein Foto von sich und darunter einen Text, der an den von Justs Ansage und Marziks Blog angelehnt war.

Ein trauriges Ereignis droht demnächst die Gamer-Landschaft zu erschüttern, schrieb zum Beispiel ein Mädchen, dessen Augen so dick schwarz umrandet waren, dass Fina unwillkürlich an einen Panda dachte. *Eines der hoffnungsvollsten Talente im Minecraft-Universum könnte in Kürze tot aufgefunden werden. Eine Überdosis Gummibärchen wird man nicht ausschließen können.*

Fina fertigte einen Screenshot des Postings an, entdeckte drei weitere und speicherte auch die ab. In Kürze tot. Sie konnte nur hoffen, dass der Trend nicht zu viele Anhänger fand. Wenn doch, würde das ihre Arbeit enorm verkomplizieren. Und es war jetzt schon klar, wem man dafür die Schuld geben würde.

Zutiefst erschöpft kehrte sie gegen halb acht in ihre Wohnung in der Pfauengasse zurück. Pünktlich zu den Nachrichten, in denen die Morde ebenfalls das Hauptthema waren, allerdings wurde der Name des zuletzt aufgefundenen Opfers nicht genannt.

Sie ließ sich aufs Sofa fallen und angelte sich eine aufgerissene Packung Kekse vom Couchtisch. Wusste, dass sie es bereuen würde, sobald sie den letzten in sich hineingestopft hatte, aber es half nichts, Zucker war genau das, was sie jetzt brauchte.

Im Einspieler wurde der Pressesprecher der Polizei interviewt, ein telegener Typ, mit dem Fina noch nie ein Wort gewechselt hatte. »Wir verfolgen einige Spuren«, erklärte er, und sie lachte, verschluckte sich, hustete Krümel. Einige, von wegen. Bisher hatte sich die Aufmerksamkeit des Teams fast nur auf Tibor Glaser gerichtet, aber den Ansatz würden sie ziemlich sicher fallen lassen müssen. Die Zeitabläufe waren nicht in Übereinstimmung zu bringen. Im *Hansen* hatte man seine Anwesenheit bis knapp nach achtzehn Uhr bestätigt. Wenn er überhaupt in den Mord verwickelt war, dann nicht als ausführende Kraft.

Immer noch hustend, ging Fina in die Küche, um sich ein Glas Wasser zu holen, und nachdem sie schon mal da war, stellte sie eine Portion Tiefkühllasagne in den Ofen. Glasers Worte gingen ihr wieder durch den Kopf: *Sie hatte fast ausschließlich Feinde. Ich habe mir oft gedacht: Sie braucht das. Sie will diese extreme Reaktion.*

Vielleicht war es an der Zeit, sich Gunther Marziks Internetverhalten anzusehen.

Fina kehrte ins Wohnzimmer zurück, goss ihre Monstera und hörte mit einem Ohr dem Wetterbericht zu, während sich langsam der Duft von gebratenem Fleisch und italienischen Gewürzen in der Wohnung ausbreitete.

Sie dachte an Wildschweine.

AN SCHWARZER MAUER VERKRÜPPELTE BÄUME STARREN

Siehst du ihn da vorne die Schaufenster entlangschlendern? Das ist er. Der Hühnergeneral. Mit einer Frau, die nicht seine ist, aber das war auch nicht zu erwarten. Seine Frau, die arme Seele, verbringt ihre Tage in einer Pflegeeinrichtung.

Zweimal war ich sie besuchen, habe Kuchen mitgebracht, wie Rotkäppchen. Habe rotkäppchenartige Fragen gestellt. Hühnergeneralin, warum hast du so dünne Arme? So trübe Augen? So einen irrlichternden Blick?

Sie hat mir darauf nicht geantwortet, auf anderes aber schon. Hat irgendwann meine Hand gestreichelt, und ich habe ihr versprochen, dass ich nicht wiederkomme.

Wir können näher herangehen, er wird uns nicht erkennen, er ist kurzsichtig, weißt du? Aber zu eitel für eine Brille, wenn er mit einer Frau unterwegs ist, die er später flachlegen will.

Ja, ich sehe auch, dass sie viel zu jung und hübsch für ihn ist. Aber was macht das schon, er hat Geld, und er wird sie jetzt gleich ins *Al Borgo* ausführen, so wie ich ihn kenne. Dort sind Ambiente und Essen hervorragend, aber die Portionen nicht so riesig, dass sie später kotzen muss, wenn er sich auf sie legt.

Ach komm, schau nicht so entrüstet. Ich will es mir auch nicht bildlich vorstellen, aber ob wir die Dinge beim Namen nennen oder nicht – sie passieren eben.

So, da vorne wird er gleich links abbiegen, aber wir gehen einfach geradeaus weiter. Wir müssen ihm nicht bis ins Lokal folgen, umso mehr, als ich fürchte, dass er sich leider doch nicht als Ziel eignet. Noch nicht. Ich sehe keine Chance, ihn in das vorhandene Muster einflechten zu können. Er wird warten müssen, der Hühnergeneral, aber sein Tag wird kommen.

12.

Nach dem Gespräch mit Marie-Luise hatte Tibor eine zweite Nacht fast ohne Schlaf hinter sich. Gegen drei Uhr war er aus wirren Träumen hochgefahren und hatte danach ein Schreckensszenario nach dem anderen im Kopf durchgespielt. Hatte bei jedem vorbeifahrenden Auto damit gerechnet, dass es ein Polizeiwagen war und er abgeholt würde.

Um halb sieben hatte er das Thema Schlaf endgültig abgehakt, die verschwitzte Bettdecke zurückgeschlagen und seinen Vollautomaten zwei doppelte Espressi ausspucken lassen. Auf dem Handy scrollte er durch die Nachrichtenseiten. Noch nichts Neues zum Mord an Nadine. Was den Toten bei der Schrebergartensiedlung betraf, so wurde er nirgendwo mehr namentlich genannt – vielleicht war es doch nicht Marzik gewesen?

Mit der Kaffeetasse und seinem Notebook kehrte Tibor ins Bett zurück. Es war noch zu früh, um irgendjemanden telefonisch zu belästigen – und zu spät, was Rebecca betraf. In Panama war es halb ein Uhr nachts; wenn er ihr jetzt vom Mord an Nadine erzählte, würde er wahrscheinlich auch ihr den Schlaf rauben. Rebecca ertrug solche Nachrichten nur sehr schlecht, sogar dann, wenn sie Fremde betrafen. Mit Nadine war sie immerhin ein- oder zweimal zusammengetroffen, und auch wenn diese Begegnungen unerfreulich gewesen waren – Rebecca würde die Neuigkeit nicht so locker wegstecken wie Marielu.

Aber Textnachrichten konnte er schicken. Das war ohnehin vernünftiger, da konnte er an der Formulierung feilen, und er konnte die gleiche Nachricht für Rebecca und Esther verwenden. Er öffnete ein Word-Dokument und begann zu schreiben. Von den drei Entwürfen gefiel ihm der letzte am besten.

Hallo …! Du wunderst dich wahrscheinlich, dass ich mich nach so langer Zeit melde, aber nach Nadines Tod gibt es etwas, das mir keine Ruhe lässt. Von einer meiner früheren Freundinnen habe ich erfahren, dass Nadine ihr nachgestellt und erlogene Gerüchte über sie verbreitet hat. Ist dir das auch passiert? Wenn ja, tut es mir unendlich leid – ich habe davon nichts gewusst, das versichere ich dir. Ich denke immer noch oft und gerne an die Zeit zurück, die wir zusammen hatten. Ich hoffe, dir geht es gut!

Herzliche Grüße, Tibor

Er trank den letzten Schluck Kaffee, der längst kalt geworden war, und ließ sich in sein Kissen zurücksinken. Die Nachricht würde an Esther und Rebecca gehen – gab es noch jemanden, den er nicht vergessen durfte? Kiki vielleicht, allerdings war die Beziehung mit ihr schon ewig her, fast zehn Jahre.

Er suchte in seinen Nachrichten nach ihrem letzten schriftlichen Kontakt, fand aber so gut wie nichts. Einmal hatte sie ihm frohe Weihnachten gewünscht und sich ein anderes Mal einen Restauranttipp von ihm geholt. Beides war vor ungefähr vier Jahren gewesen, seitdem herrschte beidseitiges Schweigen.

Nein, bei ihr würde er sich nicht mit einer so unangenehmen Sache wieder in Erinnerung bringen. Es reichte, wenn er Esther und Rebecca behelligte.

Mit seinem neuen Facebook-Account las er die Kommentare, die seit dem gestrigen Abend auf Nadines Seite dazugekommen waren. Wieder war eine Reihe von Leuten dabei, die bereits beschlossen hatten, dass er ein Mörder war. Tibor zoomte das Foto größer, das ihn und Nadine im Café Sperl zeigte. Er konnte sich an diesen Moment erinnern, in dem er aufgestanden war, nicht wütend, aber ähnlich kraftlos und erschöpft wie jetzt. Trotzdem sah es auf dem Bild aus, als blecke er die Zähne, sein vorgeneigter Oberkörper ragte halb über den Tisch.

Nadine wirkte kampfeslustig, nicht eingeschüchtert. Anders als er war sie nicht aufgestanden, aber sie hatte ihre Tasse in der Hand, und es sah aus, als würde sie gleich damit nach ihm werfen. Ihre Miene und ihre ganze Haltung signalisierten Angriff.

Aber vielleicht erweckte das bei anderen den Eindruck von Abwehr. Die hatten allerdings auch nicht den Dialog gehört, der seinem Aufbruch vorangegangen war.

»Du fühlst dich bedroht, weil ich jetzt Karriere mache, nicht wahr? Weil ich schon nach drei Monaten Fernsehjob bekannter bin als du, du lächerliche Figur.«

»Nein, Nadine, ich fühle mich nicht bedroht. Es klappt bloß nicht zwischen uns, und außerdem schläfst du mit diesem ekelhaften Typ.«

»Du fällst wirklich auf jedes Gerücht rein.«

»Es ist mehr als ein Gerücht. Komm schon, spar dir die Lügerei, es spielt doch keine Rolle mehr. Ich würde mich auch trennen wollen, wenn du nichts mit ihm hättest.«

»Na klar. Du willst wieder so ein trauriges veganes Mäuschen wie deine letzte. Oder irgendeine Bürotussi, jedenfalls niemanden, der dir die Show stiehlt.«

»Das ist nicht der Grund, Nadine. Wenn du die Wahrheit ganz deutlich hören willst: Ich empfinde nichts mehr für dich. Ich fühle mich in deiner Gegenwart nicht wohl. Ich finde dich nicht mal mehr sexy.«

Damit war er aufgestanden, und sie hatte nach ihrer Tasse gegriffen. Wahrscheinlich waren seine Zähne gebleckt, weil er insgeheim sicher gewesen war, dass sie ihm gleich den Rest ihres Kaffees ins Gesicht schütten würde.

Doch sie hatte nur breit gelächelt. »Du ahnst gar nicht, wie sehr du das noch bereuen wirst«, hatte sie gesagt. »Du Loser. Du lächerliches Männchen. Denkst du, ich habe dich Null jemals sexy gefunden?«

All das war ohne Geschrei vor sich gegangen; Nadine wollte ihr fröhlich charmantes Image in der Öffentlichkeit nicht beschädigen. Hatte sie jemanden vor das Café bestellt, um zu fotografieren? Oder war es Zufall gewesen, und der Fotograf hatte sie angesprochen, als Tibor gegangen war?

Ihm fiel keine Möglichkeit ein, wie er das herausfinden sollte, und im Grunde war es egal. Er hatte Nadine nie ein Haar gekrümmt, aber er war lange genug in der Werbung, um die Wirkung des Fotos auf den ersten Blick beurteilen zu können. Er hatte, ob er es wollte oder nicht, auch schon eine Bildunterschrift im Kopf: *Gewalt in der Beziehung? Fühlen Sie sich bedroht? Wir sind für Sie da, unter* **012345678.**

»Du ahnst gar nicht, wie sehr du das bereuen wirst«, hatte Nadine gesagt, ohne das wahre Ausmaß des Schadens an seinem Ruf auch nur erahnen zu können. Wenn man sich die Kommentare unter dem Foto durchlas, blieb eigentlich nur ein Schluss: Er musste auswandern.

Warum ist der Typ noch auf freiem Fuß? Scheißpolizei!, war so ziemlich das Freundlichste, was er las. Der Großteil der User fand Kastration und anschließendes Lynchen angemessener. Es klang ernst, es klang beängstigend. Tibor widerstand dem Impuls, aus dem Fenster auf die Straße hinauszuschauen, um herauszufinden, ob der Mob sich schon formierte.

Konnte er das Haus überhaupt noch gefahrlos verlassen? Sollte er eine öffentliche Erklärung abgeben, dass er es nicht gewesen war – es gar nicht gewesen sein konnte?

Innerlich taub, scrollte er weiter und stieß zu seiner Überraschung auf einen Kommentar, aus dem Vernunft sprach:

Sagt mal, woher kommt eigentlich dieses Foto? Wenn ich im Café sitze und mit meinem Freund streite, gibt es anschließend nie Bildbeweise. Für mich sieht das arg nach Inszenierung aus. Als hätte eine(r) der beiden auf ein solches Bild gehofft, um damit Stimmung zu machen.

Dreiunddreißig Kommentare, die der Userin mangelnde Solidarität, fehlende Pietät und eine Verharmlosung von Gewalt gegen Frauen vorwarfen. Tibor klappte das Notebook zu, mit dem Gefühl, dass sein Tag vorbei war, bevor er noch begonnen hatte.

Er kämpfte gegen das unbezwingbare Bedürfnis an, sich zu verteidigen und in die Welt hinauszurufen, wie unfair das alles war. Gewalt, ha, ausgerechnet er. Wenn überhaupt, war es Nadine gewesen, die handgreiflich geworden war. Zweimal hatte sie ihn geohrfeigt, weil er einen Blick auf andere Frauen geworfen hatte. *Lüsternes Geglotze,* hatte sie das genannt.

Aber nun war sie tot. Und das war furchtbar. Tibor zog sich die Decke bis zum Kinn, schloss die Augen und versuchte, die passenden Gefühle in seinem Inneren zu finden. Entsetzen klappte, sobald er sich den Anblick ihres toten Körpers vor Augen rief. Trauer klappte nicht. Sie war ein selbstsüchtiger und narzisstischer Mensch gewesen, der ...

Die Türklingel schreckte ihn aus seinen Gedanken, ließ ihn hochfahren. Sie sind da, dachte er. Die Polizei oder die Freunde der Selbstjustiz, die mir das Dach über dem Kopf anzünden wollen.

Er wollte nicht nur in Unterhosen öffnen, also schlüpfte er in das T-Shirt von gestern, das zusammengeknüllt neben dem Bett auf dem Boden lag, und tappte auf bloßen Füßen zur Tür. Durch den Spion sah er einen jungen Mann im blauen Arbeitsoverall, mit einem Werkzeugkoffer in der Hand. Er trat von einem Bein aufs andere. Sah auf die Uhr.

Tibor öffnete die Tür einen kleinen Spalt weit. »Ja?«

»Guten Tag, Installationen Fischler. In der Wohnung unter Ihrer gibt es einen Wasserschaden, darf ich kurz nachsehen, ob eines Ihrer Rohre undicht ist?«

Während der Mann sprach, überprüfte Tibor dessen Hände auf waffentaugliches Werkzeug und trat dann einen Schritt zur Seite. Wies dem Handwerker den Weg in die Küche und beobachtete ihn stumm, während er den Schrank unter dem Spülbecken öffnete und sich halb hineinlegte. Metall schlug gegen Metall. »Nein, sieht okay aus«, klang es hohl hervor. »Bei Ihnen sind die Wände trocken.«

»Das ist schön«, murmelte Tibor und holte seine Jogginghose aus dem Schlafzimmer. »Ist Ihnen draußen etwas Merkwürdiges aufgefallen? Vor dem Haus?«

Der Handwerker schob sich wieder aus dem Schrank. »Was?«

»Ach, ich frage nur ... nur so. Ich dachte vorhin, ich hätte von unten Leute rufen gehört. Als wäre etwas passiert.«

»Nein.« Im Gesicht des Mannes zuckte es, als wüsste er nicht, ob er belustigt oder beunruhigt sein sollte. »Vor zehn Minuten jedenfalls war alles normal da draußen.« Er wischte sich die Hände an der Hose ab und griff nach dem Werkzeugkasten. »Schönen Tag noch. Wiedersehen.«

Tibor schloss die Tür hinter ihm, beobachtete aber durch den Spion, wie er die Treppen nach unten stieg und sich noch einmal kurz umdrehte. Als wäre Tibor ihm nicht geheuer oder ...

Hastig lief er in die Küche, fiel auf die Knie und öffnete den Schrank. Tastete die Verrohrungen ab, doch da war nichts. Kein Aufnahmegerät, keine Bombe.

Schwer atmend kniete er auf den Fliesen. Er hatte nicht geahnt, wie schnell man den Boden unter den Füßen verlieren konnte. Vom eigenen Verstand ganz zu schweigen.

13.

Hier schreibt die Redaktion die Texte.« Iris Radnitzky öffnete die Tür zu einem Großraumbüro mit sechs Schreibtischen, von denen im Moment nur zwei besetzt waren. An den Wänden hingen Flachbildschirme; auf einem davon war das aktuelle Programm von Quick-TV zu sehen. Auf den anderen waren Nachrichtensender eingestellt, die aber auf allen Geräten ohne Ton liefen.

Radnitzky führte Fina zu einem der freien Computerplätze. »Die Texte werden eingegeben und vor der Sendung noch einmal überprüft. Üblicherweise von der Chefin vom Dienst, also mir. Dann zieht man sie auf einen Stick, und mit dem wird dann im Studio das Notebook gefüttert, über das der Prompter läuft.«

»Verstehe.« Fina sah sich um, wandte sich zurück zur Tür, blickte auf den Gang hinaus. »Wie oft kommt jemand hier rein, der nicht zum Redaktionsteam gehört?«

Trotz ihres Lächelns wirkte Radnitzky genervt. »Das habe ich alles schon gestern Ihrem Kollegen erzählt, aber gut: Es betritt so gut wie nie jemand die Redaktion, der nichts im Sender zu tun hat. Ab und zu werden Schulklassen herumgeführt, oder die Tante einer Praktikantin bringt einen Kuchen. Aber sonst … Sie sehen es ja selbst, es gibt hier nichts Spannendes.«

Fina nahm der Frau ihren ungeduldigen Ton nicht übel. Sie wusste, dass sich Oliver und Manfred schon am Vortag alles hatten zeigen lassen. Aber Oliver hatte mit kaum verhohlenem Vorwurf darauf bestanden, dass sie sich ebenfalls ein Bild machte. Als hätte sie sich gestern um ihre Aufgaben gedrückt. Als wäre nicht er es gewesen, der bewusst ohne sie losgefahren war.

Nun ging er am Eingang mit dem Portier sämtliche Kameraaufzeichnungen durch und checkte in den Listen die Besucher der letzten vier Wochen, während Fina überflüssige Meter machte. »Wo war der Platz der Redakteurin, die vorgestern die Texte für Nadine Just geschrieben hat?«

Radnitzky deutete auf einen Schreibtisch links der Tür. »Das da ist Melanies Platz. Sie ist relativ neu im Team und oft für die Kurznachrichten zuständig. Da hat sie nicht so viel Verantwortung wie bei den Haupt- oder Spätnachrichten, ist aber trotzdem eine anspruchsvolle Aufgabe. Weil ja zum Beispiel Nadine ihre Texte nicht selbst geschrieben hat.«

Während die Anchors der längeren News-Sendungen ausgebildete Journalisten waren, die ihre Moderationen eigenständig verfassten. Fina nickte. »Wer bringt den Stick mit dem Prompter-Text von hier ins Studio?«

»Kommt drauf an. Manchmal die Redakteurin, manchmal der Kameraassistent, manchmal ich. Das ist nicht fest geregelt.« Sie blickte zu Boden, dann hob sie den Kopf und sah Fina in die Augen. »Ich wollte noch einmal sagen: Ich war das nicht. Mir ist klar, dass Ihnen alle erzählen werden, wie wenig Nadine und ich uns verstanden haben und wie oft es gekracht hat – aber ich hätte so etwas niemals tun können. Eher hätte ich den Job gewechselt, ich hatte vor ein paar Monaten ein Angebot von einem öffentlich-rechtlichen ...«

Sie unterbrach sich, als Finas Handy läutete. »Entschuldigung«, murmelte sie und hob ab.

»Hey«, rief Weigel, laut und fröhlich. »Nachdem wir uns gestern so nett unterhalten haben, dachte ich mir, Sie wollen sicher wissen, wenn es etwas Neues gibt.«

»Ja, will ich.«

»Also, es sieht ganz so aus, als wäre unser Toter vom Schrebergarten tatsächlich Gunther Marzik. Die DNA-Analyse ist zwar noch nicht durch, aber wir haben Röntgenbilder von seinem Zahnarzt bekommen, und die stimmen mit unseren Abdrücken überein.«

Erleichterung machte sich in Finas Innerem breit; ein vollkommen unpassendes Gefühl. Zumindest würde sie sich nicht mehr anhören müssen, dass sie bloß herumgeraten hatte, und das auch noch falsch. »Und es ist sicher ein Treffer?«

»Nach menschlichem Ermessen, ja.« Weigel seufzte. »Wir haben leider keinen Abgleich der Fingerabdrücke in seinem Haus machen können, weil – Sie wissen ja. Fingerkuppen abgenagt. Aber morgen sollten wir die Laborergebnisse haben, und dann ist es bombensicher. Der Bericht geht dann wie immer an dic Staatsanwaltschaft.«

Fina bedankte sich und legte auf. »Ich glaube, wir sind hier oben fertig«, sagte sie, nicht ohne Widerwillen bei dem Gedanken, dass sie sich gleich von Oliver auf den neuesten Stand seiner Erkenntnisse würde bringen lassen müssen. Sie ging den Rückweg betont langsam an, warf da und dort einen Blick durch offen stehende Türen in Büros, Garderoben und Technikräume. Ignorierte Radnitzkys offenkundige Ungeduld und bestand darauf, die Treppen statt den Aufzug zu nehmen.

Auf der ersten Etage angekommen, blieb Radnitzky ruckartig stehen und wich einen Schritt zurück. Beinahe wäre sie Fina auf die Zehen getreten, die erst Sekunden später den Grund dafür begriff.

Am Ende des Gangs war die kurze Gestalt von Kurt Eferling aufgetaucht. Er hatte sie bereits entdeckt und kam mit energisch schnellen Schritten auf sie zu. In der Hand hielt er etwas, das sich beim Näherkommen als zusammengerollte Zeitung entpuppte.

»Hallo.« Er nickte Fina kurz zu, wandte sich dann jedoch sofort an Radnitzky. »Haben Sie das gesehen? Das ist eine solche Unverschämtheit! Was glauben Sie, was bei mir zu Hause los ist!«

Iris Radnitzky wirkte, als würde sie sich am liebsten in Luft auflösen. »Ja.« Sie knetete ihre Hände. »Eine Frechheit.«

»Ich verklage diese Lügner! Und ich frage mich, ob jemand aus dem Sender das Gerücht in die Welt gesetzt hat! Der ist seinen Job dann schneller los, als er bis zwei zählen kann.« Er klopfte sich mit der zusammengerollten Zeitung gegen den Oberschenkel. Fasste Radnitzky schärfer ins Auge. »Er. Oder sie.«

»Bei uns … also, natürlich nicht …«, stammelte die Redakteurin, und Fina beschloss, sich von Eferling nicht weiter wie Luft behandeln zu lassen. »Worum geht es eigentlich?«

Er wandte ihr den Blick zu, langsam, als würde es ihn Überwindung kosten. »Um dieses Schmierblatt hier.« Er entrollte die Zeitung. Es war eine Ausgabe von *Info*, einem der Gratisblätter, die in U-Bahn-Stationen und an Bahnhöfen auslagen.

Das Aufmacherfoto nahm die halbe Titelseite ein; es zeigte Eferling und Just bei einer Abendveranstaltung. Er hatte einen Arm um sie gelegt – dass seine Hand dabei nicht um ihre Taille, sondern auf ihrem Hintern lag, konnte man mit viel gutem Willen dem Größenunterschied zuschreiben. Just trug hohe Schuhe, und es wirkte, als könnte sie Eferlings Kopf unter ihrer Achsel einklemmen.

Musste sie für ihre Karriere sterben?, lautete die Headline. Fina überflog den Text, der erwartungsgemäß keine reißerische Theorie ausließ. Dass Just ein Verhältnis mit ihrem Boss gehabt hatte, wurde als erwiesene Tatsache dargestellt; spekuliert wurde nur darüber, ob er selbst bei ihrem Tod die Finger im Spiel gehabt oder ob vielleicht die Ehefrau Lunte gerochen hatte. Oder jemand aus dem Kollegenkreis etwas zu heftig auf den unfairen Vorteil reagiert hatte, der Just aus ihrem Engagement in der Horizontalen entstanden war.

Fina rollte das Blatt wieder zusammen und gab es Eferling zurück. »Tja, ich kann mir vorstellen, dass das unangenehm ist. Aber wenn ich mich richtig erinnere, haben Sie uns versichert, dass es zwischen Ihnen und Frau Just keine intime Beziehung gegeben hat?«

»Natürlich nicht.« Er schaffte es nur mit sichtlicher Mühe, sich zu beherrschen. »Ich führe eine gute Ehe. Und jetzt entschuldigen Sie mich bitte.« Er warf Radnitzky einen letzten Blick zu, in dem ein stummer Befehl lag, den Fina nicht deuten konnte. Dann marschierte er zurück, dahin, wo sie sein Büro vermutete.

»Scheiße«, murmelte die Redakteurin und wischte sich mit dem Handrücken über die Stirn. »Und – wollen Sie noch irgendwas im ersten Stock besichtigen, oder kann ich Sie jetzt zu Ihrem Kollegen bringen?«

Die unverblümte Genervtheit in ihrem Ton machte sie Fina nicht sympathischer, aber unverdächtiger. Leute mit schlechtem Gewissen versuchten zumeist alles, um sich mit der Polizei gut zu stellen.

»Ich dachte, dieses Verhältnis wäre ein offenes Geheimnis gewesen?«, sagte Fina, während sie Radnitzky den letzten Treppenabsatz hinunter folgte.

»Habe ich etwas dergleichen erwähnt?« Die Frau drehte sich nicht zu ihr um. »Kann ich mir eigentlich nicht vorstellen. So, da sind wir. Ich muss zurück an die Arbeit.« Sie ließ Fina im Foyer stehen und lief die Treppen wieder hinauf.

Stimmte es, was sie behauptet hatte? Ja, wenn Fina sich richtig erinnerte, war es Tibor Glaser gewesen, der die Affäre zwischen seiner Ex und ihrem Chef als allgemein bekannte Tatsache hingestellt hatte. Von den Mitarbeitern des Senders hatten einige es zwar durchklingen lassen, konkret geworden war aber niemand.

Sie steckte die Hände in die Hosentaschen und blickte hinüber zu der verglasten Portiersloge, in der Oliver über den Protokollen saß. Fragte sich, ob es nicht noch etwas gab, was sie sich näher ansehen sollte. Das ihr ersparen würde, sich sofort wieder ihrem Kollegen anschließen zu müssen.

Sie zog ihr Handy heraus und öffnete Instagram, wo sie den

Hashtag #inkürzetot abonniert hatte. Und der trendete, man konnte es nicht anders sagen. Jede Menge Selfies, die Menschen an ungeliebten Arbeitsplätzen zeigten. Fotos von sterbenden Zimmerpflanzen. Von rostigen Fahrrädern. Meist fand sich darunter eine Abwandlung des Texts, den Nadine Just in die Kamera gesprochen hatte.

Viele, die kommentierten, fanden die Fotos lustig; andere einfach nur geschmacklos. Fina zählte sich zur zweiten Kategorie und eröffnete insgeheim eine dritte, nur für sich selbst: Ermittlerinnen, die besorgt waren, dass bei der Horde der Nachahmer eine echte Ankündigung übersehen werden würde.

Sie begann noch einmal von vorne, versuchte, die Spreu vom Weizen zu trennen. Gab es Postings, denen man nachgehen musste? In denen die Wortfolge »ein Verbrechen wird man nicht ausschließen können« vorkam?

Ja, zwei fand sie auf Anhieb, allerdings betrafen sie einen frühmorgens lautstark aktiven Papagei und ...

»Na, kein Glück auf Tinder?«

Sie fuhr zusammen, blickte in Olivers grinsendes Gesicht. »Was? Nein, ich habe ...«

»Ach, kein Problem. Ich versteh ja, dass du die Hoffnung nicht aufgeben willst. Aber realistisch bleiben, hm?«

Sie hätte ihm gern eine geknallt, doch das wäre ganz in seinem Sinn gewesen. »Ich überprüfe etwas«, sagte sie kalt. »Und du? Irgendwas Brauchbares gefunden?«

Zu ihrer Überraschung wurde er ernst. »Nichts, was wir sinnvoll verwerten können. Jeder, der das Haus betreten hat und nicht hier arbeitet, steht auf der Liste. Die haben wir mit den Aufnahmen der Eingangskamera verglichen – passt alles. Kein einziger Besucher, den wir nicht zuordnen konnten.«

»Also war es wirklich jemand aus dem Team?«

»Das wird immer wahrscheinlicher. Möglich wäre auch noch, dass der- oder diejenige über die Tiefgarage hereingekommen ist. Aber dann muss es entsprechendes Videomaterial von der Einfahrt geben. Muss auch noch jemand sichten.«

»Kann gerne ich machen.« Sie steckte ihr Handy weg. »Vorhin hat Weigel angerufen. Zu neunundneunzig Prozent ist die Leiche aus dem Schrebergarten wirklich Gunther Marzik. Sie haben einen Zahnabgleich gemacht.«

Etwas an dieser Neuigkeit schien Oliver zu verstimmen. Er verzog den Mund, schüttelte leicht den Kopf. Was störte ihn jetzt schon wieder?

Sekunden später wusste sie es. »Weigel ruft *dich* an?« Es war eine rhetorische Frage, begleitet von kurzem, herablassendem Auflachen. »Der Mann wird schrullig.«

»Könnte daran liegen, dass ich alleine bei der Obduktion von Just war«, gab sie scharf zurück. »Und am letzten Fundort.«

»Eben«, stellte Oliver fest. »Dort konnte er dich doch in Aktion bewundern.« Er schenkte ihr ein falsches Lächeln. »Ich sage ja, er wird schrullig.« Damit wandte er sich um und ging. Fina sah ihm nach, zu fassungslos, um gekränkt zu sein. Für wenige Augenblicke hatte sie geglaubt, eine sachliche Zusammenarbeit zwischen ihr und Oliver wäre möglich. Aber wenn er lieber Krieg wollte, konnte er den haben.

14.

Um drei Uhr nachmittags schickte Tibor die beiden Textnachrichten an Esther und Rebecca. Dass er sich für Nadines Gemeinheiten entschuldigte, falls es solche gegeben habe. Dass er davon nichts gewusst habe. Und dass Nadine tot sei. Zu den Details schwieg er – Esther kannte sie bereits, Rebecca wollte er damit nicht belasten.

Zu seiner Überraschung war sie die Erste, die antwortete. In Panama war es jetzt kurz nach neun Uhr morgens, und sie schrieb, sie sei gerade auf dem Weg zur Arbeit.

Ja, Nadine hat ein paar widerliche Dinge zu mir gesagt und über mich geschrieben. Aber es tut mir leid, dass sie tot ist. War sie krank, oder hatte sie einen Unfall?

Nett von dir, dass du fragst, wie es mir geht! Ich habe zwar immer noch die schwarzen Tage, die du ja kennst, aber davon abgesehen habe ich mich noch nie so wohlgefühlt. Alles, was ich hier tue, hat Sinn. Gestern zum Beispiel haben wir eine grüne Meeresschildkröte aus einem Geisternetz befreit, die hatte eine Panzerlänge von fast eineinhalb Metern! Die auf dem Foto ist ein ganzes Stück kleiner, heißt Charly und ist der Star der hiesigen Auffangstation.

Ich hoffe, es geht dir auch gut, und Nadines Tod geht dir nicht zu nahe. Ich wünsche dir nur das Beste, Tibor. Herzliche Grüße, Rebecca

In einer nächsten Nachricht hatte sie ein Bild geschickt, von sich selbst an einem Wasserbecken, in dem eine pizzagroße Schildkröte schwamm. Charly, wie Tibor vermutete. Das Tier interessierte ihn nur am Rande, er zoomte auf Rebeccas Gesicht. Ja, sie wirkte, als wäre sie in ihrem Element. Braun gebrannt, lächelnd, das Haar von der Sonne aufgehellt. Jäh wünschte er sich, er hätte auf sie eine ähnlich positive Wirkung haben können wie Charly, dem sein aufgeblasenes Ego vermutlich nicht so sehr im Weg stand.

Ich freue mich, dass es dir so gut geht, schrieb er zurück. *Tolles Foto! Es war sicher die richtige Entscheidung, nach Panama zu gehen. Ich wünsche dir alles Glück der Welt, grüß Charly von mir! Tibor*

In dem Moment, in dem er auf das Sendesymbol tippte, traf eine neue Nachricht ein. Sie stammte von Esther, und sie klang wesentlich unfreundlicher.

Ob Nadine mich belästigt hat? Das kann man wohl sagen! Und eigentlich solltest du das auch wissen, ich habe dir schließlich Screenshots ihrer Beleidigungen und Drohungen gemailt, nur hattest du leider nie den Anstand, darauf zu reagieren. Sich jetzt zu entschuldigen und den Ahnungslosen zu spielen, ist ziemlich schwach, Tibor. Mir tut es leid, dass sie auf so grauenvolle Weise ums Leben gekommen ist, aber fehlen wird sie mir nicht. Genauso wenig wie du. Ciao.

Er las die Nachricht zweimal, ungläubig. Esther hatte ihm Screenshots von Nadines verbalen Angriffen geschickt? Das konnte nicht stimmen, daran hätte er sich erinnert.

Er scrollte durch alle Chats, die er mit Esther geführt hatte. Suchte ihre Mails auf dem Computer. Nein, da war nichts, er hätte es sonst finden müssen, er löschte ja nie etwas.

Tibor rieb sich das Gesicht mit beiden Händen, bis es sich heiß anfühlte. *Er* löschte nichts, aber was, wenn Nadine das getan hatte? Offenbar hatte sie ja Zugriff auf sein Handy gehabt, und das damalige Passwort für seinen Computer hatte sogar sie ihm vorgeschlagen. Handynummern und Mailadressen zu blockieren war für sie garantiert kein Problem gewesen. Vielleicht hatte sie ja auch Umleitungen eingerichtet, für gewisse Zeit und gewisse Kontakte.

Er war drauf und dran, Esther zurückzuschreiben und ihr zu erklären, welcher Verdacht ihm durch den Kopf ging, aber es hätte wie eine lahme Ausrede geklungen. Sie hatte deutlich gemacht, was sie von ihm hielt, und das Mindeste, was er jetzt tun konnte, war, sie wunschgemäß in Ruhe zu lassen.

Er schleppte sich in die Küche, betrachtete sehnsuchtsvoll die Wodkaflasche im Kühlschrank, holte dann aber doch nur die Milch heraus, um sich den vierten Kaffee des Tages zu machen. Wenn er jetzt die Social Media durchging, auf der Suche nach dem Vitriol, das Nadine in Richtung seiner Ex-Freundinnen verspritzt hatte, wem half das?

Eben. Niemandem. Er konnte Nadine nicht mehr anschreien, auch wenn dieses Bedürfnis in ihm minütlich stärker wurde. Er konnte nur versuchen, sich abzulenken, aber sein Hirn spielte nicht mit. Es durchsuchte seine Erinnerungen auf diverse merkwürdige Momente seit seiner ersten Begegnung mit ihr. Wie zum Beispiel den Zwischenfall im Zusammenhang mit der Kündigung einer Juniortexterin vor etwa zwei Jahren. Sie war begabt gewesen und zugegebenermaßen sehr hübsch, und Tibor hatte sie gefördert. Ohne jeden Hintergedanken, er war bis über beide Ohren in Nadine verschossen gewesen und hatte keine Augen für irgendjemand anderen gehabt.

Mira hatte die junge Frau geheißen. Eines Tages war sie in sein Büro gekommen, mit rot verschwollenen Augen, und hatte erklärt, sie müsse kündigen. Sofort.

Als er nach dem Grund gefragt hatte, waren ihr die Tränen gekommen. Sie hatte etwas von persönlichen Problemen gemurmelt, und er hatte nicht nachbohren wollen. Die anderen im Team waren ratlos gewesen, und auch Bernie, der normalerweise über alles informiert war, hatte keine Ahnung gehabt.

Tibor öffnete die Kontakte auf seinem Handy und scrollte bis zum M. Mira Lassnig, da war sie. Ohne lange zu überlegen, tippte er ihre Nummer an.

Sie meldete sich erst nach dem fünften Freizeichen. »Äh ... Tibor?«

»Ja, ich bin's. Tut mir leid, falls ich störe, aber es gibt da etwas, das mir keine Ruhe lässt.«

Sie räusperte sich. »Hm. Okay. Tut mir leid, das mit deiner Freundin, muss furchtbar für dich sein.«

»Ex-Freundin. Ja, es hat mich natürlich getroffen, es ist eine schreckliche Tragödie.« Meine Güte, hörte er sich kalt an. »Es ist aber auch so, dass ich unglaubliche Dinge über sie höre, seit sie tot ist, und da wollte ich dich fragen ...«

»Ob sie etwas mit meiner Kündigung damals zu tun hatte?«

Mira lachte auf. »Wahrscheinlich. Ich kann dir nicht genau sagen, ob sie es war. Aber drücken wir es einmal so aus, es gab einen Grund dafür, dass ich den Job gewechselt habe.«

»Verrätst du ihn mir?«

»Ich …« Sie brach ab, schien kurz überlegen zu müssen. »Also, offenbar war jemand sehr besorgt, dass wir uns zu gut verstehen würden. Mir wurde nahegelegt, dass ich nicht nur die Finger von dir lassen, sondern abhauen soll. Das hat begonnen, nachdem Nadine dich das erste Mal aus der Agentur abgeholt hat.«

Tibor schluckte trocken. »Was hat begonnen?«

Stille. War das Gespräch unterbrochen? Nein, er konnte Mira atmen hören.

»Pornofotos«, sagte sie schließlich. »Und zwar keine schönen. Mein Gesicht war hineinmontiert, aber so professionell, dass jeder die Bilder für echt gehalten hätte. Die wären an alle geschickt worden – meine Freunde, euch, meine Eltern –, falls ich nicht kündige.«

Einen Augenblick lang blieb Tibor die Luft weg. »Du wurdest … sie hat dich erpresst?«

»Ich vermute, dass sie es war, aber genau weiß ich es nicht. Es war jedenfalls jemand, der meine Mailadresse und meine Handynummer kannte. Und wer sonst wäre daran interessiert gewesen, dass ich mich von dir fernhalte?«

»Warum hast du mir das nicht erzählt?« Noch während er die Frage stellte, ahnte Tibor die Antwort bereits.

»Dann wären die Fotos erst recht rausgegangen, und ich weiß nicht, was ich dann getan hätte. Mir war das alles so peinlich, obwohl es nur Fake war. Aber du weißt, wie das mit Bildern funktioniert. Man glaubt ihnen mehr als Worten.«

Ja, das wusste Tibor. »Wahnsinn. Tut mir so leid, Mira.«

»Ja. Danke. Und weißt du, mit das Schlimmste war, dass ich die Fotos von mir, die für die Montagen verwendet worden waren, überhaupt nicht gekannt habe. Jemand muss sie heimlich geschossen haben, und ich hab mir die ganze Zeit über vorgestellt, wie Nadine mir da und dort aufgelauert hat, wie sie mir nachgeschlichen ist …«

Heimlich aufgenommene Bilder, das kam Tibor bekannt vor. »Vielleicht war sie es auch gar nicht selbst. Ich entdecke nach und nach, wen sie alles belästigt hat, und ich kann mir kaum vorstellen, wie sie das alleine hinbekommen haben will.«

Seufzen vom anderen Ende der Leitung. »Schlimm, das alles. Und eigentlich möchte ich nicht schlecht über Tote reden. Wirklich nicht. Mir wird ganz übel, wenn ich daran denke, wie sie umgekommen ist.«

Ohne dass er es verhindern konnte, stand Tibor wieder das Bild vor Augen – Nadine auf dem Fliesenboden des Badezimmers, überall Blut, der offen stehende Mund, das Loch in ihrem Hals. »Ja«, flüsterte er. »Mir auch.«

»Hat die Polizei schon eine Spur?«

»Ich weiß es nicht, sie halten mich nicht auf dem Laufenden. Ich fürchte sogar, ich gehöre zu den Hauptverdächtigen. Persönliche Nahbeziehung und so.«

Aus dem darauf folgenden Schweigen glaubte Tibor, Verschiedenes herauszuhören: zuerst Erstaunen, dann die Frage, ob ihm eine solche Tat zuzutrauen war.

»Aber wart ihr nicht getrennt?«, erkundigte sie sich schließlich.

»Doch. Seit über zwei Monaten.«

»Hm. Dann … na ja … denkst du, sie werden mich auch verhören? Ich habe nämlich nie wieder mit Nadine zu tun gehabt, nur, falls du …«

»Dich verdächtigt sicher niemand«, fiel Tibor ihr ins Wort. »Ich am allerwenigsten, ich habe nur angerufen, weil ich wissen wollte, warum du damals gekündigt hast. Und um mich zu entschuldigen, falls es mit mir zu tun hatte.«

»Okay.« Sie klang nicht beruhigt. »Wie gesagt, ich weiß nicht, ob sie es war. Aber wenn … die Polizei geht jetzt sicher durch ihren Computer, oder? Und findet dann vielleicht die Fotos?«

Damit war zu rechnen. »Die würden sie aber niemals herausgeben«, sagte er schnell. »Außerdem haben sie Spezialisten, die feststellen würden, dass da Photoshop im Spiel war.« Etwas Besseres, um Mira zu beruhigen, war ihm auf die Schnelle nicht eingefallen, doch offenbar genügte das auch.

»Stimmt«, sagte sie. »Dann wären die Bilder endgültig gesichert und aus dem Verkehr gezogen, nicht wahr?«

»Genau«, bestätigte Tibor wider besseres Wissen. Nadine hatte keine Ahnung von Photoshop gehabt, da war er sicher; es musste also jemand anderes die Bilder manipuliert haben.

»Wenn es Probleme gibt, kannst du mich jederzeit anrufen«, sagte er. »Ich werde der Polizei gegenüber jedenfalls nichts von den Fotos erwähnen. Und nichts von dir.«

Nach dem Telefonat ging er zu seiner Hausbar und schenkte sich einen doppelten Cognac ein. Ließ sich auf die Couch sinken und schaltete den Fernseher an, auf dem immer noch Quick-TV eingestellt war.

Der Sender hatte sich in eine Art Nadine-Just-Memorial-Service verwandelt. Im Moment saß eine junge Frau auf der Talkshow-Couch, die mit Nadine zur Schule gegangen war. Im Hintergrund war ein überlebensgroßes Porträt von ihr eingeblendet, mit einer schwarzen Trauerschleife an der oberen rechten Ecke.

»Nadine war immer schon etwas Besonderes«, sagte die Frau gerade. »Bei uns in der Klasse war sie schon mit vierzehn so etwas wie ein Star. Ganz sicher die Beliebteste, wir wollten alle so sein wie sie.«

Stöhnend kippte Tibor den Cognac auf einen Zug hinunter. Fühlte dem Brennen und der darauf folgenden Wärme in seinem Inneren nach. So sein wie sie, mein Gott. Wann hatte er zum ersten Mal gespürt, dass etwas an Nadine seltsam war?

Er wusste es nicht mehr. Die Erkenntnis war nicht auf einen Schlag gekommen, sondern schleichend. Wie eine Wolke, die sich nach und nach vor die Sonne schob.

Miserabler Vergleich, besonders für einen Texter. Tibor schenkte sich nach und betrachtete Nadines schönes, schwarzweißes Gesicht auf dem Bildschirm. Wünschte sich, er hätte es niemals anderswo als dort gesehen.

Auf das Interview mit der Schulfreundin folgten die Nachrichten, und die erste Meldung galt diesmal nicht Nadine. *Neue Erkenntnisse zum Schrebergartenmord,* lautete der eingeblendete Text.

»Die Identität des Mordopfers, über dessen Fund wir gestern ausführlich berichtet haben, steht nun endgültig fest«, begann ein blonder, bebrillter Sprecher, den Tibor von einigen Partys kannte, wenn auch nur flüchtig. »Wie wir bereits gestern direkt vom Tatort berichteten, handelt es sich um den einundfünfzigjährigen Gunther M., einen bekannten Blogger. Der letzte Eintrag auf seinem Blog kündigte seine Ermordung an, mit ähnlichen Worten wie denen, die meiner Kollegin Nadine Just in den Mund gelegt wurden. Was einen Zusammenhang zwischen den beiden Fällen betrifft, gibt es derzeit noch keine offizielle Stellungnahme der Polizei.«

Auch den zweiten Cognac trank Tibor auf ex. Gunther Marzik war also wirklich tot. Die kleine Polizistin und ihr unsympathischer Kollege würden sich daran erinnern, wen sie vor seiner Wohnung getroffen hatten.

15.

#inkürzetot. Für Fina fühlte sich das immer weniger nach Drohung und mehr nach Verheißung an. Es war ein Fehler gewesen, sich freiwillig für die Internetrecherche zu melden; sie hatte bereits das zweite Aspirin intus, aber das Internet war eben bodenlos. Es tauchten ständig neue Postings mit dem Hashtag auf; Fina las alles durch und druckte die Threads aus, die nicht nach geschmacklosem Scherz klangen. Oder die Worte »ein Verbrechen wird man nicht ausschließen können« enthielten.

Immerhin bewahrte die Arbeit am Schreibtisch sie vor einer weiteren Ausfahrt mit Oliver, der mit Manfred zu Marziks Angehörigen gefahren war. Es gab eine Ex-Frau und eine Schwester, mit denen sie sprechen mussten.

Ahmed saß einen Schreibtisch weiter und wühlte sich durch Berge von Papier. Gelegentlich, wenn Fina hörbar seufzte, hob er den Kopf und lächelte ihr zu. »Du solltest Feierabend machen«, sagte er, als sie zum dritten Mal nach dem Aspirin griff. »Sieghart hat doch schon sein Okay gegeben. Und schluck ja nicht noch eine Pille, die gehen auf den Magen und auf die Blutgerinnung!«

Da war etwas dran. Fina legte die Packung zurück und griff stattdessen nach ihrem Wasserglas. Sobald sie die Augen schloss, ließen die Kopfschmerzen nach. Nach Hause gehen fühlte sich einerseits verlockend an, andererseits würde die Lawine neuer Postings sie dann morgen erschlagen. »Du würdest echt nicht glauben, wie viele Leute in Kürze tot sein wollen. Oder das jedenfalls schreiben.« Sie stand auf, ging zum Drucker und zog eines der Blätter hervor. »Da, sieh dir das an, das wirkt doch wie ein angekündigter Suizid, oder nicht? Müsste da nicht jemand tätig werden?«

Das Posting hatte sie auf Twitter gefunden, eine Susamabgrund schrieb, sie wisse nicht mehr weiter. *Mann weg, Job weg, ich hasse alles, am meisten mich selbst #inkürzetot #gottseidank*

Ahmed las sich die Zeilen durch. »Hm. Ja. Machen können wir da aber nichts, das weißt du.«

Leider hatte er recht, sie würden wohl nicht einmal eine richterliche Bewilligung für die Öffnung des Accounts kriegen, um herauszufinden, wer sich hinter dem Nickname verbarg. Trotzdem legte Fina das Blatt zuoberst auf den Stapel, mit flauem Gefühl im Magen.

In der Zwischenzeit waren vierzehn neue Postings mit dem Hashtag aufgetaucht, drei davon aber von Usern aus Deutschland, wie Fina nach einem Klick auf die jeweiligen Profile feststellte. Dort begann #inkürzetot nun also auch die Runde zu machen, aber wohl kaum in Zusammenhang mit ihrem Fall. Diese Postings konnte sie erst mal vernachlässi…

»Hallo!«

Sie schrak hoch. Georg stand in der Tür, in seinem lässigen Straßenmusikantenlook, und wedelte mit einer Liste. »Ihr seid auch noch immer fleißig? Umso besser, ich hab da was für euch.«

Seine sichtlich gute Laune hob auch die von Fina ein Stück. »Die gesicherten Spuren?«

»Genau, von beiden Fundorten. Jetzt brauche ich nur noch euren Wunschzettel.« Er legte die Ausdrucke auf Ahmeds Schreibtisch, die beiden Männer beugten sich darüber.

Fina stand auf und gesellte sich dazu. Die Entscheidung, welche der gesicherten Spuren auch ausgewertet werden sollten, war ein wichtiger Schritt, gerade in der ersten Phase der Ermittlung. Pro Spur kostete die Auswertung etwa hundertfünfzig Euro, und es stand nur ein begrenztes Budget dafür zur Verfügung.

»Auf jeden Fall die Fingerabdrücke«, begann Ahmed. »Und

die Haare, die ihr in der Garderobe von der Just sichergestellt habt. Wir brauchen dann DNA-Abgleiche mit allen, die dort zu tun hatten.«

Georg markierte die betreffenden Zeilen. »Im Wald haben wir auch Haar gefunden, wie sieht's damit aus? Könnte natürlich auch von Wildschweinen stammen.«

Fina las sich die Beschreibung durch. »Das war an der Kleidung? Ah ja, an der Kapuze der Jacke. Doch, da hätte ich gern eine Analyse.« Unter der Liste zog sie die Mappe mit den Fotos hervor. Die Stellen, an denen Teile von Marziks Körper gefunden worden waren. An einem der Weißdornbüsche hatte die Gruppe Tatort Faserspuren entdeckt. »Die wären eventuell auch interessant«, sagte Fina und tippte auf die Liste. Mit Schuhabdrücken sollten sie sich am besten gar nicht aufhalten – es waren nur noch Teile davon erkennbar gewesen. Alles, was aufschlussreich hätte sein können, hatten über eine Woche hinweg Wetter und Tiere unbrauchbar gemacht.

Am Waldrand, nicht weit von der Stelle, an der der Hund den abgerissenen Arm entdeckt hatte, war ein Zigarettenstummel gefunden worden, den Fina ebenfalls markierte.

»Nachdem wir jetzt die Identität kennen, gehen wir morgen in Marziks Kleingartenhaus«, sagte Georg. »Versiegelt ist es schon. Ein bisschen hoffen wir darauf, dass es als Tatort infrage kommt und Marzik erst als Toter in den Wald gebracht wurde. Dann hätten wir eine Chance auf Spuren, mit denen wir auch wirklich etwas anfangen können. Habt ihr schon etwas von der Gerichtsmedizin gehört?«

»Du meinst, was die Todesursache angeht?«, fragte Ahmed. »Nein. Noch nichts dergleichen, Todeszeitpunkt nur sehr ungefähr. Liegt zwischen acht und zehn Tage zurück.«

»Muss toll sein, wenn einen so lange keiner vermisst.« Georg klopfte mit den Fingerknöcheln auf die Bilder. »Ich mache für heute Schluss, ist gleich acht.« Mit schief gelegtem Kopf sah er

Fina an. Lächelte. »Solltest du auch tun, du hast schon viermal gegähnt, seit ich hier bin.«

Unwillkürlich legte sie sich eine Hand vor den Mund. Hatte sie wirklich? Und es selbst gar nicht registriert? Dann war es tatsächlich Zeit, nach Hause zu gehen, sie würde sonst nur Fehler machen.

Nachdem Georg sich verabschiedet hatte, fuhr sie ihren Computer herunter und nahm die Jacke vom Haken. »Bis morgen, Ahmed. Bleibst du noch?«

»Höchstens zehn Minuten. Schönen Abend.«

Während Fina auf den Aufzug wartete, zog sie ihr Handy heraus. Schönen Abend, von wegen. Ihr Kühlschrank war leer, und sie würde wieder einmal irgendwelches Fast Food mit nach Hause schleppen und vor dem Fernseher in sich hineinstopfen, lustlos.

Oder sie rief Chrissie an, mit der sie sich schon viel zu lange nicht mehr getroffen hatte. Versuchen konnte sie es. Auch auf die Gefahr hin, dass sie nach einer halben Stunde vor Müdigkeit mit dem Gesicht in den Teller fallen würde.

»Na sicher will ich!« Chrissies Freude angesichts ihres Vorschlags war unüberhörbar. »Ich habe auch noch nichts gegessen. Worauf hast du Lust?«

»Darauf, nicht nachdenken zu müssen.« Fina trat auf die Straße hinaus. »Entscheide du, okay?«

»Mit Vergnügen.« Chrissie lachte. »*Siebensternbräu.* In einer halben Stunde?«

»Bestens.« Das Lokal lag nicht weit von Finas Wohnung entfernt. Sie würde eine Kleinigkeit essen, sich von Chrissie normale Dinge aus einem normalen Leben erzählen lassen und nach einem zehnminütigen Heimweg geradewegs ins Bett fallen.

In der Straßenbahn schloss sie die Augen und hätte fast ihre Station verpasst. Auf dem Weg zum Lokal ging sie im Kopf noch einmal die Spuren durch, für die sie eine Auswertung bestellt hatte, und ahnte schon jetzt, dass Oliver morgen kein gutes Haar an ihren Entscheidungen lassen würde.

Haar. Wildschweinhaar.

Ach was, er konnte sie kreuzweise. Wenn ihm etwas nicht passte, musste er eben zusätzliche Analysen anfordern, die Proben wurden schließlich alle aufbewahrt.

Chrissie war schon da, sie saß an einem der Tische im Innenhof, vor sich die Speisekarte und ein großes Bier, das sie beinahe umstieß, als sie aufsprang und Fina um den Hals fiel. »Endlich! Seitdem du Mörder jagst, habe ich schon befürchtet, wir sehen uns überhaupt nicht mehr!« Sie überragte Fina um fast einen Kopf, und ihr blonder Haarknoten ließ sie noch weitere fünf Zentimeter größer wirken.

»Ja, tut mir auch leid. Aber wenn man die Jüngste und die einzige Frau in der Mordgruppe ist …« Sie zuckte mit den Schultern.

»Dann will man allen beweisen, wie viel man draufhat.« Chrissie hob einen Arm, um den Kellner auf sich aufmerksam zu machen, doch der blickte in die andere Richtung. »Ich bin sicher, du bist in Kürze der Star dort. Wo bist du derzeit dran? An dem Fall mit der Fernsehfrau?«

»Ja, aber erzählen kann ich dir darüber leider nichts.«

»Das weiß ich doch. Wie läuft es mit dem Ekelkollegen? Hat er endlich kapiert, was er an dir hat?«

»Oliver?« Fina schnaubte. »Nein. Das will der auch gar nicht. Im Gegenteil, der freut sich jedes Mal halb tot, wenn ich etwas vermassele. Und um ehrlich zu sein, würde ich lieber nicht über ihn reden. Erzähl lieber du. Wie geht's Lukas?«

Über ihren Freund konnte Chrissie ganze Abende lang reden, und genau das brauchte Fina heute. Eine Unterhaltung über nette, belanglose Mini-Probleme wie die Frage, ob Lukas das größere Büro bekommen würde, das er sich wünschte. Ob er mit der dunkelhaarigen Kollegin flirtete, die seit einem Monat zum Team gehörte. Ob Chrissie nicht besser auch Immobilien verkaufen sollte, statt weiterhin alten Damen orthopädische Schuhe anzupassen.

Sie aßen vegetarisches Chili, und Fina begann zu fühlen, wie die Anspannung aus ihrem Körper wich. Bis Chrissie irgendwann, als sie gerade die Möglichkeiten des nächsten gemeinsamen Urlaubs erörterte, plötzlich innehielt. »Sag mal, hast du einen heimlichen Verehrer?«

»Einen was?«

»Ach, ich weiß auch nicht. Da ist so ein Kerl, der alle paar Minuten in der Tür auftaucht, sich umsieht, als würde er jemanden suchen, und dann dich anstarrt. Gerade war er da und ist jetzt wieder gegangen.«

Fina drehte den Kopf, doch in dem Durchgang, der zum Innenhof führte, war niemand. Außer einem Kellner, der eben ein Tablett voller Biergläser heraustrug.

»Wie hat der Typ ausgesehen?«

»Total normal.« Chrissie runzelte die Stirn. »Mittelgroß, mittelschlank. Irgendein blaues Oberteil und Jeans. Aber wart's ab, wahrscheinlich taucht er gleich wieder auf.«

Sie plauderten weiter, doch mit Finas Entspannung war es vorbei. Immer wieder wandte sie den Blick in Richtung Torbogen, aber der Mann kam nicht mehr zurück.

AUS SILBERNER MASKE DER GEIST DES BÖSEN SCHAUT

Da bist du ja wieder. Ich habe schon auf dich gewartet. Hast du sie auch gesehen, die kleine Polizistin, wie sie die Straße entlanggeht?

Müde, so müde, man sieht es an jedem ihrer Schritte. Sie hat alle Hände voll zu tun mit der Toten im Studio und dem Toten im Wald, und sie wird sich auch über meinen Toten beugen, wenn es so weit ist.

Doch im Moment beugt sie sich nur über einen Teller mit Bohneneintopf. Kaut – und nickt zu allem, was ihre geschwätzige Freundin von sich gibt.

Ich habe mir die Fernsehaufnahmen angesehen, in denen sie versucht, die Presse zu verscheuchen und gleichzeitig nicht ins Bild zu geraten. Beides misslungen. Aber ich bin sicher, sie ist der Typ, der nur Schlachten verliert, nicht Kriege. Sie hat dieses gewisse Etwas in ihrer Miene, das ich von anderen siegreichen Feldherren kenne.

Ich glaube, ich mag sie.

Trotzdem wird sie die Schlacht gegen mich naturgemäß verlieren, aber das wird ihr nicht wehtun, denn sie wird es nicht begreifen, niemand wird das, außer dir natürlich. Sie wird am Ende siegreich dastehen, wenn der Idiot, den sie meistens zur Seite hat, ihr nicht ins Handwerk pfuscht.

Anders als ich mag er sie nicht, das lässt sich auch auf fünfzig Meter Entfernung nicht übersehen. Er muss spüren, dass sie ihm überlegen ist. Dass sie ihn bald überholen wird, auf ihren kurzen, stämmigen Beinen.

Siehst du, wie sie nur Wasser trinkt und nicht Bier, wie ihre Freundin? Nicht wegen der Figur, so lächerliche Spiele spielt sie nicht mit. Nein, sie will ihren Kopf klar halten, obwohl ein bisschen Rausch ihr guttun würde. Für tieferen Schlaf sorgen und …

Oh. Wir sollten gehen. Die blonde Freundin hat eben zum dritten Mal hergesehen, sie hat uns zu gut im Blickfeld, und gleich wird sie die Polizistin auf uns aufmerksam machen. Das wäre nicht in meinem Sinn. Lass uns in der Menge der abendlichen Spaziergänger untertauchen.

Du bist sicher gespannt darauf, ob ich schon jemanden aus den Reihen meiner Zielpersonen ausgewählt habe. In der Tat habe ich bereits eine im Auge, muss aber erst sicherstellen, dass sie sich nahtlos in das Schema einfügen lässt. Es darf am Ende nur nach einem Täter gesucht werden, und den darf ich nicht verschrecken. Was leicht geschehen kann, denn er wird natürlich wissen, dass die Tat zwar nach seinem Vorbild, aber nicht von ihm selbst begangen wurde.

Was würdest du denken, wenn dir das passieren würde? Wie würdest du reagieren? Nach dem Nachahmer suchen? Deine eigene Serie abbrechen? Denn machen wir uns nichts vor, es ist eine Serie, auch wenn noch niemand weiß, was die beiden bisherigen Opfer miteinander gemein haben.

Mir würde es helfen, das zu wissen. Dann könnte ich passend machen, was passend sein muss.

16.

Tibors Handy klingelte und riss ihn aus dem Tiefschlaf. Er hatte sich die ganze Nacht über im Bett herumgewälzt; als er das letzte Mal auf die Uhr gesehen hatte, war es kurz vor fünf gewesen.

Die Augen noch halb geschlossen, tastete er nach dem Smartphone auf dem Nachttisch. Bekam es zu fassen und warf einen Blick auf das Display. Halb neun Uhr morgens. Kein Name, sondern eine Nummer, die er nicht kannte.

»Hallo?«

»Hier Fina Plank, LKA Wien. Herr Glaser?«

»Ja.«

»Guten Morgen. Habe ich Sie aufgeweckt?«

»Ja. Nein. Nicht wirklich.«

Sie gab ein amüsiertes Geräusch von sich. »Herr Glaser, können Sie heute zu uns in die Berggasse kommen? Wir bräuchten einen DNA-Abstrich von Ihnen, als Vergleichsprobe. Weil Sie ja in Frau Justs Garderobe waren.«

Er antwortete nicht sofort, musste die Information erst in seinem Kopf sortieren. Plank interpretierte das offenbar als Widerwillen. »Das ist natürlich freiwillig. Sie stehen nicht unter Verdacht, also kann niemand Sie zwingen. Aber Sie würden uns die Ermittlungsarbeit sehr erleichtern.«

Er räusperte sich, trotzdem klang seine Stimme heiser. »Ja. Natürlich, kein Problem. Wohin soll ich kommen? Und wann?«

»Wir sind im neunten Bezirk, in der Berggasse einundvierzig. Können Sie gegen halb elf da sein?«

Er nickte, begriff erst nach Sekunden, dass sie das nicht sehen konnte, und räusperte sich erneut. »Ja. Halb elf.«

Unter der Dusche drehte er das kalte Wasser auf, bis seine

Haut taub und sein Gehirn wieder denkfähig war. Auch wenn das mit der Probe aufs Erste bedrohlich klang – danach würde er Ruhe haben. Leider nicht vor den Internettrollen, wie er fürchtete, aber vor der Polizei.

Er ließ sich einen doppelten Espresso aus dem Vollautomaten und lehnte sich gegen die Kücheninsel. Nach dem Polizeitermin sollte er in die Agentur fahren, denn offenbar legte Bernie keinen großen Wert darauf, ihn auf dem Laufenden zu halten. Dann konnte er auch gleich mit ein paar der Kolleginnen reden – und herausfinden, ob Nadine außer Mira noch jemand anderem gedroht hatte.

Das LKA erwies sich als Altbau mit überraschend großen und hohen Büroräumen. Fina Plank erwartete ihn in einem der kleineren Zimmer, hinter einem Schreibtisch, auf dem sich Aktenordner stapelten. »Danke, dass Sie so schnell gekommen sind«, sagte sie und streckte ihm die Hand hin. »Es dauert auch nicht lange.«

Tibor setzte sich auf den ihm angebotenen Stuhl. Aus einem der Nebenräume hörte er Lachen und stellte erstaunt fest, dass ihn das beruhigte. Niemand würde ihn gleich festnehmen – der Gedanke war ihm beim Betreten des Hauses und der Kontrolle durch die Beamten am Eingang durch den Kopf gegangen. Dort war der Ton kühl gewesen, und Tibor hatte sich gefragt, ob Plank ihn womöglich in eine Falle gelockt hatte.

Was natürlich Blödsinn war, im Fall des Falles hätten zwei Polizisten mit einem Haftbefehl vor der Tür gestanden. Es gab Gesetze, und auch wenn Tibor die nicht wirklich kannte, so wusste er, dass das Legen von Hinterhalten nicht zum üblichen Vorgehen gehörte.

Plank zog ein überlanges Wattestäbchen aus seiner Verpackung. »Würden Sie den Mund öffnen, bitte?«

Er tat, worum sie ihn gebeten hatte, und wartete mit zur Decke gerichtetem Blick, bis sie mit dem Stäbchen über die Innenseite seiner Wangen gestrichen hatte.

»Das war's schon, vielen Dank. Jetzt bräuchte ich nur noch eine Unterschrift von Ihnen.«

Sie reichte ihm einen Kugelschreiber, in dem keine Tinte mehr zu sein schien, und suchte dann hektisch unter den Papieren auf dem Schreibtisch nach einem anderen.

»Sind Sie eigentlich die einzige Frau hier?«, fragte Tibor, in dem Bemühen, Konversation zu machen. »Außer Ihnen habe ich hier nur Männer gesehen.«

»Hm. Ja, das ist ... ja, da ist was dran.« Sie zog eine der Schubladen auf und drückte sie wieder zu. »Es gibt nicht so viele Frauen, die gerne ... ah, da ist noch einer.« Sie hielt ihm einen Stift entgegen, mit dem er die Einverständniserklärung unterschrieb.

Im gleichen Moment platzte ein Mann ins Büro, dem Tibor bisher noch nicht begegnet war. Groß gewachsen, dunkles Haar, dunkle Augen. »Fina, wir haben eine Vermisstenmeldung, da könnte es eine Überschneidung zu deinen Recherchen geben.« Er warf Tibor einen schnellen Blick zu. »Und eine passende Anzeige haben wir auch, da geht's allerdings eher um Sachbeschädigung. Brauchst du noch lange?«

»Nein. Ist Oliver da?«

»Nein, der hat einen Termin zusammen mit Sieghart. Komm dann zu mir rüber, okay?«

»Sicher.« Sie beschriftete den Plastikbeutel; hatte die Unterlippe zwischen die Zähne gezogen. Konzentriert oder nervös, das war schwer zu sagen.

»Denken Sie, es gibt schon wieder ein Opfer?«, erkundigte sich Tibor.

Sie blickte auf, als hätte sie seine Anwesenheit völlig vergessen. »Sie sind hier fertig«, sagte sie, ohne auf seine Frage einzugehen. »Ich begleite Sie noch zum Ausgang.«

Er folgte ihr die Treppen nach unten ins Erdgeschoss, erleichtert, dass er nun alles hinter sich hatte. Ein wenig bedauerte er, dass es ihm nicht gelungen war, sich mit der Polizistin zu verbrüdern. Sie begegnete ihm so sachlich, dass es beinahe feindselig wirkte, so ganz anders als an dem Abend, als er Nadine gefunden hatte.

Vielleicht hielt sie ihn immer noch für verdächtig, oder sie stand so unter Stress, dass sie ihn nur als einen abzuhakenden Punkt auf ihrer To-do-Liste wahrnahm.

Am Ausgang wandte er sich ihr noch einmal zu und strahlte sie so herzlich an, wie er konnte. »Auf Wiedersehen. Und danke für Ihre hervorragende Arbeit.«

Sie musterte ihn irritiert. Ohne das winzigste Lächeln. »Gern geschehen. Sie halten sich zu unserer Verfügung, ja?« Damit wandte sie sich um und ging.

Tibor gab es nur ungern zu, aber sein Ego war angekratzt. Wenn er seinen Charme spielen ließ, blieb das normalerweise nicht ohne Reaktion, sowohl bei Frauen wie bei Männern, unabhängig von der sexuellen Orientierung. Dass Plank überhaupt nicht darauf reagierte, brachte ihn aus dem Konzept. War er ihr so unsympathisch? Oder dachte sie, er legte sich bloß ins Zeug, um unverdächtig zu erscheinen?

Tibor startete den Wagen und zwängte sich aus der engen Parklücke. Es war an der Zeit, dass er sein Leben wieder aufnahm. Und in der Agentur nachfragte, wer noch alles unerfreuliche Erfahrungen mit seiner toten Ex gemacht hatte, für die er sich entschuldigen sollte.

»Nein, ich kann überhaupt nichts Schlechtes über Nadine sagen.« Sabina rührte mit einem zarten Löffelchen in ihrer Kaffeetasse. »Zu mir war sie immer sehr nett, ich habe ihr ja auch den Job in der Agentur zu verdanken, weißt du nicht mehr? Außerdem waren wir öfter gemeinsam abends fort, aber das hat sie dir wahrscheinlich erzählt.«

Er nickte. »Ihr wart richtig eng miteinander, nicht wahr?«

»Na ja, so würde ich es nicht ausdrücken. Aber wir mochten uns, sie war genauso eine begeisterte Surferin wie ich.«

»Und sie hat nie von dir verlangt, dass du dich von mir fernhalten sollst? Hat dich nicht verdächtigt, dich an mich ranmachen zu wollen?«

Es klang eingebildet und lächerlich, wenn er es aussprach. Wahrscheinlich war das der Grund für den Blick, mit dem Sabina ihn jetzt bedachte. Schlecht kaschierte Verachtung. »Wie kommst du auf die Idee? Natürlich nicht. Denkst du, dann hätte sie dich gebeten, mich einzustellen? Es war auch überhaupt keine Eifersucht nötig, denn ich wusste ja, dass ihr zusammen seid. Und außerdem – tut mir leid, Tibor, du bist überhaupt nicht mein Typ.«

Der zweite Hieb gegen sein Ego innerhalb einer knappen Stunde, aber diesmal konnte er darüber lachen. »Dann gratuliere ich dir zu deinem guten Geschmack. Ernsthaft.«

Sie lächelte ebenfalls. Blickte zu Boden. »Ich weiß aber, dass Nadine ein Eifersuchtsproblem hatte. Und fast krankhaft stolz war. Ich weiß auch, dass sie andere Frauen mies behandelt hat, das hat sie mir selbst erzählt.«

Tibor betrachtete sie, während sie sprach, und fand sie plötzlich anziehend. Zum ersten Mal, seit sie hier zu arbeiten begonnen hatte. War das die Attraktion der Ablehnung, der Reiz des schwer Erreichbaren? So simpel war er doch hoffentlich nicht gestrickt.

»Hast du jemals mit Mira über Nadine gesprochen?«

»Mira?«

»Ja, kennst du sie nicht mehr? Sie war eine Zeit lang Juniortexterin hier. Dunkle Haare, meistens von Kopf bis Fuß in Rot gekleidet, das war gewissermaßen ihr Markenzeichen.«

Sabina überlegte kurz, dann schüttelte sie den Kopf. »An sie kann ich mich nicht erinnern, aber ich bin ja auch erst etwas über ein Jahr hier. Wahrscheinlich war sie da schon nicht mehr in der Agentur beschäftigt.«

Klar, natürlich. Mira zu vergraulen war ja eine von Nadines ersten Taten zu Beginn ihrer Beziehung gewesen.

»Aber Nadine hat mir ein paar Dinge über dich erzählt«, fügte Sabina leise an. »Nachdem ihr euch getrennt habt. Keine Ahnung, ob sie die Wahrheit gesagt hat, aber du solltest besser wissen, dass deine Wutanfälle kein Geheimnis mehr sind.«

»Meine was?«

Es war Sabina sichtlich unangenehm. »Ich hätte das nicht erwähnen sollen. Sorry, vergiss, was ich gesagt habe, ich möchte das Arbeitsklima zwischen uns nicht vergiften.«

Tibor atmete tief durch, er fühlte tatsächlich Wut in sich aufsteigen, weil es so unfair war, dass er sich gegen die Lügen einer Toten nicht mehr verteidigen konnte. »Mach dir bitte keine Sorgen, ich werde dir bestimmt nicht übel nehmen, wenn du mir sagst, welche Geschichten Nadine über mich erzählt hat.«

Sabina sah ihn an und wieder weg. »Ich weiß nicht.«

Er hätte gern ihre Hand genommen oder ihr seine auf die Schulter gelegt, in einer beruhigenden, vertrauenerweckenden Geste. Aber wahrscheinlich würde sie nur zusammenzucken und er das Gegenteil dessen erreichen, was er eigentlich wollte. »Ich schwöre dir, es wird keine beruflichen Nachteile für dich geben. Ich schwöre dir außerdem, dass ich Nadine nichts angetan habe, zu keinem Zeitpunkt, nie.«

Sie wirkte beruhigt, wenn auch nicht überzeugt. »Na gut.« Sie strich sich das Haar zurück, sichtlich verlegen. »Nachdem ihr getrennt wart, hat Nadine mir erzählt, dass du sie ein paarmal unsanft angefasst hast. Dass du Geschirr gegen die Wand geworfen hast, wenn du wütend warst. Und dass du ihr gedroht hast – nicht mit Umbringen, aber mit Ohrfeigen.«

Sabina vermied es, ihn anzusehen, ihr Blick wanderte immer wieder in Richtung Tür. Es war offensichtlich, wie peinlich die

Situation ihr war. Wie gern sie zu ihrem Platz am Empfang zurückkehren wollte.

»Nichts davon stimmt«, sagte Tibor, betont ruhig. »Oder doch, einmal ist mir ein Teller aus der Hand gerutscht, allerdings ist er am Boden zersprungen, nicht an der Wand. Aber das war aus Ungeschicklichkeit, nicht aus Wut. Tatsache ist, Nadine hat überhaupt nicht vernünftig darauf reagiert, dass ich mich von ihr trennen wollte. Sie hat mir mehrfach gesagt, dass ich das bereuen werde, und ich kann mir gut vorstellen, dass sie mich bei jeder Gelegenheit im denkbar schlechtesten Licht dargestellt hat.«

»Das kann natürlich sein.« Sabina warf einen Blick auf die Uhr. »Ich glaube, ich sollte wieder an meinen Platz zurück.«

Sie glaubte ihm nicht, das war nicht zu übersehen. Klar, sie war es auch gewesen, die das Foto auf Facebook entdeckt hatte. Das, auf dem er so bedrohlich wirkte, und dieser Eindruck passte bestens zu Nadines Erzählungen.

Nun erhob sie sich und ging zur Tür, blieb dort noch einmal stehen und drehte sich um. »Es geht mich alles überhaupt nichts an. Aber ich habe mich oft gefragt, was euch zueinander gebracht hat. Denn von außen betrachtet wart ihr nie ein harmonisches Paar. Du hast so oft genervt gewirkt und Nadine fast immer unzufrieden.«

Stimmte das? Ja, in den letzten Monaten war es sicher so gewesen. Und ein Teil von ihm hatte schon zu Beginn gewusst, dass er vermutlich einen Fehler beging. Ein Teil, den er umgehend zum Schweigen gebracht hatte, weil …

»Ich wollte unbedingt mit ihr zusammen sein«, gab er zu. »Dabei war ich nicht einmal besonders verliebt in sie.« War es klug, so ehrlich zu sein? Einer Mitarbeiterin gegenüber, die er nicht wirklich gut kannte? Aber sie war nun mal gerade hier, er hatte das Gefühl, sich erklären zu müssen, und es tat ihm gut, die Dinge beim Namen zu nennen.

»Sie war eine solche Herausforderung. Sie für mich zu gewinnen, war wie einen Achttausender zu bezwingen. Ein wochenlanger Kampf, dann ein Sieg, und dann …«

Er brachte den Satz nicht zu Ende.

»Und dann ein langer, kalter Weg abwärts?«, sagte Sabina leise.

Er biss die Zähne zusammen. Nickte. Konnte geradezu hören, wie sie *Arschloch* dachte. »Aber ich habe sie nie misshandelt, nicht einmal angeschrien. Und das Foto, das du gefunden hast – da bin ich bloß aufgestanden, weil ich gehen wollte.«

Sie sah ihn an. Zweifelnd? Misstrauisch? Dann lächelte sie und schüttelte leicht den Kopf. »Nicht einmal verliebt«, sagte sie und ging.

Kaum war sie draußen, verfluchte Tibor sich für diesen Moment der Schwäche, der völlig unnötigen Ehrlichkeit. Denn natürlich würde sie genau das der Polizei erzählen, falls man sie befragte: Glaser war an dem Opfer eigentlich nicht interessiert gewesen, hatte nur den Kick der Eroberung gesucht, war ein oberflächlicher Mistkerl.

Leider nicht ganz falsch. Unwillkürlich fragte er sich, was Fina Plank gesagt hätte, wenn er ihr die Geschichte anvertraut hätte. Tja, gut möglich, dass sie sie nun von anderer Seite hören würde.

Er hatte vorgehabt, auch noch mit Hanna von der Grafik und vor allem mit Celine zu sprechen, mit der er seit Jahren am engsten zusammenarbeitete. Aber er fühlte sich dem nicht mehr gewachsen. Wenn er heute noch einmal hören musste, dass ihn jemand für einen potenziellen Gewalttäter hielt, würde er zu schreien beginnen.

Sich durch die angefallenen Mails zu arbeiten würde zwar nur wenig erfreulicher sein, aber besser, als nach Hause zu fahren und dort zwanghaft Quick-TV zu schauen, wo vermutlich immer noch das Nadine-Just-Gedenkprogramm lief.

Er hatte gerade das Mailprogramm geöffnet, als die Tür zu seinem Büro aufsprang und Bernie hereinpolterte, die Froschaugen noch größer als sonst. »Mach dir keine Sorgen«, sagte er im Ton eines Arztes, der wirklich schlechte Nachrichten überbringen muss. »Ich habe es eben erst gesehen. Aber wir stehen alle zu dir.«

17.

Obwohl sie den Wecker wie immer auf halb sieben gestellt hatte, war Fina am nächsten Tag bereits eine Stunde früher wach. Eine Stunde, von der sie nicht wusste, was sie damit anstellen sollte.

Sie wickelte sich in ihren Morgenmantel, goss die schwer vernachlässigten Zimmerpflanzen und wärmte den vom Vorabend übrig gebliebenen Tee in der Mikrowelle auf.

Keine neuen Nachrichten auf ihrem Handy. Das war einerseits beruhigend, andererseits deprimierend. Immerhin hatte sie an dem Abend mit Chrissie wenigstens einen ihrer Sozialkontakte aufgefrischt, aber das schale Grundgefühl war geblieben. Sie hatte niemanden, mit dem sie die Gespräche führen konnte, die sie sich wünschte. Zum Beispiel darüber, wie es sich anfühlte, die Einzelteile eines Toten im Wald zusammenzusuchen.

Die Kollegen aus der Mordgruppe redeten untereinander über solche Dinge. Auf kumpelhafte Art, mit sehr viel schwarzem Humor, das hatte sie beobachtet. Aber Fina war noch nicht lange Teil des Teams, und sie wollte sich keine Blöße geben. Schon gar nicht vor Oliver.

Der Tee war zu heiß, Fina pustete den Dampf weg und stellte

sich mit der Tasse ans Fenster, unter dem gerade der Müllwagen hielt. Dachte an den Abend mit Chrissie und an deren plötzlich abschweifenden Blick. Zu dem Mann, der sie beobachtet haben sollte. Was garantiert ein Irrtum gewesen war, denn von da an hatte Fina genau aufgepasst, und sie war von allen Gästen genauso ignoriert worden, wie sie es gewohnt war.

Aber im ersten Moment – und das war bedenklich – hatte sie sich gefragt, ob das Tibor Glaser gewesen sein könnte. Bei ihrer letzten Begegnung hatte sie ihn betont schroff behandelt, er sollte nicht denken, dass sie die Schwachstelle im Team war, die sich durch sein Hollywood-Lächeln um den Finger wickeln ließ.

Aber ganz unbeeindruckt von ihm war sie nicht. Leider. Dabei war vollkommen klar, dass sie ihn privat niemals interessiert hätte – man musste sich nur Fotos von Nadine Just ansehen, um zu wissen, auf welchen Typ Frau er stand. Auf den gleichen nämlich wie alle anderen: groß, schlank, langhaarig und …

Fina stellte ihre Teetasse so hart auf dem Fensterbrett ab, dass der Earl Grey hochschwappte. Worüber zerbrach sie sich da eigentlich den Kopf? Setzten die eineinhalb Jahre Single-Dasein ihr so sehr zu, dass sie sich demnächst ein Leben an der Seite eines hippen Werbefuzzis herbeiimaginieren würde?

Schluss damit. Sie schlüpfte aus dem Bademantel und unter die Dusche, ließ erst heißes und dann kaltes Wasser über ihren Körper prasseln. Nun war ihre Haut rot, und nach dem Abrubbeln mit dem Badetuch noch röter, aber der Tee hatte trinkbare Temperatur angenommen.

Eine Viertelstunde später war sie auf dem Weg zur Arbeit. Mit etwas Glück würde sie dort die Erste sein.

Es gelang ihr nicht ganz. Sieghart war schon da, er schlenderte telefonierend an ihr vorbei, als sie auf ihren Schreibtisch zusteuerte.

»Es geht rund«, sagte er seufzend, nachdem das Gespräch

beendet war. »Letzte Nacht sind vierundzwanzig Meldungen reingekommen, über Leute, die ihre eigene Ermordung angekündigt haben. Dürften aber alles Witzbolde sein, wie es aussieht.« Er lehnte sich gegen die Wand und verschränkte die Arme vor der Brust. »Wie geht es dir hier, Fina? Schon eingewöhnt?«

Sie blickte zu ihm hoch. Das war nun eine Gelegenheit, anzusprechen, was sie belastete. Olivers Arschlochverhalten zum Beispiel. Oder das Gefühl, dass niemand hier überrascht sein würde, wenn sie aufgab und sich versetzen ließ.

Er interpretierte ihre Nachdenkpause auf seine Art. »Ja, ich weiß, die Arbeit nimmt überhand. Wir sollten ja eigentlich zu sechst in der Gruppe sein, ich hoffe, wir können die offene Stelle bald besetzen.«

»Die viele Arbeit stört mich nicht«, sagte sie. »Es ist ... anspruchsvoll, aber ich mag das.« Noch während sie sprach, wusste sie, dass sie sich in ein paar Minuten dafür hassen würde, die Chance vergeben zu haben, Olivers kleine Gemeinheiten anzusprechen. Also holte sie Luft und setzte fort. »Es ist nur ...«

»Ja?« Sieghart blickte auf sein Handy, dessen Signalton eben eine eingehende Nachricht verkündete.

»Ähm, also, ich arbeite sehr gut mit Ahmed zusammen. Er ist ein toller Kollege. Das wollte ich gerne festhalten.«

»Na, das ist doch fein.« Sieghart lächelte ihr noch einmal zu, dann war er schon auf dem Weg in sein Büro, konzentriert auf dem Smartphone tippend.

Fina sah ihm nach, von sich selbst genervt. Sie war viel zu dezent gewesen, Sieghart hatte garantiert nicht kapiert, was sie ihm hatte sagen wollen. Er würde sie trotzdem immer wieder mit Oliver zusammenspannen, aber wenigstens hatte sie eine Art von Statement gemacht. Ohne wehleidig zu klingen oder jemanden anzuschwärzen.

Sie fuhr ihren Computer hoch. Fand auf Twitter dreizehn

neue #inkürzetot-Postings, die zwar dem Muster entsprachen, die sie aber umgehend als dumme Scherze ad acta legte. Dann nahm sie ihr Smartphone zur Hand und setzte die Suche auf Instagram fort. Dort war der Hashtag mittlerweile in die Umweltschützer-Szene weitergewandert; es gab Fotos von abfallbedeckten Meeresbuchten und kahlen Wäldern, die #inkürzetot sein würden.

Diesen Spuren im Netz zu folgen, würde sie nicht weiterbringen. Das war ein Fass ohne Boden, und Fina beschloss gerade, besser einen der fälligen Berichte zu schreiben, als das Telefon klingelte. Die Nummer kannte sie, es war die der Dienststelle am Schottenring. »Ja, Fina Plank hier, Mordgruppe zwei.«

»Hallo Kollegin, hier Kaschnitz.« Der Beamte hörte sich ausgesprochen müde an. »Ich habe hier eine Vermisstenanzeige, die Sie vielleicht auch interessiert.«

»Aha. Warum?«

»Wir hatten gerade die Mutter eines gewissen Julius Beyer hier, die sehr besorgt ist. Sie kann ihn seit fünf Tagen nicht erreichen, sein Handy ist offline. In seiner Wohnung war sie schon, aber da ist er nicht. Seinen Papagei hat sie halb verhungert vorgefunden, der dürfte länger nicht gefüttert worden sein, und die Mutter sagt, so was würde ihr Sohn keinesfalls vergessen. Und jetzt hat sie etwas im Internet gefunden.«

Fina ahnte, was gleich kommen würde. »Ein Posting auf Facebook? Twitter?«

»Nein. YouTube. Ich schicke gleich den Link rüber, sagen Sie mir Ihren vollen Namen?«

Fina buchstabierte ihn. Die Mailadressen der Polizei waren alle gleich gestrickt; hatte man den Namen, hatte man alles, was man brauchte.

Drei Minuten später war die Nachricht da. Der Kollege hatte auch einen Scan der Vermisstenanzeige angehängt, die offenbar noch nicht ins System eingefüttert war.

Fina klickte auf den Link. Der YouTube-Channel hieß *Schluss mit Julius* und beinhaltete zweiundfünfzig Filme. Der neueste trug den Titel #inkürzetot.

Julius Beyer war ein interessant wirkender Typ Mitte dreißig, mit dunklem, halblangem Haar und großen Augen, deren äußere Winkel leicht nach unten wiesen. Er sah in die Kamera und lächelte kurz, bevor er zu sprechen begann.

Liebe Freunde, es ist heute das letzte Mal, dass ich mich bei euch melde. Denn – ihr habt es wahrscheinlich schon erraten – ich werde aus diesem Leben scheiden. Es ist höchste Zeit dafür.

Er machte eine kurze Pause, und Fina startete das Video neu. Etwas daran wirkte merkwürdig. Hatte er sein Gesicht gephotoshoppt?

... es ist höchste Zeit dafür. Ein trauriges Ereignis steht bevor. Eines der hoffnungsvollsten Talente auf YouTube wird in Kürze tot aufgefunden werden. Ein Verbrechen wird man nicht ausschließen können. Bei der Person handelt es sich um mich – Julius Beyer.

Er streckte seitlich die Zunge heraus, zog sie wieder zurück und lachte. Über sein Gesicht wurde der Schriftzug *#inkürzetot* eingeblendet.

Besonders das Ende hatte etwas Unwirkliches an sich, das in Fina mehr Unbehagen auslöste als die schon fast vertraute Ankündigung. Ebenso eigenartig war Beyers Stimme, sie klang bei Weitem nicht so entspannt, wie sein Gesichtsausdruck wirkte. Ohne den Blick vom Monitor zu lösen, nahm sie den Hörer von ihrem Apparat. Klickte YouTube weg und holte sich die interne Telefonliste auf den Schirm.

»Hallo? Ja, hier Fina Plank, Mordgruppe zwei. Ich suche jemanden bei Cybercrime, der mir etwas über die Authentizität eines Videos sagen kann.«

Am anderen Ende der Leitung war eine Frau. »Hm, das könnte ich mir selbst ansehen«, sagte sie. »Und vielleicht noch einen Kollegen dazuholen. Um welche Art Video geht es?«

»YouTube. Ich schicke dir den Link, okay?«

Fina hatte die andere automatisch geduzt, und die antwortete auf die gleiche Weise. »Ja, ist gut. Larissa Egert, mit weichem g und hartem t. Sobald ich was Genaueres sagen kann, melde ich mich.«

Sie legte auf, und Fina bedauerte es beinahe. Sie hatte kaum noch mit Frauen zu tun, und es wäre schön gewesen, mit einer so unkomplizierten und gut gelaunten Kollegin im Team zusammenzuarbeiten. Aber da durfte man eben nicht so dringend zur Abteilung Leib und Leben wollen.

Sie druckte die Vermisstenmeldung aus und spielte das Video noch einmal ab. Der Plattform zufolge war es vor zweiundzwanzig Stunden hochgeladen worden. Beyer hatte sich vor fünf Tagen zuletzt gemeldet – jedenfalls bei seiner Mutter. Was bei einem erwachsenen Mann kein Alarmzeichen gewesen wäre, wenn man den Papagei außer Acht ließ.

Fina klickte eines der älteren Videos an. Es begann mit düsteren Orgelklängen, die Kamera schwenkte über schwarze Wände und dunkle Regale im Kerzenlicht, dann kam Beyer ins Bild. Er trug die Haare etwas länger als in dem aktuellen Film und hatte sich die Augen dunkel geschminkt.

»Der Tod«, sagte er, »ist der beste Arzt. Er nimmt alle Schmerzen, alle Ängste, alle Krankheiten. Trotzdem fürchten wir ihn wie sonst nichts auf der Welt. Wieso? Nur aus Angst vor dem Ungewissen? Ja, ich denke, das ist es, dabei haben wir doch alle schon die Erfahrung gemacht, dass wir die tollsten Dinge erleben, wenn wir uns auf das Ungewisse einlassen. Die größten Abenteuer. Die unvergesslichsten Erlebnisse.«

So ging es weiter. Beyer philosophierte über das Sterben, betonte immer wieder, wie sehr er sich darauf freue. Versicherte seinen Zusehern, dass es gleichgültig sei, mit welchen Problemen sie gerade zu kämpfen hätten, zu guter Letzt würde es auf jeden Fall ein Happy End geben.

Fina scrollte ein Stück hinunter. Dreihundertzwölftausend Mal war das Video angeklickt worden. Die Kommentare umfassten wie so oft die ganze Bandbreite von Dankbarkeit bis Beschimpfungen.

Das nächste Video befasste sich wieder mit dem Tod, und langsam dämmerte es Fina, warum Beyer seinen Kanal *Schluss mit Julius* genannt hatte. Er beantwortete Fragen seiner Abonnenten und versicherte ihnen, dass jeder gelebte Tag einer weniger war, den man ertragen musste. Wenn man das überhaupt wollte. Wozu aber niemand gezwungen war.

Kein Wunder, dass seine Mutter sich Sorgen machte. Allerdings war eher zu befürchten, dass Beyer seinem Leben selbst ein Ende gesetzt hatte, statt diese Arbeit einem anderen zu überlassen.

Für eine Personenfahndung war es noch zu früh, aber sie sollten sich einen Durchsuchungsbeschluss ausstellen lassen. Und eventuell mit Hunden anrücken.

Fina war mitten im fünften YouTube-Video, als Oliver das Büro betrat. In gespielter Entrüstung schüttelte er den Kopf. »Tsss, Serafina«, sagte er. »Solltest du nicht arbeiten?« Er warf seine Jacke über die Lehne seines Bürostuhls und wartete unübersehbar darauf, dass Fina sich verteidigen würde, doch den Gefallen tat sie ihm nicht. Nach ein paar Sekunden seufzte er übertrieben gequält. »Na ja, macht ja nichts. Aber vielleicht interessierst du dich wenigstens für meine Neuigkeiten.«

Das Video war zu Ende. Sie blickte hoch. »Ja?«

»Ich war bei Weigel in der Gerichtsmedizin und habe zugesehen, wie er Gunther Marzik obduziert hat. Also, die verbliebenen Einzelteile.«

»Und?«, fragte Fina, um erst gar keine theatralische Pause aufkommen zu lassen.

»Erschlagen. Mit einem schweren, stumpfen Gegenstand, der Schädel ist mehrfach gebrochen. Weigel meint, die Tatwaffe könnte eine runde Eisenstange gewesen sein, jedenfalls etwas ohne Kanten.«

Er ging aus dem Büro, wahrscheinlich um seine neuen Erkenntnisse mit Sieghart zu teilen.

Ein schwerer, stumpfer Gegenstand. Nach dem sie natürlich suchen würden. Allerdings zu neunzig Prozent vergebens, denn der Donaukanal lag nur wenige Schritte vom Fundort der Leiche entfernt.

Fina klickte das nächste Video an. Sah Julius Beyer in die vor Begeisterung leuchtenden Augen, während er über alte Totenkulte sprach.

Sollten sie ihn lebend finden, würde sie ihm von Gunther Marzik erzählen und davon, wie hässlich der Tod sein konnte.

LICHT MIT MAGNETISCHER GEISSEL DIE STEINERNE NACHT VERDRÄNGT

Ich glaube, ich habe eine Entscheidung getroffen. Auch, wenn es mir große Freude bereitet hätte, zuallererst den Hühnergeneral oder die Faltige Göttin aufzusuchen – beide lassen sich nicht so nahtlos in das vorgegebene Muster einpassen, wie ich mir das wünsche.

Also lenken wir unseren Blick auf jemand anderen, und tatsächlich gibt es eine Person, die sich besser eignet, als ich vorerst gedacht hätte. Jemanden, der seine Umwelt nur zu gern mit seinen Weisheiten beglückt, regelmäßig. Immer noch. Und er tut es am liebsten vor Publikum, je größer, desto besser, denn so war er es immer gewohnt.

Ich denke, du wirst mit meiner Wahl zufrieden sein, wenn ich ihn dir erst einmal vorgestellt habe, und wenn du möchtest, kann ich das sofort tun. Ja, einverstanden?

Gut, dann komm mit. Um diese Zeit frühstückt er nämlich immer im *Café Bräunerhof*. Dort kennt man ihn, die Kellner machen eine kleine Verbeugung, wenn er sich setzt, und bringen ihm unaufgefordert jeden Tag das Gleiche: eine Melange und zwei Croissants mit Butter. Nur, was den Klecks Marmelade in dem kleinen Schüsselchen angeht, das dazu serviert wird, lässt er sich gerne überraschen. Solange es nicht Orangenmarmelade ist, die kann er nicht leiden, und das tut er im Zweifelsfall lautstark kund.

Komm, wir müssen nur den Michaelerplatz überqueren, in die Habsburgergasse einbiegen und dann nach rechts in die Stallburggasse. Diese Mauern hier atmen Geschichte, findest du nicht? Wien, wie man es sich vorstellt. Das Zentrum aller Klischees. Pass auf, sonst trittst du in Pferdescheiße, auch Fiakergäule äpfeln.

So, wir sind angekommen, da sitzt er schon mit seiner Zeitung, siehst du ihn? Immer am selben Tisch, weil dort auch Thomas Bernhard am liebsten gesessen hat.

Wir nehmen den Platz schräg gegenüber, wenn es dir recht ist. Keine Sorge, er wird mich nicht erkennen, und dich sowieso nicht.

Alleine dafür, wie er die Kaffeetasse mit drei Fingern am Henkel hält und beim Trinken die Lippen spitzt, könnte ich ihn töten. Und dafür, wie er jetzt die Zeitung umblättert, mit dieser großen Geste, als wäre er Karajan und der *Standard* seine Partitur.

Der Vergleich trifft den Nagel auf den Kopf, denn unser Freund liebt Musik. Und wie er sie liebt, aber natürlich nicht jede.

So, wir sollten bestellen, was möchtest du? Ich nehme einen großen Mokka und … ah, du willst eine Empfehlung? Dann schlage ich vor, du probierst die heiße Schokolade, hier bekommst du die beste der ganzen Stadt, wenn du mich fragst.

Jetzt, wo ich ihn wieder sehe, stelle ich fest, er bildet den perfekten Auftakt für meine Vorhaben. Ich kenne das Haus, in dem er wohnt, und es ist nicht schwierig, sich dort Zutritt zu verschaffen. Du wirst sehen.

Wie? Nein, ich glaube nicht, dass ich dir mehr über ihn erzählen sollte. Was würde das ändern? Und welche Rolle spielen schon Namen?

Wir haben einen eigenen für ihn. Wir nennen ihn den Halben Salomon.

18.

»Wir stehen alle zu dir«, hatte Bernie gesagt und dann eine ungelenke Bewegung gemacht, als könne er sich nicht entscheiden, ob er Tibor in den Arm nehmen oder ihm nur auf die Schulter klopfen wollte.

»War die Polizei hier?« Tibor hörte seine Stimme schwanken und räusperte sich. »Haben sie …«

»Nein, bisher noch nicht.« Bernie steuerte auf die Ledersitzecke zu. »Aber wahrscheinlich wird es nicht mehr lange dauern, bis es so weit ist. Du musst dir überlegen, was du ihnen erzählen willst.«

»Erzählen worüber?« Tibor setzte sich ebenfalls. Fühlte, wie das Bedürfnis nach einem Drink in ihm aufstieg, der diesen Wahnsinn besser erträglich machte. Und wieder beschlich ihn der Eindruck, dass Bernie Gefallen an der Situation fand. An jeder einzelnen Hiobsbotschaft.

»Okay, rück raus. Hast du in meinem Kofferraum einen abgeschnittenen Kopf gefunden?«

»Was? Nein, was redest du denn?«

»Ich frage nur. Du wirkst so aufgeregt.«

»Na ja, es ist eventuell nur ein dummer Zufall. Aber Marianne hat die Nachrichten verfolgt, und dann ist sie ihre alten Artikel durchgegangen.«

Marianne. Bernies Frau, ehemals Klatschreporterin, jetzt das, was man mit dem Brechreiz erregenden Begriff »Society-Lady« umschrieb.

Bernie hatte sein Handy hervorgeholt und WhatsApp geöffnet, tippte dort auf ein Foto und zog es größer.

Es dauerte ein wenig, bis Tibor kapierte, was es mit dem Bild auf sich hatte. Erst sah er nur sich selbst, auf dem Weg zu irgendeinem Charity-Empfang, bei dem er vermutlich mit Nadine gewesen war. Sie war allerdings nicht mit auf dem Foto, man sah nur Tibor, der auf dem roten Teppich stand und in die Kamera lachte, eine Hand lässig in die Sakkotasche gesteckt.

Rechts und links der Absperrung standen Leute – nicht sehr viele, die Promidichte war an dem Abend bestimmt nicht groß gewesen. Aber es gab Presse, einige Fotografen, ein paar Schaulustige. Tibor vergrößerte das Bild noch ein Stück mehr. Ja. Keine drei Schritte von ihm entfernt stand jemand, der aussah wie Gunther Marzik, und richtete eine Kamera auf ihn. Kein Handy, einen echten Fotoapparat.

»Ist er das? Ich kenne nur das Porträtfoto von seinem Blog.«

War das Ungläubigkeit in Bernies Blick? »Ja, das ist Marzik. Marianne hat sich dann an ihn erinnert, er hat eine Zeit lang als Freelance-Fotograf gearbeitet. Aber ihr habt trotzdem nie miteinander gesprochen?«

Es war klar, so klar, was Bernie da andeutete, aber Tibor hatte nicht mehr die Nerven, um klug und gelassen zu reagieren. »Nein, haben wir nie. Ich kann mich an sein Gesicht nicht erinnern, auch wenn du mich ansiehst, als müsste ich das, weil du denkst, dass ich der Letzte war, der ihn lebend gesehen und ihm dann das Licht ausgeblasen hat.«

Er war mit jedem Wort lauter geworden, am liebsten hätte er seinen Partner angebrüllt, einfach, weil der da war und Tibor kaum etwas dringender brauchte als ein Ventil.

Bernie zog die Mundwinkel nach unten und sah damit mehr denn je aus wie ein Frosch. »Was redest du da, Tibor? Ich meine … ernsthaft jetzt. Mir geht es doch nur darum, dich auf dem Laufenden zu halten, glaubst du denn, die Polizei wird dieses Foto nicht finden? Den Zusammenhang zwischen euch nicht herstellen?«

Bloß, dass da keiner war. Jemand hatte Marzik und ihn gleichzeitig abgelichtet, das war's auch schon. Möglicherweise würden sich unter dessen Fotos einige von ihm, Tibor, finden, aber daraus konnte ihm doch niemand einen Strick drehen?

»Wir stehen zu dir«, wiederholte Bernie. »Wir alle.«

Mehr als ein müdes Nicken brachte Tibor als Antwort nicht zustande. Der Cognac war jetzt unvermeidlich geworden, und er schenkte sich eine großzügige Menge in den Schwenker. »Du auch?«, fragte er in Bernies Richtung.

»Nein, danke. Ich habe heute noch ein Gespräch mit dem Marketingmann von Exquisita-Möbel, die wollen ja eine große Kampagne launchen. Ich hätte dich auch gern dabeigehabt, aber ...«

»Aber mein Mörder-Image schleicht mir voraus«, fiel Tibor ihm bitter ins Wort. »Schon klar.«

Wieder richtete Bernie diesen vieldeutigen Blick auf ihn, senkte ihn dann und betrachtete die auf den Oberschenkeln gefalteten Hände. Seufzte. »Ich weiß, dass das nicht leicht für dich ist, aber es wird nicht besser, wenn du dich mit deinen Freunden anlegst.«

Mit geschlossenen Augen atmete Tibor den Cognacduft ein. Nahm einen tiefen Schluck. »Ich weiß. Tut mir leid. Du kannst dir nicht vorstellen, wie surreal sich alles gerade anfühlt.«

»Ein Stück weit schon.« Bernie sah auf die Uhr. »Ich muss jetzt leider. Sag Bescheid, wenn es etwas Neues gibt.«

Das würde Tibor tun, und er war sicher, sein Freund würde ebenfalls nicht mit Nachrichten hinter dem Berg halten. Vor allem nicht, wenn es schlechte waren.

Den restlichen Tag verbrachte Tibor im Büro und beantwortete Mails. Der Großteil bestand aus Beileidsbezeugungen – viele Kunden und Bekannte hatten von der Trennung vor zwei Monaten nichts mitbekommen.

Er bedankte sich, fand aufklärende Worte, arbeitete nach der vierten oder fünften Mail nur noch mit Copy and Paste.

Sein Telefon blieb die ganze Zeit über auf beinahe provokante

Art stumm, und es klopfte auch niemand an seine Tür. Erst kurz vor fünf kam Sabina noch einmal herein. »Ich gehe dann jetzt. Brauchst du noch etwas von mir?«

Er schüttelte nur den Kopf, konnte aber nicht umhin, festzustellen, dass sie ihn mit anderen Augen betrachtete als vor ihrem Gespräch über Nadine. »Schönen Feierabend«, sagte er und zwang sich zu einem Lächeln.

Sie machte sich diese Mühe nicht. »Ja, dir auch«, sagte sie und schloss die Tür hinter sich. Tibor stützte den Kopf in die Hände. Etwas war zwischen ihm und Sabina schiefgelaufen, er musste etwas Falsches gesagt haben.

Dabei war ich nicht einmal besonders verliebt in sie. Ja, das war es gewesen, und offenbar hatten sie und Nadine sich nähergestanden, als Sabina es nun darstellte. Sie nahm es ihm übel.

»Ich bin ein Idiot«, erklärte Tibor seinem Cognacglas, das er bereits zum dritten Mal gefüllt hatte. Er würde mit dem Taxi nach Hause fahren müssen. Oder überhaupt nicht, wozu stand hier schließlich eine Couch?

Er erhob sich, schwankte ein wenig und griff sich das Handy vom Schreibtisch. Die Couch erwies sich als brauchbare Liegefläche, auch wenn sie ein Stück zu kurz und zu schmal war, um ihm als Bettersatz dienen zu können.

Das Handy vor dem Gesicht, suchte er nach Gunther Marziks Blog. Scrollte die Beiträge durch, auf der Suche nach einem Foto von sich selbst, doch zu seiner Erleichterung fand er nichts dergleichen. Der Mann hatte seine Plattform vor allem dazu benutzt, Politiker, Schauspielerinnen und andere Personen des öffentlichen Lebens zu beschimpfen. In Kolumnen mit zweifelhaftem Humor, die aber regen Zulauf fanden, wie die Anzahl der Likes und Kommentare zeigte.

Dann besser noch einmal zu Instagram wechseln. Marielu hatte vor sechs Stunden ein Selfie im Arztkittel gepostet. Sie hielt eine Kaffeetasse in der Hand, auf der ÄRZTIN – *weil Super-*

heldin kein anerkannter Beruf ist stand. Darunter hatte sie geschrieben: *Kurze Pause an einem stressigen Tag.* #doctor #hospital #surgery

Tibor fühlte den fast unwiderstehlichen Drang, sie anzurufen. Ihr letztes Telefongespräch hatte ihm gutgetan, sie war so klug, so unaufgeregt ... er hätte sich nie von ihr trennen sollen.

Allerdings wusste er nicht, was er zu ihr sagen sollte, außer wie leid er sich selbst tat. Wie unfair die Welt zu ihm war, aber sogar in seinem beschwipsten Zustand war ihm klar, dass niemand gern als Klagemauer missbraucht wurde. Schon gar nicht eine Frau, die man mal sitzen gelassen hatte.

Auf Rebeccas Instagram gab es ebenfalls ein neues Foto, zwölf Stunden alt. Charly, die Schildkröte, war diesmal nicht mit drauf, dafür eine prachtvolle Palme, die sich über den Strand bog. Dahinter grünblaues Meer und eine im Sinken begriffene Sonne. Rebecca saß am Fuß der Palme im Sand und blickte in Richtung Wasser.

Sie anzurufen war eine doppelt unsinnige Idee, allein schon wegen der Zeitverschiebung, und an Esther wollte er nicht einmal denken, was bekanntlich auf Gegenseitigkeit beruhte.

Kurz durchzuckte ihn die Idee, sich bei der kleinen Polizistin zu melden. Ihr zuvorzukommen, was das Foto von ihm und Marzik betraf. Wenn er es ihr schickte, würde ihn das in ihren Augen entlasten? Oder würde sie das Manöver als Finte betrachten, weil ohnehin klar war, dass das Bild früher oder später auftauchen würde?

Er konnte es nicht einschätzen, was möglicherweise am Alkohol lag. Der ihn außerdem rührselig machte; er war knapp davor, diese Plank anzurufen und sie das zu fragen, was ihn seit dem Vormittag beschäftigte: Warum mögen Sie mich nicht? Ich bin kein übler Kerl, ehrlich. Ja, oberflächlich wahrscheinlich schon, und eitel, und egoistisch. Aber niemals würde ich jemanden töten. Könnte ich gar nicht. Glauben Sie mir das doch bitte.

Er begann schon zu lachen, bevor er sich das daraus folgende Gespräch zu Ende vorgestellt hatte. Gut möglich, dass die Polizei dann einen Psychiater zuziehen würde. Aber vielleicht war das gar nicht schlecht. Vielleicht brauchte er einen.

19.

Julius Beyers Wohnung war ein Schrein zu Ehren des Todes. Fina stand in der Mitte des schwarz ausgemalten Zimmers und wurde das Gefühl nicht los, dass die Wände stetig näher rückten. Es war, als befände sie sich in einer Gruft, obwohl die Wohnung im zweiten Stock lag.

Dunkle Samtvorhänge sperrten jedes Tageslicht aus, der Parkettboden war mit einem hochflorigen, kohlefarbenen Teppich belegt. Über dem Schreibtisch hing ein großflächiger Druck, auf dem in trüben Grün- und Grautönen ein Skelett zu sehen war, das auf einen See hinausblickte.

Sie hatten sich mit Einverständnis der Mutter und der Staatsanwaltschaft Zutritt zu Beyers Zuhause verschafft, und die Spurensicherung war vor zwei Minuten mit ihrer Arbeit fertig geworden. Georg zog sich die Kapuze vom Kopf und pustete sich eine Haarsträhne aus der verschwitzten Stirn. »Das Gemälde da, mit dem See«, sagte er. »Kennst du es?«

Fina schüttelte den Kopf. »Müsste ich?«

»Nein, ist nicht sehr berühmt, aber ich habe es einmal auf einer Ausstellung gesehen. Heißt *Der Tod am Wasser* und ist von Max Klinger.« Er trat einen Schritt näher darauf zu. »Hast du es dir genau angesehen? Der Tod pinkelt in den See. Ich frage mich, womit.«

In Anbetracht der Umstände kam diese Frage sehr weit hinten auf Finas Liste. »Habt ihr irgendetwas gefunden, was Julius Beyer mit den zwei bisherigen Opfern verbindet?«

»Wir wissen doch noch gar nicht, was wir bisher überhaupt gefunden haben«, sagte er in gespielt vorwurfsvollem Ton. »Ihr gebt uns echt eine Menge zu tun, neuerdings, wir kommen kaum dazu, die bisher gesammelten Spuren auszuwerten.« Er drehte sich um die eigene Achse, wie um die schaurige Zimmerdekoration in all ihrer Düsternis zu betrachten, und zum ersten Mal bemerkte Fina eine kahle runde Stelle an seinem Hinterkopf. »Anubis«, murmelte er und deutete auf eine hüfthohe Plastikstatue in der Ecke neben dem Schreibtisch.

»Ja, und im Bücherregal stehen Schrumpfköpfe aus Gummi.« Fina trat einen Schritt näher heran und zog einen der Wälzer heraus. Schob ihn zurück, griff nach dem nächsten. »Interessante Lektüre. Aleister Crowley und Dante. Julius Beyer dürfte wirklich nur ein einziges Hobby haben.«

Ahmed war hinter sie getreten. »Oder gehabt haben. Denkst du, er lebt noch?«

Die Frage hatte sie sich selbst im Halbstundentakt gestellt, seit sie das YouTube-Video gesehen hatte. »Keine Ahnung. Das hier wirkt alles so, als wäre er lieber heute als morgen tot gewesen. Als würde er sich schon mal ans Sterben gewöhnen wollen.« Sie merkte selbst, dass das weit entfernt von einer professionellen Analyse war, und räusperte sich. »Macht auch nicht den Eindruck, als hätte es hier einen Kampf gegeben, oder?« Die Frage hatte sie an Georg gerichtet, der gerade das blassblonde Haar über die kahle Hinterkopfstelle strich.

»Wir haben keinen Hinweis darauf gefunden«, sagte er. »Aber natürlich kann jemand den Mann mit vorgehaltener Waffe nach draußen gezwungen haben.«

»Oliver und ich haben die Nachbarn abgeklappert«, sagte Ahmed. »Darunter eine dieser allwissenden Fensterguckerinnen. Niemandem ist etwas Ungewöhnliches aufgefallen.«

Fina hatte sich wieder dem Bücherregal zugewandt und versuchte zu erkennen, ob es sich um das gleiche handelte, das in Beyers Videos zu sehen war. Wahrscheinlich, auch wenn die Kerzen fehlten. Sie schob einen chromfarbenen Totenschädel zur Seite und studierte die Titel.

Philosophie des Todes. Die Reise ins Jenseits. Sterbefasten. Vergänglichkeit und Endlichkeit.

Die folgenden Buchrücken waren von einem Gebilde verdeckt, das Fina für eine mexikanische Totenmaske hielt. Sie hörte, wie Georg hinter sie trat. »Schon verstörend, oder?«

»Ja. Ich denke, wenn man hier viel Zeit verbringt, hat man gar keine andere Wahl, als depressiv zu werden.«

»Wie man's nimmt. Es würde mich nicht wundern, wenn …« Er unterbrach sich selbst. »Unsinn. Wir sollten nicht spekulieren.«

Ahmed zog eine Schublade auf und schloss sie wieder. »Ganz ehrlich? Ich kann mir nur schwer vorstellen, dass wir Beyer noch lebend finden. Ist nur ein Bauchgefühl, aber meistens liege ich richtig, oder? Er muss ja nicht selbst zum Strick gegriffen haben. Vielleicht hat ihm jemand einen Gefallen getan und die Arbeit abgenommen? Einvernehmlich?« Er blickte zur Decke hinauf, die ebenfalls schwarz war, als würde er dort nach einem passenden Haken suchen.

»Aber wenn er Selbstmord begangen hat, warum das ganze Drumherum?«, überlegte Fina. »Ich meine vor allem das Video, das wahrscheinlich ein Deep Fake ist. Ist doch ein extremer Aufwand.«

Georg zog sich die Latexhandschuhe von den Fingern. »Damit hast du vollkommen recht. Im Unterschied zu Ahmed würde es mich auch gar nicht wundern, wenn Julius Beyer in ein paar Tagen gesund und springlebendig wieder auftaucht. Ich war schon nach einigen Suiziden in den Wohnungen der Toten, und glaubt mir, so hübsch hat keiner von denen seine Todessehnsucht inszeniert.« Er deutete mit dem Kinn in Richtung der Schrumpfkopfsammlung. »Beunruhigender wäre einer dieser typischen Messie-Haushalte, oder eine Wohnung, in der man gerade mal einen Tisch, einen Stuhl und ein Bett findet.« Er stopfte die Handschuhe in seine hintere Hosentasche. »Wer so viel Mühe in sein düsteres Image steckt, hat viel zu viel Spaß daran, andere damit zu beeindrucken.« Er klopfte auf den Kopf der Anubis-Statue, es gab ein hohles Geräusch. »Aber ich bin kein Psychologe, also vergesst besser wieder, was ich gesagt habe.«

Schritte vom Eingang her, unverkennbar in Tempo und Lautstärke. Oliver war zurück. »Ich habe jetzt alle Hausbewohner durch, die gerade da sind, und niemand hat etwas Beunruhigendes gehört oder gesehen.« Er klopfte Ahmed auf den Rücken, betrachtete den Druck mit dem Skelett und lachte. »Aber Beyer hatte öfter Besuch, sagen sie. Unterschiedliche Leute, Frauen und Männer, alle möglichen Altersgruppen.«

»Laut seiner Mutter hat er keine fixe Freundin«, warf Ahmed ein. »Schon seit Jahren nicht.«

»Kein Wunder.« Olivers Blick glitt über die Einrichtung. »Welche Frau ließe sich in dieser Umgebung schon flachlegen? Nicht einmal du, Fina, oder?« Er vollführte eine lässige Handbewegung in ihre Richtung. »Ha, nur ein Witz. Zieh nicht so ein Gesicht, war nicht ernst gemeint.«

»Ich fürchte«, hörte sie Georg hinter sich sagen, »ich ziehe das gleiche Gesicht. Ernsthaft, Homburg, was soll der Blödsinn?«

»Ist schon okay.« Fina zwang sich ein Lächeln ab, einerseits dankbar dafür, dass Georg ihre Partei ergriff, andererseits beschämt darüber, dass er dachte, sie brauchte einen Beschützer.

Sie straffte sich. »Ich muss einfach lernen, damit zu leben, dass Oliver Angst hat, ich könnte ihn karrieretechnisch überholen. Aus Angst redet man eben oft dämliches Zeug. Nicht wahr?«

Sie lächelte ihm übertrieben freundlich zu, dann ging sie aus dem Raum. Hörte noch sein aufgesetztes Lachen und verließ die Wohnung.

Draußen stand eine kleine, alte Frau in einer Sorte Hauskittel, von der Fina gedacht hatte, sie wären bereits vor den Zeiten ihrer Großmutter ausgestorben. Verblasstes Veilchenblau mit braunen und orangefarbenen Rauten. Darüber eine graue Strickjacke mit Lochmuster. »Sind Sie von der Polizei?«, fragte sie.

»Ja.« Fina nahm einen leichten Zwiebelgeruch an ihrem Gegenüber wahr. Noch eine Großmutter-Parallele. »Und Sie wohnen hier im Haus?«

»Ja. Erdgeschoss. Kann ich mir die Wohnung einmal ansehen?«

Das hier war mit Sicherheit die Frau, die Ahmed als »allwissende Fensterguckerin« bezeichnet hatte. »Tut mir leid, das geht nicht.«

Die trübblauen Augen betrachteten sie von unten her, verschmitzt. »Aber mir ist noch etwas eingefallen. Das habe ich Ihrem Kollegen vorhin nicht erzählt.« Sie versuchte, an Fina vorbei durch die noch halb offen stehende Tür zu lugen. »Nur einen schnellen Blick. Der Briefträger hat mir einmal erzählt, die Wohnung sieht aus wie eine Satanskirche. Und wenn das so ist, will ich das wissen, ich wohne ja immerhin auch hier.«

»Keine Satanskirche«, erwiderte Fina, ohne die Tür zuzuziehen. »Aber es hat eben jeder einen anderen Geschmack, wenn es ums Wohnen geht, und Herr Beyer mag es … dunkel.«

»Ah.« Es war der Kittelfrau anzusehen, wie sie diese Information abspeicherte. »Und die Totenköpfe? Sammelt er wirklich Totenköpfe?«

Nein, dachte Fina, Schrumpfköpfe. »Er hat ein paar gruselige Sachen aus Plastik herumstehen, aber glauben Sie mir, jede Geisterbahn ist aufregender.« Ging sie mit dieser Auskunft schon zu weit? »Was haben Sie denn beobachtet, Frau …«

»Kaltenbrunner.«

»Frau Kaltenbrunner. Was haben Sie meinem Kollegen nicht erzählt?«

Sie sah, wie die Frau zögerte. Wie sie ihre Chancen abwog, vielleicht doch noch in die Satansanbeterwohnung hineinkommen zu können.

»Wer weiß«, sagte Fina, »möglicherweise ist Ihre Angabe entscheidend dafür, dass wir einen sehr wichtigen Fall lösen.«

Das gab den Ausschlag. Die Frau zog ihre Strickjacke über der Brust zusammen und beugte sich zu Fina vor. »Also, es ist neun Tage her. Das weiß ich, weil ich an diesem Tag meinen Termin in der Diabetesambulanz gehabt habe. Am gleichen Abend bin ich mit der Zeitung auf der Couch gesessen, und da hat Herr Beyer das Haus verlassen. Danach habe ich ihn nicht mehr gesehen. Oder gehört.«

Wahrscheinlich hätte man die Hand dafür ins Feuer legen können, dass Frau Kaltenbrunner jedes Kommen und Gehen zur Kenntnis nahm, wenn es nicht gerade während ihrer Schlafenszeit stattfand. »Sie glauben also, dass Herr Beyer seitdem nicht mehr hier gewesen ist.«

Zu Finas Überraschung zuckte die Frau die Schultern. »Das weiß ich nicht genau. Aber wissen Sie, es war spät an dem Abend. Sicher nach zehn, ich hatte schon mein Nachthemd an. Und deshalb war das wirklich merkwürdig.«

»Was meinen Sie? Hat Herr Beyer sonst nie um diese Zeit das Haus verlassen?«

»Doch, wahrscheinlich schon.« Die Augen der Frau glänzten. »Aber diesmal hat er vorher noch Besuch bekommen. Jemand hat unten geklingelt, ist die Treppen hinaufgelaufen und ein paar Minuten später wieder nach unten gekommen. Gleich danach hat auch Herr Beyer das Haus verlassen.«

Unter Finas Kopfhaut kribbelte es. »Das ist wirklich sehr interessant, Frau Kaltenbrunner. Haben Sie denjenigen hier schon einmal gesehen? Kann es sein, dass er Herrn Beyer gezwungen hat, mit ihm das Haus zu verlassen? Mit einer Waffe, zum Beispiel?«

Es war offensichtlich, wie sehr die Frau das Gespräch genoss. »Nein. Da war keine Waffe. Und es war auch kein Mann, der Herrn Beyer besucht hat.«

Sie beugte sich noch ein Stück vor und senkte die Stimme. »Es war ein kleines Mädchen.«

O, DAS VERSUNKENE LÄUTEN DER ABENDGLOCKEN

Twitter ist unser Freund. Du wirst sehen, damit werden wir eine Menge Spaß haben. Aber bevor es so weit ist, sollten wir uns überlegen, auf welche Weise wir den Halben Salomon vom Leben zum Tod befördern wollen.

Ich habe keine große Lust, mich zu besudeln, und ich denke mir, da geht es dir ähnlich. Blutspritzer sind hässlich und verräterisch.

Erwürgen hinterlässt deutlich geringere Spuren und gibt dem Opfer zudem Zeit, sein Leben zu überdenken, während es nach Luft schnappt, während die Sauerstoffzufuhr zum Gehirn abgedrückt und die Welt schwarz wird. Das hat viel Schönes, birgt allerdings die Chance des Widerstands. Des Entkommens, wenn man selbst noch keine große Erfahrung mit dem Vorgang hat. Und ich muss gestehen, die habe ich nicht. Du vielleicht?

Eben.

Also überlege ich etwas anderes. Ebenfalls sauber, doch man braucht spezifischeres Werkzeug, darum muss ich mich erst kümmern. Aber im Grunde sollte das kein Problem darstellen.

Lass uns doch einmal zu seiner Wohnung spazieren. Es ist nicht weit, sie liegt direkt hinter der Karlskirche, in der Kreuzherrengasse. Wäre unbezahlbar heute, war allerdings auch schon teuer, als er sie damals gekauft hat. Aber er hat eben immer gut verdient, der Halbe Salomon.

Da. Siehst du den Erker im zweiten Stock? Der gehört zu seinem Wohnzimmer. Bevor du fragst: Nein, ich war noch nie bei ihm zu Hause. Aber ich habe ihn schon oft dort am Fenster stehen und rauchen sehen. Zigarren natürlich, immer nur Zigarren. Männer wie er rauchen keine Zigaretten.

Hier ist meine Fantasie: Ich würde ihn gern von innen gegen dieses Fenster pressen und auf die Kirche blicken lassen, während er nach Luft ringt, bis sein Gesicht sich bläulich verfärbt, bis die feinen Äderchen in seinen Augäpfeln platzen.

Eine schöne Vorstellung, wenn auch riskant in der Durchführung. Wir werden es dem Moment überlassen müssen, und für den Fall der Fälle habe ich mir schon eine interessante Alternative überlegt.

Wenn wir das Timing gut planen, werden die Kirchenglocken seine letzten Minuten begleiten.

20.

Ein kleines Mädchen?« Sieghart's Gesicht war eine Maske des Zweifels. »Beyer hat keine Kinder, oder?«

Sie hatten sich um Ahmeds Schreibtisch versammelt, weil der gleich neben der Kaffeemaschine stand, und es war ein mehr zufälliges als geplantes morgendliches Meeting entstanden.

»Nein.« Oliver kam Fina mit der Antwort zuvor. »Keine Frau, keine Kinder, nur zwei Schwestern, die aber auch noch kinderlos sind.«

»Frau Kaltenbrunner hat gesagt, sie hätte kurz die Tür geöffnet und ein paar Gesprächsfetzen aus dem Stiegenhaus mitgehört. Das Mädchen soll sehr aufgeregt gewesen sein und etwas von einer Katze gesagt haben. Auf dem Balkon.«

»Einer Katze?«

»Ja. Was genau Beyer darauf geantwortet hat, konnte sie nicht richtig verstehen, nur, dass er unfreundlich geklungen und sich über die späte Uhrzeit beschwert hat.«

»Klingt eigenartig«, gab Sieghart zurück. »Wie alt ist diese Zeugin?« Die Frage war unmissverständlich an Fina gerichtet.

»Dreiundachtzig. Aber sehr agil, braucht nur zum Lesen eine Brille. Ich habe selbst noch ein paarmal nachgefragt, aber sie war sicher, dass es ein Kind war. Ein blondes Mädchen, etwa zehn Jahre alt, mit Zopf bis zum halben Rücken. Um circa halb elf Uhr abends hat dieses Mädchen das Haus betreten, ist die Treppen hochgelaufen und fünf Minuten später zurückgekommen. Unmittelbar danach hat auch Beyer das Haus verlassen. Das Kind hat Jeans und ein rosa Shirt getragen.«

Siegharts Mund hatte sich zu einem blassen Strich verfestigt. »Von der Sorte finden wir in jeder Schulklasse zehn Stück. Sie hat das Mädchen vorher nie gesehen?«

»Nein. Und glaube mir, sie würde sich erinnern.«

Oliver schüttete Zucker in seinen Kaffee. »Wir sollten die Zeugin vorladen. Wer weiß, was sie sich zusammengesponnen hat. Ich habe sie nämlich eine Stunde vorher ebenfalls befragt, und da war keine Rede von blonden Mädchen.«

»Ja«, sagte Fina müde. »Weil sie sich ihren Trumpf bis zum Schluss aufheben wollte. Und eigentlich vorhatte, ihn gegen einen kurzen Rundgang in Beyers Wohnung einzutauschen.« Sie sah Oliver nicht an, während sie sprach. Seit dem gestrigen Wortwechsel hatten sie nicht mehr miteinander geredet, und Fina wartete nur darauf, dass er zum nächsten Schlag ausholen würde.

»Also vorladen.« Sieghart nickte ihr zu. »Manfred, kümmere du dich darum, okay?«

Der Kollege machte sich eine Notiz, dann stand er auf, griff nach seiner Jacke und ging ohne ein weiteres Wort nach draußen.

»Was gibt es sonst Neues?« Sieghart warf einen schnellen Blick auf die Uhr.

»Wir warten auf die Spurenauswertung«, sagte Oliver. »Habt ihr schon die Schlagzeile heute gesehen? Senderchef Eferling klagt gegen das Schmierblatt der Konkurrenz wegen dieser Headline.« Er räusperte sich und fuhr mit theatralisch tiefer Stimme fort: *»Musste sie für ihre Karriere sterben?* Ihr erinnert euch an das Titelfoto, auf dem er die Hand an Justs Arsch hatte?«

Ja, Fina erinnerte sich gut, sie war dem erbosten Mann im Sendegebäude begegnet. *Was glauben Sie, was bei mir zu Hause los ist?,* hatte er gezischt. »Wir sollten vielleicht noch einmal mit ihm sprechen«, schlug sie vor. »Und vor allem auch mit seiner Frau.«

Sieghart stellte seine Tasse neben die Kaffeemaschine. »Ich dachte, von ihm hätten wir alles Nötige? Überlegt euch bitte gut, ob das wirklich nötig ist, das Letzte, was wir brauchen können, ist miese Presse, weil wir ineffizient arbeiten.«

»Finde ich auch.« Oliver, natürlich. »Außerdem fällt mir nichts ein, was ihn mit dem zweiten Opfer verbinden würde. Oder mit Julius Beyer, falls der auch eines sein sollte. Ist jemand anderer Meinung?«

Die Frage galt garantiert Fina, aber er richtete sie nicht direkt an sie. Blickte durch sie hindurch, als wäre sie Luft, was aber keinem aufzufallen schien.

»Wir haben noch nicht mit seiner Frau geredet«, beharrte sie. »Ernsthaft, wenn Eferling wirklich eine Affäre mit Just hatte, können wir die Ehefrau da einfach ignorieren? Eifersucht ist eines der häufigsten Motive. Zugang zum Sender hätte sie auch gehabt.« Sie blickte hoch, Sieghart direkt ins Gesicht. »Wir wollen den Fall doch lösen, nicht?«

Wider Erwarten lächelte er. »Und ob wir das wollen. Viel Spaß, Plank, ich überlasse das dir und deinem Fingerspitzengefühl. Oliver, mach bitte den Bericht von gestern fertig, und Ahmed, du kümmerst dich um Beyers Kontakte. Hoffentlich finden wir dann raus, wer das Mädchen ist.« Er nickte einmal in die Runde, verschwand in seinem Büro und schloss die Tür hinter sich.

Sekunden später war auch Oliver gegangen, wortlos, aber unverkennbar wütend darüber, dass ihm der Papierkram aufgeladen worden war.

Ahmed griff nach Finas Kaffeetasse. »Noch einen?«

»Ja. Danke. Wo ist eigentlich Manfred?«

»Zahnarzt. Kommt später wieder.«

»Ich hätte ihn ganz gern dabei, wenn ich mit Eferlings Frau rede. Er wirkt so …«

»Beruhigend?« Ahmed gab Schnarchgeräusche von sich. »Ja, keine schlechte Idee. Wäre vielleicht auch gut, die Frau nicht herzubestellen, sondern zu ihr zu fahren. Den Ball flach halten, du weißt, was ich meine.«

Doch wie es aussah, würde aus der Vernehmung noch am gleichen Tag ohnehin nichts werden. Fina bekam nur die Haushälterin ans Telefon, die erklärte, sie dürfe die Handynummer ihrer Chefin nicht weitergeben. Rückruf? Ja, eventuell. Aber Fina solle besser nicht vor morgen damit rechnen, denn heute würde Frau Eferling erst spät wieder zu Hause erwartet.

Oliver war noch nicht zurück an seinem Schreibtisch, aber als Fina auflegte, hörte sie seine aufgebrachte Stimme aus einem der anderen Büros. »Mich lässt er Berichte schreiben! Mich. Ist ja auch völlig klar, warum. Frauen müssen gefördert werden, egal, ob sie unfähig sind oder nicht.« Etwas fiel zu Boden. »Entschuldige, das war keine Absicht«, hörte Fina ihn sagen. »Aber findest du nicht auch, dass es hier viel besser gelaufen ist, bevor sie sich ins Team gedrängt hat? Und ich bin die arme Sau, die ständig mit ihr zusammenarbeiten muss. Du hast ja keine Ahnung. Katastrophe.«

Fina fühlte, dass sie rot geworden war. Mit wem redete Oliver da? Mit jemandem, der zu jedem seiner Worte mitfühlend nickte? Ja, wahrscheinlich.

Sie ging ihre Mails durch, fixierte den Bildschirm, gab sich Mühe, wütend zu sein und nicht verletzt. Offenbar hatte auch Ahmed den Ausbruch mitgehört, denn als er kurz darauf hereinkam, um etwas auf Olivers Schreibtisch zu legen, warf er Fina einen besorgten Blick zu.

Sie sah schnell weg, überlegte es sich dann aber anders und lächelte ihm zu. »Ist schon okay, ich halte das aus.«

»Nein. So sollte das nicht laufen.« Er warf einen Blick in die Richtung, aus der Olivers Stimme gekommen war. »Soll ich mit ihm reden?«

»Auf keinen Fall!«

Er nickte. »Ich finde das nicht, übrigens«, sagte er nach einer kurzen Pause. »Also, dass es besser war, bevor du zu uns gekommen bist.«

»Hm. Danke.«

»Es war schon anders, das stimmt. Da hat Oliver immer versucht, mir die Berichte anzuhängen.« Er zwinkerte verschmitzt. »Für mich hat die Lage sich also echt verbessert. Nein, im Ernst: Du passt wunderbar ins Team. Lass dich nicht verunsichern.«

Sie nickte nur, obwohl sie ihm wirklich dankbar war. Betrachtete Oliver kühl, als er zu seinem Platz zurückkehrte; er sollte kapieren, dass sie alles gehört hatte. Was er wohl auch so beabsichtigt hatte.

Er sagte kein Wort, sondern begann zu tippen, hackte wütend auf die Tasten ein. Fina dachte nicht daran, einen Teil der Berichte zu übernehmen, auch wenn sie bei Eferlings Frau heute nicht mehr weiterkommen würde. Stattdessen suchte sie nach neuen Postings unter #inkürzetot, so lange, bis kurz nach Mittag die erste Auswertung der Spurensicherung eintraf und alles auf den Kopf stellte.

»Ihr habt sie in Marziks Schrebergartenhaus sichergestellt?« Sieghart beugte sich über die Daten, die Georg selbst vorbeigebracht hatte, um potenzielle Fragen zu beantworten, wie er sagte. Wahrscheinlich aber auch, um die Reaktion der Gruppe mit eigenen Augen zu sehen.

»Ja. Die Haare stammen aus dem Badezimmer. Der DNA-Abgleich lässt keine Zweifel offen, sie gehören Tibor Glaser.«

»Das heißt, sie haben sich doch gekannt«, stellte Oliver fest. »Wie sieht es mit dem Haar aus, das ihr an der Leiche gefunden habt?«

»Wildschwein. Definitiv nicht menschlichen Ursprungs.«

Fina hatte sich eine Kopie der Auswertungsdaten herangezogen und las sie Zeile für Zeile durch. »Aber am Tatort im Sender habt ihr keine Spuren von ihm gefunden? Kein einziges Haar?«

»Nein. Die, die wir sichergestellt haben, stammen vom Opfer selbst. Die meisten Fingerabdrücke auch, in der Garderobe gab es noch paar der Maskenbildnerin und einen der Chefin vom Dienst.«

»Radnitzky?«

»Genau.«

Fina versuchte, die neuen Fakten in ihrem Kopf zu ordnen und mit den alten zu einem logisch brauchbaren Bild zusammenzufügen. Und dann ihre Gedanken so zu formulieren, dass sie nicht wieder eine Angriffsfläche für Oliver bot.

Ach was. Drauf gepfiffen. »Sind wir uns alle einig, dass Glaser Nadine Just nicht getötet haben kann? Es gibt ein klar abgegrenztes Zeitfenster, in dem die Tat passiert ist. Für das er ein Alibi hat.«

»Vom Restaurant, dem Portier des Senders und Radnitzky?« Sieghart lehnte sich gegen die Wand. »Das müssen wir uns noch einmal ganz genau ansehen. Wie lange er in dem Lokal war. Dann die Fahrtzeit von dort zum Sender. Er könnte irgendwie durch einen Lieferanteneingang ins Gebäude gelangt sein, dort seine Ex getötet haben und anschließend gemütlich ums Haus spaziert sein, um sich beim Portier anzumelden.«

Fina schüttelte den Kopf. »Das haben wir schon gemacht. Wir wissen auch, wann er versucht hat, Just über ihr Handy zu kontaktieren. Und damit ist eigentlich klar, dass er nicht …«

»Ich sage nicht, dass er es war«, unterbrach Sieghart sie. »Nur, dass wir uns angesichts der neuen Informationen alles noch einmal genau ansehen müssen.«

»Natürlich«, pflichtete Oliver ihm bei. »Ich kümmere mich gleich darum.«

Wieder fühlte Fina, wie die Röte ihr ins Gesicht stieg. Ohne wirklichen Grund diesmal. Das musste aufhören, verdammt, sie durfte sich nicht bei jedem Widerspruch fühlen wie ein gemaßregeltes Kind. Die anderen im Team fassten einander auch nicht mit Samthandschuhen an, und das Letzte, was sie sich wünschte, war eine Sonderbehandlung.

»Zu Beyers Wohnung gibt es noch keine Spurenauswertung?« Sie wandte sich an Georg. Ihre Stimme schwankte nicht, das war immerhin etwas.

»Nein, leider. Aber wir beeilen uns. Vielleicht willst du noch einen Blick auf die Liste werfen? Der Kollege Homburg hat die gewünschten Spuren schon markiert, aber er war eher ... sparsam.«

Der Hauch von Verachtung, den Georg in seinen letzten Satz gelegt hatte, entging niemandem im Raum, am wenigsten vermutlich Oliver.

»Na sicher«, sagte er. »Lass Serafina noch ein paar Kreuzchen auf dem Wunschzettel machen, sie weiß es sicher besser als ich. Und sie hat auch gar keine Schwäche für unseren neuen Hauptverdächtigen, oder?«

»Was?« Sieghart blickte zwischen ihm und Fina hin und her. »Was soll der Quatsch? Homburg, reiß dich zusammen und lass diese Sticheleien, ich will, dass ihr vernünftig arbeitet, zum Teufel.« Damit verließ er den Raum. Fina griff nach der Liste, in dem Bewusstsein, dass alle Anwesenden sie beobachteten.

»Die Computertastatur«, sagte sie. »Die steht nicht mit dabei. Ist das okay?«

»Sicher ist das okay.« Georg unterstrich den Posten doppelt und ignorierte das schnaubende Geräusch, das Oliver von sich gab. »Ich sehe zu, dass wir das flott bearbeiten. Ihr hört von mir.«

Er ging, und nur Sekunden später kam Manfred zur Tür herein, die rechte Seite des Gesichts deutlich dicker als die linke. »Weisheitszahn. Ist raus. Was gibt es sonst Neues?«

Oliver, der sich gerade ein Glas Wasser einschenkte, füllte noch ein zweites und reichte es seinem Kollegen. »Dass nicht alles Störende so leicht loszuwerden ist wie dein Zahn.«

21.

Tibor begrüßte die Kopfschmerzen, mit denen er am nächsten Tag erwachte, wie einen lang vermissten Freund. Sie hinderten ihn am Denken. Sie hinderten ihn auch daran, Quick-TV einzuschalten oder wieder manisch durch die Social Media zu surfen.

Er schaffte es gerade einmal, sich Tee zu kochen und dann vom Bett aus Bernie anzuschreiben. Dass er sich krank fühle und heute nicht in die Agentur kommen werde.

Sogar das *Pling* der Nachrichtenapp war wie der Stich mit einer dicken, heißen Nadel, mitten ins Gehirn.

Ich verstehe und bin ganz deiner Meinung. Bleib besser zu Hause, der Sturm legt sich bald. Wirst sehen!

Er wollte zurückschreiben, dass das ein Missverständnis war und sein Kater echt, aber er fand nicht die Kraft dafür. Zwei Schmerztabletten später driftete er allmählich wieder weg, nur, um von der Türklingel aus seinem Dämmerzustand gerissen zu werden.

Das war garantiert der verdammte Briefträger. Aber der konnte sich gleich wieder verziehen, Tibor dachte nicht daran, zu öffnen. Nur leider hörte das Klingeln nicht auf, wiederholte sich im Zehn-Sekunden-Takt.

Er spürte, wie sein Magen sich hob, als er vorsichtig aus dem Bett stieg. Voller Hass auf sich selbst und die Welt schluckte er die aufsteigende Galle hinunter und tappte auf bloßen Füßen zur Tür. Sammelte innerlich Kraft dafür, demjenigen, der ihn in die Senkrechte gezwungen hatte, den Kopf abzureißen, egal, wer es war.

»Hallo«, bellte er in die Gegensprechanlage.

»Herr Glaser, wie schön.« Eine oberflächlich freundliche

Männerstimme. »Sie sind ja doch zu Hause. Polizei, wir würden gerne zu Ihnen raufkommen.«

Polizei. An diese Möglichkeit hatte er tatsächlich nicht gedacht, eigentlich unglaublich. Sein Denkvermögen hatte sich vorübergehend verabschiedet, das ließ Schlimmes für das Gespräch befürchten, das ihm jetzt wohl bevorstand.

Er drückte auf den Türöffner, machte sich gleichzeitig bewusst, wie er aussah. Unrasiert, in Jogginghose und T-Shirt, nicht einmal Socken hatte er an. Jemanden anzuatmen würde bereits unter Körperverletzung fallen, aber wenigstens das ließ sich schnell beheben.

Auf dem Schrank im Vorzimmer lag ein Päckchen Kaugummis; Tibor steckte sich zwei davon in den Mund. Fühlte erneut, wie sein Magen sich verkrampfte, aber es war keine Zeit mehr, um sich zu übergeben. Die Polizisten kamen bereits die Treppe hoch. Vorneweg der smarte Typ, der ihn schon beim Sender verhört hatte. Hinter ihm, langsamer, ein Mann, dem er noch nicht begegnet war. Groß, füllig und kurzatmig. Mit auffälligen Tränensäcken und einem merkwürdig asymmetrischen Gesicht.

Der Smartie musterte ihn von oben bis unten. »Haben wir Sie geweckt?«

»Nicht wirklich, aber ich war im Bett. Migräne. Kommen Sie rein, ich ziehe mir schnell etwas an.«

»Müssen Sie nicht, nicht unseretwegen.« Der Polizist trat ein und sah sich um. Wie hieß er noch mal? Keine Chance, dass Tibors Kopf die Information rausrücken würde. Nicht heute.

»Man hat uns bei Ihnen im Büro schon gesagt, dass Sie sich krankgemeldet haben«, sagte der andere und streckte ihm die Hand hin. »Wir kennen uns noch nicht. Manfred Burgstaller, Mordgruppe zwei. Mit dem Kollegen Homburg hatten Sie ja schon zu tun.«

Homburg, genau. Tibor versuchte zu lächeln und gab es umgehend wieder auf. »Kann ich Ihnen etwas zu trinken anbieten? Kaffee, Tee, Wasser?«

»Für mich Wasser«, sagte Burgstaller. »Mir ist gestern ein Zahn gezogen worden, und alles, was heiß ist ...« Er verzog schmerzlich das Gesicht.

Der Smartie, Homburg, ließ noch einige Sekunden lang den Blick durch die Wohnung schweifen, bevor er antwortete. Tibor war sein Zuhause so gewohnt, dass er sich erst bewusst machen musste, wie es wohl auf jemanden wirkte, der zum ersten Mal hier war. Die sechzig Quadratmeter Wohnzimmer, fast vier Meter hoch. Das großflächige Rudolf-Hausner-Gemälde an der Wand, die riesige Sitzgruppe, die Bar.

»Schön haben Sie es«, sagte Homburg. »Und Sie haben bestimmt einen dieser hippen Vollautomaten. Da würde ich einen Espresso nehmen, wenn es keine Umstände macht.«

»Gerne.« Tibor ging in die Küche, schaltete die Kaffeemaschine ein und holte Mineralwasser aus dem Kühlschrank. Während die Brühgruppe sich aufheizte, huschte er ins Schlafzimmer, um sich Socken, Jeans und ein sauberes Sweatshirt anzuziehen.

Als er mit den Getränken ins Wohnzimmer kam, saßen die beiden Polizisten auf der Couch und unterhielten sich leise, unterbrachen ihr Gespräch aber sofort. »Danke«, sagte Burgstaller, während Homburg erst die Fürstenberg-Espressotasse kritisch betrachtete, um dann ausgiebig am Kaffee zu schnuppern. Es war nicht zu übersehen, dass Tibors Lebensstil den Polizisten gegen ihn einnahm, aber daran ließ sich im Moment leider nichts ändern.

Der Kaugummi in seinem Mund war mittlerweile hart und völlig geschmacklos. Er hätte ihn schon in der Küche loswerden sollen, denn lässiges Kauen würde ihn vermutlich noch unsympathischer wirken lassen als offen zur Schau getragener Wohlstand.

»Was hat Sie mit Gunther Marzik verbunden?«, begann Homburg und stellte seine Tasse auf dem Couchtisch ab.

»Nichts«, sagte Tibor. »Absolut nichts, wir haben uns nicht gekannt.« Während die Worte seinen Mund verließen, wurde ihm schlagartig klar, was passiert sein musste. Die Polizei war auf das Foto gestoßen, das Bernie ihm gezeigt hatte. Das Pressefoto vom roten Teppich, auf dem Marzik im Hintergrund zu sehen war.

»Dieses Bild«, stieß er nach einer kurzen Pause hervor, »ist einfach ein zufälliger Schnappschuss. Solche Fotos entstehen leicht, wenn bei Events zwei Leute gleichzeitig in den Kamerafokus eines Fotografen geraten. Ich kann mich nicht einmal mehr erinnern, welche Veranstaltung das war, geschweige denn …«

»Was für ein Bild?«, unterbrach ihn Homburg. »Wovon sprechen Sie?«

Irritiert blickte Tibor zwischen den beiden hin und her. »Na, von dem Foto, auf dem Herr Marzik im Hintergrund zu sehen ist. Gemeinsam mit mir, im Vordergrund. Deswegen sind Sie doch hier, nicht wahr?«

Er sah, wie Burgstaller ein kleines Notizbuch aus seiner Jacke holte und etwas hineinkritzelte. »Können Sie uns dieses Foto zur Verfügung stellen?«, erkundigte er sich, ohne aufzublicken.

»Nein. Ich meine, ja, ich kann es mir schicken lassen. Ich habe es gestern selbst zum ersten Mal gesehen, und wie gesagt, ich habe keine Ahnung, wer es geschossen hat, oder …«

Er hatte zuletzt immer schneller gesprochen und gleichzeitig versucht, die Zusammenhänge zu begreifen. Burgstaller und Homburg waren hier, um sein Verhältnis zu Marzik zu ergründen, das nicht existierte, wenn man von diesem einen Bild absah. Wieso behaupteten sie dann, bisher nichts davon gewusst zu haben?

Völlig verunsichert beobachtete er Homburg dabei, wie der sich vorbeugte und die Ellenbogen auf die Knie stützte. »Es ist so, Herr Glaser. Der tote Gunther Marzik wurde in der Nähe seines Kleingartenhauses gefunden. Und in diesem Haus hat die Spurensicherung Haare sichergestellt. Ihre Haare.«

Tibor schüttelte den Kopf, fühlte gleichzeitig, wie in ihm alles kalt wurde. Wollte widersprechen, bekam jedoch keinen Ton heraus.

»Und nun wüssten wir natürlich gerne«, fuhr Homburg fort, »was Sie bei Marzik gemacht haben. Wann Sie dort waren und warum.«

Er setzte zwei Mal zu einer Antwort an, und als seine Stimme ihm endlich gehorchte, klang sie fremd und heiser. »War ich nicht. Das muss ein Irrtum sein. Ich kannte den Mann doch überhaupt nicht, bis vor drei oder vier Tagen hatte ich praktisch keine Ahnung, dass er existiert.«

»Schwer zu glauben«, sagte Burgstaller. »Kommen Sie, Herr Glaser, seien Sie vernünftig. Früher oder später finden wir die Zusammenhänge sowieso heraus. Warum sparen Sie uns allen nicht die Zeit?«

Alles an Tibor fühlte sich wie erstarrt an, alles, nur sein Magen nicht. Er würde sich gleich übergeben müssen, und das würden die beiden Polizisten als weiteres Indiz für seine Schuld werten. Würden denken, die Übelkeit würde von der Erinnerung an seine Tat hervorgerufen. Oder von schlechtem Gewissen. Er wagte nicht einmal, die Hand vor den Mund zu legen, denn das würde wie Betroffenheit wirken.

»Ich kannte ihn nicht«, flüsterte er und schluckte Magensäure. »Ich schwöre es.«

»Für Schwüre ist es noch viel zu früh, die heben Sie sich besser fürs Gericht auf«, sagte Homburg, dessen Laune sich sekündlich zu heben schien. »Aber wissen Sie – DNA lügt nicht. Wir haben Spuren in Marziks Haus gefunden, die ganz klar Ihnen zuzuordnen sind. Also. Wann waren Sie dort?«

»Nie. Ich weiß nicht einmal, wo dieses Kleingartenhaus sich befinden soll.«

Homburg nickte bedächtig. »Aber Sie wussten, wo Gunther Marzik normalerweise wohnt, nicht wahr? Wir haben Sie schließlich direkt bei seinem Haus angetroffen. Einen Tag nach dem Mord an Ihrer Ex-Freundin.«

Tibor unterdrückte das Bedürfnis, sein Gesicht in den Händen zu verbergen. Er konnte den Polizisten ihre Vermutung noch nicht einmal verübeln; er selbst hätte an ihrer Stelle ganz ähnliche Schlüsse gezogen. »Ja. Ein Freund hat mich auf den Blogeintrag aufmerksam gemacht, in dem fast der gleiche Text stand wie der, den Nadine während der Sendung gesprochen hat. Ich wollte mit dem Mann sprechen, und seine Adresse ist für jeden groß und deutlich im Impressum der Website zu finden.«

Burgstaller betastete sein geschwollenes Gesicht. »Das haben Sie sich gut zurechtgelegt.«

»Es ist die Wahrheit!« Das war lauter herausgekommen, als er es beabsichtigt hatte. »Sie können meinen Partner in der Agentur fragen, Bernhard Aschbach. Oder nein, viel besser – ich kann Ihnen unseren Chatverlauf zeigen.«

Er nahm sein Handy vom Couchtisch, sah, wie es zwischen seinen Fingern zitterte. »Hier.« Beim zweiten Versuch war es ihm gelungen, WhatsApp zu öffnen.

Okay, hatte Bernie geschrieben. *Pass auf dich auf. Ich verstehe auch nicht, was los ist und ob gerade etwas sehr Merkwürdiges Schule macht, aber mir hat eine Bekannte vorhin einen Link geschickt. Sieh ihn dir bei Gelegenheit an. Vielleicht ist es nur ein Scherz, aber dann ist er maximal geschmacklos.*

»Sehen Sie?« Er reichte das Smartphone an Homburg weiter. »Das war der Link, den ich von meinem Partner erhalten habe, und es war der Moment, in dem ich erstmals erfahren habe, dass jemand namens Gunther Marzik existiert.«

Die beiden Polizisten beugten sich über das Handy. Scrollten ein Stück nach oben und wieder zurück. »Hm«, machte Homburg. »Nett. Kann aber auch nur gut inszeniert sein. Da reicht doch eine kurze Absprache mit Ihrem, äh, Partner.«

»Dann fragen Sie ihn!«, rief Tibor. »Er kann Ihnen den Ablauf bestätigen.«

»Er kann uns aber auch ganz einfach belügen«, sagte Burgstaller. »Anders als die DNA-Analyse, die kann das nicht.«

Nun stützte Tibor doch den Kopf in die Hände. Atmete durch und blickte wieder hoch. »Laut Presse wurde Gunther Marzik schon vor Nadine getötet, stimmt das?«

Homburg verengte die Augen. »Wieso fragen Sie?«

»Weil er dann schon tot war, bevor ich überhaupt von ihm wusste. Wenn ich ihn umgebracht hätte, aus welchem Grund wäre ich dann zu seiner Wohnung gefahren? Ich hätte doch alles vermieden, was mich mit ihm in Verbindung hätte bringen können.«

In Homburgs Augen lag etwas, das man als Mitleid deuten konnte. Als wären Tibors eifrige Versuche, seine Unschuld zu beweisen, bloß die vertraute Vorstufe eines Geständnisses. »Aber wenn es etwas in dieser Wohnung gibt, das wir keinesfalls finden sollten? Das Sie um jeden Preis herausholen wollten?«

»Was sollte das sein?«

»Ich weiß es nicht. Sagen Sie es mir.«

Vielleicht war es an der Zeit, sich einen Anwalt zu nehmen. Aber Tibors Gefühl nach machte dieser Schritt einen nur noch verdächtiger. »Ich wollte überhaupt nicht in seine Wohnung, sondern nur mit ihm sprechen. Ihn fragen, warum er Nadine auf seinem Blog verhöhnt, denn genau so habe ich das empfunden.« Er überlegte kurz, rief sich in Erinnerung, was in ihm vorgegangen war. »Außerdem wollte ich nicht nur zu Hause sitzen und grübeln. Ich musste etwas tun, also bin ich spontan zu seiner Adresse gefahren. Dort war aber schnell klar, dass daraus nichts werden würde, weil vor der Tür ein ganzer Stapel Zeitungen lag.«

Burgstaller legte den Kopf schief. »Also sind Sie in sein Schrebergartenhaus gefahren?«

»Nein!«

»Wussten Sie denn, dass er eines besaß und wo es zu finden war?«

»Nein! Natürlich nicht, ich bin dem Mann nie begegnet, habe nie mit ihm gesprochen, ihm nie geschrieben.« Tibor fühlte, dass sein Magen der Situation bald nicht mehr standhalten würde. Er stellte sich vor, wie er Homburg auf die Schuhe kotzte, und fand das merkwürdig befriedigend.

»Aber Sie sagten eben, es gibt ein gemeinsames Foto von Ihnen«, stellte Burgstaller fest. »Das würden wir wirklich gerne sehen.«

22.

Nach zehn Minuten in Gunther Marziks Wohnung war Fina klar: Der Mann war, trotz seines Blogs, ein Anhänger des analogen Datensammelns gewesen.

Die Spurensicherung hatte die Tür schon vor Tagen aufbrechen lassen und die Wohnung als Tatort ausgeschlossen. Trotzdem lohnte es sich möglicherweise, die Nachbarn zu befragen.

»Eigenbrötler«, erklärte die Frau aus der Wohnung gegenüber. Sie habe nicht viel Zeit zu reden, erklärte sie, weil sie um neun im Büro sein müsse. »Aber es gibt sowieso nicht viel zu sagen. Er hat bestenfalls gegrüßt, wenn man ihm begegnet ist, das war's. Hat sich geweigert, Pakete für andere Hausbewohner entgegenzunehmen. Dieser Typ Nachbar, Sie verstehen?«

»Ja.« Fina warf einen Blick vorbei an der Frau in deren Wohnung. Alles hellblau und weiß und sehr ordentlich. »Hat er oft

Besuch gehabt? Vor allem in letzter Zeit? Irgendjemand, der Ihnen aufgefallen ist und an den oder die Sie sich erinnern?«

Die Frau zuckte mit den Schultern, während sie in ihre Jacke schlüpfte. »Nein. Aber ich gehöre auch nicht zu den Leuten, die ständig mit einem Auge am Türspion kleben.«

Fina zog zwei Fotos heraus, eines von Glaser und eines von Julius Beyer. »War einer dieser Männer irgendwann hier? Kommen sie Ihnen bekannt vor?«

Die Nachbarin nahm die Bilder in die Hand. Studierte beide sorgfältig und gab sie dann zurück. »Nein, die habe ich hier nie gesehen. Tut mir leid, ich muss jetzt wirklich gehen, wir haben heute eine wichtige Besprechung. Aber wenn Sie am Abend noch einmal vorbeikommen wollen, da hätte ich mehr Zeit. So gegen sieben.«

Fina schüttelte den Kopf. »Für den Moment ist es genug, danke. Aber wenn Sie mir Ihre Handynummer geben würden?«

Kurz darauf verglich sie ihre Ergebnisse mit denen von Ahmed, der ebenfalls mit zwei Hausbewohnern gesprochen hatte. »Sie kannten ihn kaum und mochten ihn trotzdem nicht«, fasste er zusammen.

»Ja, klang bei mir ähnlich. Hat bei dir jemand Beyer erkannt?«

»Nein. Genauso wenig wie Glaser. Das Einzige, was ich über Marzik erfahren habe, ist, dass er manchmal sehr laut Musik gehört hat. Und es einmal die Woche im ganzen Haus nach seinem gekochten Sauerkraut gestunken hat.«

Sie begannen einen zweiten Rundgang durch Marziks Wohnung, die ordentlicher war, als Fina erwartet hatte. Gleichzeitig aber auch schäbiger, die Möbel wirkten, als hätte er sie auf einem Flohmarkt erstanden. Kein Stück passte zum anderen, keines war jünger als dreißig Jahre.

Durch die Küche kam man ins Wohn- und von dort ins Schlafzimmer. In beiden Räumen waren die Wände mit deckenhohen Regalen verbaut, die teils mit Büchern, zu einem überraschend hohen Teil aber auch mit Aktenordnern gefüllt waren. Dazwischen standen da und dort kitschige Porzellanfiguren. Zwei spielende Katzen. Eine Ballerina mit Blütenkranz im Haar. Ein auf einem Ball balancierender Clown.

Fina bezweifelte, dass Marzik die Figuren gekauft hatte. Die Wohnung wirkte eher, als hätte er sie nach dem Tod seiner Eltern übernommen und nichts, aber auch gar nichts daran verändert.

Das einzig moderne Stück war der Monitor, der auf dem Schreibtisch am Fenster stand. Der Flachbildschirm war groß, maß sicher über zwanzig Zoll, oben war eine Webcam angeklemmt. Der Computer selbst war bereits zur Datenauswertung unterwegs.

Fina blätterte die Papiere durch, die sie in der Ablage fand. Rechnungen, hauptsächlich, außerdem Werbeprospekte, die zum Teil schon mehrere Monate alt waren. Ein paar ausgedruckte Textentwürfe für seinen Blog. Zwei Pornomagazine; Marzik hatte offenbar eine Schwäche für Frauen mit unnatürlich großer Oberweite gehabt.

Sie wandte sich dem Regal mit den Aktenordnern zu und zog den ersten heraus. Blätterte ihn durch, erst flüchtig, dann immer langsamer.

Zeitungsberichte, Illustriertenfotos, sorgfältig in Klarsichthüllen gesteckt. Dazwischen Fotoausdrucke, die aus Marziks eigener Kamera stammen mussten. Die Bilder waren nicht alle scharf, und vor allem waren es Schnappschüsse. Personen von hinten oder der Seite, die gerade mit dem Hund spazieren gingen oder in ihre Autos einstiegen. Die meisten Gesichter kamen Fina zumindest diffus bekannt vor, bei manchen wusste sie sofort, um wen es sich handelte.

Schauspielerinnen, Politiker, Wirtschaftsbosse. Wie es aussah, hatte Marzik ihnen nachgestellt, sie beobachtet und bei jeder sich bietenden Gelegenheit fotografiert.

Fina griff nach dem zweiten Ordner und ließ sich damit auf die graugrüne Couch sinken. Da war ein bekannter Fernsehkomiker mit wechselnder Begleitung. Eine Theaterschauspielerin alleine im Park und gemeinsam mit einer Runde Freundinnen in einem Gastgarten. Ein Abgeordneter, der wütend auf jemanden einzubrüllen schien, der in einem Auto saß.

Dazwischen Fotos von Hauseingängen, von Autokennzeichen, von Vorgärten. Als hätte Marzik hobbymäßig Material zu Prominenten gesammelt, egal, um wen es sich dabei handelte. Vermutlich kam das der Wahrheit sogar recht nahe, die Frage war nur: wozu? In der Hoffnung, irgendwann auf einen kleinen oder größeren Skandal zu stoßen, den er zu Geld machen konnte?

Tja. Möglicherweise war ihm das gelungen, und möglicherweise hatte es ihn den Kopf gekostet. Fina zog zwei weitere Ordner aus dem Regal. Sie blätterte den ersten davon langsam durch, insgeheim immer auch auf der Suche nach einem kleinen Mädchen. Mit blondem, rückenlangem Zopf.

Aber Kinder waren auf den Bildern nur sehr vereinzelt zu finden, und wenn, waren sie entweder Promi-Nachwuchs oder nur zufällig in den Fokus des Objektivs geraten. Dafür stieß Fina im dritten der Ordner gewissermaßen auf Gold, kaum dass sie ihn aufgeschlagen hatte.

Nadine Just lächelte ihr entgegen, Hand in Hand mit Tibor Glaser, der links an der Kamera vorbeisah. Auf den nächsten Seiten fand sich Just mehrmals solo, darauf folgten zwei Bilder, die Glaser von schräg hinten zeigten.

»Wir nehmen das alles mit«, erklärte Fina, als Ahmed den Raum betrat. »Habt ihr irgendwo eine Kamera gefunden? Oder SD-Speicherkarten?«

»Drei Kameras«, gab Ahmed zurück. »Kommen alle mit. Die Sachen aus dem Schlafzimmer auch, denke ich.«

»Ja?« Fina legte den Ordner beiseite und stand auf. »Was gibt's dort Interessantes?«

»Was man eben so in Schlafzimmern findet.« Es war unverkennbar, dass er sich bemühen musste, ein Grinsen zu unterdrücken. »Lustige Spielsachen und Magazine und Videos. Ich dachte bisher immer, man konsumiert mittlerweile alles gratis im Internet, aber Marzik muss echt oldschool gewesen sein.«

Das waren fast exakt aufs Wort Finas Gedanken gewesen. Sie folgte Ahmed ins Schlafzimmer, wo die Hefte und DVDs ordentlich auf dem Bett nebeneinander aufgereiht lagen. Alles ging in Richtung SM – die Cover waren beherrscht von schwarzen Gummimasken, Streckbänken und kreativen Fesselungsverrenkungen. Speziell, das ja, aber nichts davon war außergewöhnlich oder gar verboten.

»Muss übel sein, wenn du tot bist und sich dann wildfremde Leute durch deine Pornos wühlen«, murmelte Ahmed. »Online ist echt besser. Schon deshalb.«

»Aber so sind sie einfacher sicherzustellen«, sagte Fina achselzuckend. »Vielleicht freut sich Oliver darüber. Soll er die durchsehen, und ich nehme mir die Schnellhefter vor. Jeden einzelnen.«

Zwei bunte Ordner-Türme neben Finas Schreibtisch. Ein Excel-Dokument auf ihrem Monitor, das immer länger wurde. Fina notierte jede Person aus Marziks Sammlung, die sie erkannte, die restlichen sortierte sie für eine spätere Identifikation aus.

Oliver war von seinem Besuch bei Tibor Glaser noch immer nicht zurückgekehrt, was Fina einerseits erfreulich fand, andererseits hätte sie trotz aller Streitigkeiten gerne ihre neuen Erkenntnisse mit seinen abgeglichen.

Sie hatte in Marziks Sammlung nämlich erstaunlich viel Material zu Glaser gefunden. Selbst geschossene Fotos vor allem jüngeren Datums, aber auch ein paar ältere Ausschnitte aus Zeitschriften. Über einen Werbepreis, den Glaser vor fünf Jahren gewonnen hatte. Ein Interview zu einer Kampagne für ein Kinderhilfsprogramm. Kurze Snippets aus den Gesellschaftsspalten.

Auf den älteren Fotos war Glaser mit anderer Frisur und anderen Frauen zu sehen – aber kein einziger Bericht war kritisch oder gar ehrenrührig. Es war oberflächlicher Tratsch und ein bisschen Lobhudelei, wenn es um seinen Erfolg als Werber ging.

War er der Einzige aus der Branche, der Marziks Interesse geweckt hatte? Fina überflog ihre Liste. Nein, da gab es noch eine Regisseurin und zwei Agenturbesitzer. Glaser war aber einer von wenigen, bei denen das Material so viele Jahre umspannte. Das älteste Foto stammte aus einer achteinhalb Jahre alten Klatschzeitschrift und zeigte ihn an der Seite einer honigblonden jungen Frau, die in der Bildunterschrift nur Marie-Luise R. genannt wurde. Der Fließtext erwähnte immerhin, dass sie Studentin war.

Fina setzte sie auf ihre Liste der noch nicht identifizierten Personen aus Marziks Sammlung, obwohl eigentlich klar war, dass sie nur darin auftauchte, weil sie ihren Freund begleitet hatte. Egal. Vollständigkeit war wichtig.

Sie war bei Ordner Nummer sieben angelangt, als Oliver und Manfred hereinplatzten. »Glaser stellt sich weiterhin ahnungslos«, fasste Oliver das Ergebnis ihres Besuchs gleich vorab zusammen. »Will Marzik nicht gekannt haben. Am Ende hat er uns dann auf ein Foto hingewiesen, auf dem sie gemeinsam zu sehen sind.«

»Das konnte er uns aber nicht zeigen«, ergänzte Manfred.

Fina und Ahmed wechselten einen kurzen Blick. »Wurde das Foto bei einem offiziellen Event aufgenommen?«, erkundigte sie sich. »Theaterpremiere, Charity-Gala, etwas in dieser Richtung?«

Es war Oliver anzusehen, wie sehr er es hasste, zugeben zu müssen, dass Fina damit ins Schwarze traf. »Angeblich ja. Wieso? Ist es euch untergekommen?«

»Nein. Aber es ist kein Wunder, dass es existiert. Marzik war viel im Umkreis von solchen Events unterwegs, er hat sich offenbar für einen Gesellschaftsfotografen gehalten. Oder einen Chronisten, jedenfalls hat er haufenweise Material über heimische Promis gesammelt und auch selbst Fotos geschossen.« Sie deutete auf die Stapel von Aktenordnern. »Ich sichte das gerade. Und es gibt eine Menge Bilder von Tibor Glaser. Kann also sein, dass der Marzik nicht gekannt hat, umgekehrt war es aber bestimmt anders.«

»Na toll.« Oliver hängte seine Jacke an den Wandhaken. »Und was ist das hier für Dreck?« Er hatte den Stapel einschlägiger Zeitschriften auf seinem Schreibtisch entdeckt.

»Marziks zweites Hobby«, erklärte Ahmed. »Leder, Lack und Gummi.«

Aber keine Kinder, dachte Fina, nirgendwo der Hauch eines Hinweises darauf, dass er eine Vorliebe für Kinder gehabt hätte. Ebenso wenig wie bei Julius Beyer. Vielleicht hatte dessen Nachbarin sich doch geirrt. Oder das blonde Mädchen kam ebenfalls aus der Nachbarschaft und hatte wirklich nur Hilfe bei der Suche nach ihrer Katze gebraucht.

»Ich stehe nicht auf diesen Kram«, sagte Oliver, während er das oberste Heftchen durchblätterte. »Kapiere nicht, was man daran finden kann. Sich einer plastikverpackten Domina unterwerfen? Brrr. Nie im Leben.«

Plastikverpackt, das war zur Abwechslung mal eine originelle Formulierung, aber Fina fand nicht die Zeit, sie zu würdigen, denn eben blickte ihr aus Marziks Sammlung ein weiteres bekanntes Gesicht entgegen.

Kurt Eferling, Chef von Quick-TV, Arm in Arm mit seiner Frau auf einem roten Teppich, der auf dem Bild eher rosa wirkte. Und ein paar Meter entfernt, in einem bodenlangen, blau schillernden Kleid, Nadine Just. Sie stand mit dem Rücken zur Kamera, blickte aber über die Schulter zurück auf das Ehepaar Eferling. In ihrer Miene lag purer Hass.

HURE, DIE IN EISIGEN SCHAUERN EIN TOTES KINDLEIN GEBÄRT

Ich habe mich gefragt, ob wir nicht gemeinsam shoppen gehen wollen. Was wir für unseren Einsatz beim Halben Salomon brauchen werden, kann man nämlich ganz legal erwerben.

Allerdings lässt es sich dann auch zu uns zurückverfolgen, daher ist es wohl klüger, sich dort umzusehen, wo keiner nachfragt. Schwarzmarkt. Darknet.

Ich habe mir schon überlegt, wie ich Salomon in seinen letzten Lebensminuten den Grund vermitteln soll, aus dem er sterben muss. Denn von alleine wird er es nicht begreifen, davon müssen wir ausgehen. Aber es gibt eine naheliegende Möglichkeit, ich denke, du ahnst schon, wovon ich spreche.

Nein? Ah, umso besser. Dann wird es auch für dich eine schöne Überraschung.

Gestern bin ich, aus alter Gewohnheit, dem Zwerg im Nebel gefolgt, bei seinem Spaziergang durch den Stadtpark. Er besitzt einen Mops, ein bedauernswertes, kurzbeiniges Tier, das hörbare Atemprobleme hat.

Bevor er an der Reihe ist, werde ich mir überlegen müssen, wie wir mit diesem Hund umgehen wollen. Denn was, wenn er kläfft? Ich will ihm nichts antun müssen, er konnte sich sein Herrchen nicht aussuchen.

Herrchen. Wie passend.

Ob so kleine Hunde noch über ausreichend Instinkt verfügen, um sich ihr Futter selbst zu beschaffen, wenn sie es nicht mehr in den Napf geschüttet bekommen? Wenn es stattdessen reglos auf dem Boden liegt und immer mehr nach Aas zu riechen beginnt?

Vielleicht. Meinen Segen hätte er, der Mops, aber noch ist es nicht so weit.

Der Halbe Salomon trifft gerade einen Freund, mit dem er alle paar Monate essen geht. Sie laden einander abwechselnd ein und versuchen dabei immer, sich gegenseitig zu übertrumpfen. Heute ist der Freund mit der Einladung dran und hat das Gourmetrestaurant im Palais Coburg gewählt. Nach allem, was man hört, wird das schwer zu toppen sein, und aus diesem Grund wird der Halbe Salomon es nur schwerlich genießen können.

Ich würde ihm gerne sagen, dass es zu keiner Gegeneinladung mehr kommen wird. Dass er das Beste aus dem Abend machen soll, damit sein Freund ihn in guter Erinnerung behält. Es ist eine Art Henkersmahlzeit, wahrscheinlich das letzte Gourmet-Mahl in einer langen Reihe von Restaurantbesuchen, um deren Preis man dreiköpfige Familien zwei Monate lang ernähren könnte.

Klingt das, als würde ich es ihm nicht gönnen? Doch, das tue ich. Ehrlich. Er soll glücklich sein, soll das Leben unendlich schön finden, damit es umso mehr schmerzt, wenn ich es ihm nehme.

23.

Er hätte sich schon längst um einen Anwalt kümmern sollen. Innerlich immer noch aufgewühlt vom Besuch der beiden Polizisten, ging Tibor seine Kontakte auf dem Handy durch. Kannte er Anwälte? Ja, da gab es Raimund Kositzky, Experte in Urheberrechtsfragen und Medienrecht; der würde ihm nur leider nicht helfen können.

Ein alter Schulfreund, Max Schuster, hatte ebenfalls Rechtswissenschaften studiert, aber Tibor konnte sich beim besten Willen nicht daran erinnern, wie sein Karriereweg weitergegangen war. Nein, er würde nicht wie so oft auf sein Netz aus Freunden und mehr oder minder guten Bekannten zurückgreifen, das wäre in seiner Lage unverantwortlich. Er würde sich den besten Mann – oder die beste Frau, warum nicht? – suchen, die in der Stadt zu haben war.

Die Liste, die Google ausspuckte, war lang. Zwei Namen stachen heraus, Tibor konnte sogar Gesichter mit ihnen verbinden. Beide vertraten regelmäßig Politiker und Wirtschaftsbosse in Korruptionsprozessen und wurden häufig fürs Fernsehen interviewt.

Das, was Tibor unfassbarerweise brauchte, »Mord« nämlich, schrieb sich niemand explizit als Spezialität ins Portfolio, wenn überhaupt, schien das Wort nur in einer längeren Liste von Qualifikationen auf. *Einbruch und Diebstahl; Raub und Nötigung; gefährliche Drohung und Stalking, Mord und Totschlag; Vergewaltigung und Verleumdung.*

Die Aufzählung fand sich auf der Homepage einer Dr. Kerstin Neuwirth, neben ihrem Foto, auf dem sie gleichzeitig kühl und angriffslustig wirkte. Der Name war Tibor kein Begriff, aber ihr Büro war nicht weit von seiner Wohnung entfernt, und das gab den Ausschlag.

Widerstrebend rief er Bernie an, der allein schon durch seine Frau praktisch jeden in der Stadt kannte.

»Du brauchst einen Anwalt?« Es klang übertrieben besorgt. »Mein Gott, Tibor, glaubt die Polizei wirklich, du warst das mit Nadine?«

Exakt diese Reaktion hatte er befürchtet. »Nein, reine Vorsichtsmaßnahme. Fühlt sich einfach besser an. Kennst du diese Kerstin Neuwirth?«

»Nicht persönlich, aber ich weiß, dass sie vor ein paar Jahren die Frau verteidigt hat, die ihren Mann mit einer Bronzestatue erschlagen hat. Sie war Galeristin, die Statue über hunderttausend wert. Die Medien haben es ziemlich groß aufgeblasen, erinnerst du dich?«

Ja, das tat er allerdings. »Was ist damals rausgekommen?«

»Ein erstaunlich mildes Urteil, genau weiß ich es nicht mehr. Auf jeden Fall wurde es als Erfolg für die Verteidigung gewertet. In ihren Kreisen hat Neuwirth den Spitznamen Bulldogge, und angeblich mag sie ihn. Was eine ganze Menge aussagt, finde ich.«

Fürs Erste war das genug Information. Tibor bedankte sich bei Bernie, trat kurz ans Fenster und tippte die Nummer der Kanzlei in sein Handy.

Zu seiner eigenen Überraschung wurde er ohne Wartezeit vom Sekretariat zu der Anwältin durchgestellt.

»Guten Tag, mein Name ist Glaser, und ich würde gern …«

»Herr Glaser. Tibor Glaser, richtig?«

Tibor, der sich seine verbale Eröffnung im Kopf zurechtgelegt hatte, hielt irritiert inne. »Ja, genau.«

»Sie kontaktieren mich wegen der Ermordung Ihrer Ex-Freundin, Nadine Just.« Es war keine Frage, sondern eine Feststellung. »Hervorragend. Damit sind Sie bei mir genau an der richtigen Adresse.«

»Äh, das ist … gut.« Er nahm neuen Anlauf. »Es ist so, die Polizei war heute bei mir, und es sieht so aus, als wäre ich plötzlich verdächtig, aber das ist einfach nur Wahnsinn.«

»Ich verstehe. Wie sieht es bei Ihnen aus, haben Sie heute noch Termine?«

Heute? Tibor überlegte, die Frage war zu schnell gekommen, aber Kerstin Neuwirth beantwortete sie sich ohnehin selbst. »Egal, ob ja oder nein, sagen Sie sie ab, juristische Beratung hat in Ihrer Situation so ziemlich Vorrang vor allem. Machen wir sechzehn Uhr dreißig? Da ist mir ein Termin ausgefallen, und ich habe einen Slot frei.«

»Sechzehn Uhr dreißig. Okay.« Ein wenig erschlagen von so viel Energie legte Tibor auf. Obwohl das Gespräch nichts Tröstliches an sich gehabt hatte, fühlte er sich besser. Als hätte jemand die Zügel in die Hand genommen, dem man sie voller Zuversicht überlassen konnte.

Er ging an den Computer zurück und betrachtete noch einmal das Foto von Neuwirth. Die Pagenfrisur, rot wie ein Sonnenuntergang, glänzend wie ein Bronzehelm. Die knallrot geschminkten Lippen. Er hoffte von ganzem Herzen, dass er eine gute Wahl getroffen hatte.

Eine Stunde später machte er sich auf den Weg. Er würde den Weg durch den Türkenschanzpark nehmen und die fünfzehn Minuten nutzen, um sich genau zu überlegen, wie er Neuwirth seine Geschichte erzählen wollte. Es war ihm wichtig, dass sie ihm glaubte, dass er sie völlig von seiner Unschuld überzeugen konnte. Die ja eine Tatsache war, trotz der Spuren, die …

»Entschuldigen Sie?« Eine kleine, weinerliche Stimme hinter ihm. Tibor drehte sich um zu einem etwa zehnjährigen Mädchen, das aus feuchten Augen zu ihm aufsah. Um die rechte Hand trug es einen Verband, in der linken eine Hundeleine. »Millie ist mir davongelaufen, ich habe sie schon ganz oft gerufen, aber sie kommt nicht.«

»Du suchst deinen Hund?«

»Ja, sie ist ein Beagle, und ich habe sie nur ganz kurz von der Leine gelassen. Haben Sie sie vielleicht gesehen?« Die Stimme des Mädchens schwankte, gleich würde es in Tränen ausbrechen.

»Nein«, sagte Tibor, der im Weitergehen seinen Blick nach links und rechts schweifen ließ. »Tut mir sehr leid.«

»Ich habe Angst, dass sie wegen mir fortgelaufen ist.« Die Kleine hielt sich Schutz suchend an seiner Jacke fest, als wäre sie diejenige, die verloren gegangen war. Als wäre sie erst drei. Es fühlte sich unpassend an. »Sie hat mich heute Morgen beim Spielen in die Hand gezwickt, war voll meine Schuld, aber Papa hat so mit ihr geschimpft. Und jetzt ... ist sie ... vielleicht weg.« Sie schniefte und drehte sich einmal um die eigene Achse. »Millie! Milliiee!«

Ein schneller Blick auf die Uhr verriet Tibor, dass er noch keine Eile hatte, allerdings auch weder Nerven noch Lust, sich mit einem heulenden Kind auf Beaglesuche zu machen. »Bist du allein mit Millie unterwegs?«

Sie nickte. »Ja, am Nachmittag immer.« Erstmals lächelte sie und erinnerte Tibor ein wenig an einen Hamster, ein niedliches kleines Hamsterchen, das erst in seine Zähne hineinwachsen musste.

»Millie!«, rief sie noch einmal. »Komm her!«

In den Büschen rundum rührte sich nichts. »Tut mir leid«, sagte Tibor, »aber ich muss jetzt weiter. Ich bin sicher, du wirst Millie finden.«

»Ja.« Die Augen des Mädchens waren wieder trocken. »Sie haben recht, am besten gehe ich nach Hause und hole Mama. Wenn sie ruft, kommt Millie immer.«

»Na also.« Tibor sah noch einmal auf die Uhr. »Gute Idee. Viel Glück!«

»Danke«, sagte das Mädchen, und als er zehn Schritte weiter gegangen war, sagte es noch etwas, doch das hörte er nicht mehr.

24.

Es war fast zwanzig Uhr, als Fina endlich ihre Wohnungstür hinter sich schloss. Sie war immer noch nicht mit der Durchsicht von Marziks Ordnern fertig, aber länger im Büro zu bleiben, hätte keinen Sinn gehabt. Die Müdigkeit hatte schon die ganze letzte Stunde wie ein trüber Schleier zwischen ihr und den Fotos gelegen, und sie hatte garantiert Details übersehen.

Aber das Bild, auf dem Nadine Just ihren Boss und Liebhaber samt Ehefrau voll unverhohlener Abscheu betrachtete, hatte sie kopiert und mitgenommen. Sie würde mit Paula Eferling sprechen müssen, und es war kein Termin, auf den sie sich freute. Weil es einerseits nur peinlich werden konnte, die Frau darauf anzusprechen, dass ihr Mann sie nachweislich betrogen hatte.

Andererseits war es Zeit, dass Fina sich von den Befindlichkeiten potenzieller Verdächtiger nicht mehr so sehr beeindrucken ließ. Ihr musste bei dieser Sache gar nichts unangenehm sein; es ging nicht um ihre Ehe, ihren Mann, ihr verkorkstes Privatleben.

Sie schlüpfte in die bequemste ihrer Jogginghosen und öffnete den Kühlschrank, in der Hoffnung, dort etwas zu finden, was als Abendessen taugte. Doch abgesehen von einer angebrochenen Flasche Riesling, ein paar Brotaufstrichen und zwei Packungen Käse herrschte traurige Leere.

Auf Sushi vom Lieferdienst hatte sie keine Lust, nicht, wenn sie alleine aß. Pizza wäre tröstlich gewesen, aber sie wusste, wie sie sich danach fühlen würde: überfressen und schuldbewusst.

Nein, sie würde zwei oder drei Scheiben Brot toasten, die Aufstriche endlich aufbrauchen und dazu ein Glas Wein trinken.

Neben ihrem Computer lag noch eine Tüte Chips, leer bis auf

ein paar letzte Reste. Fina schüttete sie in die hohle Hand und betrachtete sie mit leisem Ekel, um sie unmittelbar darauf im Mülleimer zu entsorgen. Keine Chips heute, aber Wein. Wein war ein Muss.

Sie weckte den Bildschirm aus dem Stand-by-Modus und holte sich alles, was sie in den nächsten zwei Stunden wahrscheinlich würde haben wollen, auf den vollgeräumten Schreibtisch. Brotscheiben, Weinglas, Flasche und den Thunfischaufstrich. Normalerweise machten ihr diese einsamen Picknicks vor dem Rechner nichts aus, aber heute fühlte sich alles erbärmlich an. Wie die logische Folge eines Lebens voller falscher Entscheidungen.

Sie hatte schon vor Tagen Nadine Justs Social Media flüchtig überflogen. War auf das Foto gestoßen, das Just gewissermaßen als Deklaration ihrer Trennung von Tibor Glaser gepostet hatte. Die beiden in einem Café, Glaser mit drohend wirkender Körperhaltung. Fotografiert von außen, durch das Fenster.

Dieses Bild nahm Fina sich nun noch einmal vor. Vergrößerte es, zoomte auf die Gesichter.

Natürlich zeigte das Foto nur einen winzigen Moment dessen, was vermutlich eine längere Auseinandersetzung gewesen war, aber in Glasers nunmehr grob gepixelter Miene lag eher Müdigkeit als Aggression. Dass er die Tischkanten rechts und links festhielt und, halb stehend, weit über die Tischplatte gebeugt war, wirkte dennoch bedrohlich. Konnte aber auch sein, dass er den Tisch bloß zurechtrücken hatte wollen.

In Justs Gesicht spiegelte sich die gleiche Wut wie auf dem Bild mit dem Ehepaar Eferling. Woraus man aber keine vorschnellen Schlüsse ziehen durfte, und Fina war im Grunde auch an etwas völlig anderem interessiert.

Konnte es sein, dass dieses Foto von Gunther Marzik geschossen worden war? Sein Interesse an Just und Glaser war unbestreitbar groß gewesen, wenn man die Menge der Bilder in den Ordnern betrachtete. Angenommen, es verhielt sich wirklich so – wie war Just an die Aufnahme gekommen? Sie hatte sie auf ihrer Facebook-Seite gepostet, an keiner anderen Stelle war das Bild bislang aufgetaucht.

Auch in Marziks Sammlung nicht, aber vielleicht kam das ja noch. Fina klickte auf Justs Facebook-Freundesliste, die offen einsehbar war. Gunther Marzik war dort nicht zu finden, jedenfalls nicht unter Klarnamen. Auch auf Twitter war er ihr nicht gefolgt.

Auf der Plattform trendete dafür immer noch der Hashtag #nadinejust. Die meisten drückten ihre Betroffenheit aus, zählten nach, der wievielte Femizid in diesem Jahr das nun war, und forderten Maßnahmen der Politik.

Doch dann gab es auch einen beträchtlichen Anteil von Postern, die Justs gewaltsamen Tod zwar schrecklich fanden, sie selbst als Person jedoch verabscheut hatten.

Man soll über Tote nicht schlecht reden, aber sie war eine furchtbare Frau, schrieb jemand namens Simone Kreisler. *So oft hat sie verbal nach Menschen getreten, die ohnehin schon am Boden lagen. Mich hat sie geblockt, nachdem ich einige Male versucht habe, sie in die Schranken zu weisen. Trotzdem,* RIP.

Ein User, der sich Toffeebunny nannte, stimmte ihr zu. *Ich habe sie auch als außerordentlich empathielos erlebt. Habe ein paar Screenshots von extrem toxischen Postings gemacht, bevor sie sie wieder löschen konnte. Das hat sie gerne getan. Schnell zugestochen und dann den Dolch verschwinden lassen.*

Darunter entspann sich eine längere Diskussion. Sollte man diese Screenshots öffentlich machen? Konnte die Polizei etwas damit anfangen? Waren das möglicherweise Indizien?

Fina stellte sich die gleichen Fragen. Gleichzeitig zweifelte sie daran, dass das Motiv stark genug war. Sie hatte die tote Nadine Just gesehen, sie wusste, wie viel Voraussicht und Planung für die Tat nötig gewesen war. Würde man sich diese Mühe machen und ein solches Risiko eingehen, nur weil jemand auf Twitter gemeine Dinge gesagt hatte?

Unwahrscheinlich. Trotzdem nicht auszuschließen, aber da gab es auch noch Marzik, der aller Wahrscheinlichkeit nach demselben Täter zum Opfer gefallen war. Von ihm fanden sich aber keine bösen Kommentare auf Twitter, soweit Fina das bisher recherchiert hatte. Er hatte seine giftigen Angriffe auf den Blog beschränkt. Von den Paparazzo-Fotos abgesehen, gab es keinen Zusammenhang zwischen den beiden Toten.

Wenn man von Tibor Glaser absah, dessen Haare in Marziks Schrebergarten gefunden worden waren.

Fina wünschte, sie wäre heute bei seiner Vernehmung dabei gewesen. Oliver hatte kaum etwas erzählt, und Manfred war bald nach Hause gegangen, um seinen zahnarztgeplagten Kiefer zu kühlen.

Hatten die beiden die richtigen Fragen gestellt? Okay, natürlich ließ sich darüber streiten, was *richtig* war, aber sehr ergiebig schien das Gespräch nicht gewesen zu sein. Was durchaus daran liegen konnte, dass Oliver seine Arroganz und Manfred die Nachwirkungen der Lokalanästhesie im Weg gestanden hatten.

Das Weinglas war leer, und Fina schenkte sich nach. Lehnte sich zurück und checkte noch einmal ihre Notizen zum Mord an Just.

Selbst wenn man den Zeitfaktor außer Acht ließ, war es schwer vorstellbar, dass Glaser sich ins Gebäude gestohlen und Nadine Just in einer Blitzaktion getötet hatte. Danach musste er voll Blut gewesen sein, wie hätte er ungesehen nach draußen verschwinden können? Und Minuten später gelassen und sauber beim Portier auftauchen? Unmöglich eigentlich, außer, er war Fassadenkletterer.

Oder hatte einen Komplizen.

War das denkbar? Dass Tibor Glaser jemanden angeheuert hatte, um Just zu ermorden? Aber aus welchem Grund? Die beiden waren getrennt. Sie hatte eine Affäre mit dem Senderchef. Seit über zwei Monaten war jeder von ihnen seiner Wege gegangen. Ach, es ergab alles keinen Sinn.

Fina trank einen Schluck Wein, während sie gleichzeitig mit dem Mauszeiger kringelförmige Bewegungen auf dem Monitor vollführte. Sie sollte den Rechner abstellen und schlafen gehen. Noch ein paar Seiten lesen. Sich eine Serie ansehen, am besten eine lustige. Irgendetwas, bloß auf keinen Fall das falsche Facebook-Profil anklicken.

Aber dann tat sie es doch, natürlich. Und da war er, Flo, mit neuem Profilbild. Das borstige Haar kürzer als zuletzt, mit breitem Lachen und einem verschwommenen Bergpanorama im Hintergrund.

Shit, es tat immer noch weh. Und obwohl Fina wusste, dass sie es damit nur schlimmer machen würde, scrollte sie ein Stück nach unten.

Flo im weißen Mantel mit einem Labrador, einer dreibeinigen Katze, einem Pekinesen. Alles Fotos aus der Tierklinik.

Etwas weiter unten: Flo mit Julia. Selfie. Sein Arm um ihre Schultern. *Mit meiner Prinzessin im Schönbrunner Schlosspark,* hatte er daruntergeschrieben. Vierzehn Likes, zwanzig Herzchen.

Fina griff nach dem Weinglas und kippte den restlichen Inhalt in sich hinein. Vielleicht sollte sie auch mal wieder etwas posten. Ein hübsches Bild aus ihrem Berufsalltag. *Mit meinem aktuellen Mordopfer am Fundort.*

Siebenhundertfünfzig Kotz-Smileys.

Der Wein geriet ihr in die falsche Kehle, sie hustete, spuckte, sprang auf. Verdammt, warum konnte sie sich nicht an ihre Vorsätze halten? Flo war Vergangenheit, er hatte sich neu orientiert, und genau das sollte sie auch tun.

Sie holte ein Küchenhandtuch und wischte den Wein von Tastatur und Monitor. Wünschte sich, dabei Julias Gesicht ebenfalls wegwischen zu können.

Dass eine Beziehung vorbei war, bedeutete nicht, dass damit auch die Gefühle verschwanden. Wahrscheinlicher war, dass sie sich wandelten, und meistens nicht zum Guten hin.

Sie wollte wirklich noch einmal mit Tibor Glaser sprechen.

25.

Es ist nicht in erster Linie entscheidend, ob Sie der Täter sind. Entscheidend ist, was die Geschworenen glauben, falls Sie wirklich angeklagt werden. Ihre DNA im Haus des Opfers gibt jedenfalls kein gutes Bild ab.« Kerstin Neuwirth saß Tibor gegenüber, die Hände auf der Schreibtischplatte verschränkt. Sie verkündete ihre düstere Prognose mit so viel heiterer Gelassenheit, dass Tibor sich weniger sorgte, als vermutlich klug war.

»Ich verstehe nicht, wie Spuren von mir in diese Schrebergartenhütte kommen konnten. Ich kannte den Mann überhaupt nicht.«

»Tja, aber irgendwie sind sie dort gelandet. Es hat keinen Sinn, sich gegen Tatsachen zu wehren.«

»Ich war es nicht!«

»Das glaube ich Ihnen ja.« Neuwirth ließ die Mine ihres sichtlich teuren Kugelschreibers mehrmals heraus- und wieder zurückschnappen. »Sehr interessante Geschichte jedenfalls, ich bin wirklich froh, dass Sie zu mir gekommen sind.«

»Schön, dass Sie diese Katastrophe interessant finden. Ich will sie nur so schnell wie möglich beenden.«

»Sicher.« Die Anwältin strich sich das rot glänzende Haar hinters Ohr. »Wenn Sie keine Spuren in diesem Haus hinterlassen haben, dann muss es jemand anderes gewesen sein. Am wahrscheinlichsten natürlich Gunther Marzik selbst. Kann es sein, dass Sie Kontakt hatten, ohne dass Sie es bemerkt hätten? Dass Sie beispielsweise in der U-Bahn nah beieinandergestanden sind? Da fällt schon mal ein Haar auf einen fremden Mantel.«

Tibor schüttelte den Kopf. »Ich fahre nie U-Bahn, aber ich weiß schon, was Sie meinen. Tja, unbemerkt kann alles Mögliche passiert sein. Dass wir einander im Vorbeigehen gestreift haben, auf der Straße oder im Supermarkt. Dass er ein Taxi genommen hat, aus dem ich kurz davor ausgestiegen bin.«

»Ah, schön. Sehr kreativ.«

Tibor schloss die Augen, mit einem Mal unendlich müde. »Aber niemand mit mehr als zehn Gehirnzellen würde jemals an einen solchen Zufall glauben. Da wäre es schon wahrscheinlicher ...« Er brach ab, doch wie zu erwarten gewesen war, ließ Neuwirth das nicht gelten.

»Was denn? Was wäre wahrscheinlicher?«

»Ach, dass zum Beispiel Nadine bei ihm zu Besuch war und zufällig etwas von mir ... gewissermaßen eingeschleppt hat. Unabsichtlich natürlich. Obwohl ich keine Ahnung habe, ob die beiden sich kannten. Wahrscheinlich eher nicht, Marzik war genau der Typ Mensch, über den sie bloß die Nase gerümpft hatte.«

Neuwirth hatte sich emsig Notizen gemacht. »Für unsere Zwecke wäre es besser, wenn Sie Ihre Sichtweise in diesem Punkt ein wenig ändern.« Sie blickte hoch. »Gunther Marzik ist vor Frau Just getötet worden, soweit ich weiß.«

»Ja. Vor. Nicht von.« Er hielt Neuwirths Blick mit seinem fest. »Wollen Sie die Geschichte etwa in diese Richtung drehen? Dass Nadine etwas mit dem Mord an Marzik zu tun hatte?«

Die Anwältin hob die Schultern. »Och, drehen ist das falsche Wort. Hauptsächlich geht es darum, Möglichkeiten aufzuzeigen. Nach allem, was Sie erzählt haben, kommen Sie als Tatverdächtiger im Mordfall Just nicht infrage. Die Tatzeit ist zu klar eingegrenzt, und Sie können nachweisen, wo Sie sich aufgehalten haben. Wäre es also nicht viel wahrscheinlicher, Marziks Mörder sieht Justs letzten Auftritt bei Quick-TV und denkt sich: Perfekt, da hänge ich mich mit dran. Er hat die Log-in-Daten für den Blog und postet einen passenden Beitrag.«

Es vergingen ein paar Sekunden, bis Tibor diesen Gedankengang zur Gänze nachvollzogen hatte. »Sie meinen, es gibt zwei verschiedene Täter? Aber keiner von denen ist verdächtig, bloß ich?«

»Das könnte sein. Vieles andere könnte ebenso gut sein. Je mehr Möglichkeiten wir in den Raum stellen, desto eher wird der Verdacht gegen Sie nur einer von vielen sein.« Neuwirth erhob sich und streckte ihm die Hand hin. »Ab sofort sprechen Sie mit der Polizei nur noch in meiner Gegenwart.«

Auf dem Weg zurück durch den Park fühlte Tibor sich diffus erleichtert. Nicht, weil er Neuwirths Taktik für der Weisheit letzten Schluss hielt, sondern weil er dieser unheilvollen Situation nicht mehr alleine gegenüberstand. Die Anwältin schien unkonventionell zu denken, und wenn das in der Strafverteidigung ein ebenso gutes Zeichen war wie in der Werbebranche, dann war er hoffentlich an die Richtige geraten.

Neben ihm im Gebüsch raschelte es, und Tibor musste unwillkürlich an den verloren gegangenen Hund denken. Wie hatte der noch mal geheißen? Ah ja, genau. »Millie!«, rief er mit gedämpfter Stimme. Das Rascheln wurde lauter, und ein Vogel flog auf.

Tibor lächelte. So viel zur Treffsicherheit von Vermutungen. Nicht jedes Rumoren im Gebüsch war ein entlaufener Hund, und nicht jedes Haar war ein Beweis.

Später an diesem Abend traf zu Tibors Überraschung eine WhatsApp von Rebecca ein.

Habe seit Langem wieder einmal die Nachrichten aus der alten Heimat gelesen. Du wirst sehr oft erwähnt im Zusammenhang mit Nadines Tod und auch mit dem Mord an diesem Mann. Ich hoffe, du bist nicht in Schwierigkeiten!

Er warf einen Blick auf seine Uhr und rechnete nach: Es war später Nachmittag in Panama, wahrscheinlich war Beccas Dienst in der Forschungsstation gerade zu Ende gegangen.

Sollte er ihr die Wahrheit schreiben? Sie war nicht der Typ, der seine Misere schadenfroh zur Kenntnis nehmen würde. Andererseits neigte sie dazu, sich übertrieben viele Sorgen zu machen.

Es ist ein bisschen unangenehm derzeit, aber ich stehe das durch. Ich bin unschuldig, und das wird auch das Ergebnis aller Untersuchungen sein. Außerdem habe ich seit heute eine Furcht einflößende, kämpferische Anwältin.

Dahinter setzte er den rotgesichtigen, spitzzähnigen Teufelssmiley.

Wie geht es dir?, fügte er noch an. *Was macht Charly?*

Anstelle einer Antwort schickte Rebecca ein Selfie. Braun gebrannt, einen rosa Schirmchencocktail in der Hand, saß sie lachend in einem Korbstuhl. Dahinter war ein Stück Blau zu sehen, vermutlich das Meer.

Das war gestern Abend, und mir brummt noch immer ein wenig der Kopf, schrieb sie Sekunden später. *Ich hätte früher schlafen gehen sollen, aber Mike hatte Geburtstag. Charly geht es ausgezeichnet, in zwei oder drei Tagen darf er zurück ins Meer!*

Dorthin wünschte Tibor sich auch. Ans Meer, den Blick auf den Horizont gerichtet, warmen Sand unter den Füßen. Keine Agentur, kein Bernie und vor allem keine Toten, die auf vertrackte Weise ihm zugeschrieben wurden.

Als sie zusammen gewesen waren, hatte Rebecca sich lange gewünscht, dass Tibor mit ihr nach Panama gehen sollte. Oder nach Costa Rica, wo es ebenfalls eine Forschungsstation gab. »Du könntest ein Sabbatical machen«, hatte sie gesagt. »Ich hätte dich so gerne dabei. Die Agentur läuft doch prächtig, und finanziell wäre es kein Problem für dich.«

All das war vollkommen richtig gewesen, aber Tibor hatte sich dennoch gesträubt. Was hätte er in Panama tun sollen? Außer eben aufs Meer hinauszuschauen und Muscheln zu zählen? Bernie das Feld ganz alleine zu überlassen, hatte ihm zutiefst widerstrebt, in der Agentur steckte sein Herzblut, er hatte ihr seinen Stempel aufgedrückt. Der würde mit jedem Tag verblassen, den Tibor sich bloß die Sonne auf den Bauch scheinen ließ.

Und dann hatte er ohnehin Nadine kennengelernt, war ihr – man konnte es leider nicht anders sagen – verfallen und hatte sich von Rebecca getrennt. Auch wenn sein erfolgreich unterdrücktes Bauchgefühl schon ganz zu Beginn Warnsignale ausgesandt hatte, Nadine war Wasser auf die Mühlen seines Egos gewesen.

Heute wünschte er sich, er hätte Rebeccas Drängen nachgegeben. Hätte die Finger von Nadine gelassen, spätestens nach ihrem ersten Eifersuchtsanfall. Aber er konnte noch so viele Konjunktive aneinanderreihen, keiner davon würde ihn aus dieser Sackgasse hinausmanövrieren.

Ich bin ein kleines bisschen neidisch auf Charly, schrieb er zurück. *Hätte auch gerne einen Panzer, liebevolle Betreuung und die Möglichkeit, mich freizuschwimmen. Aber ich fürchte, ich war eine dumme Kröte, ohne Schild.*

Diesmal antwortete sie nicht sofort, was Tibor ihr nicht übel nahm. Im Gegenteil, auf den zweiten Blick fand er die verkappte Mitleidsheischerei in seiner Nachricht erbärmlich.

Gerade wollte er einen entsprechenden Nachsatz tippen, als Rebecca zurückschrieb.

Du warst schon immer so gut mit Worten. Das mag ich nach wie vor sehr an dir. Aber soweit ich mich erinnern kann, hast du einen Panzer, einen aus Stahl. Der wird dir helfen und dich hoffentlich nicht nach unten ziehen, wenn du dich freischwimmst.

Tibor las die Nachricht zweimal. Stahl. Hatte er so auf Becca gewirkt? Stählern? Ja, gut möglich. Sogar wahrscheinlich. Und was sie ihm hier auf ihre freundliche Weise mitteilte, war, dass sie an seinem Stahlpanzer schmerzhaft abgeprallt war.

Es gab nur eines, was er sinnvollerweise zurückschreiben konnte.

Ich verstehe. Tut mir leid.

Wieder kam einige Minuten lang keine Antwort. Und dann doch noch, aber ohne Worte, nur als Bild. Ein wunderschöner Sonnenuntergang, der das Meer violett färbte und die Wolken in Orange- und Rosatönen leuchten ließ. Darunter ein Herz-Emoji, ebenfalls violett.

Tibor legte das Handy beiseite. Das Herz bedeutete doch sicher nicht, dass Rebecca immer noch etwas für ihn empfand? Nein, wahrscheinlich war es bloß ein versöhnliches Symbol. Eine freundliche Geste.

Aber es ließ ihm keine Ruhe, also googelte er und lachte gequält auf, als er das Ergebnis sah. Wie passend.

Ein lila Herz stand für Mitgefühl.

RASEND PEITSCHT GOTTES ZORN DIE STIRNE DES BESESSENEN

Ich stehe vor dem Spiegel und taste mein Gesicht ab. Mein wahres Gesicht, das, das unter Haut und Fettschichten liegt. Das knöcherne, mit dem wir uns plötzlich alle ähneln, wenn die Oberfläche erst mal weggefault ist.

Ich suche Konturen und finde sie. Die Augenhöhlen, die unterhalb der Brauen beginnen, diese großen, hart begrenzten Löcher. Ich folge den Umrissen mit je einem Zeigefinger, finde an der Unterseite des Augapfels eine Stelle, an der man mit der Fingerspitze tiefer dringen kann. Beinahe in den eigenen Schädel hineingreifen.

Meine Augenhöhlen werden Hunderte Jahre ins Dunkel meines Grabes starren. Sie werden sich mit Erde füllen, Asseln und Käfer werden darin hausen, wenn längst kein Gedanke mehr in diesem Schädel wohnt.

Dazwischen: das Nasenbein, ein dünnes Ding, das sich leicht brechen lässt. Die Nasenspitze nur ein Knorpel, davon bleibt auf Dauer nichts übrig.

Die Jochbeine. Das Kinnbein. Das Stirnbein, flach und hart. Die Schläfenknochen.

Ich taste, taste nach Tod. Unter dem weichen Fleisch liegt die Zukunft, bei jedem. Wie bringen so viele Menschen es fertig, den Tod zu verdrängen, wenn er ihnen täglich im Spiegel entgegensieht?

Hast du keine Lust, darüber zu sprechen? Na gut. Dann lass uns einen konkreten Tod planen. Der Halbe Salomon wird nächste Woche einen Vortrag halten. Die beiden Abende davor wird er sich vorbereiten, in seiner Wohnung, alleine. Wenn er das tut, bestellt er sich manchmal Essen nach Hause.

Das müssen wir abwarten. Wir wollen keinem Pizzaboten in die Arme laufen. Aber danach sollte uns niemand mehr stören, selbst wenn wir uns Zeit lassen. Denn hetzen möchte ich mich nicht, wenn es so weit ist. Von unnötigem Quälen halte ich nichts, aber er soll wissen, was ihm bevorsteht. Was passieren wird. Und warum.

Das wüsstest du auch gerne?

Dachte ich mir schon. Aber ich fürchte, da wirst du dich gedulden müssen.

26.

Die schlechte Laune, mit der Fina am Vorabend schlafen gegangen war, hielt bis zum nächsten Morgen. Sie kroch aus dem Bett, sie kroch ins Büro, und sie wünschte sich beinahe, Oliver würde wieder einen seiner blöden Sprüche anbringen, damit sie ihm eins aufs Maul geben konnte. Nur verbal, natürlich, den Rest würde sie sich in freudvollen Fantasien ausmalen müssen.

Als sie im LKA ankam, war nur Sieghart zugegen, den Fina lautstark in seinem Büro telefonieren hörte. Sie setzte sich auf ihren Drehstuhl, schaltete den Computer ein und hatte das Gefühl, damit all ihre Kraft für den Tag verbraucht zu haben.

Als Manfred und kurz darauf Ahmed das Büro betraten, nickte sie bloß zur Begrüßung. Was stand heute an? Ein zweiter Versuch, mit Eferlings Frau in Kontakt zu kommen. Eventuell weitere Vernehmungen von Quick-TV-Mitarbeitern. Darüber hinaus: Schreibarbeit und Internetrecherche, beides war gewissermaßen unendlich.

Fina öffnete Twitter und gab #inkürzetot ins Suchfeld ein. Die Welle des Entsetzens war bereits ein wenig abgeebbt, auch geschmacklose Witzchen fanden sich nur noch vereinzelt.

Dafür war einer der Threads, die Fina gestern aufgefallen waren, über Nacht deutlich länger geworden. Der User, der behauptet hatte, Screenshots von Justs heftigsten Beleidigungen zu besitzen, hatte einige davon gepostet.

Fina las und schluckte. Auch, wenn die Tweets aus alten Threads stammten und aus dem Zusammenhang gerissen waren, büßten sie kaum etwas von ihrer Bosheit ein.

Hätte ich deine Nase, hätte ich entweder einen Termin beim Chirurgen gemacht oder einen Strick gekauft, stand da beispielsweise.

Oder: *Tut mir leid, aber wer dich sexuell belästigt, ist blind und sollte mit der Rücksicht behandelt werden, die Behinderten zusteht.*

Oder: *Der Kerl, der euch hier allen die Welt erklären will, hat mir vor ein paar Wochen ein Dickpic geschickt, und was soll ich sagen – ich hatte schon größere Schnecken im Salat. Lache immer noch.*

Es war nicht klar, wem Nadine Justs Untergriffe jeweils gegolten hatten; dass sie sich Feinde gemacht hatte, war hingegen keine Frage. Fina notierte sich den Usernamen des Screenshot-Sammlers: @gollymars. Vielleicht erinnerte er sich noch daran, mit wem Just sich derart angelegt hatte. Und warum.

Diesen Morgen bekam er jedenfalls eine Menge Kritik vom sogenannten Twitterverse. Dass es letztklassig war, das Andenken einer Toten zu beschmutzen, die sich nicht wehren konnte. Dass die Screenshots garantiert Fälschungen waren. Dass, wenn er auch posthum noch ein Hühnchen mit Nadine Just zu rupfen hatte, vermutlich er der mit dem Schnecken-Pimmel war.

Die Gegenstimmen waren wenige und verstummten bald. *Tot sein macht einen ja nicht nachträglich zu einem guten Menschen,* schrieb eine Frau. *Ich bin Nadine Just wegen einem solchen Posting entfolgt. Ich glaube, sie hatte psychische Probleme. Wahrscheinlich eine narzisstische Persönlichkeitsstörung.*

Die Diskussion zog sich über mehr als dreihundert Beiträge, und Fina war noch nicht einmal bei der Hälfte angelangt, als Georg hereingestürzt kam. »Das muss ich euch persönlich zeigen«, rief er, ein wenig außer Atem. »Wir haben einen Spur-Spur-Treffer.«

Fina ließ ihre Computerrecherche im Stich und lief in den Nebenraum, wo Georg vor Ahmeds Schreibtisch stand und ein Blatt Papier schwenkte. »Aus der Wohnung von Julius Beyer.«

Er ließ sich Zeit, bis Ahmed aufgesprungen war und neben ihm stand; wartete sichtlich auf den perfekten Moment, um seine Bombe platzen zu lassen. »An einer der benutzten Tassen in der Küche war Speichel, den wir – na? – genau, Tibor Glaser zuordnen können.«

Ahmed lachte auf. »Großartig. Damit haben wir ihn. Manfred, hast du das gehört?«

Ihr Kollege, der bis eben noch am Telefon gehangen hatte, nickte lächelnd. Sein Gesicht wirkte heute noch schiefer als am Vortag, nach rechts unten hin verzerrt. »Ich wüsste auch nicht, wie er sich da noch rausreden soll.«

Schon wahr, es wurde nun zweifellos eng für ihn. Trotzdem wollte sich bei Fina kein Triumphgefühl einstellen. Warum nicht? Ja, Glaser war ihr grundsätzlich sympathisch, aber was hieß das schon. Deswegen setzte sie noch lange keine Scheuklappen auf.

»Speichelreste an einer Tasse«, sagte sie langsam. »Daraus könnte man schließen, dass er Beyer einen Besuch abgestattet und etwas zu trinken bekommen hat.«

»Genau.« Georg strahlte vor guter Laune, er war schon halb auf dem Weg zu Sieghartts Büro. »Laut Labor war es Kaffee, schwarz. Ohne Zucker. Sehr unspektakulär.«

»Glaubst du, er wäre dumm genug, bei seinem künftigen Opfer Kaffee zu trinken und dann die Tasse schmutzig stehen zu lassen?« Fina lehne sich gegen die Wand. »Und überhaupt – Opfer. Es gibt keine Leiche, oder? Nach allem, was wir wissen, könnte Julius Beyer im Waldviertel campen sein. Oder sich in die Donau gestürzt haben, Todessehnsucht ist schließlich sein großes Thema. Oder, optimistischer gedacht, er hat eine neue Freundin und macht sich bei ihr ein paar schöne Tage im Bett.«

Manfred gab ein Geräusch von sich, das zwischen Grunzen und Lachen beheimatet war. »Serafina!«, sagte er gespielt vorwurfsvoll, aber sie schnitt ihm das Wort ab.

»Ist mein Ernst. In der Wohnung gab es keinen Hinweis auf einen Kampf. Wir wissen auch nicht, wann er zuletzt zu Haus war. Beyer ist ein erwachsener Mann, der durchaus verreisen darf, ohne sich abzumelden.« Sie sah die zweifelnden Blicke der beiden anderen. »Ich finde ja nur, dass es riskant wäre, bloß in eine Richtung zu denken.«

Manfred neigte väterlich gütig den Kopf. »Natürlich. Aber du erinnerst dich an das YouTube-Video? Zwei andere, die ihre Ermordung auf diese Weise angekündigt haben, sind tot.«

»Aber fünfzig andere, die aus dem Text einen Scherz oder Meme oder sonst was gemacht haben, sind es nicht!« Sie holte tief Luft. »Klar müssen wir uns Glaser noch einmal vornehmen. Aber ...«

»... wir haben den Fall noch nicht gelöst«, ergänzte Ahmed. »Stimmt schon. Trotzdem finde ich, wir dürfen uns über Meilensteine wie diesen freuen.«

»Falls es denn einer ist.«

»Genau.«

In den Augen ihrer beiden Kollegen las Fina etwas, das vermutlich Nachsicht war. Ein inneres *lass sie doch, sie wird schon sehen.*

Ahmed setzte sich wieder an den Schreibtisch. »Du würdest aber immerhin zustimmen, dass das kein Zufall sein kann?«

»Ja«, bestätigte Fina. »Ein Zufall ist es ganz sicher nicht.«

Um vierzehn Uhr kam Oliver von einer weiteren Befragung der Schrebergarten-Nachbarn zurück. Um vierzehn Uhr fünfzehn brach er wieder auf, um mit der zuständigen Staatsanwältin zu besprechen, ob die Indizien gegen Tibor Glaser für eine Festnahme reichten.

»Redet auf jeden Fall noch einmal mit ihm«, kommandierte Sieghart, nachdem er die Unterlagen der Spurensicherung genau studiert hatte. »Noch ist er nicht offiziell verdächtig, macht ihm das klar. Aber vielleicht rutscht ihm diesmal etwas raus. Mit jedem Gespräch wächst die Wahrscheinlichkeit, dass er sich selbst widerspricht, und dann ...«

»Er war schon gestern alarmiert, als wir bei ihm waren. Wenn wir täglich bei ihm vor der Tür stehen, haut er vermutlich ab«, gab Manfred zu bedenken. »Jemand Lust auf Personenfahndung?«

»Wenn er flüchtet oder untertauchen will, haben wir einen Grund, ihn festzunehmen«, antwortete Sieghart trocken. »Würde die bürokratischen Wege abkürzen.«

Sie haben ihren Täter, dachte Fina. Sie sind überzeugt davon, dass sie ihn haben, und wer weiß, vielleicht stimmt es. Sie wandte sich an Sieghart. »Wäre es okay, wenn diesmal ich zu ihm fahre? Gemeinsam mit Ahmed?«

Der Chef überlegte einen Moment. »Okay. Sprecht ihn auf die Schwachpunkte in seinen bisherigen Aussagen an. Warum er wirklich zu Marziks Wohnung gefahren ist, und was zum Teufel er beim Sender wollte, nach dem Auftritt von seiner Ex.«

»Das habe ich vor«, sagte Fina.

»Auf keinen Fall erwähnt ihr die neuen Spuren, es ist auch keine Vernehmung, sondern nur eine Erkundigung. Formlos. Hauptsächlich würde ich gerne wissen, wie er drauf ist. Ob die Nerven langsam dünn werden.«

Was, wenn Glaser wie ein normaler Mensch tickte, auf jeden Fall zu erwarten war. Fina griff nach den Autoschlüsseln. »Okay. Ruft uns an, wenn es Neues von der Staatsanwaltschaft gibt.«

»Du glaubst nicht, dass er es war«, stellte Ahmed fest, kaum dass Fina den Motor gestartet hatte.

»Ach, möglicherweise ja doch.« Sie lenkte den Wagen auf die Straße. »Ich bin mir bloß nicht so sicher wie ihr alle. Weil ich kein Motiv sehe. Am ehesten noch bei Just, aber da wissen wir, dass es vom Timing her kaum möglich ist. Mit Marzik haben wir kaum Berührungspunkte gefunden, außer den Fotos, aber da war Glaser nur einer von vielen abgelichteten C- und D-Promis.«

»Hm.« Ahmed strich sich übers stoppelbärtige Kinn. »Ich denke die ganze Zeit: Erpressung. Wer ständig Fotos von anderen Menschen schießt, erwischt sie doch sicher auch mal in einem Moment, der nicht für fremde Augen gedacht ist. Glaser hat Geld, das wissen wir. Hat Oliver dir geschildert, wie seine Wohnung aussieht?«

Als ob Oliver ihr etwas schildern würde. »Nein.«

»Toller Altbau in super Lage, Dachterrasse mit Blick über die Stadt, Wohnzimmer so groß wie eine Reithalle.« Ahmed schnalzte mit der Zunge. »Wirst ja gleich sehen.«

Doch das war ein Irrtum. Eine Viertelstunde später standen sie vor dem lindgrün verputzten Gründerzeithaus in der Ferrogasse, in dem Glaser wohnte. Fina drückte vier Mal die Klingel auf dem Messingpaneel, aber niemand öffnete ihnen.

27.

Sorry, aber zu Hause verliere ich den Verstand.« Tibor saß hinter dem Schreibtisch, noch unschlüssig, ob er den Computer einschalten sollte oder nicht. Vielleicht besser nicht.

Vor ihm hatte sich Bernie aufgebaut und versuchte, wie es schien, seine Wut hinter einer verständnisvollen Miene zu verbergen. »Ja, das kann ich nachvollziehen, aber es ist wirklich übel fürs Geschäft. Bachkamp hat uns gestern den Etat gekündigt. Zur Präsentation für Stiss-Textil sind wir wider Erwarten nicht eingeladen. Keiner sagt, warum, aber allen ist es klar. Dir nicht?«

Tibor wich seinem Blick nicht aus. »Ich bin hier Partner, und ich habe nichts, absolut nichts verbrochen. Aber gut zu wissen, wie sehr du hinter mir stehst.«

Bernie öffnete den Mund zu einer Antwort, schloss ihn aber gleich wieder. Er setzte sich, sein Blick war weicher geworden. »Du ahnst überhaupt nicht, wie leid mir das alles für dich tut. Und natürlich weiß ich, dass du mit den Morden nichts zu tun hast, aber du kennst doch die Mechanismen: Die Kunden wollen ihre Produkte in einem positiv besetzten Umfeld repräsentiert sehen. Hast du gesehen, was die Billigzeitungen in den letzten Tagen geschrieben haben?«

Hatte er nicht. Wollte er auch jetzt nicht sehen, doch Bernie war gnadenlos. »Es hilft überhaupt nichts, sich vor den Tatsachen zu drücken«, sagte er und ging zur Tür. »Bienchen?«, rief er nach draußen. »Bringst du uns bitte die Schundblätter von gestern und vorgestern?«

Kaum eine Minute später kam Sabina herein, mit einem dünnen Stapel Zeitungen und einem düsteren Ausdruck im Gesicht. Schwer zu sagen, ob der von den verheerenden Schlagzeilen oder dem peinlich verniedlichenden Spitznamen ausgelöst worden war.

»Da. Sieh dir das an.« Bernie reichte Tibor das erste Blatt über den Schreibtisch. *Ist der Werber ein Mörder?*, stand in fetten Lettern über einem kurzen Artikel, der nichts anderes enthielt als ein inhaltsleeres Spekulieren um die in der Headline gestellte Frage.

Daneben war das Bild abgedruckt, das Tibor und Nadine im *Café Sperl* zeigte, dieses Bild, dessen Anblick ihm von Mal zu Mal heftigere Übelkeit bereitete. Foto: Facebook, war in winzigen Buchstaben darunter zu lesen. Wunderbar, nicht einmal eine ordentliche Copyrightangabe. Hoffentlich klagte der Urheber, dann wusste Tibor endlich, wer ihn und Nadine gestalkt hatte.

»Weißt du denn, wie weit die Polizei mit ihren Ermittlungen ist?« Jetzt, nachdem Bernie nicht mehr aufgebracht klang, wirkte er müde. Unter seinen Augen lagen dunkle Ringe, und bei all seiner eigenen Misere empfand Tibor so etwas wie Mitgefühl.

Bernie sah sein Lebenswerk in die Brüche gehen; der Höhenflug der Agentur war zu einem abrupten Stillstand gekommen, aus Gründen, auf die er nicht den geringsten Einfluss hatte.

»Nein, keine Ahnung, was die Polizei Neues herausgefunden hat«, log er. Dass in Marziks Schrebergartenhütte Spuren von ihm gefunden worden waren, würde er seinem Partner ganz sicher nicht verraten. Dann warf der den Rest seiner Nerven auch noch weg. »Aber ich wünschte, sie würden mir endlich sagen, wann der Mord an dem Blogger passiert ist. Für den an Nadine habe ich praktisch ein Alibi, und ich wäre happy, wenn das bei dem anderen genauso wäre.«

»Weißt du, wie der Mann umgebracht wurde?«

Tibor schüttelte den Kopf. »Gar nichts weiß ich.«

Neben ihm räusperte sich Sabina. »Ihr braucht nichts mehr von mir, oder? Dann gehe ich zurück an den Empfang.« Sie klang kühl. So war das früher nicht gewesen, nicht vor Nadines Tod, und das konnte eigentlich nur bedeuten, dass sie Tibor seine Geschichte nicht abkaufte. Dass sie seine Schuld zumindest für möglich hielt.

»Sie traut dir nicht mehr recht über den Weg, fürchte ich«, stellte auch Bernie fest, als sie das Büro verlassen hatte.

Tibor stützte den Kopf in die Hände. »Das ist doch unfassbar. Ich meine, ihr kennt mich. Ihr müsstet mich doch wenigstens ein bisschen besser einschätzen können.«

»Niemand von uns hält dich für schuldig«, sagte Bernie. »Sabina kennt dich bloß am wenigsten lang, und sie war mit Nadine befreundet. Sie hat das ganze Trennungsdrama hautnah mitbekommen, und wer weiß, was Nadine ihr vorgeflunkert hat.« Er nahm die Zeitungen vom Tisch und rollte sie zusammen. »Sie hatte es ja nicht so sehr mit der Wahrheit.«

Nein, dachte Tibor, und dich hat sie *Frosch* genannt. Er setzte sich wieder gerade hin und griff nach dem Glas auf dem Tisch. Wünschte sich, Wasser in Wodka verwandeln zu können. »Dir wäre es also lieber, ich würde mich unsichtbar machen. Was dann aber ziemlich nach schlechtem Gewissen aussieht, oder?«

Bernie antwortete nicht, und Tibor hakte nach. »Oder wäre es dir noch lieber, wenn ich dir überhaupt gleich meine Anteile verkaufe? Agentur Aschbach. Klingt auch gut.« Sein Ton war mit jedem Wort bitterer geworden.

Bernie seufzte. »Nein, an so etwas habe ich überhaupt nicht gedacht.« Es klang nicht überzeugend. »Wir müssen nur eine Strategie finden, wie wir dich für ein paar Wochen unsichtbar machen, oder eben so lang, wie es dauert, bis klar ist, wie die Dinge stehen. Celine hat das Kreativteam bestens im Griff, für einige Zeit schafft sie das auch ohne …«

Er hielt inne. Sie hatten beide die Klingel gehört; nun hörten sie gedämpft Sabinas Stimme. »Hast du heute Termine im Haus?«, fragte Tibor.

»Nein. Nur einen am Nachmittag, bei Trischner. Dem ich ausreden werde, sich eine neue Agentur zu suchen. Er ist kein übler Typ, und vor allem keiner, der sich in die Hosen macht. Der bleibt, wirst sehen.«

Tibor hatte nur mit einem Ohr zugehört, seine Aufmerksamkeit war auf das gerichtet, was sich außerhalb seines Büros, am Empfang abspielte.

Das Summen des Türöffners. Eine weibliche Stimme, die er kannte. Eine männliche, die ihm fremd war. Sabina, die etwas entgegnete.

»Morgen spreche ich auch noch mit Livehome Austria und der Groll AG. Die haben bisher noch keinen Ton gesagt, aber besser, ich gehe auf Nummer sicher und kläre alle möglichen Zweifel schon vorab.«

Tibors Nicken war eine automatische Reaktion; er war nun beinahe sicher, dass die weibliche Stimme der Polizistin gehörte. Plank. Was wollte sie? Sein Team ausfragen? Ihn selbst wohl kaum, er hatte ja erst gestern mit ihren Kollegen gesprochen.

»Danke, dass du dir die ganze Mühe machst«, sagte er lahm, als Bernie ein wenig später mit der Aufzählung seiner geplanten Maßnahmen fertig war. »Tut mir leid, dass du da mit durchmusst.« Wieder lauschte er, in der Hoffnung, wenigstens Fetzen der Unterhaltung draußen mitzubekommen. Keine Chance.

»Wir sollten vielleicht einmal nachsehen, wer gerade gekommen ist«, sagte er, aber in diesem Moment öffnete sich bereits die Tür.

»Die Polizei ist hier«, sagte Sabina. »Sie wollen mit dir sprechen, Tibor.«

28.

Fina hatte nicht damit gerechnet, Glaser wirklich in der Agentur zu finden. Nachdem sie ihn in der Wohnung nicht angetroffen hatten, war sie beinahe sicher gewesen, dass er sich aus dem Staub gemacht hatte.

Albern, eigentlich. Warum sollte der Mann nicht zur Arbeit gehen?

Die junge Frau am Empfang begrüßte sie lächelnd, und Fina fragte sich, ob gutes Aussehen eine Voraussetzung dafür war, in die Werbebranche einsteigen zu dürfen. Glänzendes, kastanienbraunes Haar. Porzellanhaut. Idealgewicht.

»Herr Glaser und Herr Aschbach sind noch in einer Besprechung«, sagte die Frau, und Fina meinte, einen Hauch von Abfälligkeit in ihrer Stimme zu hören. »Ist es okay für Sie, ein paar Minuten in unserem Besucherbereich zu warten?« Sie deutete auf eine ausladende Ledersitzgruppe unter einem gut drei Meter hohen Bogenfenster.

»Ja, kein Problem«, sagte Ahmed. Schnupperte. »Rieche ich da Kaffee?«

Es war so viel angenehmer, mit ihm unterwegs zu sein als mit Oliver. Er hatte kein Bedürfnis, Überlegenheit zu demonstrieren; in seiner Gegenwart entspannten die Leute sich meistens.

»Nein.« Wenn sie lächelte, bildeten sich Grübchen in ihren Wangen. »Aber ich bringe Ihnen sehr gerne welchen. Milch, Zucker?«

»Für mich schwarz, bitte«, sagte Fina und verabscheute sich dafür. Weil sie *natürlich* gern Milch und Zucker gehabt hätte, das zuzugeben aber in Kombination mit ihrem Körperbau meistens peinlich fand. Deshalb aß sie auch kein Eis auf der Straße und keine Torten im Café, obwohl ihr klar war, dass ihr die Rückschlüsse der anderen egal sein sollten.

Waren sie aber nicht. Wofür sie sich ebenfalls schämte. Ein Dilemma, das alles.

Nach zwei Minuten standen die Tassen auf dem Tisch. »Kann ich sonst noch etwas für Sie tun?«, fragte die Frau.

»Ja, setzen Sie sich doch kurz zu uns.« Fina nippte an ihrem Espresso. Suchte nach dem Agenturlogo auf den Tassen, den ineinander geschlungenen Lettern A&G, die sich sonst praktisch überall im Raum fanden, stellte aber fest, dass immerhin der Kaffee werbefrei blieb.

»Ich heiße Fina Plank«, sagte sie. »Und das ist mein Kollege, Ahmed Kayali.«

Die Frau streckte ihnen die Hand entgegen. »Sabina Arnetz. Ich bin hier für den Empfang zuständig, aber das haben Sie sicher schon bemerkt.«

»Frau Arnetz, freut mich.« Fina lehnte sich zurück. »Sind Sie schon lange hier angestellt?«

Arnetz kniff die Augen zusammen, als müsse sie nachrechnen. »Ein knappes Jahr. Bisschen über elf Monate.« Sie senkte ihre Stimme. »Es ist eher ein Übergangsjob für mich, wissen Sie. Mein Mann und ich haben über fünf Jahre in den USA gelebt, weil er dort eine tolle berufliche Chance hatte, und als wir zurückgekommen sind …« Sie hob in einer gespielt hilflosen Geste die Hände. »Ich wollte schnell etwas finden und habe die erstbeste Gelegenheit ergriffen. Hätte nicht gedacht, dass ich mehr als ein halbes Jahr hier arbeiten würde.« Sie setzte an, um noch etwas zu sagen, schien es sich dann aber anders zu überlegen. Entschloss sich am Ende doch dazu. »Übrigens habe ich den Job über Nadine bekommen, falls Sie das interessiert.«

»Und ob es das tut«, sagte Ahmed. »Sie waren befreundet?«

»Ja. Also, nicht eng, nicht beste Freundinnen, aber wir haben uns immer wieder mal getroffen. Zum Shoppen oder auf einen Wochenendbrunch.« Ihre Kiefermuskeln arbeiteten, sie blickte zu Boden.

Fina stellte ihre Tasse auf den Tisch. »Woher kannten Sie sich?«

»Wir haben im selben Fitnessstudio trainiert und sind ins Gespräch gekommen. Wie das eben so geht. Ich habe erwähnt, dass ich auf Jobsuche bin, und sie hat mir einen Termin bei Tibor verschafft.« Arnetz lächelte. »Noch lieber wäre mir ein Job bei Quick-TV gewesen, aber ich bin auch hier ganz zufrieden.«

Das Lächeln haftete auf eine Art in ihrem Gesicht, die auf Fina traurig wirkte. Sie überlegte sich eine möglichst behutsame Formulierung für ihre nächste Frage. »Frau Just und Herr Glaser – wie sind die beiden Ihrer Meinung nach miteinander ausgekommen?«

»Als ich sie kennengelernt habe, noch gut. Sie hat ihn auf jeden Fall sehr geliebt, und ich dachte immer, umgekehrt wäre das auch …« Sie unterbrach sich, schüttelte den Kopf. »Vergessen Sie das. Sie sind gut ausgekommen, wenn man von den letzten paar Wochen ihrer Beziehung absieht. Aber Trennungen sind eben nur selten harmonisch. Es gibt immer einen Teil, der mehr leidet.«

Es war klar, wie sie das meinte, trotzdem hakte Ahmed nach. »Und das war Frau Just? Ich frage deshalb, weil es das hartnäckige Gerücht gibt, sie hätte eine Affäre mit ihrem Boss gehabt. Kurt Eferling.«

Arnetz zog die Unterlippe zwischen die Zähne. Als müsse sie überlegen, was sie preisgeben konnte und was nicht. »Vielleicht, als sie dann endgültig getrennt waren. Ein wenig als Revanche, das hätte Nadine schon ähnlichgesehen. Aber sie hat mir nie etwas davon erzählt, und das ist untypisch für sie.«

Fina beschloss, den Stier bei den Hörnern zu packen. »Nach allem, was wir bisher über Nadine Just erfahren haben, war sie ein – sagen wir mal – schwieriger Mensch. Hat auf Social Media reihenweise Leute beleidigt, war unhöflich zu ihrem Team und hat es geliebt, andere zu provozieren. Hat Sie das nie gestört? Oder ist es Ihnen nicht aufgefallen?«

Diesmal kam die Antwort schnell. »Oh, ich weiß, dass Nadine verletzend sein konnte. Sie hatte eine scharfe Zunge und einen seltsamen Sinn für Humor. Und sie hat sich nur schlecht beherrschen können, wenn sie wütend war.« Sabina Arnetz senkte den Blick auf ihre ineinander verschränkten Finger. »Aber mir gegenüber war sie immer herzlich und – wie soll ich sagen? Einfach ein guter Kumpel.« Sie stand auf. »Ich glaube, wir können Tibor und Bernhard jetzt stören.«

Es war ein beeindruckendes Büro, das sie betraten. Lichtdurchflutet. Die hohen Bogenfenster, die dem Entree etwas Schlossartiges verliehen, gab es auch hier. Glaser saß hinter einem Mahagonischreibtisch, der mindestens hundertfünfzig Jahre alt war und so groß, dass man darauf hätte Billard spielen können. Der Rest des Raums war modern eingerichtet, an den Wänden hingen gerahmte Kunstdrucke, alles passte fast übertrieben gut zusammen.

Auf einem der Besucherstühle saß ein zweiter Mann, der wohl Bernhard Aschbach sein musste. Er blickte ihnen entgegen, seine Augen traten auf eine Weise aus ihren Höhlen, dass

Fina sich fragte, ob eventuell etwas mit seiner Schilddrüse nicht stimmte.

Als er sich erhob, um sie zu begrüßen, wehte ihr ein Hauch von Leder und Tabak entgegen; ein Eau de Toilette, das sie kannte. Sieghart trug manchmal das gleiche.

»Bernhard Aschbach, guten Tag«, sagte er. »Darf ich Ihnen etwas zu trinken anbieten?«

»Wir hatten gerade Kaffee.« Ahmed sah sich im Raum um. »Schön haben Sie es hier. Die Agentur muss gut gehen.«

»Wir können uns nicht beschweren«, sagte Aschbach. »Obwohl die derzeitige Situation es schwierig macht.«

»Kann ich mir vorstellen.« Fina hatte auf einem Stuhl gegenüber von Tibor Glaser Platz genommen. Der Mann sah blass aus, stellte sie fest. Und er vermied es, seinen Partner anzusehen. Siegharts Frage, ob seine Nerven dünn geworden waren, konnte man ziemlich sicher mit Ja beantworten.

»Ich lasse Sie dann allein«, erklärte Aschbach, schon im Gehen, doch Ahmed stoppte ihn mit einem Lächeln. »Ich würde Ihnen gern ein oder zwei Fragen stellen, geht auch ganz schnell.«

»Mir?« Aschbach kehrte zum Schreibtisch zurück. »Wenn Sie meinen. Gerne.« Er verschränkte die Hände vor dem Bauch.

»Sie kannten Nadine Just ebenfalls, oder?«

»Ja, natürlich. Sie war häufig hier, und wir haben auch privat Zeit verbracht. Tibor und sie, meine Frau und ich. Nadine war großartig. Witzig und zielstrebig und eine wirklich gute Freundin.«

Gegen Ende hin war er immer leiser geworden. Ahmed wartete ein paar Sekunden, vermutlich aus Pietätsgründen, bevor er weiterfragte. »Gut, dass Sie Ihre Frau erwähnen – die ist doch Journalistin, sie schreibt viel für die Gesellschaftsspalten, richtig?«

Sieh an, da hatte er etwas Interessantes recherchiert. Fina ahnte, worauf er hinauswollte.

»Jaaa«, sagte Aschbach gedehnt. »Das stimmt.«

»Hat sie jemals einen Gunther Marzik erwähnt? Er hat als Freelancer Fotos von Society-Events geschossen und sie gelegentlich an die entsprechenden Medien verkauft.«

»Da müssen Sie sie selbst fragen, aber ich kann mich nicht erinnern, dass sie je über ihn gesprochen hätte.« Er warf einen Blick auf die Uhr. »Normalerweise schicken die Medien ihre eigenen Fotografen zu solchen Veranstaltungen.«

»Verstehe«, sagte Ahmed freundlich. Er kontrollierte seine Notizen. »Hm. Hatten Sie in der letzten Zeit noch Kontakt zu Frau Just? Oder Ihre Frau? Nach der Trennung?«

Aschbachs Gesichtsausdruck wechselte innerhalb eines Sekundenbruchteils von verbindlich zu verlegen. »Nein. Sie war noch ein- oder zweimal hier in der Agentur und ... na ja. Da war sie ein wenig aufgebracht, aber bevor Sie weiterfragen: Für Tibor lege ich meine Hand ins Feuer. Er hat nichts mit ihrem Tod zu tun, nichts!«

Glaser gab ein undefinierbares Geräusch von sich, das sich zwischen Räuspern und Stöhnen nicht entscheiden konnte. »Danke, Bernie. Ich fürchte nur, das beeindruckt unsere Gäste nicht.«

»Und dieser andere Typ, dieser Marzik, von dem Sie gesprochen haben – den hat niemand von uns gekannt. Sie verrennen sich, wenn Sie sich so sehr auf Tibor konzentrieren. Das ist Zeitverschwendung, glauben Sie mir.«

Er wischte sich über die Stirn, auf die Schweißtropfen getreten waren. »Wollen Sie sonst noch etwas von mir wissen?«

Ahmed und Fina schüttelten synchron den Kopf. »Danke«, sagte sie. »Im Moment nicht.«

Aschbach verließ das Büro, und Glaser stieß lautstark den Atem aus. »Er macht sich Sorgen um die Agentur«, sagte er. »Zu Recht.«

»Das tut mir leid.« Finas Antwort war mehr ein Reflex als ein Ausdruck ehrlich gemeinten Bedauerns. Sie hatte Aschbach nicht sympathisch gefunden, hatte den Eindruck gehabt, dass er bei jedem Satz, den er sagte, auf die Reaktion seines Gegenübers lauerte. Sie ließ ihren Blick über die Wände streifen. Rein vom wirtschaftlichen Standpunkt her war Mitleid wirklich unangebracht. »Herr Glaser, wir müssen einige Ihrer Aussagen noch einmal besprechen. Besonders die, die Gunther Marzik betreffen. Warum sind Sie am Tag nach dem Mord an Nadine Just wirklich zu seiner Adresse gefahren?«

Er legte die gefalteten Hände vor den Mund. Schloss kurz die Augen. »Ich habe jetzt eine Anwältin. Die hat mir empfohlen, nur noch in ihrem Beisein mit der Polizei zu sprechen.«

Damit war zu rechnen gewesen. »Wir vernehmen Sie nicht, Herr Glaser. Das hier ist nur eine Erkundigung, etwas ganz anderes als eine Vernehmung, da können Sie Ihre Anwältin fragen. Wir führen ein formloses Gespräch, ohne Vorladung, ohne Protokoll. Und Sie können natürlich Nein sagen.«

Trotz ihres freundlichen Tons schien er zu begreifen, was in ihrer Erklärung mitschwang. *Aber dann ist die Vorladung der nächste Schritt.*

Er antwortete nicht, seufzte nur. »Ich habe Ihnen den Grund doch erklärt, schon, als wir uns vor seinem Haus begegnet sind. Da hat sich nichts geändert.«

»Wegen des Links zum Blog. Hm.« Fina wechselte einen Blick mit Ahmed. Der kratzte sich am Kinn. »Herr Aschbach hat Sie auf die Parallele aufmerksam gemacht, richtig?«

Mit gequältem Stöhnen griff Glaser nach seinem Smartphone und wischte einige Sekunden lang darauf herum. Dann reichte er Ahmed das Gerät. »Hier, bitte. Vielleicht sollte ich Ihnen einen Screenshot davon schicken.«

Sie nahmen das Handy, auf dem WhatsApp geöffnet war, an sich.

Du weißt, dass ich immer ein schwieriges Verhältnis zu Nadine hatte, aber ich finde ihren Tod entsetzlich, lautete die erste Nachricht, geschrieben von Aschbach. *Bitte nimm dir alle Zeit, die nötig ist. Wenn du etwas brauchst, bin ich für dich da.*

Danke, schrieb Glaser zurück, *das nehme ich gerne an. Ich werde zwei oder drei Tage brauchen, bis ich mich wieder auf die Arbeit konzentrieren kann, denke ich. Es war ein echter Schock, und wer weiß, vielleicht will mich die Polizei noch einmal sehen. Ich melde mich.*

Dann vergingen laut Zeitstempel einige Minuten, bevor Aschbach eine weitere Nachricht sandte:

Okay. Pass auf dich auf. Ich verstehe auch nicht, was los ist und ob gerade etwas sehr Merkwürdiges Schule macht, aber mir hat eine Bekannte vorhin einen Link geschickt. Sieh ihn dir bei Gelegenheit an. Vielleicht ist es nur ein Scherz, aber dann ist er maximal geschmacklos.

gunthermarzik.at/blog

»Ich wollte mit dem Mann reden und bin deshalb zu seiner Adresse gefahren. Die stand im Impressum. War also keine Hexerei.«

Fina widerstand der Versuchung, noch ein wenig nach oben oder unten zu scrollen, um herauszufinden, was die beiden Werbemänner sonst miteinander besprochen hatten. Sie gab Glaser sein Handy zurück.

»Ich bin ein bisschen überrascht«, sagte Ahmed. »Herr Aschbach hat Frau Just doch vorhin als echte Freundin bezeichnet. Hm. Da war keine Rede von schwierigem Verhältnis, aber wenn ich das hier so lese …«

Tibor Glaser legte die Stirn in Falten, sah sich den Nachrichtenwechsel noch einmal an und ließ das Handy sinken. »Ich Idiot, das hatte ich nicht mehr so genau in Erinnerung.« Er sah Fina bittend an. »Hören Sie, Bernie zu verdächtigen wäre vollkommen albern. Ja, er und Nadine sind ab und zu aneinandergeraten. Hauptsächlich, weil er ihren bissigen Humor nicht vertragen hat. Sie hat ihn gerne Frosch genannt, und ein- oder zweimal hat er das mitbekommen.«

Frosch. Ja, das war treffend und damit doppelt böse.

»Ich glaube aber nicht«, fuhr Glaser fort, »dass Sie häufig mit Fällen zu tun haben, bei denen das Motiv in einem gemeinen Spitznamen zu finden ist.«

»Stimmt«, sagte Ahmed, »bisher hatten wir das noch nicht.«

Fina äußerte sich nicht dazu, sie hatte lange, schmerzvolle Erfahrung mit Spitznamen, und auch mit dem Bedürfnis, sich an deren Urhebern zu rächen.

Wieder glitt ihr Blick über die Wände. Blieb an einem der Kunstdrucke hängen, dem einzigen, der ihr bekannt vorkam. Ein düsteres, flächiges Bild, dessen hellste Stelle einen eiförmigen Kopf darstellte, mit zwei schwarzen Löchern als Augen, ebenfalls eiförmig.

Das Bild stach aus den anderen heraus. Weniger freundlich, positiv, lebensbejahend. Sie deutete mit dem Finger darauf. »Ist das von Paul Klee?«

Glaser wirkte überrascht, und Fina fragte sich, ob es am plötzlichen Themenwechsel lag oder daran, dass er bei einer Polizistin nicht mit kunsthistorischem Wissen gerechnet hatte.

»Ja. Paul Klee. Der Todesengel.«

Richtig. Jetzt fiel es ihr wieder ein. Das, und eine zweite Sache. Sie sollte Julius Beyer nicht erwähnen, hatte Sieghart ihr eingeschärft. Aber sie konnte einen kleinen Testballon steigen lassen. »Wie unterschiedlich der Tod von Künstlern verarbeitet wird«, sagte sie. »Es gibt ein berühmtes Gemälde, da pinkelt er in einen See. Kennen Sie das?«

Sie beobachtete Glaser genau, achtete auf jede Regung, auf jedes verräterische Anzeichen steigender Nervosität. Aber er schien sich, ganz im Gegenteil, zu entspannen. Als hätte das Gespräch endlich heikles Terrain verlassen.

»Nein, ich fürchte, da muss ich passen. Wer hat es gemalt?«

Der Name fiel ihr nicht mehr ein, natürlich nicht. »Das habe ich leider vergessen. Aber es würde gut in Ihre Sammlung passen.«

PURPURNE SEUCHE,
HUNGER, DER GRÜNE AUGEN ZERBRICHT

Es ist Abend, und da stehen wir jetzt. Die Glocke der Karlskirche hat eben die volle Stunde geschlagen, acht Uhr. Dort vorne sehe ich einen Fahrradfahrer in orangefarbener Montur, auf dem Rücken den eckigen Rucksack des Lieferdiensts.

Wenn das Muster hält, wenn meine Beobachtungen sich auch heute bestätigen, dann bringt er das Abendessen für den Halben Salomon.

Noch ist es nicht völlig dunkel, deshalb sollte ich darauf achten, nicht aufzufallen mit meiner großen Tasche. Ich lehne mich also an die Hauswand und tue, als würde ich telefonieren.

Der Essenslieferant hält vor dem Haustor, stellt sein Fahrrad ab und sucht auf dem Klingelpaneel nach dem richtigen Namen. Drückt einen Knopf. Die Tür springt auf, in mir wird alles leicht.

Lass uns jetzt schnell über die Straße gehen. Die Eingangstür schließt sich nur langsam, ich möchte sie stoppen, bevor sie ins Schloss fällt.

Geschafft. Hörst du die Schritte des Boten auf der Treppe? Wir folgen ihm nicht, im Gegenteil, wir gehen ein paar Stufen nach unten, in Richtung Keller.

Es riecht nach feuchter Erde. Nach altem Stein. Wenn wir stillhalten, hören wir vielleicht, wie dem Lieferdienst die Tür geöffnet wird. Ja. Jetzt. Und da läuft der Mann auch schon wieder nach unten. Ist aus dem Haus.

Komm. Wir dürfen keinesfalls zögern, nicht noch einmal überlegen, nicht nervös werden. Die Treppen hinauf, solange es ruhig hier ist und kein anderer Hausbewohner in Sicht- oder Hörweite. Niemand das Ganglicht anmacht.

Leise in den zweiten Stock. Handschuhe an. Türklingel.

Ich höre seine Schritte und wie sich der Schlüssel im Schloss dreht. Warte mit gesenktem Kopf, bis die Tür ein Stück nach innen schwingt.

»Haben Sie etwas verg…«, kann er noch sagen, dann hat mein Stoß ihn schon aus dem Gleichgewicht gebracht. Bevor er laut werden kann, drücke ich ihm den Taser in die Seite. Die fünfzigtausend Volt lähmen ihn sofort, er liegt zuckend am Boden, ich schließe die Tür hinter mir.

In meiner Tasche befindet sich ein Tuch, das ich ihm in den Mund stopfe, bevor ich seine Handgelenke hinter dem Rücken mit Kabelbinder fessle.

Ab jetzt können wir uns Zeit lassen. Ich ziehe ihn an den Füßen – blau-weiß gestreifte Socken, meine Güte – ins Wohnzimmer. Das wird man später nachvollziehen können. Einige andere Dinge sicher auch, aber nichts, was auf uns schließen lassen würde. Dafür habe ich gesorgt, da musst du keine Angst haben.

Er versucht, sich aufzurichten. Dabei werde ich ihm helfen, denn eine Sache hat er noch zu erledigen. Ich zeige ihm das Blatt Papier und den Taser. »Lies das vor. Mit Ausdruck, ja? Das kannst du doch.«

Ich ziehe das Tuch aus seinem Mund und halte ihm das Diktafon vors Gesicht. Hat ein hervorragendes Mikro, seine Stimme wird glasklar klingen. Mögliche Hintergrundgeräusche werde ich später herausfiltern.

Siehst du, wie er jetzt Luft holt? Er will schreien, aber das können wir leider nicht zulassen. Ein Schlag mit dem Taser gegen den Kopf, knapp über dem Ohr, und er stößt wimmernd den Atem wieder aus.

»Lies. Das wird ein Quotenhit. Glaube mir.«

Er zögert, dann tut er es. Vielleicht in der Hoffnung, dass ich ihn verschone, wenn er gehorcht, obwohl das angesichts des Textes töricht wäre. Die erste Aufnahme klingt zittrig und abgehackt. Also noch ein Anlauf, und diesmal klappt es besser.

Ich stelle das Diktafon ab. Gesprochen wurde genug, jetzt ist die Zeit für Musik gekommen. Ich stopfe ihm das Tuch wieder in den Mund und klebe es diesmal mit Gafferband fest.

Sieh ihn dir an, wie er da liegt, wie er zu uns hochblickt. Er zuckt nicht mehr, und wahrscheinlich hat er schon wieder begonnen, klare Gedanken zu fassen; trotzdem begreift er nicht, was hier passiert.

Lass uns mal sehen, ob wir das ändern können. Er gehört noch zu den Leuten, die ganze Regale voller CDs besitzen, und auch zu denen, die sie alphabetisch ordnen. Sollte ich wider Erwarten nicht finden, was ich suche, habe ich das Nötige mit, aber ...

Da. Er besitzt sogar zwei Aufnahmen. Ich kenne sie beide und wähle die ältere. Die ist so viel ausdrucksstärker. Siehst du, wie er mich bei jedem Handgriff beobachtet?

Die Anlage erwacht zum Leben. Die ersten Töne dringen aus den Boxen. Fanfaren. Forte. Ich sehe ihm in die Augen, in denen immer noch Unverständnis steht. Er kann mich nicht einordnen, und das ist kein Wunder, aber unsere Assoziationen müssten die gleichen sein.

Ich lasse ihm Zeit. Gehe in die Küche, wo er den Plastiksack mit seiner Essensbestellung deponiert hat. Riecht nach Lasagne. Schade drum.

Als ich zurückkomme, hat er versucht, ein Stück in Richtung Vorzimmer zu robben. Ich kann nicht anders, ich muss lachen. »Was machst du denn da? Du musst doch selbst sehen, dass das sinnlos ist.«

Die besten Stellen kommen erst.

Er liegt jetzt wieder ruhig. Wimmert, hörst du das auch? Wir könnten die Musik geringfügig lauter drehen, ich bin sicher, keiner der Nachbarn würde sich gestört fühlen. Ist ja noch relativ früh.

Draußen ist es gerade dunkel geworden, und damit ist der Zeitpunkt gekommen, auch die Zimmerbeleuchtung auszuschalten. Die hellste Stelle im Raum ist das leuchtende Display der Stereoanlage, das die Sekunden und Minuten der laufenden Disc mitzählt.

Ich hole das zweite Tuch aus meiner Tasche, und die kurze Eisenstange. Zeige ihm beides, und jetzt begreift er, siehst du? Wie er den Kopf schüttelt, als würde das irgendetwas ändern?

Ich lege beides auf dem Fensterbrett ab, dann packe ich ihn unter den Armen und ziehe ihn hoch. Dass er sich wehren würde, habe ich schon vermutet, aber er strampelt wirklich heftig, also lasse ich ihn wieder zu Boden gleiten. Nicht fallen, das würden die Mieter unter ihm sonst hören.

Als hätte mein Gedanke sich auf ihn übertragen, beginnt er, mit den Füßen auf den Parkettboden einzutrommeln, doch das kann ich mit einem gezielten Tritt abstellen.

Neuer Versuch. Vorher zeige ich ihm noch einmal den Taser. Er schließt die Augen, lässt sich diesmal von mir hochziehen und zum Fenster führen.

Dieser wundervolle Blick auf die Rückseite der Karlskirche. Ich hoffe, er weiß ihn zu schätzen. Andere Menschen haben beim Sterben weniger Schönes vor Augen.

Ich drücke ihn gegen den Fensterrahmen und drehe das Tuch zu einem Seil. Als ich es ihm um den Hals schlinge, beginnt er wieder zu strampeln, tritt nach hinten aus, erwischt mich aber nur schwach. Trotzdem greife ich nach der Eisenstange und versetze ihm einen leichten Schlag gegen den Hinterkopf.

So, und jetzt sieh mal zu, wie das gemacht wird. Man zieht das Tuch straff, führt die beiden Enden übereinander, schlingt einen lockeren Knoten. Schiebt die Eisenstange zwischen Stoff und Haut.

Und dann dreht man die. Nimmt ein Ende in jede Hand und dreht, als wolle man einen Safe schließen. Geht am Anfang ganz leicht, wird aber immer schwieriger, je mehr Stoff man mit eingedreht hat.

»Schau auf die Kirche«, sage ich zu ihm. »Ist sie nicht schön?«

Er wehrt sich jetzt kaum noch. Seine Versuche, nach rechts oder links auszubrechen, sind schwach, und er muss selbst wissen, dass sie zum Scheitern verurteilt sind.

Jetzt. Jetzt erschlafft sein Körper zwischen mir und dem Fensterrahmen, sein Kopf sinkt nach vorne gegen die Scheibe. Ich warte noch ein paar Sekunden, bevor ich beginne, die Spannung des Tuchs zu lockern.

Dann lege ich ihn auf den Boden. Prüfe die Vitalfunktionen. Kein Puls. Keine Atmung. Vorbei.

Ja, es ist ein schöner Moment, ich weiß, aber es wäre unvernünftig, ihn zu lange auskosten zu wollen. Präge dir den Anblick ein, während ich meine Sachen zusammenpacke.

Es ist Zeit, sich für eine Weile zurückzuziehen. Was ich in den kommenden Tagen tue, werde ich für mich behalten, aber heute haben wir hervorragende Arbeit geleistet, wir können stolz auf uns sein.

Lass uns gehen. Die Kirchenglocken werden erst in ein paar Minuten zu läuten beginnen. Die Lasagne ist noch warm.

29.

Nachdem die Polizei sich verabschiedet hatte, saß Tibor noch minutenlang da und starrte das Bild von Paul Klee an. Wünschte sich, in den dunklen Augenhöhlen der blassen Gestalt verschwinden zu können.

Als es erneut an seiner Bürotür klopfte, war es Celine. Seine rechte Hand mit dem unglaublich kreativen Kopf. Er hatte sie seit Nadines Tod noch nicht gesehen. »Hey«, sagte sie. »Wie geht's dir?«

Die Tatsache, dass jemand ehrliches Interesse an seinem Befinden zeigte, trieb ihm beinahe die Tränen in die Augen. Himmel, war er echt so sehr runter mit den Nerven?

»Ganz okay.« Er bemühte sich um ein Lächeln, fühlte aber, wie unsicher es geriet. »Wenn man davon absieht, dass die Polizei mich für einen mehrfachen Mörder hält. Das beeinträchtigt mein Wohlbefinden ein wenig.«

»Das klärt sich. Da mache ich mir keine Sorgen.« Ihre Zuversicht klang echt, aber andere zu überzeugen war immer schon eine von Celines Stärken gewesen. »In der Zwischenzeit kümmere ich mich um die Etats. Ich hatte einen Gedankenblitz zur Online-Kampagne von Shushu, den pitche ich morgen in der Firma, und du wirst sehen, sie werden ihn lieben.«

Unter normalen Umständen hätte Tibor sich alle Details erzählen lassen, aber sogar Fragen zu stellen war ihm gerade zu anstrengend. Celine würde das hinbekommen, und er würde jetzt zurück nach Hause fahren. »Erzähl mir dann, wie es gelaufen ist, okay?« Er stand auf und griff nach seinem Jackett. »Bernie hat mir sehr deutlich klargemacht, dass es für alle besser wäre, wenn ich mich derzeit weniger hier zeigen würde, also ...« Er ließ den Blick durch sein Büro schweifen, als wäre es das letzte Mal. »Ruf mich am besten an. Ich drück dir die Daumen.«

Er war mehr gerührt als überrascht, als Celine ihm um den Hals fiel. »Ich weiß, dass du es nicht warst«, flüsterte sie in seine Halsbeuge. »Ich habe Bernie auch gesagt, ich rede mit der Polizei und erzähle denen, wie Nadine drauf war und mit wie vielen Leuten sie es sich verscherzt hat, aber das wollte er nicht.«

»Aha. Warum?«

»Je weniger Leute aus der Agentur mit den Ermittlungen in Berührung kommen, desto besser, findet er. Könnte ja sein, dass einer von uns versehentlich etwas sagt, was dich belastet. Als wären wir Kleinkinder.« Sie löste sich von ihm und blickte zu Boden. »Er meinte, du würdest überlegen, aus der Agentur auszusteigen?«

»Was?« Es war lauter herausgekommen, als er beabsichtigt hatte. So weit war es also schon. »Nein, das habe ich definitiv nicht vor. Allerdings habe ich seit heute den Eindruck, Bernie wäre nicht unglücklich darüber.«

»Dann solltest du das klarstellen.«

Sie hatte recht, das sollte er. Nur dass ihm dafür im Moment jede Kraft fehlte. Er verabschiedete sich flüchtig von Sabina und schleppte sich die Treppen hinunter. Alles, was er heute noch zustande bringen würde, war nach Hause zu fahren, sich mit einer Flasche Rotwein ins Bett zu legen und sich in den Schlaf zu trinken.

Dabei fühlte er sich jetzt schon benebelt. So sehr, dass er sich erst, als er im Auto saß, fragte, ob er beim Verlassen der Agentur nicht das Mädchen aus dem Park gesehen hatte. Auf der gegenüberliegenden Straßenseite. Wieder ohne Hund, dafür mit Handy, auf dem es eifrig tippte.

Ja, da war ein Kind gewesen. Aber dasselbe? Wahrscheinlich nicht.

Er fuhr los, passierte die Stelle noch einmal, aber da stand niemand. Kein Kind und auch sonst keiner.

Der Verkehr war dicht, er hatte die denkbar ungünstigste Zeit für seinen Heimweg gewählt, und erst, als er hinter der Volksoper auf die Gentzgasse abbog, wurde es besser. Gleichzeitig meldete sein Handy das Eintreffen von zwei kurz aufeinanderfolgenden Nachrichten, aber das würde warten müssen. Er fand einen Parkplatz, stieg aus dem Wagen und rettete sich in seine schützenden vier Wände.

In der Küche legte er das Handy mit dem Display nach unten auf das Sideboard. Die Wahrscheinlichkeit, dass eingehende Nachrichten schlecht waren, lag derzeit bei achtzig zu zwanzig.

Er schenkte sich einen Bourbon ein und legte sich auf die Couch. Das Glas in der linken, das Handy in der rechten Hand. Nach einem großen Schluck stellte er sich der Nachricht auf dem kleinen Bildschirm.

Esther. Die Böswilligste seiner Ex-Freundinnen. Der Nadine angeblich gedroht hatte, wovon es angeblich Screenshots gab, die ihn aber nie erreicht hatten. Mit einem Schlag lag die Wahrscheinlichkeit für eine Hiobsbotschaft bei hundert Prozent.

Du wirst mir das hoffentlich nicht übel nehmen, lautete die Einleitung. *»Info« hat mich um ein Interview gebeten, weil ich dich sehr gut kenne und weil sie sagten, du wärst für die Öffentlichkeit ein gesichtsloses Phantom. So etwas wirkt immer bedrohlich, meinten sie. Ich habe also mit ihnen gesprochen und dich so geschildert, wie ich dich in Erinnerung habe: menschlich, aber sehr karriereorientiert, mit charmantem Auftreten. Lässt nur wenige an sich ran, ist nicht besonders emotional. War in unserer ganzen Zeit nie gewalttätig, zu niemandem. Aber du weißt ja, wie das ist, die legen ihre Schwerpunkte da, wo sie sie haben wollen. Ich habe ihnen schon geschrieben, dass ich mit dem Text so nicht einverstanden bin, aber sie haben nicht darauf reagiert. Ich hoffe, du hast trotzdem einen erholsamen Abend!*

Tibors Kehle war beim Lesen trocken geworden. Er nahm noch einen Schluck Whisky, fühlte das Brennen bis in den Magen.

Esther. Hatte dem schlimmsten Schmierblatt des Landes ein Interview gegeben. Über ihn. War sie völlig verrückt? Oder war es ein Racheakt – ja, anders konnte es eigentlich nicht sein. Die Naivität, zu denken, dass sie ihm mit ihrem »Porträt« einen Gefallen tat, traute er ihr nicht zu. Und der Ton ihrer Textnachricht klang beinahe entschuldigend, was völlig untypisch für sie war. Es musste also schlimm sein.

Besser, er sah sich die Katastrophe gar nicht erst an. Viel besser, nur leider fehlte ihm dafür die Selbstbeherrschung. Immer noch auf der Couch liegend, tippte er den Namen des Blattes in das Textfeld der Google-App.

Was er sah, war haarsträubender als erwartet, es war eigentlich ein Grund, wegen Verleumdung zu klagen. Er fluchte laut, konnte sich gerade noch in dem Impuls bremsen, das Smartphone gegen die Wand zu schleudern.

Emotionslos wie ein Psychopath, lautete die Headline. Das reichte eigentlich schon, mehr musste er nicht wissen. Es war egal, was Esther sonst noch gebrabbelt hatte, der Begriff Psychopath würde an ihm kleben bleiben. Umso mehr, als sie auch ein hübsches Foto von ihm beigesteuert hatte. Er war darauf jünger als heute, aber problemlos erkennbar. Ernstes Gesicht, die linke Augenbraue hochgezogen. Gut aussehend, besser als in Wirklichkeit, aber auf diabolische Weise unsympathisch. Danke, Esther.

Den Artikel überflog er nun doch. Es war, wie sie gesagt hatte – er kam darin so mittelmäßig weg. Als oberflächlicher, karrieregeiler Werber mit ein paar netten Seiten. Doch das war egal. Die Headline war es, die sich in den Köpfen der Leser festsetzen würde. Wie ein desaströser Werbeslogan.

Sah ganz so aus, als wäre er erledigt.

30.

Ich habe eine Liste gemacht, mit Dingen, die wir immer noch nicht wissen.« Manfred, der als Einziger am Tisch schon munter wirkte, blickte in die Runde. »Ich sage euch gleich: Sie ist lang.«

Oliver stöhnte. »Mandi, das muss nicht sein.«

»Doch. Muss es. Wir sind die ganze Zeit auf Glaser fixiert, aber wir finden nicht ausreichend Beweise, um ihn festnehmen zu können, also sollten wir unseren Horizont ein bisschen erweitern.«

»Da hat der Kollege schon recht«, befand Sieghart. »Tunnelblick ist nie eine gute Idee. Also?«

Manfred räusperte sich. »Wir wissen immer noch nicht, wie der Nachrichtentext in den Prompter gekommen ist. Soll heißen, wer die Datensticks ausgetauscht hat. Das zum Beispiel kann unmöglich Glaser gewesen sein, der hat für den Zeitpunkt ein Alibi. Dass er Just realistisch gesehen nicht getötet haben kann, wissen wir auch.«

Sieghart nickte. »Richtig. Weiter.«

»Wir haben außer den Event-Fotos, die Marzik von Glaser geschossen hat, keinen Hinweis darauf, dass sie sich kannten. Marziks Anrufliste wurde ein Jahr zurückgehend überprüft, er und Glaser hatten keinen Kontakt. Interessanterweise hat aber Just ihn viermal angerufen. Die Gespräche dauerten zwischen dreiunddreißig Sekunden und fünf Minuten. Textnachrichten gibt es keine. Aber die können natürlich gelöscht worden sein.«

Diese Information war neu für Fina. Dass Marzik und Just telefoniert hatten, war in ihrer Gegenwart bisher nie erwähnt worden. »Und es war immer sie, die angerufen hat?«

»Das hat er doch schon gesagt.« Oliver seufzte demonstrativ genervt. »Was noch, Manfred?«

»Wir haben nach wie vor keine Spur von Julius Beyer. Er hat in den vergangenen elf Tagen kein Geld vom Konto abgehoben oder irgendwo mit Karte bezahlt. Sein Handy ist schon genauso lang nicht mehr im Netz eingebucht, zuletzt online war es über einen Sendemast in der Wallrißstraße.«

Niemand sagte etwas, allen war klar, was das vermutlich bedeutete. Fina hatte auf dem Handy Google Maps geöffnet. »Die Wallrißstraße liegt im achtzehnten Bezirk«, murmelte sie.

»Ja«, bestätigte Manfred. »Und wer wohnt nur ein paar Meter weiter in der Ferrogasse?«

Fina legte das Smartphone auf den Tisch und verschränkte die Arme vor der Brust. Wahrscheinlich war es wirklich so, und Tibor Glaser steckte hinter den Morden. Dann war ihr Bauchgefühl eben nichts wert, darauf sollte man sich ohnehin nicht zu sehr verlassen. »Aber wir haben noch keine Leiche«, stellte sie fest. »Und kein Motiv, das irritiert mich am meisten.«

»Ja, Fina«, sagte Sieghart und klang dabei etwas zu väterlich für ihren Geschmack. »Aber die Indizien häufen sich jetzt schon sehr auffällig, nicht wahr? Ich denke, wir sprechen noch einmal mit der Staatsanwältin. Zumindest für einen Durchsuchungsbeschluss sollten unsere Argumente reichen. Das übernehme diesmal ich.«

Es musste, musste, musste ein Motiv geben. Während Manfred weitere offene Punkte aufzählte, versuchte Fina, im Kopf eine Art Diagramm zu erstellen. In der Mitte Nadine Just, sie war zwar rein chronologisch nicht das erste Mordopfer, aber trotzdem das Zentrum des Geschehens. Darauf hätte Fina jede Summe gewettet.

Direkt daneben Tibor Glaser. Ex-Freund und Hauptverdächtiger, nein, einziger Verdächtiger bisher. Auch wenn er diesen Status offiziell noch gar nicht innehatte.

Eine gedankliche Linie führte von Just zu Gunther Marzik. Sie hatten telefoniert, mehrmals. Auch länger. Just war diejenige gewesen, die Kontakt gesucht hatte.

Frei im Raum schwebend, ohne Berührungspunkt mit irgendjemandem sonst: Julius Beyer. Youtuber mit Hang zu dunklen Themen. Bisher hatten sie Glaser noch nicht gefragt, ob er ihn kannte, doch das würde der nächste Schritt sein. Diesmal hier im Haus, mit Vorladung, Protokoll und allem, was dazugehörte.

Er hatte null reagiert, als Fina das Gemälde mit dem pinkelnden Tod erwähnt hatte, aber manche Menschen waren eben großartige Schauspieler.

»Ich erkläre euch mal meine Theorie.« Oliver hatte wieder das Wort ergriffen. »Tibor Glaser und die Frau von dem Sendeboss, Eferling, haben sich zusammengetan. Beide wissen von der Affäre, also machen sie gemeinsame Sache. Frau Eferling lässt Just töten, ich glaube nicht, dass sie das selbst gemacht hat, aber sie hat Geld und kann es sich leisten, einen Profi zu engagieren. Der versteht sein Handwerk, deshalb gibt es auch keine brauchbaren Spuren am Tatort und niemanden, der einen Fremden im Haus gesehen hätte.« Er blickte von einem zum anderen, wohl auf der Suche nach Zustimmung, die bislang aber ausblieb.

»Glaser erledigt dann Marzik und vermutlich auch Beyer. Er ist kein Profi, deshalb finden wir überall Spuren.«

»Und warum tötet er die beiden?« Ahmed sah ehrlich interessiert drein. »Hatte Just auch mit ihnen ein Verhältnis? Nach allem, was wir über sie wissen, halte ich das für höchst unwahrscheinlich. Fina hat recht, da fehlt das Motiv.«

Es war Oliver anzusehen, dass die drei Worte *Fina hat recht* ihn bei Ahmeds Einwand am meisten störten. »Ich sagte doch, es ist eine Theorie. Motive klären sich manchmal auch erst im Nachhinein.«

»Mag sein.« Sieghart schob seinen Stuhl zurück und stand auf, was normalerweise das Ende ihrer Besprechungen bedeutete. »Womit Oliver aber sicher richtigliegt, ist, dass wir endlich Eferlings Frau befragen sollten. Fina, du fährst mit ihm. Ich glaube, es ist gut, wenn kein reines Männerteam bei ihr auftaucht.«

Na bestens, das hatte ihr noch gefehlt. Sie las in Olivers Gesicht den gleichen Widerwillen, den sie selbst empfand, nickte trotzdem. »Alles klar.«

»Ach, und eure Streitigkeiten könnt ihr außerhalb der Dienstzeit abwickeln. Während ihr arbeitet, erwarte ich mir professionelles Verhalten. Einen kollegialen Umgang.« Damit griff er nach seinen Unterlagen und verließ den Raum.

Zehn Minuten später saßen Fina und Oliver im Auto. Er fuhr, zu Beginn noch schweigend, dann leise vor sich hin summend. Fina sah seitlich zum Fenster hinaus, mit dem festen Vorsatz, sich nicht anmerken zu lassen, wie grauenhaft sie seine Fahrweise fand.

An einer roten Ampel drehte Oliver sich zu ihr herum. »Du hast gepetzt, richtig. Finde ich ziemlich armselig.«

»Was? Was soll ich haben?«

»Na, dich bei Sieghart über mich beschwert. Sonst hätte er doch nicht diesen Spruch losgelassen, von wegen kollegialer Umgang.«

»Nein, Irrtum. Ich habe nie mit ihm über dich gesprochen. Wahrscheinlich hat jemand anderer aus dem Team etwas gesagt.«

Die Ampel sprang um auf Grün, und Oliver stieg aufs Gas. »Na, das muss dich doch erst recht freuen. Wenn noch jemand so besorgt ist um Finas zartes Seelchen.« Er schaltete einen Gang höher. »Meine Güte, Frau. Wenn du so empfindlich bist, wärst du besser Kindergärtnerin geworden, statt zur Polizei zu gehen. Obwohl die dort wahrscheinlich auch niemanden wollen, der null Humor hat.«

»Ach so!« Fina lachte auf. »Ich soll dich witzig finden! Na gut, wird nicht einfach, aber ich kann's versuchen. Dann wäre es aber nur fair, wenn du auch über meine Scherze lachst. Dein Humor hat letztens ziemlich versagt, wenn ich mich recht erinnere.«

Seiner Miene nach zu schließen, erinnerte auch Oliver sich noch gut. Fina hatte ihm in Beyers Wohnung unterstellt, er hätte Angst, sie könne ihn karrieretechnisch überholen. Die Wahrscheinlichkeit war nicht groß, aber schon die Vorstellung, er könnte in die Lage kommen, von Fina Anordnungen entgegennehmen zu müssen, schien ihm die Laune zu verderben.

Es war ihr nur recht, dass er das Gespräch an dieser Stelle abbrach und wieder zu summen begann. Die Fahrt würde nicht mehr lange dauern.

Die Familie Eferling wohnte im dreizehnten Bezirk, nur einen Steinwurf von Schloss Schönbrunn entfernt. Oliver parkte den Wagen in der Einfahrt, und sie durchquerten einen parkähnlichen Garten, an dessen Ende die Villa lag.

Die Frau, die ihnen öffnete, war nicht Paula Eferling, sondern stellte sich als ihre Haushälterin vor. »Ich dachte, Sie würden sich längerfristig anmelden«, sagte sie, nicht ohne leichten Vorwurf in der Stimme. »Es ist nur glücklicher Zufall, dass Frau Eferling noch im Haus ist; in einer halben Stunde muss sie weg.«

Sie führte Fina und Oliver durch drei große, mit Jugendstilmöbeln eingerichtete Räume. In ihrem formlosen Parka, den Jeans und den abgewetzten Sneakers fühlte Fina sich schäbig angesichts all dieser Pracht.

»Frau Eferling erwartet Sie im Salon«, erklärte die Haushälterin, öffnete eine weitere Doppelflügeltür, und sie betraten den Himmel.

Jedenfalls war das Finas erste Assoziation, dank der zartblauen Seidentapeten und der wolkenweißen Sitzgruppe. Die Teppiche waren ebenfalls weiß – erstaunlich, dass man sie und Oliver nicht aufgefordert hatte, sich die Schuhe auszuziehen.

Paula Eferling war in ihrem Salon auf den ersten Blick kaum

zu finden, denn sie hatte sich in exakt den gleichen Farben gekleidet. Hellblauer Strick und weiße Hose; das blonde Haar trug sie aufgesteckt. Man hätte Salon und Hausherrin aus dem Stand für ein exklusives Wohnmagazin ablichten können.

»Setzen Sie sich doch.« Sie wies auf die ausladenden Polstersessel. »Möchten Sie etwas trinken?«

»Ein Glas Wasser«, sagte Fina schnell. »Danke.« Falls sie etwas verschüttete, würde Wasser hier den geringsten Schaden anrichten. Oliver schienen solche Befürchtungen nicht zu plagen; er bat um einen Espresso.

»Am besten fangen wir gleich an, ich muss nämlich demnächst weg«, begann Paula Eferling. »Wie kann ich Ihnen helfen?«

»Es geht um Nadine Just.« Fina legte ihre Hände auf einen Schmierfleck, den sie eben am linken Bein ihrer Jeans entdeckt hatte.

»Ja, so weit war es mir klar.« Es hatte herablassend geklungen, und sie biss sich kurz auf die Lippen. Änderte den Ton. »Ich bin immer noch in Schock, ist es nicht schrecklich?« Trotz der unüberhörbaren Bestürzung in ihrer Stimme blieb Eferlings Gesicht fast regungslos. Botox, dachte Fina. Was jetzt kommen würde, war unangenehm, und sie wählte ihre Worte mit Sorgfalt.

»Frau Just und Ihr Mann standen sich sehr nahe, nach allem, was wir bisher gehört haben.«

Wieder kaum eine Regung. Nur Eferlings rechter Mundwinkel zuckte nach oben. »Er hat ein gutes Verhältnis zu fast allen seinen Mitarbeiterinnen und Mitarbeitern. Das macht einen großen Teil seines Erfolgs aus.«

Fina wartete ein paar Sekunden, in der Hoffnung, Oliver würde übernehmen, aber das tat er natürlich nicht. »Es heißt, die Verbindung zwischen Ihrem Mann und Frau Just wäre über das rein Kollegiale hinausgegangen. Sie sollen eine Affäre gehabt haben.«

Jetzt war es raus, und Fina war auf verschiedene Reaktionen gefasst. Wut, Traurigkeit, eisiges Schweigen.

Aber nicht darauf, dass Paula Eferling zu lachen beginnen würde. Es klang echt, nicht aufgesetzt. »Das ist doch Unsinn. Kurt würde so etwas nie tun, er ist kein Idiot.« Sie beugte sich ein Stück vor. »Ich weiß natürlich, dass er bei schönen Frauen gerne zwei- oder dreimal hinsieht. Dass er gelegentlich auch den Arm um sie legt oder ein paar Küsschen zu viel verteilt. Nicht, dass mich das freuen würde – aber hauptsächlich, weil es kein gutes Bild in der Öffentlichkeit abgibt. Seit MeToo muss man in einer Position wie der seinen sehr vorsichtig sein.«

Fina und Oliver wechselten einen Blick, in dem seit langer Zeit zum ersten Mal Einverständnis lag. War Eferling so naiv? Oder weigerte sie sich, der Wahrheit ins Gesicht zu sehen?

»Wie können Sie da so sicher sein?«, fragte Fina.

»Ich sagte doch, er ist kein Idiot.« Sie hob die Hände in einer flüchtigen, aber den ganzen Raum umfassenden Geste. »Das alles hier hat nicht er sich erarbeitet, wissen Sie? Die Villa, das Chalet in Kitzbühel, das Haus an der Costa Amalfitana – das habe ich in die Ehe gebracht. So wie die meisten Kontakte, von denen er beruflich profitiert.« Sie strich die helle Hose glatt. »Kurt ist fleißig und wirklich talentiert, er hat ein Gespür fürs Geschäft und kann hervorragend mit Menschen umgehen. Aber wenn ich ihn fallen und meine Kontakte spielen lassen würde, könnte er ab morgen Straßen kehren.«

Die Haushälterin brachte Wasser und Kaffee. »Viertelstunde noch«, murmelte sie, und Eferling nickte. Als die Frau den Salon wieder verlassen hatte, räusperte Oliver sich.

»Sie meinen also, er hat zu viel zu verlieren, um fremdzugehen?«

»Ganz bestimmt. Außerdem führen wir eine gute Ehe. Wir haben zwei Kinder, eines davon ist schon aus dem Haus. Sie studiert in London.«

Fina nippte an ihrem Wasserglas. »Ich verstehe nur nicht«, sagte sie langsam, »wieso dann fast alle, mit denen wir im Sender gesprochen haben, diese Affäre bestätigen?«

»Weil sie eine Schwäche für Tratsch haben«, sagte Eferling, als müsse sie einem Kind etwas erklären. »Leute wie Iris Radnitzky oder Alex Bertram ticken eben so. Das ist auch gar nicht verwerflich, wenn man für einen Sender wie Quick-TV arbeitet. Im Gegenteil, Klatsch ist ein Teil des Geschäfts, und dann sieht man eben überall Affären und Intrigen.« Wenn sie lächelte, bewegten sich nur ihre Lippen, der Rest blieb starr. »Für meinen Ehemann lege ich die Hand ins Feuer.«

»Sie sieht noch gut aus für ihr Alter«, resümierte Oliver, als sie wieder im Auto saßen. »Ha, ein Haus in Süditalien und eines in Kitzbühel – falls sie ihren Alten ablegt, würde ich mich nicht lange bitten lassen.«

Fina warf ihm einen ungläubigen Blick zu, und er lachte. »Ach komm, schau nicht so. War ja nur ein Witz. Aber du musst zugeben, mit mir hätte sie ganz sicher mehr Spaß im Bett als mit diesem traurigen Zwerg.« Er startete den Motor. »Hm. Mit zwanzig, dreißig muss sie eine ziemliche Granate gewesen sein. Ich frage mich, warum sie sich so ein dünnes Männchen genommen hat. Geld war es in dem Fall ja nicht.«

»Eventuell Liebe?«, schlug Fina vor.

Diesmal klang Olivers Lachen, als käme es tatsächlich von Herzen. »Weißt du, neunzig Prozent der Zeit gehst du mir irre auf die Nerven, aber manchmal bist du wirklich witzig.«

31.

Das Team nahm ihre Schilderung des Gesprächs mit Paula Eferling halb erstaunt, halb amüsiert zur Kenntnis. Olivers Schilderung, um genau zu sein, denn Fina kam nicht zu Wort.

Was sie diesmal nicht störte. Sollte er sich ruhig über die teure Einrichtung und die schlossähnlichen Räume auslassen, die ihn unverkennbar beeindruckt hatten, noch mehr als Tibor Glasers Penthousewohnung. Fina wartete beinahe darauf, dass er noch einmal betonen würde, wie bereitwillig er Kurt Eferlings Platz als Ehemann oder großzügig gesponserter Bettpartner einnehmen würde, doch das verkniff er sich dann doch.

Manfred, das Kinn immer noch leicht verformt von der zahnärztlichen Behandlung, interessierte sich mehr für den Kern der Sache. »Sie glaubt wirklich, dass nichts war zwischen ihrem Mann und der Just?«

»Ja. Ist total überzeugt davon. Bemitleidenswert, eigentlich. Wenn alle hinter deinem Rücken tuscheln, und du hast keine Ahnung.« Oliver zuckte mit den Schultern, und Ahmed ließ einen stereotypen Spruch los, von wegen Geld, das nicht glücklich mache.

Machte Schönheit glücklich? Fina rief sich das Foto von Nadine Just in Erinnerung. Das, auf dem sie diesen hasserfüllten Blick über die Schulter warf, auf das Ehepaar Eferling.

Was, wenn …

In ihrem Kopf sortierte Fina ein paar der neuen Fakten, dann nutzte sie eine von Olivers raren Sprechpausen. »Eferling hat gesagt, ihr Mann würde ihr schon aus praktischen Gründen treu bleiben. Was, wenn Nadine vorhatte, die Affäre öffentlich zu machen?« Sie musste sich das Foto noch einmal ansehen.

Diesen Blick. Es fehlte nur noch, dass Nadine die Zähne fletschte. »Wenn sie Kurt Eferling gedroht hat? Aufzufliegen hätte für ihn schlimmere Folgen gehabt als die einer normalen Ehekrise.«

»Wäre ein Motiv«, sagte Ahmed nach kurzem Überlegen. »Allerdings eher eines für Totschlag. Just droht damit, die Karten auf den Tisch zu legen, und Eferling tötet sie im Affekt. Hier geht es aber um eine sehr genau geplante Tat. Außerdem: Wie passt das zum Mord an Marzik?«

»Eventuell ein Mitwisser?«, mutmaßte Manfred. »Mit Fotobeweisen?«

»Die hätten wir gefunden.« Oliver schob sich die Sonnenbrille im Haar zurecht. »Ist trotzdem kein dummer Ansatz. Seht ihr, kaum ist die Plank einen halben Tag mit mir unterwegs, schon kommen ihre grauen Zellen in Fahrt.« Er lachte, es klang anzüglich, als würde er noch an ganz andere Dinge denken, die möglicherweise bei ihr in Fahrt kommen könnten.

Fina ging nicht darauf ein. »Die Bilder hätten wir nur dann gefunden, wenn der Täter sie nicht mitgenommen hätte. Was ziemlich dumm von ihm gewesen wäre, wenn er von ihnen wusste und sie für ihn so bedrohlich waren.«

»Dann wäre eventuell etwas dran an Olivers Theorie, dass Eferling und Glaser gemeinsame Sache gemacht haben«, überlegte Manfred. »Die beiden tun sich zusammen, Eferling hat überall im Sender Zutritt, er kann Just in ihrer Garderobe umbringen, und als sie gefunden wird, ist er nicht mehr im Haus. Glaser dagegen kümmert sich um Marzik, der aus irgendwelchen Gründen zu viel weiß.« Manfred lächelte, Oliver nickte bekräftigend.

»Nicht auszuschließen«, sagte Ahmed. »Dann hätten wir zum ersten Mal ein Motiv, das die beiden Opfer miteinander verbindet.«

»Nur, dass Glaser sich von Just getrennt hatte und eigentlich keinen Kontakt mehr wollte«, warf Fina ein und fuhr herum, als jemand sie an der Schulter antippte. Eine von den Kolleginnen, die an der Schleuse beim Eingang Dienst hatten.

»Da wartet eine Frau draußen, die gerne eine Aussage machen möchte«, sagte sie. »Zu dem Youtuber. Sie sagt, er ist tot. Ganz sicher.«

Alles an der jungen Frau wirkte dünn oder blass oder beides. Das Gesicht, die Haare, die nervösen Finger, die ein Handy hin- und herdrehten. Nach einem ersten neugierigen Blick hatte Oliver das Gespräch Fina und Ahmed überlassen, um selbst an Siegharts Tür zu klopfen und ihn auf den neuesten Stand zu bringen.

Die junge Frau hieß Larissa Hienert, war zweiundzwanzig Jahre alt und sprach so leise, dass Fina bei jedem Satz nachfragen musste. Sie hatte stundenlang vor Beyers Adresse gewartet und von seiner Mutter erfahren, dass ihr Sohn verschwunden war.

»Sie haben gesagt, Sie wüssten, dass er tot ist?« Fina gab sich Mühe, einen vertrauenerweckenden Ton in ihre Stimme zu legen. »Würden Sie uns dazu mehr erzählen, bitte?«

»Na ja, er wollte sterben.« Hienerts Blick irrlichterte zwischen Ahmed, Fina und den eigenen Händen herum. »Wir wollten es gemeinsam tun, vor fünf Tagen, aber er ... ist nicht gekommen. Hat mich im Stich gelassen und sich nicht mehr gemeldet. Ich habe versucht, ihn zu erreichen, aber sein Handy war aus, und dann hat er dieses Video gepostet.« Sie atmete angestrengt ein. »Ich habe das einfach nicht glauben können, und ich habe gehofft, ich finde ihn vielleicht bei ihm zu Hause. Aber es ist nur irgendwann seine Mutter aufgetaucht, und die hat gesagt ... er ist weg.« Wieder rang sie nach Luft, als fiele ihr das Atmen schwer.

Zu Beginn des Gesprächs hatte Fina ihre Mundwinkel gewissermaßen auf Maximalhöhe im Gesicht festgeklemmt, damit Hienert sich in ihrer Gegenwart möglichst wohlfühlte. Nun waren sie längst herabgesunken. »Verstehe ich das richtig, Sie wollten sich gemeinsam das Leben nehmen? Sie und Julius Beyer?«

Die Frau zögerte, dann nickte sie. »Wir waren verabredet, auf der Donauinsel. Er wollte alles Nötige organisieren, aber er ist einfach nicht gekommen.« Sie begann, mit dem Oberkörper vor- und zurückzupendeln. Kleine, wiegende Bewegungen. »Er hat es sicher alleine getan. Oder jemanden gefunden, der ihm besser helfen kann als ich, auch wenn ich es dumm finde, dass er im Video von Mord redet. Egal. Er hat mich im Stich gelassen.«

Fina hatte stichwortartig mitgeschrieben. Jetzt, als sie wieder aufblickte, fielen ihr die dünnen Narben an den Innenseiten von Hienerts Handgelenken auf.

»Wie haben Sie sich kennengelernt?«, fragte sie.

»Ich habe ihn über YouTube angeschrieben, und später haben wir Telegram benutzt. Alles andere war zu unsicher.« Auch ihre Lippen waren blass, wurden noch blasser, als sie sie kurz zusammenpresste.

»Und persönlich? Wann haben Sie sich zum ersten Mal getroffen?«

»Gar nicht. Er wollte, aber ich gehe nicht gern aus dem Haus. Ich kenne seine Adresse nur, weil ich ihm einmal ein Buch geschickt habe.«

Fina erinnerte sich an einen Band in Beyers Regal. *Sterbefasten*. Nicht unwahrscheinlich, dass es das gewesen war.

»Ich war so erleichtert, dass wir endlich einen Termin hatten«, fuhr Hienert fort. »Dass jemand mir helfen würde. Der Tod ist ein Freund, hat Julius immer gesagt. Er fängt uns auf, wenn wir uns in seine Arme fallen lassen.«

Fina dachte an Just im See ihres eigenen Blutes. An den verstümmelten Körper von Gunther Marzik. Fand es schwierig, etwas Freundliches in diesen Bildern zu finden. »Wieso sind Sie so sicher, dass Herr Beyer wirklich tot ist? Er könnte es sich auch einfach anders überlegt haben.«

Sie schüttelte den Kopf. »Glaube ich nicht. Er hat sich so darauf gefreut, Schluss zu machen. Und ich … mich auch.«

Schluss mit Julius. Fina nickte, dachte kurz nach, stand auf. »Ich hole mir schnell etwas zu trinken. Wollen Sie auch?«

»Nein.«

»In Ordnung. Bin gleich wieder da.« Sie huschte ins Nebenbüro. »Manfred, bestellst du bitte wen vom psychosozialen Dienst her? Sag ihnen, wir haben hier jemanden, der akut suizidgefährdet ist.«

Sie bog in die Kaffeeküche ab und füllte zwei Gläser mit Wasser. Vielleicht trank Hienert ja doch etwas, wenn man es ihr hinstellte.

Als Fina an den Tisch zurückkehrte, war die Frau noch ein Stück weiter in sich zusammengesunken. Es wirkte nicht, als hätten Ahmed und sie in der Zwischenzeit auch nur ein Wort gewechselt.

»Nehmen wir einmal an, Sie haben recht«, knüpfte Fina wieder an. »Wo sollten wir nach Julius Beyer suchen?«

Ihr Kopf sackte ein Stück nach rechts. »Ich weiß es nicht genau«, murmelte sie. »Er hat mir geschrieben, dass es drei Orte gibt, die er in die nähere Auswahl genommen hat. Einer davon ist ein Haus, die anderen liegen im Freien. Julius wollte die nötigen Dinge besorgen, er hat gesagt, es würde überhaupt nicht wehtun und wie Einschlafen sein.« Sie griff nach dem Wasserglas und zog dann die Hand wieder zurück. »Ich habe mir als Ort die Donauinsel ausgesucht, so nah am Wasser, das hätte ich schön gefunden …« Wieder schien es, als ginge ihr die Kraft zu sprechen aus. »Vielleicht ist er in den Wald gegangen, das war sein dritter Vorschlag. Er hat ganz oft geschrieben, er mag den Wald.«

Aus dem Augenwinkel des Mädchens sickerte eine Träne, und Fina hätte gern eine dieser dünnen Hände zwischen ihre genommen und sie gewärmt, aber vielleicht war das zu übergriffig, unerwünscht, falsch. So, wie es sicher falsch war, jetzt etwas über die positiven Seiten des Lebens daherzubrabbeln, das würde nur eine Ansammlung dummer Klischees werden. Zumal Finas eigenes Leben derzeit auch kaum praktische Beispiele hergab.

»Ich bin sehr froh, dass Sie gekommen sind, um uns das zu erzählen«, sagte sie stattdessen.

»Ich auch«, schloss Ahmed sich an. Ihm war in Gegenwart des unglücklichen Mädchens sichtlich nicht wohl zumute, und als er das Telefon auf seinem Schreibtisch klingeln hörte, sprang er beinahe freudig auf.

Fina blieb mit Larissa Hienert allein zurück. »Würden Sie mir Uhrzeit und Treffpunkt Ihrer Verabredung mit Herrn Beyer verraten?« Sie lächelte, immer noch in der Hoffnung, die Frau wenigstens ein bisschen aufmuntern zu können. Aber sie schien sich mit jeder Minute mehr in sich selbst zu verkriechen.

»Es war die Bucht bei der Reichsbrücke«, sagte sie schließlich. »Um neun Uhr abends. Wir wollten dort sitzen, aufs Wasser schauen und warten, bis ganz sicher niemand mehr in der Nähe ist. Dann hätten Julius und ich das Mittel gleichzeitig genommen.«

»Ich verstehe«, log Fina, in Wahrheit verstand sie überhaupt nichts. Vor allem nicht, was in Hienert vorging. Sie wollte sich von einem Menschen töten lassen, dem sie noch nie persönlich begegnet war. Statt eine Therapie zu machen. Oder sich notfalls stationär aufnehmen zu lassen.

Moment, das war voreilig. Konnte ja sein, dass sie das alles schon versucht hatte, aber diese Dinge würde sicher die Expertin vom psychosozialen Dienst klären. Sobald sie auftauchte, was hoffentlich bald sein würde, umso mehr, nachdem Ahmed jetzt von der Tür aus winkte und gestikulierte. Offenbar gab es Neuigkeiten. Seiner Miene nach zu schließen, waren sie beunruhigend.

Larissa Hienert zog sich die Ärmel ihres viel zu großen Shirts so weit über die Hände, dass nur noch die Fingerspitzen zu sehen waren. »Ich glaube, ich gehe jetzt wieder«, sagte sie, kaum hörbar. »Ich wollte Ihnen nur sagen, was ich weiß.« Fina hatte den Eindruck, dass sie diesen Impuls bereits heftig bereute.

»Ein paar Minuten noch«, sagte sie hastig und blätterte ihren Notizblock um. »Wissen Sie noch, wie lange Sie gewartet haben? Haben Sie im Umkreis der Bucht nach Herrn Beyer gesucht? Ist Ihnen dort irgendetwas aufgefallen?«

Sie gab sich alle Mühe, Zeit zu gewinnen, und war maßlos erleichtert, als sie Astrid in der Tür auftauchen sah. Sie war genau die Richtige für den Job: eine mütterliche Frau über sechzig, in deren Gegenwart man sich automatisch ein bisschen wohler fühlte.

Fina winkte sie heran. »Das ist ja ein Zufall, gut, dass du hier bist!« Sie wies auf Ahmeds Stuhl. »Das hier ist Larissa Hienert, die uns einen wertvollen Hinweis gegeben hat. Sie ist überzeugt, der vermisste Mann, nach dem wir suchen, hat sich das Leben genommen. Frau Hienert, könnten Sie Astrid noch einmal alles schildern?«

Hienert sank ein weiteres Stück in sich zusammen, aber Astrid wusste, was sie tat; sie strahlte so viel Empathie und Wertschätzung aus, dass die junge Frau nach ein paar Minuten tatsächlich zaghaft lächelte.

Fina schob ihren Stuhl zurück. »Ihr entschuldigt mich kurz?« Die Tür zu Ahmeds Büro stand längst nicht mehr offen, trotzdem drehte sich keiner der Köpfe in ihre Richtung, als sie eintrat.

Vor dem Monitor auf Ahmeds Schreibtisch saßen Manfred und Ahmed selbst. Außerdem Georg von der Spurensicherung, den Fina zwar nur von hinten sah, der aber dank der halblangen Haare und dem kahlen Fleck am Hinterkopf unverkennbar war. »Schon achtundvierzig Minuten«, sagte er gerade. »Es hört nicht auf, und er holt auch niemanden dazu.«

Sie begriff nicht, was er meinte. Wer sollte wen wo dazuholen? Dann erhaschte sie einen Blick auf den Bildschirm, hörte, was aus den Lautsprechern drang, und wusste, dass es ein langer Abend werden würde.

32.

Es war eine ganz neue Qualität von Kopfschmerzen, der Tibor sich am Freitagmorgen beim Aufwachen stellen musste. Als würde jemand Zahnseide zwischen seinen Schläfen hin- und herziehen.

Unfähig, die Augen zu öffnen, tastete er nach dem Wasserglas, das immer auf dem Nachttisch stand. Heute offenbar nicht. Er hatte den ganzen letzten Tag zu Hause verbracht, die meiste Zeit vor dem Computer, und dabei erst Wein, dann Whisky getrunken. Das war Selbstschutz gewesen, denn das Netz hatte sich erneut zu einem verbalen Lynchmob gegen ihn formiert, ihm bereits den Prozess gemacht.

Emotionslos wie ein Psychopath. Esther, die dumme Kuh, hatte eine Lawine losgetreten, das Internet explodierte geradezu. Er hatte seine Ex ermordet und das – in typischer Werbermanier – auch noch publikumswirksam inszeniert. Man sollte ihm die Eier abschneiden, ihn in seinen eigenen Fäkalien ertränken, ihn nackt durch die Stadt prügeln. Das war die eine Seite.

Und dann, fast genauso verstörend, gab es einige Frauen, die ihn plötzlich besonders sexy fanden, ihm PNs mit Nacktfotos schickten und schrieben, sie stellten sich vor, wie er seine Hände um ihren Hals legte und zudrückte.

Tibor erinnerte sich nicht mehr, wann er sturzbesoffen ins Bett gefallen war, aber er schien nicht mehr die Kraft besessen zu haben, sich auszuziehen, denn er trug noch immer seine Jeans.

Wieder einschlafen, dachte er. Den Zustand bewusstlos überstehen und vergessen, was der Auslöser für den Alkoholexzess gewesen ist.

Doch dafür war es leider zu spät. Nun meldete sich auch sein Magen, meldete sich mit Nachdruck. Es half nichts, er würde aufstehen müssen, wenn er nicht sein Bett vollkotzen wollte.

Der Schmerz in seinem Kopf legte noch einen Gang zu, trieb Tibor die Tränen in die Augen. Er stolperte in Richtung Toilette, fand blind die Türklinke, fiel vor der Schüssel auf die Knie und erbrach sich. Schwallartig, zwei Mal.

Es hätte gutgetan, hätte nicht der Druck die Kopfschmerzen weiter hochgepeitscht. Tibor sank auf dem Fliesenboden zusammen. Ich werde sterben, dachte er undeutlich. Auf dem Boden vor dem Klo, in dem meine Kotze schwimmt.

Der Gedanke war beinahe tröstlich, Tibor wünschte sich nur, dass es schnell gehen möge. Sobald sein Schädel explodiert war, würde er sich um nichts mehr kümmern müssen. Andere würden aufräumen müssen. Seine schnapsgetränkte Leiche. Sein Erbrochenes.

Er wusste nicht, wie lange er da lag. Erst, als in ihm die Befürchtung wuchs, dass er doch überleben würde, versuchte er, sich wieder aufzurichten. Betätigte unter Anstrengung die Spülung. Füllte Wasser in einen Zahnputzbecher und schüttete es in sich hinein, bevor er sich zurück auf die Fliesen legte.

Schmerzmittel. Er brauchte Tabletten, erinnerte sich aber dunkel, dass die vor einiger Zeit ausgegangen waren. Unter Aufbietung all seiner Kraft kam er schwankend auf die Knie. Hielt sich an der Wand fest und stand auf.

Im Badezimmerschrank fand er eine Schachtel Aspirin. Leer, bis auf eine letzte Tablette. Er schluckte sie, befahl seinem Magen, sie bei sich zu behalten, und schleppte sich in die Küche.

Das mit dem Trinken musste aufhören. War er seit Nadines Tod jemals mehr als zwei Stunden nüchtern gewesen? Es fühlte sich nicht so an, aber das würde er jetzt ändern. Der erste Schritt: starker Kaffee.

Der Gedanke daran ließ den Brechreiz zurückkehren. Nein, Tee war eine viel bessere Idee. Aber vor allem musste Tibor sich mit Medikamenten ausstatten, wenn er diesen Tag überstehen wollte.

Er sah an sich hinunter. Praktisch, dass er noch Straßenkleidung trug. Erfreulich, dass er sie nicht angekotzt hatte.

Er griff nach Portemonnaie und Schlüsselbund. Zu seiner Stammapotheke waren es gerade mal fünf Minuten, und die frische Luft würde ihm guttun. Hoffentlich. Er zog die Tür hinter sich zu und stieg in den Aufzug. Als er aus dem Haus trat und ein kühler Windhauch ihm das Haar aus der Stirn blies, dachte er für einen Moment, dass vielleicht doch alles nicht so schlimm war.

Dann drehte er sich um.

MÖRDER hatte jemand mit roter Farbe an die Hausmauer gesprayt. Und daneben etwas, das wie ein ungelenk gezeichneter Galgen aussah.

Sein erster Impuls war, kehrtzumachen und sich in seiner Wohnung zu verschanzen. Lebensmittel übers Netz zu bestellen und das Haus nie wieder zu verlassen. Höchstens, um umzuziehen, in eine neue Wohnung. Eine andere Stadt. Vielleicht auf einen anderen Kontinent.

Das war langfristig ein guter Plan, sein drängendstes Problem war so aber leider nicht zu lösen. Er brauchte Kopfschmerztabletten, und er brauchte sie schnell.

Schritt für Schritt setzte er sich in Bewegung, konzentrierte sich aufs Atmen. Die Welle von Selbstmitleid, die ihn gestern mehrmals überspült hatte, baute sich wieder auf. Er hatte nichts verbrochen. War aus Sorge zum Sender gefahren, oder zumindest, um vor sich selbst als mitfühlender Mensch dazustehen.

Er hatte es nicht verdient, dass ihm so viel Hass entgegenschlug, es war unfair, unfair, unfair.

Immerhin begegnete ihm auf dem Weg zur Apotheke niemand, den er kannte, und auch die Apothekerin behandelte ihn wie immer. Reichte ihm Aspirin Forte und Paracetamol über die Theke, begleitet von den üblichen Warnhinweisen.

Allerdings sah Tibor die zwei jungen Apothekenhelferinnen hinten bei den Lagerschränken tuscheln. Klar musste es dabei um ihn gehen, also nahm er auch noch eine Packung Vomex und ein paar Vitaminpräparate mit, um für ein paar Wochen gegen alles gerüstet zu sein. Falls er es nicht schaffte, seine guten Vorsätze einzuhalten.

Wieder vor dem Haus angekommen, schoss er ein Foto der Schmierereien, ohne wirklich zu wissen, was er damit anfangen sollte. Vielleicht würde er es der kleinen Polizistin schicken. Fina. Fina Plank, war Fina tatsächlich ein Name? Eher eine Abkürzung, aber wofür?

An die Wand gelehnt, suchte er in der Jackentasche nach seinen Schlüsseln, bekam aber etwas anderes zu greifen. Ein Feuerzeug. Es war aus orangefarbenem Plastik, und er hatte keine Ahnung, wann er es eingesteckt hatte. Er rauchte schon seit Jahren nicht mehr, und auch damals hatte er nie diese billigen Dinger mit sich herumgeschleppt. Er drehte es zwischen den Fingern, dabei fiel es ihm aus der Hand, und er ließ es liegen. Fand auf den zweiten Anlauf die Schlüssel und sperrte die Haustür auf.

Zweimal verfehlte er mit dem Finger die Ruftaste des Aufzugs und schloss dankbar die Augen, als er sie beim dritten Mal traf. Hoffentlich hatte er nicht gelallt in der Apotheke? Nein. Das hätte er gemerkt.

Wieder in der Wohnung angekommen, verteilte er die Medikamente strategisch durchdacht in den einzelnen Zimmern. Alles in ihm drängte danach, sich wieder hinzulegen, sich die

Decke über den Kopf zu ziehen und sich tot zu stellen, aber dann würde er an diesem Tag nicht mehr auf die Beine kommen. Zumindest eine Stunde lang würde er sich zwingen, Dinge zu erledigen, und sei es nur, Tee zu kochen. Eine Anzeige wegen Vandalismus zu formulieren, auch wenn die Nachbarn das wahrscheinlich schon getan hatten. Und ... sich auf den neuesten Stand zu bringen. Wider besseres Wissen, aber er musste erfahren, was sich gegen ihn zusammenbraute, wenigstens in groben Zügen.

Mit Pfefferminztee in der Jumbotasse, die Marielu ihm vor Jahren geschenkt hatte, setzte er sich an den Computer. Wappnete sich innerlich – es würde nicht schlimmer sein als gestern. Konnte es ja kaum. Und wenn, es machte keinen großen Unterschied, ob man in einem Shitstorm oder einem Shithurrican stand. Tatsache blieb, er war unschuldig. Das wusste er, und daran würde er sich aufrichten.

Die letzte Seite, auf der er aktiv gewesen war, öffnete sich unmittelbar. Twitter. Na bestens, dort flogen die Messer am tiefsten. Gestern war der Hashtag #TiborGlaser auf Nummer eins der Trends im Land gewesen, dicht gefolgt von #gefühlloswieeinpsychopath.

Heute tauchte er nur mehr an fünfter Stelle auf; das Ranking wurde von einem neuen Namen angeführt: #lotharhesselmann. An zweiter Stelle folgte der Hashtag #inkürzetot, danach #spaces.

Tibor registrierte es mit Erleichterung, er schien ein Stück aus dem Fokus der allgemeinen Aufmerksamkeit gerückt zu sein, wahrscheinlich hatte er das diesem Lothar Hesselmann zu verdanken. Ein neuer Hauptverdächtiger, oder vielleicht sogar jemand, den die Polizei als Täter überführt hatte. Das wäre großartig.

Der Name kam ihm vage bekannt vor, war das nicht jemand aus der Kulturbranche? Irgendein Schöngeist, der im Radio über Literatur oder Oper redete?

Tibor klickte auf den Hashtag und scrollte durch die Beiträge. In den meisten davon wurde nachgefragt, ob schon jemand Genaueres wusste. Aber Genaueres wozu?

Dann stieß er auf einen Tweet, in dem ein Video verlinkt war. *Über zwei Stunden lang, das ist ja krank,* hatte der Verfasser als Text dazugeschrieben.

Dem Link folgend, landete Tibor auf YouTube. Zu sehen gab es in dem Video nicht viel – jemand hatte das Geschehen auf Twitter aufgezeichnet, genauer gesagt eine Live-Schaltung über Spaces.

Diese Twitter-Funktion hatte er selbst bisher noch kaum in Anspruch genommen. Ein »Space« war eine Art Raum, in dem man sich unterhalten konnte. Ein richtiges Gespräch führen; es war eine Art Twitter-Radio mit Beteiligung. Jeder Interessierte konnte sich zuschalten und zuhören, konnte sich aber auch als Sprecher melden und seinen Senf dazugeben, sobald der Host des Spaces ihn freischaltete.

Offenbar hatte Lothar Hesselmann gestern einen Space eröffnet und ihm den Namen *In Kürze tot* gegeben. Allerdings war er der einzige Sprecher gewesen, und er hatte die gleichen Sätze gebetsmühlenartig wiederholt, über zwei Stunden lang.

Einer der renommiertesten Kulturkritiker des Landes, bekannt aus Radio und Fernsehen, wird in Kürze tot aufgefunden werden. Ein Verbrechen wird man nicht ausschließen können. Bei dem Opfer handelt es sich um den dreiundsechzigjährigen Lothar Hesselmann.

Und noch mal von vorne. Und noch mal. Und noch mal.

Die Anzahl der Zuhörer war stetig gewachsen, am Ende waren es über fünftausend gewesen, auch, als längst klar gewesen sein musste, dass zwar live »gesendet« wurde, aber trotzdem eine Aufnahme lief.

Tibor ließ das Video gut fünf Minuten lang laufen, horchte genau hin. Es war unverkennbar, dass Hesselmann eine

Sprechausbildung absolviert hatte. Gleichzeitig hörte man, dass er unter Druck stand, Angst hatte oder Schmerzen. Die Sätze kamen gepresst heraus, als müsse er sich zu jedem Wort überwinden.

Tibor wechselte von YouTube zurück auf Twitter, fand das Profil von Hesselmann und las die letzten Einträge.

Die neue »Frau ohne Schatten« an der Wiener Staatsoper ist leider ein Desaster. Zabini dirigiert, als wolle er Fliegen vertreiben.

Triumph für Klara Nebitzer als Turandot. Ein Weltstar ist geboren, mehr muss man dazu nicht sagen.

Auch die meisten anderen seiner Tweets drehten sich um Theateraufführungen, Konzerte und Buchneuerscheinungen. Er machte Besetzungsvorschläge und ließ immer wieder durchblicken, dass man eigentlich nur ihn fragen müsse, wenn man sichergehen wolle, dass das eigene Kulturprojekt ein Erfolg sein würde.

Die Art, wie er über junge Künstlerinnen schrieb, hatte ihm auch eine Menge Gegenwind eingebracht, den er aber zu genießen schien. Das Attribut *Alter Weißer Mann* nahm er gelassen hin, machte sich auf gehässige Art über das Gendern im Netz lustig und vermittelte insgesamt den Eindruck, dass sein Weltbild einbetoniert und damit unverrückbar war.

Schwierige Taktik, wenn man auf Twitter aktiv war. Aber wohl kaum ein Grund, von jemandem mit gegenteiliger Meinung ermordet zu werden.

Tibor suchte unter den Favoriten in seinem Browser die beiden Nachrichtenseiten aus, die seiner Erfahrung nach Neuigkeiten am schnellsten online stellten. Doch bisher war nirgends etwas über ein Verbrechen im Zusammenhang mit Lothar Hesselmann zu lesen.

Möglicherweise hatte also einer der vielen Spaßvögel einen schlechten Scherz auf seine Kosten gemacht. #inkürzetot trieb ja auch andernorts wilde Blüten. Tibor hatte schon gestern außerordentlich kreative TikTok-Videos gesehen, die zigfach im Netz verlinkt worden waren.

Noch einmal klickte er das YouTube-Video an, nun mit dem Wissen um das zur Stimme gehörende Gesicht, was die Sache beklemmender machte. Mehr aus Zufall fiel sein Blick auf die Uhrzeit, zu der der User die Spaces-Übertragung aufgenommen hatte, problemlos erkennbar in der rechten oberen Ecke des Videos. Neunzehn Uhr dreiundzwanzig.

Er fühlte, wie sein Magen erneut rebellierte. Falls Hesselmann wirklich tot war und die Sendezeit ungefähr mit der Tatzeit übereinstimmte, hatte er kein Alibi, denn die leeren Flaschen in der Küche konnten nicht sprechen.

33.

Sie standen im zweiten Stock des Altbaus und klingelten zum wiederholten Mal an der Tür. Fina hatte am vorigen Abend mehrmals versucht, Lothar Hesselmann zu erreichen, ohne Erfolg. Gleichzeitig waren noch drei andere Leute mit #inkürzetot-Markierungen im Netz aufgetaucht und eine weinende Mutter hatte sie telefonisch angefleht, nach ihrem Sohn zu sehen. Der ein Porträtfoto mit dem gleichen Hashtag auf Instagram gepostet habe und den sie seit Stunden nicht erreichen konnte.

Sie hatten den neunzehnjährigen Studenten priorisiert und herausgefunden, dass er mit seinen Freunden in einer Bar saß und sich betrank. Das Foto online zu stellen, war die Einlösung einer Wettschuld gewesen, ebenso wie die ersten zwei Runden, die auf seine Rechnung gegangen waren.

Die beiden anderen Verdachtsfälle hatten sich ebenfalls geklärt. Blieb Hesselmann, bei dem sie bisher erfolglos gewesen waren.

Fina und Oliver waren in Begleitung von zwei uniformierten Kollegen, die schon vor einer Stunde versucht hatten, herauszufinden, ob Hesselmann sich in seiner Wohnung befand.

»Er macht jedenfalls nicht auf«, sagte der Ältere von ihnen. »Aber es läuft Musik, hört ihr das?«

Fina legte das Ohr ans Türblatt. Ja, da lief irgendein klassisches Stück, wenn auch nicht sehr laut. Noch einmal drückte sie auf den Klingelknopf, ließ den Finger liegen. Hörte das Schrillen im Inneren der Wohnung, aber keine Schritte, keine Stimme.

»Ich würde sagen, Gefahr in Verzug«, sagte sie, und Oliver nickte.

»Die Hausmeisterin hat einen Schlüssel zu seiner Wohnung«, erklärte der jüngere Uniformierte. »Sie gießt gelegentlich seine Pflanzen, wenn er verreist ist.«

Drei Minuten später drehte Oliver den besagten Schlüssel im Schloss. »Herr Hesselmann?«, rief er in die Musik hinein. »Sind Sie zu Hause?«

Keine Antwort. Sie traten ein, wandten sich zuerst nach links, wo die Küche lag. Die penibel aufgeräumt wirkte, bis auf einen halb transparenten Plastiksack, der auf der Anrichte stand und an dem eine Rechnung festgetackert war. Take Away, das niemand angerührt hatte. Kein gutes Zeichen. In Finas Handflächen kribbelte es, als sie die Küche verließen, in Richtung Wohnzimmer. Wo ein erster Blick ihnen alles sagte, was sie wissen mussten.

Oliver drehte sich zu den beiden Uniformierten um. »Ihr sperrt hier ab. Wir rufen die Spurensicherung.«

Bis die Kollegen eine halbe Stunde später eintrafen, hatten Fina und Oliver den Raum nicht betreten. Es war nicht nötig gewesen, nachzusehen, ob man Lothar Hesselmann noch helfen konnte, denn es war auch aus vier Metern Entfernung klar zu erkennen, dass er tot war. Halb geöffnete Augen, blauschwarze Lippen in einem aufgedunsenen, bläulichen Gesicht.

»Scheiße«, stellte Georg trocken fest, als er sich im Overall an Fina vorbeischob. »Wer hat ihn gefunden?«

»Wir«, sagte sie. »Er war gestern zwei Stunden lang live auf Twitter. Also, sein Account war live, die Durchsage war aufgezeichnet.«

»Gleiches Muster, gleicher Text?«

»Ja. Wird in Kürze tot aufgefunden werden. Ein Verbrechen wird man nicht ausschließen können, und so weiter. Inklusive Hashtag, aber den kann man leider nicht als Gradmesser für die Ernsthaftigkeit einer solchen Ansage nehmen. Dafür spielen zu viele damit rum.«

»Idioten.« Georg schoss Fotos des Toten, in der Totale und aus der Nähe. »Mit wem haben wir es denn hier zu tun?«

»Lothar Hesselmann«, sagte Oliver. »Hatte bis vor einiger Zeit eine eigene Radiosendung, ist immer noch als Kulturkritiker aktiv. Schreibt für verschiedene Blätter über Theater und Bücher.« Oliver hatte die Wartezeit bis zum Eintreffen der Spurensicherer mit Googeln verbracht.

Georg kniete jetzt vor der Leiche, während sein Kollege Fingerabdruckpulver auf Türklinken und Tischflächen pinselte. »Wie es aussieht, wurde er erwürgt. Ohne Garantie, aber alles andere würde mich sehr wundern.« Er beugte sich tiefer zum Gesicht des Toten, als wollte er daran schnuppern. »Ist Weigel schon auf dem Weg?«

»Keine Ahnung, ob er selbst kommt«, sagte Fina. »Die Gerichtsmedizin ist jedenfalls verständigt.«

Georg trat ans Fenster und nahm wieder den Fotoapparat zur Hand. Suchte den richtigen Winkel und drückte ein paarmal auf den Auslöser.

»Fotografierst du die Kirche?«, fragte Fina, nicht ohne Verblüffung.

»Nein. Die Scheibe. Da sind Schmierspuren. Horst«, wandte er sich an seinen Kollegen, »nimmst du dir die bitte auch noch vor?«

Von draußen war das Geräusch eiliger Schritte zu hören, und Sekunden später stand Weigel in der Tür. Er musste seinen Papieroverall bereits im Treppenhaus angezogen haben und steuerte direkt auf Hesselmann zu. Beförderte ein Skalpell und ein Fieberthermometer zutage und schlitzte die Hose des Toten im Schritt auf. Nachdem er das Thermometer rektal eingeführt hatte, lockerte er Hesselmanns Hemdkragen.

»Ah.« Er zog sein Diktiergerät aus der Tasche. »Zyanose und massive Kopfstauungen, petechiale Blutungen auf Lidern und Gesichtshaut.« Er zog den Kragen ein Stück weiter zur Seite. »Nur schwach ausgebildete Drosselmarke. Abschürfungen an beiden Handgelenken.« Er hob Hesselmanns Kopf leicht an, legte ihn wieder ab, zog das Hemd aus der Hose und betastete den Torso. »Livores voll ausgeprägt, kaum noch wegdrückbar.«

Er zog das Thermometer aus dem Rektum des Toten. »Körpertemperatur einundzwanzig Komma zwei Grad. Sagt mal, könnt ihr die Musik ausmachen? Oder ist die Teil der Ermittlungsarbeit? Braucht ihr sie als Inspiration?«

Fina hatte zuletzt kaum wahrgenommen, dass die Anlage immer noch lief. Das Stück wiederholte sich mittlerweile sicher schon zum dritten oder vierten Mal, Hesselmann musste es auf Loop gestellt haben. Er oder derjenige, der ihn getötet hatte.

»Das war schon an, als wir gekommen sind«, sagte sie. »Und wir warten noch, bis die Tatortgruppe mit allem durch ist.«

»Ihr könnt rein«, verkündete Georg. »Aber anfassen nur mit Handschuhen.«

Fina betrat das Wohnzimmer zuerst. Unter anderen Umständen hätte sie sich hier wohlgefühlt, die Wände bestanden gewissermaßen aus Bücher- und CD-Regalen. Sie ging um Hesselmann und den vor ihm knienden Weigel herum und schaltete den CD-Player aus. Die Atmosphäre im Raum wurde auf einen Schlag sachlicher.

»Danke«, sagte Weigel. »Okay, nach allem, was ich bisher gesehen habe, wurde der Mann erdrosselt, aber nicht mit einem Seil, sondern etwas Breiterem, Weicherem. Eventuell einem Tuch. Wahrscheinlich kann ich euch Genaueres sagen, wenn ich ihn auf dem Tisch habe.«

Fina hatte den Player geöffnet und die CD herausgeholt, hielt sie mit aller Vorsicht nur an den Kanten. »Die solltet ihr mitnehmen«, sagte sie zu Georg. »Für den Fall der Fälle.«

»Sehr wahr.« Georg griff nach einem Spurensicherungsbeutel und winkte sie zu sich. »Obwohl ich das Stück jetzt wirklich oft genug gehört habe.«

»Ich auch«, stöhnte Oliver. »Was war das überhaupt?«

Fina drehte die CD so, dass sie den Aufdruck auf der Oberseite erkennen konnte. »Haydn«, las sie vor. »Symphonie Nummer 104, Salomon.«

34.

Drei Tote jetzt.« Sieghart ließ seinen Blick prüfend vom einen zum anderen schweifen, als fragte er sich, ob jemand aus dem Team für die Morde verantwortlich sein könnte. »Der Letzte schon wieder so ein Halbprominenter. Ich muss in zwei Stunden vor die Presse, und es gibt nichts, was ich denen als Fortschritt verkaufen kann.«

»Wir verfolgen mehrere Spuren«, schlug Manfred vor. »Können aus ermittlungstechnischen Gründen nicht mehr sagen.«

»Hurra.« Sieghart fuhr sich durchs schüttere Haar. »Der Code für ›wir haben keine Ahnung‹. Dann freut euch am besten schon jetzt auf die Prügel, die wir beziehen werden. Schlagzeilen im buchstäblichen Sinn.«

Ja, drei Tote, dachte Fina. Wenn nicht vier. Wir haben noch immer kein Lebenszeichen von Julius Beyer. Auch im Gespräch mit Astrid war Larissa Hienert bei ihrer Überzeugung geblieben, dass er Suizid begangen haben musste – sie selbst war jetzt zum Glück in stationärer Therapie. Dank Astrids wundersamer Überzeugungskraft.

»So schlecht stehen wir in Wahrheit gar nicht da«, widersprach Oliver. »Es weist doch alles auf Glaser hin, eventuell sogar mit Paula Eferling als Komplizin. Kann ja sein, dass er mit Nadine Just nichts mehr am Hut hatte, aber was, wenn Eferling ihn bezahlt hat? Die Frau schwimmt im Geld …«

»… so wie er selbst«, fiel Fina ihm ins Wort. »Das hat der doch nicht nötig. Und wenn du reich und rachsüchtig wärst, würdest du dann einen Werbefuzzi als Killer engagieren? Oder einen Profi, den du aus dem Osten einfliegen lässt und nach erledigter Arbeit wieder nach Hause schickst?«

Erst dachte sie, Oliver würde ihr sofort wieder über den Mund fahren, aber er beherrschte sich, wenn auch unter sichtlichen Mühen. »Meinetwegen. Ist nicht auszuschließen. Ein angeheuerter Profi hätte die Sache im Sender wohl am ehesten hinbekommen. Vielleicht haben sie ihn gemeinsam engagiert?«

Sieghart sah leidend aus. »Wir sind die Überwachungsvideos mehrmals durchgegangen. Mit verschiedenen Leuten aus dem Haus. Wir haben das Material aus der Tiefgarage und von den Außenkameras gesichtet – es war niemand dabei, den wir nicht zuordnen und befragen konnten. Alles Leute, die bei Quick-TV beschäftigt sind, außer den Studiogästen des entsprechenden Tages. Und Tibor Glaser.«

»Eben!« Oliver schlug mit der flachen Hand auf den Tisch. »Glaser taucht überall auf, bei jedem Opfer finden sich seine

Spuren. Das ist doch kein Zufall! Wenn wir ihn endlich festnehmen könnten …«

»Und dann?« Ahmed, der bisher nur stumm dagesessen hatte, klang missmutig. »Dann haben wir eine Festnahme, toll. Wenn der Richter findet, dass der Verdacht nicht für Untersuchungshaft reicht, müssen wir Glaser innerhalb von achtundvierzig Stunden wieder laufen lassen und stehen erst recht wie Idioten da.«

Für ein paar Sekunden setzte Schweigen ein, das die allgemeine Erschöpfung spürbar machte. Es war das zweite Wochenende, an dem sie durcharbeiten und private Dinge hintanstellen würden – trotzdem waren sie kaum einen Schritt weiter als nach dem ersten Mord. So lief das normalerweise nicht.

»Warten wir ab, was die Spuren aus Hesselmanns Wohnung ergeben«, sagte Sieghart. »Wenn sich wieder DNA von Glaser findet, mache ich noch mal Druck nach oben.«

Doch das war nicht der Fall. »Keine einzige Hautzelle von Tibor Glaser«, erklärte Georg am nächsten Morgen. Er hatte Croissants mitgebracht, wahrscheinlich, um ein Gegengewicht zur Sonntagsarbeit und den schlechten Nachrichten zu schaffen. »Auch sonst kein Spur-Spur-Treffer. Wir haben unvollständige Fingerabdrücke auf der Rechnung des Lieferdienstes gefunden, und ein Hundehaar auf der Türmatte. Alles andere ist Lothar Hesselmann pur.« Es lag beinahe etwas wie Bewunderung in Georgs Stimme. »Da hat jemand absolut sauber gearbeitet.«

Oliver trat gegen die Wand, er lief schon seit Dienstantritt wie ein menschlicher Sprengsatz durchs Büro. Auslöser dafür war die von Sieghart prophezeite üble Berichterstattung der Medien gewesen, die die Polizei – erstaunlich einmütig – als überfordert bezeichnet hatten. Im besten Fall, in einigen Interviews war auch das Wort *unfähig* gefallen. Im Rahmen einer quotenstarken TV-Diskussion hatten ein Psychologe und ein Ex-Polizist dem Täter mehr Intelligenz und kreative Problemlösungskompetenz bescheinigt als den ermittelnden Beamten.

»Müssen wir damit rechnen, dass es nun so weitergeht?«, hatte die Moderatorin gefragt. »Müssen wir Angst haben?«

In dem Punkt waren die Experten uneinig gewesen. Der Ex-Polizist hatte verneint – so schnell aufeinanderfolgende Taten ließen darauf schließen, dass der Mörder eine Liste abarbeite.

Der Psychologe hatte es hingegen für möglich gehalten, dass die »Glückssträhne«, die den Täter dreimal hintereinander ungeschoren habe davonkommen lassen, ihn in einen Rausch versetzen und zu weiteren Morden animieren könnte.

»Gehen Sie beide von einem männlichen Täter aus?«, hatte die Moderatorin gefragt. Darauf hatte sich keiner der beiden festlegen wollen. Für eine tragfähige Antwort, sagten die Experten, verfügten sie nicht über genügend Details.

Die Glücklichen, dachte Fina. Sie selbst pinnte gerade die sehr detailreichen Tatortfotos an die Wand, die Georg geschossen hatte. Besonders interessant fand sie eine Wunde in Hesselmanns Nacken, die ihr zuvor nicht aufgefallen war. Einen großen, blauroten Fleck, der geblutet haben musste.

»Eine Quetschwunde«, sagte Georg und biss in sein Croissant. »Vermute ich.« Er pustete Dampf von seinem Espresso und beugte sich über Finas Schulter. »Weißt du noch, wie Weigel vorgestern gemeint hat, Hesselmann wäre mit einem Tuch erdrosselt worden? Wahrscheinlich hat der Täter sich eine Art Garrotte gebaut. Hat den Stock am Nacken eingefädelt und dann immer weiter gedreht – einen so festen Zug hätte er mit normalem Zuziehen nie hinbekommen.«

»Aha.« Sie suchten also nicht nur ein Tuch, sondern auch einen Stock als Tatwaffe. Bisher war nichts davon in irgendeinem der nahe liegenden Mülleimer oder Kanalabschnitte gefunden worden. Wäre auch dumm vom Täter gewesen, so unauffällige Gegenstände wegzuwerfen.

Fina tippte mit dem Zeigefinger auf das Foto. »Wir haben jetzt drei Tote. Eine wurde erstochen, einer erschlagen, der Dritte erwürgt. Warum?«

Georg zog eine Clownsgrimasse. Beide Mundwinkel maximal nach unten. »In forensischer Psychologie bin ich kein Experte, tut mir leid. Aber stimmt, normalerweise haben Mehrfachtäter ein Muster, mit dem sie sich wohlfühlen.«

Dann ... waren es möglicherweise drei unterschiedliche Täter? Fina fand die Idee ein paar Sekunden lang interessant, bevor sie sie wieder verwarf. Nein, es musste ein Motiv geben, das die Opfer verband. Immerhin war klar, dass es Kontakt zwischen Nadine Just und Gunther Marzik gegeben hatte. Einige Telefongespräche, und vielleicht noch mehr als das. Es gab die Ankündigung der eigenen Ermordung als große, auffällige Gemeinsamkeit.

Auch die musste einen Zweck erfüllen, wenn man es genauer überlegte. Da steckte eine Menge Aufwand dahinter. Über diesen Aspekt hatten sie sich bisher noch viel zu wenig Gedanken gemacht, dank der sich überschlagenden Ereignisse. Worauf zielte die Vorab-Bekanntgabe des Mordes ab?

Moment, wirklich im Vorhinein angekündigt hatte nur Just ihren Tod. Gunther Marzik hatte schon längst im Wald gelegen, als das Posting in seinen Blog hochgeladen worden war. Und auch Lothar Hesselmanns Ermordung musste chronologisch früher stattgefunden haben als der Auftritt auf Twitter.

Sie warf einen letzten Blick auf die Fotos, bevor sie zum Schreibtisch zurückkehrte. »Und ganz sicher keine Spuren von Tibor Glaser? Sollen wir noch ein paar mehr auswerten lassen?«

Georg hob die Schultern und schüttelte gleichzeitig den Kopf. »Könnt ihr natürlich machen, aber ich würde mir nicht zu viel erwarten. Der Täter hat wirklich sauber gearbeitet.«

Sie rührte in ihrer Tasse. »Du denkst, es war ein Mann?«

Georg fegte herabgefallene Croissantbrösel von seiner Hose.

»Ich glaube, eine Frau hätte es schwerer gehabt, Hesselmann zu überrumpeln, zu fesseln und auf diese Weise zu erdrosseln. Die Tat selbst dürfte direkt am Fenster begangen worden sein. Erinnerst du dich an die Schmierspuren? Die stammen von Hesselmanns Gesicht. War auch ein bisschen Speichel und Nasensekret dabei. Der Täter dürfte ihn also gegen das Fenster gepresst haben, während er die Schlinge um den Hals immer fester gezogen hat.«

Das sprach tatsächlich eher für einen Mann. Noch dazu für einen, der mit sehr viel Entschlossenheit und Körperkraft vorging. »Keine Abwehrspuren bei Hesselmann?«

»Das musst du Weigel fragen, aber soweit ich weiß – nein.«

Er hatte das letzte Wort noch nicht zu Ende gesprochen, als zwei Dinge gleichzeitig passierten. Oliver kam hereingestürmt und knallte die Sonntagsausgabe von *Info* auf den Tisch. Auf der Titelseite das Bild eines Mannes in Polizeiuniform am Schreibtisch. Er hatte den Kopf auf einen Stapel Akten gebettet und schlief.

Im gleichen Moment läutete Finas Telefon. Sie hob ab, den Blick auf das ach so witzige Foto gerichtet. »Ja?«

»Ich bin's, Ahmed. Du wirst nicht glauben, was wir gerade gefunden haben.«

»Keine Lust zu raten. Sag's mir.«

»Julius Beyers Handy. Willst du auch nicht raten, wo? Ist nicht schwierig, deine Chancen sind gut.«

Sie überlegte. Stellte fest, dass sie den Pseudo-Polizisten auf dem Titelfoto beneidete. »Dann tippe ich mal auf irgendein Loch in der Nähe von Tibor Glasers Wohnung.«

Vom anderen Ende der Leitung hörte sie Ahmed lachen. »Und damit hast du den Jackpot geknackt.«

35.

Den ganzen Samstag über hatte Tibor insgeheim darauf gewartet, dass die Polizei wieder vor der Tür stehen würde. Ab dem Moment, in dem die Medien berichtet hatten, dass Lothar Hesselmann tatsächlich ermordet worden war, war er bei jedem Auto, das vor dem Haus das Tempo reduzierte, ans Fenster gegangen. Fest davon überzeugt, dass es diesmal ein Streifenwagen sein musste.

Doch es war ruhig geblieben, und das war beinahe noch schlimmer. Zweimal hatte er mit Kerstin Neuwirth telefoniert, um eine mögliche Strategie gegen die Presseverleumdungen zu besprechen und sich ganz allgemein beruhigen zu lassen. Ein paarmal war er sogar kurz davor gewesen, die Nummer auf Fina Planks Karte zu wählen und nachzufragen. »Bin ich aus dem Schneider? Ist euch klar geworden, dass ich Lothar Hesselmann nicht kannte, genauso wenig wie Gunther Marzik?«

Hatte er natürlich nicht getan. Sondern sich stattdessen mit Gedankenspielen langsam selbst in den Wahnsinn getrieben. Was, wenn Hesselmann auch auf dem einen oder anderen Society-Event eingeladen gewesen war? Wenn es auch von ihnen gemeinsame Fotos gab? Wenn Nadine ihn gekannt hatte? Wenn wieder irgendwelche Spuren am Tatort gefunden wurden, die man Tibor zuordnen konnte, unbegreiflicherweise?

Das permanente Abspielen quälender Fantasien in seinem Kopf war nur durch noch quälendere Anrufe unterbrochen worden: Zwei Journalistinnen und ein Journalist hatten ihn überreden wollen, *seine Seite der Geschichte* zu erzählen. Er hatte sie höflich zum Teufel gewünscht und aufgelegt.

Als das nächste Mal ein Auto in der Nähe des Hauses einparkte und Tibor wieder ans Fenster schnellte, ertappte er sich selbst bei dem Gedanken, wie tröstlich es wäre, die Fensterflügel zu öffnen und sich dann vorzulehnen. Weit. So weit, dass die Schwerkraft den Rest übernehmen würde.

Die Erkenntnis, dass er diese Möglichkeit für wenige Sekunden wirklich in Betracht gezogen hatte, zum ersten Mal in seinem Leben, wirkte wie ein Schlag ins Gesicht, der die Dinge wieder an ihren Platz rückte.

Was für ein Irrsinn. Natürlich würde er nichts dergleichen tun, er hatte nicht das Geringste verbrochen. Was ihm zustieß, war vollkommen surreal. Wie aus einem Kafka-Roman geklaut.

Um nicht schon gegen Mittag der Versuchung zu unterliegen, die Ginflasche aus dem Schrank zu holen, machte Tibor sich zu einem Spaziergang im Park auf. Frische Luft tanken. Frische Gedanken fassen.

MÖRDER schrie ihm die Hauswand förmlich entgegen, kaum dass er aus dem Haus getreten war. Jemand musste bereits versucht haben, den Galgen wegzuwaschen, allerdings ohne Erfolg. Im Gegenteil, nun sah es aus, als würde die Schlinge bluten.

Ein Wunder, dass noch niemand aus dem Haus sich bei ihm beschwert hatte. Denn an wen die Anschuldigung gerichtet war, musste allen klar sein.

Vielleicht hatten sie ja Angst vor ihm.

Er hatte vorgehabt, eine längere Runde zu drehen und sich noch auf einen Kaffee in die *Meierei Diglas* zu setzen, doch schon, als er den Park betrat, blieben die ersten Blicke an ihm kleben. Die des Ehepaars um die siebzig, mit Pudel an der Leine. Die der beiden Frauen mit Kinderwagen, die nebeneinander herspazierten und mit einem Schlag verstummten. Esthers Interview war noch lange nicht Schnee von gestern, wie es schien.

In einer trotzigen Reaktion hätte er am liebsten den gefühllosen Psychopathenblick aufgesetzt, den man offenbar von ihm erwartete, doch eigentlich war ihm nach etwas völlig anderem zumute. Danach, in Tränen auszubrechen. Er wusste nicht, wie er noch eine Woche – ach was, noch einen Tag – in diesem Zustand überstehen sollte. Wie er weiter machtlos seinem Leben beim Einstürzen zusehen sollte.

Mehr als eine halbe Stunde Spaziergang schaffte er nicht, aber immerhin nutzte er die Gelegenheit, bei seiner Rückkehr die Post aus dem Briefkasten zu holen, den er seit Nadines Tod nicht mehr geöffnet hatte. Waren ohnehin hauptsächlich Werbeprospekte, alles Wichtige kam per Mail.

In der Wohnung holte er sich als Erstes den Cognac aus dem Schrank, schenkte sich ein Glas voll und sortierte die Post in Rechnungen und Altpapier, bis er auf etwas stieß, das weder das eine noch das andere war.

Eine private Nachricht. Nicht mit der Hand geschrieben, sondern ausgedruckt, der Zettel in der Mitte säuberlich gefaltet.

Ich weiß, dass Sie unschuldig sind. Wenn Sie meine Hilfe wollen, kommen Sie in die Kirchfeldgasse 80A. Sie treffen mich normalerweise rund um die Uhr dort an. Keine Sorge, es geht mir nicht um Geld.

Kein Name unter dem Text, überhaupt kein Hinweis auf einen Absender. Klar, weil es natürlich ein Scherz war. Eine Falle für besonders Dumme, denn wahrscheinlich wartete an der Adresse ein Haufen arbeitsloser Jugendlicher, die ihn im besten Fall auslachen, im schlimmsten Fall berauben und verprügeln würden.

Kirchfeldgasse. Kannte er die? In der Nähe lag sie jedenfalls nicht, es würde ihn aber nur eine schnelle Suche auf Google Maps kosten, um mehr herauszufinden.

Nein. Er zerknüllte den Wisch, warf ihn in den Trennmüll und holte sich zur Abwechslung ein Glas Wasser, mit dem er sich auf die Wohnzimmercouch zurückzog. Im Fernsehen lief eine Gedenksendung für Lothar Hesselmann. Ausschnitte aus einer jahrzehntelangen Karriere in der Kulturbranche. Wie er in einer Literaturdiskussion fünf Bücher nacheinander verriss. Wie er eine Inszenierung der Salzburger Festspiele in den Himmel lobte. Wie er als junger Mann irgendeine Haydn-Symphonie dirigierte.

Tibor sah zu und trank und beneidete Hesselmann darum, dass er alles hinter sich hatte. Wenn vor dem Haus Autos einparkten, sprang er nicht mehr auf. Irgendwann stellte er fest, dass er sein Wasserglas bloß noch in der Hand hielt, ohne zu trinken. Dass er der Sendung über Hesselmann nicht mehr folgte, sondern an die anonyme Nachricht dachte.

Er stellte das Glas auf dem Couchtisch ab und holte den Zettel aus dem Altpapier.

36.

Die Tatsache, dass Sonntag war, verzögerte einige Abläufe, aber zum Glück nicht alle. Eine Stunde nach Ahmeds Anruf hatte der Journaldienst in der IT-Abteilung Julius Beyers Handy entsperrt und die Daten über das interne Netz zugänglich gemacht.

Eigentlich war der Plan gewesen, mit einem Hausdurchsuchungsbeschluss zu Glasers Wohnung zu fahren und nach dem Handyfund dort alles auf den Kopf zu stellen, wie Oliver es formuliert hatte, doch die richterliche Bewilligung ließ auf sich warten. Sonntag eben.

Sie hatten sich hinter Ahmeds Schreibtisch versammelt, dort war am meisten Platz. Fina saß links von ihm, kaute am Ende ihres Kugelschreibers und wartete darauf, dass er die Handydaten über den PC aufrufen würde.

»Wenn wir auch nur ein Telefongespräch oder einen Chat mit Tibor Glaser finden, ist er dran«, hörte sie Oliver hinter sich sagen. »Und ich wette, das werden wir.«

Wie bei den meisten Menschen war ein Blick in das Smartphone von Julius Beyer etwa so aufschlussreich, wie es ein psychologisches Gutachten gewesen wäre. Auf Ahmeds Monitor erschien – mehrfach vergrößert – der Home-Bildschirm mit der ersten Seite der Apps. Als Hintergrundbild hatte Beyer ein Foto von aufeinandergestapelten Totenschädeln gewählt, die allerdings durch die bunten Icons der Anwendungen viel von ihrer Wirkung verloren.

Kalender, Wetter, WhatsApp, Spotify. Yahoo Mail, Rechner, YouTube, Google. Der Kalender war das Erste, was Ahmed öffnete – und nach einigen Sekunden wieder schloss. Beyer schien ihn nicht verwendet zu haben; außer den voreingestellten Feiertagen fand sich kein einziger Eintrag.

Als Nächstes nahm er sich die Telefonfunktion vor. Schob mit dem Mauszeiger die Anrufliste langsam von oben nach unten. Zuoberst standen fünf entgangene Anrufe von *Mama* – datiert fünf Tage, bevor Beyers Mutter die Polizei verständigt hatte. Vier Tage vor dem Upload des Videos auf YouTube.

In der Zeit davor hatte er mit jemandem namens Roland telefoniert, mit einer Mimi und mit der *Pizzeria Leonardo,* die – wie auch ein Lokal namens *Sushi Chiba* – häufig in der Liste auftauchte.

Ahmed wechselte zu WhatsApp. Die letzte Konversation dort hatte Beyer mit Mimi geführt. Sie schrieb, dass sie ein perfektes Rezept für Kunstblut entwickelt habe. Optisch trügerisch echt und geschmacklich erträglich. Starke Vanillenote.

Dazu hatte sie ein Bild geschickt, ein Selfie, auf dem es aussah, als würde sie aus Augen und Mund bluten.

Geil, hatte Beyer zurückgeschrieben. *Wird mal wieder Zeit für eine Fotosession!*

»Kannst du mal Telegram öffnen?«, bat Fina. »Larissa Hienert sagt, darüber hätten sie sich zum gemeinsamen Selbstmord verabredet.«

Ahmed schloss WhatsApp, suchte nach dem Icon mit dem Papierflieger und schüttelte den Kopf. »Auf dem Handy gibt's kein Telegram. Vielleicht hat er es gelöscht?«

Also gingen sie weiter die WhatsApp-Chats durch, ebenso wie die wenigen SMS, die sich auf dem Handy fanden. Nirgendwo war herauszulesen, dass Beyer depressiv oder gar lebensmüde gewesen sein könnte. Eher, dass er plante, bald in eine größere Wohnung zu ziehen.

»Warte mal«, sagte Fina, als Ahmed durch den Chat mit jemandem scrollte, der unter *BodoTheBeast* abgespeichert war. »Geh noch mal ein Stück zurück. Ja, bis hier, stopp, danke!«

Wie steht es um dein aktuelles Projekt?, hatte Bodo gefragt. *Wenn das gelaufen ist, gib Bescheid, ich will das auch mal versuchen.*

Sieht vielversprechend aus, hatte Beyer geantwortet. GHB *aufgestockt, alles auf Schiene. Aber von wegen, du und auch mal versuchen *tränenlachender Smiley*. Dazu bist du der falsche Typ. Viel zu unromantisch.*

»GHB!«, rief Oliver. »Heißt also, Beyer hat sich K.-o.-Tropfen beschafft.«

»Dann stimmt es doch mit der Beihilfe zum Suizid«, stellte Fina fest. »Die sind ab einer gewissen Menge tödlich. Besonders in Kombination mit Alkohol.«

»Normalerweise wird GHB aber nicht als tödliches Gift eingesetzt, sondern als Vergewaltigungsdroge.« Ahmed umkreiste das Wort »Projekt« mit dem Mauszeiger. »Und wenn ihr mich fragt, klingt das hier, als hätte Beyer etwas ganz Konkretes im Kopf. Oder jemanden. Etwas, wofür sein Kumpel angeblich zu unromantisch ist. Da denke ich als Allererstes an ein Date, bei dem notfalls die Tropfen zum Einsatz kommen, wenn die Frau Nein sagt.«

»Warum erzählt uns Larissa Hienert dann etwas von gemeinsamem Suizid? Und dass Beyer es im Zweifelsfall alleine durchgezogen hat?« Sie klopfte mit dem Kugelschreiber auf die Tischplatte, stellte fest, dass das etwas war, was normalerweise Oliver tat, und hörte sofort wieder damit auf. »Außer er täuscht die Selbstmordabsicht als Gemeinsamkeit vor. Trifft sich mit der Frau, erklärt ihr, dass er ihr einen Todescocktail einflößen wird, wartet, bis sie bewusstlos ist, und vergewaltigt sie.« Was aber eigentlich zu widerlich war, als dass Fina es jemandem ernsthaft zutrauen wollte. Außerdem war das extrem riskant, denn es bestand die Gefahr, dass eines der wieder erwachten Opfer die Kraft aufbrachte, ihn anzuzeigen.

Oliver schüttelte den Kopf, als sie dieses Gegenargument zu ihrer eigenen Theorie vorbrachte. »Wer sagt denn, dass es keine Anzeigen gegeben hat? Das müssen wir jedenfalls prüfen.«

»Er schreibt es so, als hätte er es schon mehrmals erfolgreich durchgezogen«, sagte Ahmed, »also warum taucht er diesmal nicht am vereinbarten Treffpunkt auf?«

»Jaaaa.« Oliver war aufgestanden. »Das kann natürlich verschiedene Gründe haben. Erstens: Er ist tot, wovon ich bisher eigentlich ausgegangen bin. Aber es könnte genauso gut sein, dass er kalte Füße bekommen und sich aus dem Staub gemacht hat. Weil er kurz davor war, aufzufliegen. Er hängt sich an den In-Kürze-tot-Trend an und haut ab.«

»Und deponiert vorher sein Handy in einem Kanalschacht in der Nähe von Glasers Wohnhaus? Zu einem Zeitpunkt, zu dem wir den noch gar nicht groß im Fokus haben?« Wieder ertappte Fina sich beim Herumgeklopfe mit dem Kugelschreiber.

»Wir wissen doch gar nichts über den Zeitpunkt«, widersprach Ahmed. »Abgeschaltet kann er das Ding schon Tage vorher haben.«

Damit hatte er recht, aber es fühlte sich ... irgendwie nicht stimmig an. Als hätten sie ein Puzzleteil gefunden, das man mit ein bisschen Nachdruck an die gewünschte Stelle pressen konnte. Weil es fast die richtige Form hatte, aber eben nicht ganz.

Bevor sie noch formulieren konnte, was genau sie störte, klingelte Olivers Telefon. Er nickte mehrmals und grinste breit. »So, Leute, Aufbruch. Wir haben die richterliche Bewilligung für die Hausdurchsuchung.«

O, DAS GRÄSSLICHE LACHEN DES GOLDS

Der Halbe Salomon lächelt mir vom Bildschirm entgegen, und zum ersten Mal empfinde ich bei dem Anblick keine Wut. Der Sender zeigt ein Interview aus dem Jahr 1998, dem Jahr, in dem ich meine Ausbildung begonnen habe.

Er spricht über die Bedeutung der Kunst für die Entwicklung der Seele, und ich denke an seine bläulich verfärbten Lippen. Die hervorquellenden Augen.

Das Tuch, das sein Leben beendet hat, trage ich nun selbst um den Hals. Eine Siegestrophäe. Ich hoffe, sie wird ihre beglückende Wirkung auf mich noch lange behalten, und ich wünschte, ich hätte die letzten Minuten des Halben Salomon auf Film.

Wie sein Gesicht grotesk gegen die Fensterscheibe gedrückt wird. Erinnerst du dich? An die gurgelnden Geräusche, an den Speichel, der ihm übers Kinn gelaufen ist?

1998 sitzt er in derselben Wohnung auf seinem Fin-de-Siècle-Samtsofa und gibt sich allwissend. Die Interviewerin strahlt ihn an, lässt sich zu sehr anmerken, dass er sie beeindruckt mit dieser Dichte an Fremdwörtern, die er in jeden Satz packt. Hybris. Autochthon. Tautologie. Kataklysmus.

Er badet in seiner eigenen Bedeutsamkeit. Und ahnt nicht, dass er am letzten Tag seines Lebens, nur wenige Meter von diesem Sofa entfernt, mit heraushängender Zunge auf dem Sternparkett liegen wird, hässlicher als die meisten Toten. An diesem Tag im Jahr 1998 hält er sich für unsterblich, denn wie könnte so viel Esprit, so viel Wissen einfach vergehen? Noch dazu durch etwas so Banales wie ein Tuch.

Ich streiche darüber, der Stoff ist seidig und warm. Ich werde es nicht noch einmal verwenden; für den Hühnergeneral möchte ich mir etwas anderes überlegen. Was den Zwerg im Nebel betrifft, so habe ich schon eine gute Idee, für die Faltige Göttin leider noch nicht. Dabei liegt sie mir ganz besonders am Herzen.

Das Interview ist zu Ende, wie fandst du es? Pompös, ja, und unendlich selbstverliebt. Nun bringen sie eine Dokumentation, bei der er durch Rom schlendert und über die Oper Tosca schwadroniert. Als die Sendung das letzte Mal lief, hätte ich vor Hass beinahe den Fernseher eingeschlagen.

Heute werde ich mir eine Flasche Wein aufmachen. Roten, aus Italien. Ich möchte lachen, am liebsten würde ich singen. Mir ist so sehr nach Feiern zumute.

37.

Die Kirchfeldgasse lag im zwölften Bezirk und strahlte grauen Ostblockcharme aus. Alte, niedrige Häuser, dazwischen ein unbebautes Grundstück, ein Industriebetrieb, zwei Baustellen. Stadtentwicklungsgebiet, dachte Tibor. Er konnte immer noch nicht glauben, dass er wirklich hergefahren war; dass es so einfach war, ihn zu ködern. Er wusste nicht einmal, ob sein plötzlicher Entschluss auf bloße Neugier oder doch auf die heimliche Hoffnung zurückzuführen war, das Versprechen auf dem Zettel könnte eingelöst werden. *Ich weiß, dass Sie unschuldig sind.*

Er stellte den Wagen ein Stück entfernt vom Südwestfriedhof ab und machte sich zu Fuß auf den Weg. Unter einer Bahnbrücke durch, an einer Betriebsausfahrt vorbei. Wenn die Nummer 80A einer der sozialen Wohnbauten war, die sich ein Stück weiter zur Rechten abzeichneten, hatte er ein Problem, denn eine Türnummer hatte der anonyme Briefchenschreiber nicht angegeben.

Leichter Regen hatte eingesetzt. Tibor schlug den Kragen seiner Jacke hoch und steckte die Hände in die Taschen. In der linken befand sich der zusammengefaltete Zettel mit der Nachricht. Als Erklärung sozusagen, falls er in der Kirchfeldgasse 80A nur völlig verständnislose Menschen antraf, die ihn für verrückt halten würden.

Zuerst lief er an dem Haus vorbei, entdeckte die Ziffern am schief hängenden Briefkasten erst, als er wieder umkehrte und genauer hinsah. Das hier war es also.

Er hatte die Begegnung schnell hinter sich bringen wollen, hauptsächlich, um sich nicht vorwerfen zu müssen, eine Chance verpasst zu haben. Doch nun zögerte er. An der Adresse befand sich kein Wohnblock, aber es wäre auch vermessen gewesen, von einem Einfamilienhaus zu sprechen. Es war eher eine Kate, eines dieser kleinen, einstöckigen Gebäude, die für den Stadtrand früher typisch gewesen waren und nun nach und nach abgerissen wurden.

Das gleiche Schicksal stand auch diesem Haus bevor, vermutete Tibor. Der staubgraue Verputz bröckelte an mehreren Stellen; eines der Fenster war eingeschlagen und notdürftig mit Plastikfolie verklebt worden. Auf die Außenmauer hatte jemand mit schwarzer Farbe *Fuck Nazis* gesprayt – ein Graffiti, das Tibor sofort freudig gegen das an seiner eigenen Hausfassade getauscht hätte.

Häuser wie diese wurden immer wieder von Obdachlosen als Unterschlupf genutzt, und Tibor stellte sich innerlich auf eine entsprechende Begegnung ein. Vermutlich würde der Briefschreiber Geld von ihm verlangen, für einen Unschuldsbeweis, der keiner war. Ein erlogenes Alibi, zum Beispiel.

Andererseits: Für das Verfassen dieser Nachricht waren ein Computer und ein Drucker vonnöten gewesen. Damit verlor die Obdachlosen-Theorie einiges an Wahrscheinlichkeit.

Tibor sah sich nach einer Klingel um und fand keine, allerdings schien sich auch die Eingangstür an der Hinterseite des Hauses zu befinden. Mit dem unbehaglichen Gefühl, sich ohne Erlaubnis auf ein fremdes Grundstück zu begeben, öffnete er das Gartentor und betrat den unkrautüberwucherten Steinplattenweg.

Rechts und links lag Müll. Ein halb voller Sack Zement, ein rostiges Dreirad mit verbogenem Lenker, eine zerbrochene Waschmuschel, alte Dachziegel. Tibor stieg über die Scherben eines dunkelgrünen Blumentopfs und bog um die Hausecke.

Vier Stufen führten zu einem gemauerten Absatz und der hölzernen Eingangstür, die einen Spalt weit offen stand. Mit angehaltenem Atem blieb Tibor stehen und lauschte. Waren Geräusche aus dem Haus zu hören? Nein. Nur die Vögel in dem alten Nussbaum, der seinen Schatten über den kleinen, verwilderten Garten warf.

»Hallo!«, rief er in Richtung des Türspalts. »Ist jemand zu Hause?«

Nun waren auch die Vögel verstummt, und Tibor beschloss, wieder umzukehren. Jemand hatte sich einen fiesen Scherz mit ihm erlaubt, hatte ihn zu dieser baufälligen Hütte gelockt, wahrscheinlich in der Hoffnung, dass der Dachstuhl einstürzen und ihn erschlagen würde.

Sein Entschluss stand fest, er würde wieder gehen, trotzdem rührte er sich nicht vom Fleck und war beinahe selbst überrascht darüber. Er konnte den Blick nicht von dem schäbigen Gebäude lösen, das es sicher bald nicht mehr geben würde.

Einen Blick, einen sehr kurzen, würde er noch ins Innere werfen.

»Hallo!«, rief er noch einmal. Wieder blieb er ohne Antwort, nichts rührte sich innerhalb der Mauern. Aber nur ein paar Meter entfernt, auf der Straße, fuhren Autos vorbei, und von einem nahe gelegenen Fußballplatz waren Stimmen zu hören, jung und aufgeregt. Alles so normal um ihn herum, und das gab den Ausschlag. Er würde ein paar Minuten investieren, um herauszufinden, warum der Zettelschreiber ihn ausgerechnet zu dieser Adresse gelotst hatte.

Wider Erwarten quietschte die Tür nicht, als Tibor sie weiter aufzog. Ein Schritt, und er stand in einem Vorraum, der klarmachte, dass hier sicher niemand mehr wohnte. Da, wo einmal Schränke gehangen hatten, wies die grün-weiße Tapete hellere Flecken in perfekt rechteckiger Form auf. Aus den Bohrlöchern war grauer Staub gerieselt. In einer Ecke lag ein einzelner brauner Schnürschuh, dessen Sohle sich halb gelöst hatte.

Tibor ging zwei Schritte weiter. Es knirschte unter seinen Füßen. Im Flur lag ein Stapel Zeitungen, so wie alles andere von einer Staubschicht bedeckt. Er las das Datum auf der zuoberst liegenden, stellte fest, dass sie fast fünfzehn Jahre alt war, und fragte sich, wieso bisher niemand dieses Grundstück zu Geld gemacht hatte. In einer Stadt wie Wien, wo die Immobilienpreise jährlich steiler in den Himmel schossen.

Da rechts lag die Küche, der Boden hässlich braun verfliest. Geradeaus erahnte Tibor das ehemalige Wohnzimmer, durch die offene Tür war noch ein Stuhl zu sehen, das Korbgeflecht der Lehne hatte sich von unten her zur Hälfte aufgetrennt.

Noch ein Schritt, und mit einem Schlag wusste Tibor, dass er mit dem Betreten des Hauses einen monströsen Fehler begangen hatte. Es war nichts, was er sah, eher etwas, was er spürte, so wie ein Beutetier das Näherkommen einer Raubkatze wittert.

Im nächsten Moment nahm er tatsächlich etwas Neues wahr. In den kalkigen, staubigen Geruch verlassener Mauern hatte sich etwas Organisches gemischt. Wenn Tibor den Kopf nach links drehte, wurde es deutlicher.

Wieder stand er wie festgeschraubt. Hörte von draußen gedämpfte Alltagsgeräusche und konnte den Blick nicht von der weißen Tür lösen, hinter der es anders roch als im Rest des Hauses. Dort würde er den Grund finden, aus dem man ihn hergelockt hatte. Dort, oder überhaupt nicht.

Er verlagerte sein Gewicht auf den linken Fuß. Trat einen Schritt zurück. Was sprach dagegen, einfach wieder zu verschwinden? Sich ins Auto zu setzen und nach Hause zu fahren. Den Zettel zu zerreißen oder, noch besser, zu verbrennen.

Doch so verlockend sich diese Vorstellung auch anfühlte, tief in seinem Inneren wusste Tibor bereits, dass er das Haus nicht verlassen würde, ohne einen Blick hinter die weiße Tür geworfen zu haben. Wenn er es nicht tat, würde die Ungewissheit ihm keine Ruhe lassen. Selbst, wenn er das Haus in der Sekunde wieder verließ, würde er mit dem Wissen gehen, dass er auf etwas gestoßen war. Ein nicht genauer definiertes Etwas. Seine Fantasie würde ihm Tausende furchtbare Möglichkeiten vorschlagen, ihn an nichts anderes mehr denken und ihn nicht mehr schlafen lassen.

Er würde schnell nachsehen und dann gehen. In einer Minute würde er hier weg sein, egal, was hinter der Tür lag. Das obere Stockwerk konnte ihm gestohlen bleiben, dieser Raum hier war der letzte, den er sich ansehen würde.

Tibor öffnete die Tür, öffnete sie zur Gänze. *Ah,* war das Erste, was er dachte. *Das Badezimmer.*

Danach setzten sich die Eindrücke nur Stück für Stück zusammen. Der Geruch, der ihn nun in seinem vollen Ausmaß traf, unverwechselbar und ekelerregend. Der Anblick dessen, was über dem Badewannenrand hing. Im ersten Moment konnte man es für Kleidung halten, eine Hose, die irgendwer dort hingeworfen hatte.

Doch etwas steckte in dieser Kleidung. Jemand. Tibor beobachtete sich selbst dabei, wie er näher trat. Wunderte sich, dass er nicht erschrockener war.

So lange muss dieses Haus schon leer stehen, dachte er, aber trotzdem gibt es immer noch fließendes Wasser. Jemand muss die Rechnungen bezahlt haben.

Ich habe einen Schock, war das Nächste, was er dachte. Das ist die einzige Erklärung. Sonst würde ich weglaufen, oder? Vielleicht auch zusammenbrechen, denn das ist die zweite Leiche, die ich innerhalb von vierzehn Tagen finde. Immerhin schwimmt diesmal nicht alles in Blut. Schwimmt, ha, ha.

Er lehnte sich gegen die Wand. Nein, diesmal stieg keine Übelkeit in ihm hoch, obwohl der Anblick das gerechtfertigt hätte.

Die Badewanne war bis knapp unter den Rand gefüllt. Der Oberkörper des Mannes, der davor kniete, befand sich bis zur Brust unter Wasser; der Kopf war so weit zur Seite gedreht, dass Tibor das Gesicht im Profil sehen konnte. Allerdings war es so aufgequollen, dass er unmöglich feststellen konnte, ob er den Toten kannte oder nicht. Eine Hand hing über die kurze Außenseite der Wanne, die andere schwebte gewissermaßen im Wasser.

Ich sollte die Polizei rufen, dachte Tibor.

Ich sollte gehen.

Ich sollte.

Ich ...

Er wischte sich mit dem Ärmel übers Gesicht, atmete Staub ein. Nieste. Lachte.

Fand sich plötzlich draußen wieder, vor dem Haus, auf dem Steinweg. Offenbar hatte sein Körper beschlossen, zum Auto zurückzukehren. Sein Körper sonderte nun auch Tränen ab, ohne dass Tibor die üblicherweise dazugehörenden Emotionen in sich aufspüren konnte.

Da. Der Wagen. Er entsperrte ihn, setzte sich hinein und startete den Motor. Immer noch lief alles ab wie ferngesteuert, wie ohne sein Zutun. Er fuhr in Richtung Gürtel, aus den Lautsprechern des Autoradios drang Eminems *Real Slim Shady*.

Mit amüsiertem Erstaunen stellte Tibor fest, dass seine Finger den Takt auf dem Lenkrad mitklopften. Immer noch war der Körper autark unterwegs. Setzte Blinker, hielt vor roten Ampeln, achtete auf die Vorfahrtsregeln.

Nur das Denken funktionierte nicht. Als wäre der Teil seines Gehirns narkotisiert, der dafür zuständig war, Erlebtes zu reflektieren, Schlüsse zu ziehen und nächste Schritte zu planen.

Won't the real Slim Shady please stand up

please stand up

please stand up ...

Tibor sang den Text mit, von dem er nur den Refrain kannte, erhaschte im Rückspiegel einen Blick auf sein papierweißes Gesicht und fühlte, wie sein Mund sich zu einem Grinsen verzog. So musste es sein, wenn man den Verstand verlor.

Erst zehn Minuten später, als er am Westbahnhof vorbeifuhr, setzte das Zittern ein. So heftig, dass er kaum noch das Lenkrad gerade halten konnte. Tibor schaltete die Warnblinkanlage ein, fuhr bei der nächsten Gelegenheit rechts an die Seite und würgte den Motor ab.

Er hätte nicht einfach abhauen dürfen. Er hätte in dem Haus bleiben und die Polizei verständigen müssen.

Die ihn sofort festgenommen hätte. Natürlich. Was sie ohnehin tun würden, sobald jemand die Leiche fand. Denn dann würde wieder die Spurensicherung ausrücken und Abdrücke von Tibors Fingern und Schuhen und wer weiß was sonst noch sicherstellen.

Er hätte alles abwischen sollen. Aber das wären dann die einzig sauberen Stellen im ganzen Haus gewesen.

Als das Zittern allmählich nachließ, startete Tibor den Motor und lenkte den Wagen zurück in den Verkehr. Morgen war Montag, da würde er noch einmal seine Anwältin anrufen. Sich bis dahin sammeln und ihr alles erzählen.

Oder war das dumm? Wenn sie von der Leiche wusste, war sie dann nicht verpflichtet, die Polizei zu informieren?

Er hatte keine Ahnung. Was er hingegen plötzlich hatte, war unbändige Lust, aufs Gas zu steigen, den Sicherheitsgurt zu lösen und sein Auto in die nächste Hausmauer zu lenken. Dann wäre das alles vorbei und ginge ihn nichts mehr an. Außer natürlich, der Airbag verhinderte das gewünschte Ergebnis, und Tibor endete als paraplegischer Pflegefall im Rollstuhl. Dummerweise lag auch das Allgemeine Krankenhaus kaum noch einen Kilometer entfernt. Sie würden ihn reanimieren, und alles wäre noch viel schlimmer, als es bereits war.

Zwei Ampeln später war sein Todeswunsch verflogen, und als das beherrschende Gefühl hatte Wut sich breitgemacht. Das Arschloch, das ihm den Zettel in den Briefkasten gesteckt hatte, wusste ganz zweifellos von dem Toten in der Badewanne. Hatte höchstwahrscheinlich selbst das Wasser eingelassen.

Ja, er würde sofort morgen Kerstin Neuwirth einen Besuch

abstatten. Wenn er wieder alle Sinne beisammenhatte und nicht Gefahr lief, wirres Zeug zu stammeln.

Er fand einen Parkplatz nur zwei Häuser entfernt von seiner Wohnung und stieg aus dem Wagen. Was er jetzt brauchte, waren eine Dusche und ein Drink. Danach würde er alles vom heutigen Tag aufschreiben, woran er sich erinnerte.

Im Treppenhaus wurde er von lautem, metallischem Hämmern begrüßt. Und von Stimmen, die dank der Geräuschkulisse kaum zu verstehen waren. Trotzdem erkannte er zwei davon.

Das war doch nicht möglich? Sie konnten nichts von seinem Fund wissen, oder doch? War ihm jemand gefolgt?

Mit jeder Stufe wurde er langsamer, bis er sich schließlich einen Ruck gab. Umkehren und davonlaufen hatte überhaupt keinen Sinn. Wenn sie von dem Toten wussten und davon, dass Tibor ihm eben einen Besuch abgestattet hatte, ließ sich das nicht mehr ändern.

Es war die kleine Polizistin, die sein Kommen als Erste bemerkte. »Herr Glaser, wie schön, dass wir Sie antreffen. Würden Sie uns bitte die Tür aufsperren? Wir haben einen Durchsuchungsbeschluss.«

38.

Sie fuhren mit zwei Autos zu Glasers Adresse – Fina, Oliver und Ahmed in dem einen, zwei uniformierte Kolleginnen im anderen. Oliver hatte Ahmed das Steuer überlassen und sprach die halbe Fahrt lang nur darüber, wie sehr sie über Glasers Wohnverhältnisse staunen würden. Dass jemand mit so viel Geld erfahrungsgemäß immer Dreck am Stecken hatte oder Leichen im Keller, ha.

Fina saß auf der Rückbank und hörte nur mit einem Ohr zu. Gedanklich war sie nach wie vor mit Beyers Handy beschäftigt. GHB hatte er also besorgt, in größeren Mengen. In seiner Wohnung hatten sie nichts davon entdeckt, aber da würden sie ohnehin noch einmal genauer nachsehen müssen.

Bisher hatte sie nur einen flüchtigen Blick in den Fotoordner seines Handys werfen können. Ein Album dort trug den Namen *Shootings,* was sie im ersten Moment an Schießereien hatte denken lassen, doch es hatte sich nur um Fotoshootings gehandelt. Blutig waren die Bilder trotzdem gewesen. Vermutlich war das Kunstblut, das Mimi nach eigenem Rezept entwickelte, hier großzügig zum Einsatz gekommen.

Sie hatten auf Friedhöfen fotografiert, bei Nacht. Aber auch auf Müllhalden und in Wäldern. Sich als Vampire, Zombies, blutüberströmte Leichen abgelichtet.

Unwillkürlich kam Fina das Szenario an der Wasserwiese in den Sinn. Der Fundort von Gunther Marzik, der zerteilte, halb aufgefressene Körper.

Flirten mit dem Tod machte nur aus gehöriger Distanz Spaß. Wenn überhaupt.

In der Ferrogasse angekommen, musste Fina nicht lange nach Hausnummern Ausschau halten, um herauszufinden, in welchem Gebäude Glasers Wohnung lag. MÖRDER, hatte jemand in großen, roten Buchstaben auf eine der Fassaden gesprayt. Sie deutete mit einer Kopfbewegung in Richtung des Hauses, und Oliver nickte. »Das war letztens noch nicht da. Schweinerei, was können die anderen Mieter dafür?«

Sie klingelten. Warteten. Klingelten noch einmal. »Wenn er nicht zu Hause ist, brauchen wir zwei Nachbarn als Zeugen«, sagte Oliver.

»Geben wir ihm noch fünf Minuten.« Ahmed warf einen Blick auf die Uhr. »Dann versuchen wir unser Glück über den Hausmeister.« Er bückte sich und hob ein orangefarbenes Feuerzeug auf. »Seht ihr? Das ist ein Zeichen.« Er gab einer der uniformierten Polizistinnen Feuer, dann zündete er sich selbst eine Zigarette an.

Fina schlenderte ein paar Schritte die Straße entlang, bis sie zur nächsten großen Querstraße kam. Dort vorne musste der Türkenschanzpark liegen, da war sie seit Ewigkeiten nicht mehr gewesen. Das letzte Mal als Kind, mit ihrer Tante.

Nach wie vor schien der Park an Sonntagen ein Anziehungspunkt für Familien zu sein, es waren überdurchschnittlich viele Paare mit Kinderwagen auf dem Hin- oder Rückweg. Vielleicht war Tibor Glaser nur schnell eine Runde spazieren gegangen. Fina hätte ihn viel lieber bei der Durchsuchung dabeigehabt. Erfahrungsgemäß merkte man dem Wohnungsbesitzer an, wenn er etwas zu verbergen hatte.

Sie wandte sich um und kehrte zu den anderen zurück, Ahmed trat gerade seine Zigarette aus. Legte dann noch einmal den Finger auf den Klingelknopf und drückte ihn mehrere Sekunden lang.

»Sieht schlecht aus«, sagte er. »Dann lass uns doch sehen, ob der Hausmeister da ist.«

Mist, dachte Fina. Sie ließ ihren Blick noch einmal die Straße hinauf- und hinunterwandern, doch von Glaser keine Spur. Aber jetzt stand jemand auf der anderen Straßenseite und blickte aufmerksam zu ihnen hinüber. Ein Mädchen, ungefähr zehn oder elf Jahre alt.

Irgendein Kind. Auf dem Weg zum Park.

Oder ein ganz bestimmtes Kind.

»Blockiert bitte die Tür für mich«, sagte sie zu einer der beiden Polizistinnen und überquerte die Straße. Ging auf das Mädchen zu, das für einen Moment so wirkte, als wolle es weglaufen, das dann aber doch stehen blieb.

»Hallo«, sagte Fina. »Wohnst du hier?«

Kopfschütteln. »Nein. Wir gehen nur spazieren.«

»Wir? Sind deine Eltern auch hier?«

Das Mädchen schüttelte den Kopf. »Die nicht. Und ich darf nicht mit fremden Leuten reden.«

Vernünftig, dachte Fina. Trotzdem klang es wie ein Satz, der Kindern schon vor zwanzig Jahren nicht mehr eingeschärft worden war. »Du siehst dir die Schrift auf der Hausmauer an, stimmt's?«

Keine Reaktion zuerst, dann nur ein unbestimmtes Schulterzucken.

»Mit mir kannst du ruhig reden«, fuhr Fina fort. »Ich bin von der Polizei. Ich gehöre zu den Guten.« Oh Gott, was gab sie da für einen Quatsch von sich.

Der gleichen Ansicht schien auch das Mädchen zu sein. »Stimmt nicht«, sagte es voller Überzeugung und zeigte mit dem Finger zum Hauseingang auf der gegenüberliegenden Straßenseite. »Die zwei Frauen dort, die gehören zur Polizei. Die haben Uniformen an, du nicht.«

»Na ja, es gibt verschiedene Arten von Polizisten«, sagte Fina und sah, wie die Miene des Kindes sich aufhellte. Was nicht an ihr lag, wie sich zeigte, denn im nächsten Moment schob eine ältere Frau sich an Fina vorbei und legte dem Mädchen die Hand auf die Schulter. »Da bist du ja! Komm, wir sollten das gute Wetter noch ausnutzen, solange es hält.«

Sie maß Fina mit einem schnellen, prüfenden Blick, nickte ihr zu, dann zogen die beiden ab, in Richtung Park.

Gegenüber waren die anderen vier gerade dabei, das Haus zu betreten. Fina überquerte schnell die Straße und schloss sich ihnen an. Noch ein Mädchen, das mit seiner Tante in den Park geht. Oder mit seiner Großmutter? Kaum zu sagen, das Alter der Frau war schwer zu schätzen gewesen. Sie hatte sehr gepflegt gewirkt, war aber gut zehn oder fünfzehn Jahre zu alt, um die Mutter sein zu können. Was sie, nach Aussage des Mädchens, ja auch nicht war.

Die anderen waren längst im Haus verschwunden. Fina nahm

den Aufzug und fuhr in den obersten Stock, wo Oliver wieder sein Glück mit der Klingel versuchte. Neben ihm stand der Hausmeister.

»Leute wie der Glaser«, sagte er, die raupenartigen Augenbrauen über der Nasenwurzel zusammengezogen, »also solche Leute, die ihr Geld mit heißer Luft verdienen, wenn Sie wissen, was ich meine – die waren mir schon immer suspekt.« Er strich über den Türstock. »Wie Sie hier reinkommen werden, weiß ich leider nicht. Sie sehen ja, er hat eine Sicherheitstür.«

»Kein Wunder.« Immer noch drückte Oliver die Klingel, schien sich aber selbst keinen Effekt davon zu erwarten. »Wir werden sie aufbrechen müssen. Ahmed, was schätzt du, kriegen wir das alleine hin?«

Ahmed bückte sich. »Puh. Ja, wenn wir das Schloss aufbohren, aber Glaser hat echt in Sicherheit investiert. Wir werden gut eine Stunde brauchen.«

»Ich kann Ihnen gerne helfen«, bot der Hausmeister an.

Oliver winkte ab. »Danke, aber das bekommen wir hin. Ich hole das Werkzeug aus dem Auto. Fina, sieh Ahmed auf die Finger, da lernst du noch was.« Es klang weniger herablassend, als sie es von ähnlichen Gelegenheiten kannte, trotzdem verkniff sie sich ein Nicken.

Mit Olivers Unterstützung begann Ahmed, das Schloss zu bearbeiten. Trotz bester Vorsätze bekam Fina so gut wie nichts von den Details mit, da die beiden Männer die Sicht blockierten.

Die Polizistinnen waren wieder nach unten verschwunden und warteten im Wagen auf ihren Einsatz, also setzte Fina sich auf den Treppenabsatz und ergoogelte sich neues Wissen über GHB. Welche Dosis tödlich war. Ob es häufig als Mittel für Suizide eingesetzt wurde. Wie lange man es im Körper nachweisen konnte.

Dass sich über die Treppe Schritte näherten, hörte sie nur,

weil Ahmed ein paar Sekunden lang seine Schlossknackerei unterbrochen hatte. Sie stand auf, steckte das Handy in die Jackentasche. Sah Tibor Glaser um die Ecke biegen.

Er war blass, und er war schmutzig. Das dunkelblaue Shirt, das er trug, sah aus, als hätte er mit dem linken Ärmel einen sehr staubigen Boden gewischt. Die Schuhe, als wäre er damit über eine Baustelle gelaufen. Er blickte Fina ins Gesicht, dann an ihr vorbei auf Ahmed und Oliver und ihr halb vollendetes Zerstörungswerk.

»Herr Glaser, wie schön, dass wir Sie antreffen«, sagte Fina mit einem heiteren Unterton in der Stimme, den sie selbst völlig unpassend fand. »Würden Sie uns bitte die Tür aufsperren? Wir haben einen Durchsuchungsbeschluss.«

39.

Wieso waren sie schon da? Er begriff nicht, wie das möglich war. Hatte jemand ihn in der Kirchfeldgasse beim Auffinden der Leiche beobachtet? Aber dann hätte die Polizei ihn doch eher dort gestellt, in flagranti, neben einem Opfer, das schon wieder nicht seines war.

Aber nein, sie standen vor seiner Tür, mit einem Durchsuchungsbefehl. Er schleppte sich die letzten paar Stufen hoch, den Schlüssel schon in der Hand. »Hören Sie auf, die Tür zu ruinieren, ich sperre gleich auf.«

Die Polizisten traten aus dem Weg. Er kannte beide: den Schnösel und den südländisch wirkenden, der mit Plank gemeinsam in der Agentur gewesen war. Der ihm jetzt zunickte. »Ahmed Kayali, erinnern Sie sich noch an mich?«

»Ja. Natürlich. Lassen Sie uns in der Wohnung weitersprechen.« Er drehte den Schlüssel im Schloss und drückte die Tür auf. Was tat eigentlich Skrapek hier? Der Hausmeister machte Anstalten, ebenfalls einzutreten, aber Fina Plank hielt ihn zurück. »Vielen Dank, nachdem Herr Glaser jetzt hier ist, brauchen wir Sie nicht mehr.«

Skrapeks Mundwinkel sanken nach unten. »Ich helfe gerne.«

»Das wissen wir zu schätzen. Danke, auf Wiedersehen.«

Kayali und der andere, der wie eine deutsche Stadt hieß, waren bereits bis ins Wohnzimmer vorangegangen. Tibor versuchte, sich an den Namen zu erinnern. Bremer? Nein, Hamburg. Falsch, Homburg.

Er lehnte sich gegen die Wand, es kribbelte in seinen Lippen und Fingern. Er sollte sich setzen, schnell, bevor sein Kreislauf ihn im Stich ließ. Und er brauchte Wasser, sein Mund war völlig ausgetrocknet. »Kann ich Ihnen etwas zu trinken anbieten?«, brachte er mühsam heraus.

»Nein, vielen Dank.« Homburg und sein Kollege betrachteten die Einrichtung, während Plank hauptsächlich ihn, Tibor, musterte. »Darf ich Sie fragen, wo Sie gerade herkommen?«

Sie wusste es, oder? Es war eine Fangfrage. »Warum?«

Plank deutete auf seinen Arm. »Weil Sie so mitgenommen aussehen. Sie und Ihr Shirt.«

Das war ihm noch gar nicht aufgefallen. »Ich war im Wald. Lainzer Tiergarten, bin eine große Runde spazieren gegangen und einmal ausgerutscht.«

Ihr Blick glitt hinunter bis zu seinen Schuhen und zurück zu seinem Gesicht. »Verstehe.«

Er musste sich endlich setzen, schon jetzt hörte er ihre Stimme nur noch wie durch Watte. In der Küche füllte er ein großes Wasserglas und schüttete den Inhalt in einem Zug hinunter, doch erst, als er es zu guter Letzt bis aufs Sofa geschafft hatte, wurde es besser. »Würden Sie mir sagen, warum genau Sie hier sind?«

Homburg hielt ihm ein Stück Papier vors Gesicht. »Um uns in Ihrer Wohnung umzusehen. Hier ist der Durchsuchungsbeschluss.«

»Aber ... gibt es dafür einen Anlass?«

Fina Plank hatte eben zwei Polizistinnen in Uniform eingelassen, die ohne Umschweife begannen, Schränke zu öffnen und Schubladen herauszuziehen. Nun setzte sie sich neben ihn aufs Sofa.

»Es gibt einen. Sagt Ihnen der Name Julius Beyer etwas?«

Tibor wünschte, das neblige Gefühl in seinem Kopf würde verschwinden. Konnte ein Schock solche Nachwirkungen haben? Beyer? Keine Ahnung. Aber Julius war kein sehr häufiger Name, er glaubte nicht, dass er jemanden kannte, der so hieß.

»Nein. Warum?«

»Weil er vermisst wird, nachdem er auf YouTube ein Video veröffentlicht hat, in dem er von seiner bevorstehenden Ermordung spricht. So wie Frau Just es getan hat.« Sie hielt kurz inne, als wartete sie auf eine Reaktion, doch er war zu keiner fähig. Er starrte sie bloß an.

»In Herrn Beyers Wohnung haben wir wieder DNA von Ihnen gefunden. Und nun auch Beyers Handy, in einem Gully zwei Straßen von hier.«

Tibor konnte jeden seiner Herzschläge im ganzen Körper fühlen. Er bewegte langsam den Kopf von einer Seite zur anderen; ein zeitlupenartiges Nein, während er das aufgequollene Gesicht in der Badewanne vor sich sah. Dessen Besitzer vielleicht eben einen Namen bekommen hatte.

»Das kann nicht sein«, murmelte er.

»Es ist aber so«, stellte Plank trocken fest. »An Ihrer Stelle würde ich mit einer baldigen Vorladung rechnen. Wir werden Sie zur Vernehmung bestellen, und dazu sollten Sie auf jeden Fall einen Anwalt mitbringen.«

Tibor blickte auf seine Schuhe hinunter, die in der Kirchfeldgasse 80A sicher prächtige Spuren hinterlassen hatten. Er würde es jetzt sagen. Er würde Fina Plank den Zettel zeigen. *Ich weiß, dass Sie unschuldig sind ...*

Und dann, dann ...

Er schloss sekundenlang die Augen, versuchte, einen logischen Gedanken zu fassen. »Meine DNA kann dort nicht gewesen sein. Verstehen Sie, ich kenne den Mann nicht. Wo wohnt er überhaupt?«

Vielleicht würde sie jetzt gleich die Adresse nennen, die er eben verlassen hatte; das Haus, dessen Geruch in seinen Schleimhäuten festsaß wie Kleister.

»Das besprechen wir alles auf der Dienststelle«, sagte Plank. »Wir werden auch Ihren Computer mitnehmen.«

War darauf irgendetwas zu finden, woraus man ihm einen Strick drehen konnte? Nicht, soweit er wusste. Aber vielleicht hatte auch dort jemand irgendwelche Spuren hinterlassen, die man ihm zuordnen würde.

»Ich glaube«, sagte er langsam und wog jedes Wort ab, »jemand verteilt meine DNA bewusst an den Tatorten. Wissen Sie, was ich meine?«

»Das weiß ich genau.« Sie seufzte. »Und wissen Sie, wie oft wir das von Menschen hören, deren DNA am Tatort sie belastet?«

Ich sage es ihr jetzt, dachte er wieder. Denn sie werden den Toten in der Badewanne finden. Vielleicht nicht heute, aber in den nächsten Tagen. Dafür wird mein Zettelschreiber sorgen. Ich sollte Plank die Nachricht zeigen. Ich sollte.

Aber hätte er nicht schon die Polizei verständigen sollen, als er auf die Leiche gestoßen war? Statt wieder nach Hause zu fahren und sich ahnungslos zu stellen? Zu hoffen, dass der Tote sich in Luft auflösen oder zumindest nie mit ihm in Verbindung gebracht werden würde?

Ich hätte angerufen, dachte er. Wenn ich nicht schon vorher als inoffizieller Hauptverdächtiger gehandelt worden wäre.

Noch vor zwei Wochen wäre das meine erste Reaktion gewesen, ganz selbstverständlich.

Julius Beyer. Er würde den Namen googeln, sobald alle wieder gegangen waren. Oder besser nicht. War ja auch möglich, dass er dann gar nichts mehr hatte, womit man googeln konnte. Ob sie auch sein Handy beschlagnahmen würden?

Das Chaos in der Wohnung wuchs stetig, bis auf Plank waren mittlerweile alle damit beschäftigt, sich durch Tibors Sachen zu wühlen.

Er dachte an das verrostete Dreirad von vorhin, im Vorgarten des Hauses. An von den Wänden gerissene Regale. An trübes Wasser in einer schmutzigen Badewanne und an das, was darin aufquoll.

»Ich mag den Lainzer Tiergarten«, sagte Plank unvermittelt. »Ein Stück Wildnis in der Stadt und jede Menge Wildsch…« Sie beendete den Satz abrupt, als hätte sie etwas Unpassendes gesagt und es zu spät bemerkt. Einige Atemzüge lang schwiegen sie beide, dann wandte die Beamtin sich ihm wieder zu. »Haben Sie das von Lothar Hesselmann gehört?«

In Tibors Kopf breitete sich ein Ton aus, quälend hoch und flirrend. Wie Tinnitus. »Ja«, sagte er, ungewollt barsch. »Das war ja kaum zu verhindern, die Zeitungen sind voll, im Fernsehen laufen Gedenksendungen. Aber ich muss Sie schon wieder enttäuschen: Den habe ich auch nicht gekannt und noch weniger umgebracht, genauso wenig wie alle anderen. Ich habe keinen …«

»Frau Plank?« Eine der Polizistinnen war aus der Küche getreten. »Herr Homburg? Wir haben da etwas gefunden.« Sie war jung, und unter anderen Umständen hätte Tibor zumindest flüchtig festgestellt, wie hübsch sie war. Langer, rotbrauner Pferdeschwanz, helle Haut, blaue Augen. Jetzt war sie für ihn nur ein Teil der Maschinerie, die ihn zerstören wollte.

Plank war aufgesprungen und Homburg aus dem Schlafzimmer getreten. »Was ist es?«

Mit behandschuhten Händen hielt die Polizistin ein Büchlein hoch. Ein kleines, braunes Notizbuch. »Das haben wir zwischen den Putzmittelflaschen unter der Spüle gefunden, in einer Packung Schwammtücher versteckt. Die war untypisch schwer.« Die Freude über ihren Erfolg war der Polizistin deutlich anzumerken.

Tibor hatte begonnen, den Kopf zu schütteln, ohne es zu bemerken. »Ich sehe das zum ersten Mal.«

Sie ignorierten ihn. Plank hatte ebenfalls Einweghandschuhe übergestreift und nahm der Polizistin das Buch aus der Hand. Ihr Mund öffnete sich lautlos, als sie die ersten Seiten durchgeblättert hatte.

»Interessant?«, fragte Ahmed.

»Absolut.« Sie sah hoch, nahm Tibor ins Visier, und zum ersten Mal lag Härte in ihrem Blick. »Das ist der Taschenkalender von Gunther Marzik.«

Nein, war das einzige Wort, das zu denken Tibors Gehirn fähig war. Er sprach es laut aus. »Nein.«

»Doch, Herr Glaser. Hier vorne stehen sogar Marziks Handynummer und Adresse drin, für den Fall, dass es verloren geht. Er hat seine Arzttermine darin notiert und seine Verabredungen.«

In der Küche. In der Küche unter dem Spülbecken. Das war absolut nicht möglich. Die Polizistin mit dem Pferdeschwanz musste es mitgebracht und dort deponiert haben, um es dann zu »entdecken«, auch wenn Tibor nicht begriff, warum sie das tun sollte.

Aber es gab sicher auch bei der Polizei korrupte Beamte, nicht wahr? Das Gehalt war nicht so großartig, da konnte man eine Finanzspritze sicher gebrauchen.

Idiotisch, schalt er sich selbst. Eher war jemand eingebrochen, was zwar denkbar war, aber unübersehbare Spuren hinterlassen hätte. »Ich verstehe das nicht«, presste er hervor. »Ich bin alles Mögliche, aber kein Mörder. Und außerdem kein Idiot. Wenn ich mir etwas hätte zuschulden kommen lassen, wäre ich nicht so dumm, Trophäen mitzunehmen und sie in meiner Küche zu verstecken!«

Plank sah ihn nicht an. Ihre ganze Aufmerksamkeit galt dem Kalender. »Das stimmt natürlich«, sagte sie. »Außer, Sie hatten einen guten Grund dafür.«

»Welcher sollte das gewesen sein?«

Sie drehte den geöffneten Kalender so, dass er die Seite sehen konnte. »Dieser Eintrag zum Beispiel. Mittwoch, neunzehnter April, 20.30 Uhr. Treffen mit Tibor Glaser.«

40.

Sie hatten ihn nicht mitgenommen, ihm aber eingeschärft, sich zur Verfügung zu halten. Die Staatsanwältin, mit der Oliver noch während der Rückfahrt ins Büro telefonierte, ordnete unmittelbar darauf eine Ladung zur Vernehmung an. Unter Androhung der Vorführung bei Nichterscheinen.

Fina saß wieder auf der Rückbank, diesmal auf eigenen Wunsch, und hielt das in einem Spurensicherungsbeutel befindliche Notizbuch in Händen. Sie würden es natürlich auf Fingerabdrücke untersuchen und außerdem ein grafologisches Gutachten erstellen lassen. All das möglichst sofort, denn dann konnten sie bei Glasers Vernehmung am nächsten Tag schon harte Fakten auf den Tisch legen.

Den Grund, aus dem Glaser das Notizbuch mitgenommen hatte, begriff sie. Aber warum hatte er es nicht vernichtet? Verbrannt oder in einem weit entfernten Müllcontainer entsorgt? Auch, wenn er sich ein gutes Versteck überlegt hatte, in den letzten Tagen hätte das Risiko einer Entdeckung ihm bewusst sein müssen.

Die Expertin, die sie für Schriftanalysen meist heranzogen, hieß Renate Schuster und war tatsächlich bereit, ins LKA zu kommen und sich das Notizbuch sofort anzusehen. »Du hast etwas gut bei mir«, sagte Fina, bevor sie auflegte. »Nicht jeder lässt sich den Sonntagabend mit Arbeit vermasseln.«

»Da ist sowieso nichts Interessantes im Fernsehen«, sagte Schuster. »Bin gleich bei euch.«

Mit der Spurensicherung lief es nicht ganz so rund. Georg hatte frei und war auch am Handy nicht zu erreichen, der Journaldienst war zu einem Einbruch in einen Juwelierladen gerufen worden.

Es waren die Pausen, die Momente, die nicht mit Arbeit gefüllt waren, in denen Fina das ganze Ausmaß ihrer Erschöpfung zu spüren bekam. Sie saß an ihrem Schreibtisch und hatte das Gesicht in die Hände gestützt. Ließ den Tag noch einmal geistig Revue passieren. Bis heute hatte sie nicht daran geglaubt, dass Tibor Glaser wirklich ihr Täter war, zumal sich nicht erklären ließ, wie er es geschafft haben sollte, Nadine Just zu ermorden.

Bei allen anderen Opfern konnte er es zumindest theoretisch gewesen sein. Morgen würden sie genau überprüfen müssen, für welche Tatzeiten er Alibis hatte und für welche nicht. Fina nahm die Hände aus dem Gesicht, schnappte sich Zettel und Papier und schrieb eine Liste.

Nadine Just: Glaser hat Alibi. Vom Zeitablauf her nicht machbar. Komplizen? Kurt Eferling?

Gunther Marzik: Todeszeit nur ungefähr eingrenzbar. Deutliche Hinweise auf Glaser, kein Alibi, dafür DNA-Spuren (Haare).

Lothar Hesselmann: Keine DNA Spuren, keine Fingerabdrücke. Kontakt zu Glaser nicht nachgewiesen.

Julius Beyer: Nach wie vor vermisst. DNA-Spuren von Glaser in der Wohnung (Tasse).

Sie betrachtete die Aufzählung und wurde das Gefühl nicht los, dass etwas Entscheidendes fehlte. Dachte an die junge Frau, die davon überzeugt war, dass Beyer Suizid begangen hatte – Larissa Hienert. Wahrscheinlich hatte sie riesiges Glück gehabt, dass ihr dunkles Date nicht aufgetaucht war – denn so, wie Fina die Dinge einschätzte, hätte Beyer sie ins GHB-Koma versetzt und missbraucht. Stunden später wäre sie aufgewacht, noch ärmer an Lebenswillen, aber um ein Trauma reicher.

Beyer passte nicht ins Gesamtkonzept. Er war als Einziger bloß verschwunden, es gab keinerlei Verbindung zu den anderen Opfern. War die GHB-Sache zu heiß geworden, und er hatte den #inkürzetot-Trend genutzt, um sich aus dem Staub zu machen?

Und Hesselmann ... der war zumindest auch Teil der Promi-Szene. Einer ganz anderen als der, in der Just sich bewegt und an deren Rändern Marzik gekratzt hatte. Aber im Grunde war er der Bekannteste von allen gewesen. Eine Kultur-Koryphäe. Was hatte ihn mit Glaser verbun...

»Hallo!« Renate kam zur Tür hereingestürzt, in einem kaftanartigen blauen Kleid, das weizenblonde Haar wirr auf dem Kopf festgesteckt, einen hechelnden Dackel an der Leine. »Da bin ich! Wo ist der Patient?«

Fina nahm ihr die Leine ab, wartete, bis sie Handschuhe angezogen hatte, und reichte ihr das Notizbuch. Renate arbeitete am liebsten am Objekt selbst; Scans oder Fotos fand sie nicht aussagekräftig genug. Da sah man manche Details nicht, zum Beispiel, wie fest der Stift aufgedrückt worden war.

»Es geht um den Eintrag vom neunzehnten April«, sagte Fina. »Wir müssten wissen, ob er von derselben Person stammt wie die anderen Notizen.«

»Verstehe.« Sie ließ sich auf Olivers Platz nieder, schob ein paar Zettel zur Seite und hielt eine Lupe über das aufgeschlagene Buch. »Für ein volles Gutachten brauche ich mehr Zeit, aber ich kann dir einen ersten fachlichen Eindruck geben.«

»Ist mir klar.« Fina identifizierte das flaue Gefühl in ihrem Magen als Hunger. Wann hatte sie das letzte Mal gegessen? Heute Morgen, ein Butterbrot. Mehr war es nicht gewesen. *Schadet dir gar nichts,* dachte sie und stellte fest, dass die Stimme in ihrem Kopf wie die von Oliver klang.

Während Renate sich in den Kalender vertiefte, wandte Fina sich ihrem Computer zu. Im Netz beherrschte der Mord an Lothar Hesselmann die Einträge – vor allem auf Twitter, wo es Hunderte User gab, die gewissermaßen das Gefühl hatten, dabei gewesen zu sein.

Es war so spooky. Immer der gleiche Text, in dieser zittrigen Stimme. Wie eine Gebetsmühle. Ich hatte sofort ein schlechtes Gefühl. #Hesselmann #inkürzetot

Betroffenheit über den Mord und Wut über die angebliche Untätigkeit der Polizei dominierten die Postings, es gab aber auch einige Stimmen, die Hesselmanns Tod zwar schrecklich fanden, ihn selbst aber verabscheut hatten.

Ein Sexist, der die Hände nicht bei sich behalten konnte. Ein Frauenfeind. Typischer alter weißer Mann. Kein Gerücht, eigene Erfahrung.

Achtundfünfzig Kommentare, die meisten erbost. Tote könnten sich nicht wehren, schrieben sie, wie schon bei Just, und es sei bezeichnend, dass die Feminazis jetzt aus ihren Löchern kröchen, um das Andenken eines großen Mannes zu beschmutzen.

Drei Kommentare allerdings warfen ein sehr eindeutiges Licht auf Hesselmann. *Ich war Klarinettistin im Mahler-Jugendorchester, und nach einem Konzert zog er mich zur Seite und erklärte, ich hätte eine große Zukunft vor mir, so wie ich blase. Ich war zu jung, um zu kapieren, was er meint, aber seine Hand auf meinem Arsch habe ich verstanden.*

Wow. Fina speicherte den Thread in mehreren Screenshots ab. Ließ sich hier eine Verbindung herstellen? War jemand hinter Sextätern her? Zumindest bei Hesselmann und Beyer war das ein Ansatz, den man prüfen sollte. Bei Marzik? Hm. Und Just passte damit gar nicht mehr ins Bild, außerdem konnte es gut sein, dass Beyer noch lebte …

»Also«, unterbrach Renate Finas Denkschleife, »alle meine Angaben sind noch ohne Gewähr, aber unter uns gesagt bin ich mir ziemlich sicher.«

»Okay. Und?«

»Der Eintrag vom neunzehnten April wurde von derselben Person geschrieben wie die anderen Notizen im Kalender. Die Linksneigung ist identisch, die horizontale Ausdehnung auch. Er hat immer ungewöhnlich viel Abstand zwischen den Buchstaben o und r – siehst du? Hier schreibt er Vortrag und hier Tibor. Beide Male das gleiche Muster.« Sie nickte, wie um ihre eigene Aussage zu bekräftigen. »Sobald ich den Kalender mitnehmen kann, lasse ich noch unser Computerprogramm drüber laufen, aber es würde mich sehr wundern, wenn da ein anderes Ergebnis rauskäme.« Sie stand auf, und auch der Dackel, der friedlich neben dem Kopierer geschlafen hatte, schnellte hoch. »Habt ihr eine Vergleichsprobe zu dem Kalender?«

»Organisieren wir.« Fina schrieb sich eine Notiz. »Danke, Renate. Noch einen schönen Sonntag.«

Als Fina ihren Arbeitstag für beendet erklärte, war es halb neun. Die Straßenbahnen gingen nur noch alle zehn Minuten, und natürlich fuhr eine Fina direkt vor der Nase davon.

Sie setzte sich auf die Bank in dem Wartehäuschen und ging die Hausdurchsuchung bei Tibor Glaser noch einmal gedanklich durch. Wie schmutzig er gewesen war. Aber nicht auf eine Art, wie man es nach einem Waldspaziergang erwarten würde. Keine schwarze Erde an den Schuhen, keine kleben gebliebenen Fichtennadeln oder Ähnliches. Wald verursachte dunklen Schmutz. Tibor Glaser hatte in ihren Augen eher ausgesehen, als hätte er einen jahrelang vernachlässigten Dachboden aufgeräumt.

Außerdem hatte er zermürbter gewirkt als letztens bei ihrem Besuch in der Agentur. Nicht verwunderlich, ihm konnte nicht entgehen, dass die Ermittlungen sich zunehmend auf ihn konzentrierten. Das musste an den Nerven rütteln, ob man sich etwas zuschulden hatte kommen lassen oder nicht.

Wie verblüfft er dreingesehen hatte, als das Notizbuch aufgetaucht war. Wie empört er gewesen war, als sie Hesselmann erwähnt hatten.

Alles Theater? Fina stemmte sich von der Bank hoch, als endlich die nächste Straßenbahn in Sicht kam. Sie stieg am Burgring aus, spazierte zwischen den nächtlich beleuchteten Museen durch und überquerte den Getreidemarkt.

Nach Hause. Duschen. Schlafen.

Erst, als sie die Wohnungstür hinter sich abschloss, fiel ihr ein, dass sie sich kein Abendessen organisiert hatte. Die innere »Sieh dich an, ist besser so«-Stimme brachte sie sofort wütend zum Schweigen. Im Kühlschrank waren noch Butter und zwei Stück Käse; im Tiefkühlfach ein Becher Ben&Jerrys, auf der Anrichte ein Rest Brot und eine halbe Flasche Rotwein.

Es würde ein Fest werden.

41.

Glasers Anwältin war Fina auf Anhieb unsympathisch. Sie trug eines dieser teuren Nadelstreifkostüme, das *ich bin smart, tough und gnadenlos erfolgreich* sagte; ihre Frisur wirkte wie ein metallener Helm, an dem alles zerschellen würde. Schon nach zwei Minuten verspürte Fina das Bedürfnis, diesen Eindruck mithilfe eines Briefbeschwerers in der Praxis zu überprüfen.

»Sie müssen auf keine der Fragen antworten«, erklärte sie Glaser wiederholt.

»Wir haben Ihren Mandanten bereits über seine Rechte aufgeklärt«, gab Oliver trocken zurück. »Sie waren dabei, sagen Sie nur, das ist Ihnen entgangen?«

Bei aller Abneigung hätte Fina gerne applaudiert, allerdings hatte sie die Hände nicht frei, denn sie führte das Protokoll. Nicht, weil sie eine Frau war, wie Sieghart mehrmals betont hatte, sondern weil sie am besten von allen tippte. Das ließ sich leider nicht bestreiten. Ebenso wenig wie die Tatsache, dass Oliver mehr Erfahrung beim Vernehmen von Verdächtigen hatte.

»Der Fall ist zu wichtig, als dass wir Experimente machen könnten«, hatte Sieghart erklärt, mit väterlich gütigem Lächeln. Also tippte Fina und beobachtete den Schlagabtausch zwischen Oliver und der Anwältin mit grimmigem Vergnügen.

»Keine Sorge, mir ist absolut nichts entgangen«, gab die Frau zurück. »Sie haben meinen Mandanten am Arbeitsplatz aufgesucht und vernommen, ohne ihn über seine Rechte zu informieren.« Kerstin Neuwirth hieß sie, Fina hatte sie frühmorgens noch gegoogelt, nachdem Sieghart bei Erwähnung des Namens die Augen verdreht und »Bulldogge« gemurmelt hatte. Ihre Erfolgsquote war Respekt einflößend.

»Zu diesem Zeitpunkt haben wir ihn als Zeugen befragt.« Oliver hatte diesen übertrieben freundlichen Ton angeschlagen, den Fina normalerweise hasste. »Nicht als Verdächtigen. Und jetzt lassen Sie uns zur Sache kommen.« Er warf einen Blick auf seine Unterlagen. »Beginnen wir bei Gunther Marzik. Wann sind Sie ihm zum ersten Mal begegnet?«

»Darauf müssen Sie nicht antworten«, rief Kerstin Neuwirth.

»Schon gut.« Glasers Stimme klang belegt, wie in den ersten Stadien einer Halsentzündung. »Ich habe ihn nie kennengelernt. Nie ein Wort mit ihm gesprochen. Offenbar waren wir ein paarmal auf denselben Veranstaltungen, aber das habe ich erst vor ein paar Tagen erfahren.«

»Aber Frau Just kannte ihn.« Oliver ließ Glaser nicht aus den Augen.

»Keine Ahnung. Sie hat ihn nie erwähnt. Wie gesagt, bis vor zwei Wochen war mir der Name völlig unbekannt.«

Finas Finger führten ein tippendes Eigenleben; sie musste nicht auf die Tastatur schauen, sie konnte ihren Blick zwischen den Anwesenden hin- und herwandern lassen. Sich nicht einzumischen fiel ihr schwer, sie wusste genau, was sie als Nächstes gesagt hätte.

Das Gleiche wie Oliver, dankenswerterweise. »Vor zwei Wochen erst? Dann wird Sie das Folgende möglicherweise überraschen. Frau Just hatte mehrfach telefonischen Kontakt zu Herrn Marzik. Dieser Kontakt ging immer von ihr aus, und manche der Gespräche dauerten mehr als fünf Minuten. Wir haben die Daten vom Provider angefordert, und demnach fand das erste Telefongespräch vor zwei Jahren und drei Monaten statt.« Er verschränkte die Hände auf dem Tisch. »Zu diesem Zeitpunkt befanden Sie sich mit Frau Just in einer Beziehung, nicht wahr?«

»Sie müssen auf diese Frage nicht ...«, warf Neuwirth ein, doch Glaser unterbrach sie mit einer genervten Handbewegung.

»Es ist gut, ich weiß, dass ich auf nichts antworten muss, aber ich möchte, okay?« Er holte tief Atem. »Ja, zu diesem Zeitpunkt waren wir liiert. Noch nicht lange allerdings. Einen, vielleicht zwei Monate.«

»Hm«, machte Oliver. »Das würde bedeuten, dass Ihre Beziehung und Frau Justs Bekanntschaft mit Gunther Marzik etwa in den gleichen Zeitraum fielen?«

In einer hilflosen Geste hob Tibor Glaser die Arme. »Ja. Ja, das würde es wohl bedeuten.«

»Haben Sie eine Idee, aus welchem Grund Frau Just sich immer wieder bei Herrn Marzik gemeldet hat?«

Es war Glaser anzusehen, dass er nur mit Mühe ruhig bleiben konnte. »Natürlich nicht. Ich habe ihn nicht gekannt, so wie auch sonst viele aus Nadines Bekanntenkreis. Ich habe nicht einmal ihre Familie gekannt, nur ihrer Schwester bin ich einmal begegnet.«

»Aha.« Oliver tat übertrieben erstaunt. »Aber Sie waren über zwei Jahre lang ein Paar?«

»Ja!« Erstmals wurde Glaser lauter. »So bin ich eben. Kein Familienmensch, und wenn Sie meine Familie kennen würden, wüssten Sie, warum.«

»Kein Grund, sich aufzuregen«, sagte Oliver, und Fina konnte an seiner Miene ablesen, dass er sich darauf freute, gleich die härteren Geschütze aufzufahren.

»Bei der Durchsuchung Ihrer Wohnung haben wir gestern den Taschenkalender von Gunther Marzik gefunden. Wann und wo haben Sie den an sich genommen?«

»Sie müssen auf diese Frage ...«

»Gar nicht!«, rief Glaser. »Aber ich habe eine Erklärung. Ich glaube, ich weiß, wie der Kalender in meine Küche gekommen ist.«

»Tatsächlich?«

»Ja. Ich habe die ganze letzte Nacht darüber nachgegrübelt. Es war jemand von einer Installationsfirma im Haus. Angeblich gab es einen Wasserschaden in der Wohnung unter meiner, und der Mann wollte überprüfen, ob eines meiner Rohre undicht sei. Er war bei mir in der Küche und hat unter dem Spülbecken herumhantiert.«

»Hm«, machte Oliver wieder. »Und das fällt Ihnen jetzt erst ein?«

»Ja, verdammt, weil die letzten zwei Wochen der blanke Horror waren! Da setzt sich ein fünfminütiger Handwerkerbesuch nicht so stark im Gedächtnis fest.«

Die Geschichte wirkte sehr an den Haaren herbeigezogen.

Wie eine ungeschickte Ausflucht. Glasers Verzweiflung war dafür umso authentischer.

»Na gut«, sagte Oliver. »Wie sah dieser Handwerker aus? Hat er gesagt, von welcher Firma er kommt?«

»Ich glaube schon. Aber ich erinnere mich nicht mehr.« Er legte sich kurz eine Hand vor die Augen. »Der Mann war normal groß, ungefähr eins achtzig. Dunkles Haar. Er hatte keinen Akzent, trug einen dieser blauen Overalls. Und er hatte einen Werkzeugkasten dabei. Der war, glaube ich, schwarz, mit einem grünen Deckel.«

»Irgendwelche besonderen Merkmale? Narben, Tattoos?«

»Nein. Glaube nicht.«

Oliver beugte sich vor. »Herr Glaser. Soll ich ganz ehrlich sein? Genau so eine Geschichte würde ich auch erfinden, wenn ich in Ihrer Lage wäre. Irgendeinen unbekannten Handwerker, dessen Existenz niemand nachweisen kann, und …«

Neuwirth schlug mit der flachen Hand auf den Tisch. »Kein Wunder, dass Sie mit Ihren Ermittlungen in einer Sackgasse stecken. Sie haben eben eine neue Information erhalten, aber anstatt dass Sie ihr nachgehen und zum Beispiel die Nachbarn befragen, ob jemand den Mann gesehen hat, unterstellen Sie meinem Mandanten eine Lüge.« Sie schnappte nach Luft. »Jemand muss ihm die Tür geöffnet haben, nicht wahr?« Sie drehte sich zu Glaser um. »Er war schon im Haus, richtig?«

»Ja. In der Wohnung unterhalb von meiner. Hat er gesagt.«

»Wir werden das natürlich überprüfen«, erklärte Oliver. »Keine Sorge, Frau Dr. Neuwirth. Wodurch sich allerdings nicht klären lässt, warum Gunther Marzik für den neunzehnten April einen Termin mit Herrn Glaser eingetragen hat.« Er lehnte sich im Stuhl zurück. »Der Neunzehnte fällt in den Zeitraum, in dem der Mord an Marzik stattgefunden haben muss.«

Er ließ diese Information auf Glaser und die Anwältin wirken. Neuwirth setzte ein kaltes Lächeln auf. »Nachdem Sie diesen

Termin bereits gestern erwähnt haben, hat Herr Glaser seinen eigenen Kalender überprüft. Am Abend des Neunzehnten hatte er ein Geschäftsessen mit Kunden seiner Agentur. Sowohl sie als auch das Restaurant werden Ihnen seine Anwesenheit sicher bestätigen.«

Oliver erwiderte ihr Lächeln. »Nun, dann ist er zu seinem zweiten Termin möglicherweise zu spät gekommen? Wir werden dem nachgehen, aber ein Alibi ist das nicht, fürchte ich. Und jetzt lassen Sie uns über Lothar Hesselmann sprechen.«

Fina hatte den Eindruck, als würde Glaser sich entspannen. Das Thema schien er für sicheres Terrain zu halten. »Herrn Hesselmann habe ich überhaupt nicht gekannt, außer als Leser seiner Kritiken. Wir hatten weder beruflich noch privat miteinander zu tun.«

»Und wie sieht es mit Julius Beyer aus?«

Die Pause, bis Glaser antwortete, dauerte nur eine Sekunde, trotzdem war Fina sofort klar, dass hier etwas nicht stimmte. Hesselmann ließ ihn kalt, Beyer brachte ihn aus dem Gleichgewicht.

Allerdings fing er sich schnell. »Den kenne ich ebenfalls nicht. Aber vielleicht klären Sie mich auf. Was soll ich mit ihm zu tun haben?«

Auch Oliver musste den Stimmungswechsel gespürt haben. Er ließ sich Zeit, rückte den Notizblock auf dem Tisch zurecht, drehte seinen Kugelschreiber zwischen den Fingern. »Wie trinken Sie eigentlich Ihren Kaffee?«

»Was? Wollen Sie mir einen anbieten?« Er blickte zu seiner Anwältin, dann wieder zu Oliver. »Schwarz, ohne Zucker.«

»Ah. Sieh an. Also, wir glauben, dass Sie bei Beyer in der Wohnung waren. Auf einen Kaffeeplausch.«

»Was? Nein!«

»Alles weist darauf hin.«

Die Anwältin hatte eine Hand auf Glasers Unterarm gelegt;

sollte wahrscheinlich eine beruhigende Geste sein. »Was weist darauf hin? Würden Sie bitte Klartext sprechen?«

»Wir haben es Herrn Glaser gestern schon gesagt, es gibt DNA-Spuren von ihm in Beyers Wohnung und ...«

»Was sollte mein Motiv sein?« Tibor Glaser hatte die Hand seiner Anwältin abgeschüttelt und war aufgesprungen. Er stützte sich mit beiden Händen auf der Tischplatte ab. Zwischen seinem und Olivers Gesicht war kein halber Meter Platz mehr. »Warum sollte ich wildfremden Menschen etwas antun? Von allen Mordopfern habe ich nur ein einziges gekannt: Nadine Just. Und ich habe den offenbar wahnsinnig dummen Fehler begangen, zum Sender zu fahren, nachdem ich ihren Auftritt gesehen hatte. Weil ich mich immer noch ein wenig für sie verantwortlich gefühlt habe. Nur deshalb!«

Oliver war keinen Millimeter zurückgewichen, hatte sich Glasers Geschrei mit ruhiger Miene angehört. »Bitte setzen Sie sich wieder«, sagte er mit fast schon provokanter Ruhe.

»Mein Mandant hat vollkommen recht«, meldete sich die Anwältin. »Sie fischen im Trüben, ohne dass etwas dabei herauskommt, also stürzen Sie sich auf die erstbeste Person, die Ihnen unterkommt, und machen sie zum Tatverdächtigen. Herr Glaser, ich rate Ihnen, ab sofort nicht mehr auf die Fragen zu antworten.«

Glaser nickte. Diesmal befolgte er die Empfehlung seiner Anwältin. Er hielt den Blick starr auf die Tischplatte gerichtet und sagte kein einziges Wort mehr.

42.

Er saß auf einer Bank im Votivpark und hätte am liebsten laut geschrien. Seit einer halben Stunde war die Vernehmung zu Ende. Homburg hatte ihn zum Schluss verabschiedet, als täte er ihm einen Gefallen damit, ihn gehen zu lassen. »Wir sehen uns sicher bald wieder. Verlassen Sie bitte die Stadt nicht.« Er hatte ihm die Hand hingestreckt, aber Tibor hatte sie nicht ergriffen.

Er war froh gewesen, dass Neuwirth es zu ihrem nächsten Termin eilig gehabt hatte. »Ich rufe Sie an! Machen Sie keine Aussagen, wenn ich nicht dabei bin!« Damit war sie ins nächste Taxi gestiegen.

Sie wusste nichts von der Leiche in der Kirchfeldgasse 80A, er hatte es nicht über sich gebracht, ihr davon zu erzählen. Nicht, nachdem nun auch noch dieses Notizbuch bei ihm aufgetaucht war.

War das die richtige Entscheidung gewesen? Schwer zu sagen. Jedenfalls schien die Polizei den Toten in der Badewanne bisher nicht gefunden zu haben. Was bedeutete, dass Tibor theoretisch noch einmal zu der Adresse fahren und etwaige Spuren dort verwischen konnte.

Möglicherweise die dümmste Idee überhaupt, trotzdem schaffte er es nicht, sie sich aus dem Kopf zu schlagen. Auch wenn schon der Gedanke an den Anblick der Leiche seine Handflächen schweißnass werden ließ.

Er holte sein Handy, das er vor der Vernehmung stumm geschaltet hatte, aus der Tasche seines Sakkos. Fünf entgangene Anrufe. Einer von Bernie, zwei von Sabina und zwei von Marielu.

Er starrte auf das Display, bis es sich wieder verdunkelte. Allein der Gedanke, sich heute noch mit diesen drei Menschen auseinandersetzen zu müssen, raubte ihm das letzte bisschen Kraft, das noch in ihm gesteckt hatte.

Einfach hier auf der Bank ausstrecken. Die Augen schließen. Nichts mehr tun, nichts mehr wissen, nichts mehr fühlen.

Er versuchte es, hielt es aber nicht länger als fünf Minuten aus. Zu sehr war ihm bewusst, welches Bild er für Vorbeispazierende abgeben musste. Betrunkener Geschäftsmann. Teurer Anzug, trotzdem obdachlos. Irgend so was.

Also richtete er sich wieder auf und entsperrte sein Handy. Bernie war der Erste, den er anrief, nur um auf dessen Voicemail zu landen. Er legte auf und entschied sich dafür, das Gespräch mit Marielu für den Schluss aufzuheben. Beim letzten Mal hatte ihre Wärme ihm gutgetan, danach sehnte er sich heute mehr denn je.

Sabina also. Er tippte die Nummer des Agenturempfangs an, und sie war nach dem zweiten Freizeichen am Apparat. »Hallo, Tibor. Wie geht es dir?«

Wahrscheinlich eine reine Höflichkeitsfrage, aber sie schaffte es, zumindest ehrlich interessiert zu klingen.

»Nicht so toll. Ich verstehe nicht, was passiert, alles fühlt sich wie ein perverser Albtraum an.«

Sie seufzte. »Shit. Das tut mir leid.«

Er hatte nicht mehr den Nerv für Floskeln. »Wirklich? Letztens hatte ich eher den Eindruck, du traust mir alle Verbrechen dieser Erde zu.«

»Aber ...« Sie stockte. »Das stimmt nicht, und ich wollte sicher nicht, dass es so rüberkommt. Mir hat nur sehr viel an ihr gelegen. An Nadine. Sie fehlt mir.«

»Ja.« Ihm fehlte sie nicht, nicht einmal ansatzweise, im Gegenteil. Auf irgendeine vertrackte Weise hatte seine Beziehung zu ihr ihm diese Katastrophe beschert. »Warum hast du angerufen?«

»Es ist ein komischer Anruf reingekommen. Mit unterdrückter Nummer. Der Mann wollte mir nicht sagen, wie er heißt, aber er wollte dich unbedingt sprechen. Ich habe versucht, ihn abzuwimmeln, und da ist er richtig unangenehm geworden. Hat mich angeschrien, ich soll ihm deine Handynummer geben.«

Tibors Kehle fühlte sich trocken an. »Und?«

»Habe ich natürlich nicht gemacht. Weißt du, es kommen in den letzten Tagen immer wieder Anrufe von Spinnern bei uns rein, die irgendwelches Zeug schwafeln. Damit will ich dich überhaupt nicht belasten, aber der hier hat sich anders angehört. Als würde er dich wirklich kennen, deshalb dachte ich, du solltest es wissen.«

»Hat er sonst noch etwas gesagt?«

Sie schwieg kurz. »Ja. Etwas Merkwürdiges, warte mal, ich hab's aufgeschrieben.« Tibor hörte sie herumkramen. »Also. Er hat wörtlich gesagt: Ich weiß, dass er Leichen im Keller hat, und ich weiß auch, wo. Ich habe ihm prophezeit, dass er elend zugrunde gehen wird, wie es Arschlöchern gebührt, und ich habe recht gehabt. Ich kann ihm mit einem Wort das Genick brechen. Sagen Sie ihm, wenn er auf Knien angerutscht kommt, überlege ich mir, ob ich ihn verschone.«

Tibors Finger waren taub geworden, er umklammerte sein Handy fester, um es nicht fallen zu lassen.

»Ganz sicher ein Verrückter.« Sabina war merkbar darum bemüht, beruhigend zu klingen. »Ich glaube nicht, dass du das ernst nehmen solltest, aber ich wollte dir Bescheid geben. Diese Leute machen sich gern wichtig, er wird dir sicher nicht hinter einer Hausecke auflauern.«

Das nicht, dachte Tibor. Aber er weiß von meinen Leichen im Keller. Auch wenn es nur eine ist. Im Erdgeschoss. Und absolut nicht meine.

»Er hat keinen Namen gesagt? Auch keinen Vornamen?«

»Nein.«

»Keine Nummer hinterlassen?«

»Nein. Mach dir nicht zu viele Sorgen. Wenn er noch einmal anruft, gebe ich der Polizei Bescheid.«

»Äh. Musst du nicht.« Es war so schwierig, einen klaren Gedanken zu fassen, so anstrengend. »Aber wenn er sich wirklich noch einmal meldet, gib ihm meine Nummer.«

»Bist du sicher?«

»Ja. Ich kläre das mit ihm persönlich.« Er gab sich Mühe, locker zu klingen. »Bernie hat auch angerufen, weißt du, was er wollte?«

»Nein. Aber warte mal ...« Er hörte sie tippen. »Laut Kalender hat er heute den Termin mit Crastor de Luxe. Celine ist auch mit, und Amir hat Entwürfe für die Printkampagne dabei. Ja, genau. Das ist heute, da wird er sicher länger beschäftigt sein. Soll ich ihm etwas aufschreiben?«

»Nein.« Crastor de Luxe. High-End-Küchengeräte, ein Kunde, den Tibor aufgetan hatte. Unglaublich, wie schnell einem etwas, in das man Herzblut gesteckt hatte, so egal werden konnte. »Ich hoffe, dass es mit Crastor gut läuft«, sagte er und bemühte sich, es unbeschwert klingen zu lassen. »Danke fürs Erste.«

»Nichts zu danken. Bis dann!«

Tibor hielt das Handy noch ans Ohr, als sie schon aufgelegt hatte. Ließ es nur langsam sinken. Wie wahrscheinlich war es, dass ein gestörter Irrer in der Agentur angerufen hatte, der bloß Unruhe stiften und seine Aggressionen abbauen wollte? Dass er die Phrase *Leichen im Keller* mehr aus Zufall verwendet hatte – und nicht vielmehr mit ganz klarer Absicht?

Es war in seiner Situation höchst riskant, an einen Zufall zu glauben. Und dann ... dieser Hinweis darauf, dass der Anrufer ihn kannte. Dass er ihm irgendwann mal etwas prophezeit hatte.

In Tibors Gedächtnis fand diese Anspielung leisen Widerhall. Er hatte sich im Lauf seines Lebens und seiner Karriere mit einigen Menschen angelegt und sich sicher auch ein paar Feinde geschaffen. Es hatte laute, unschöne Wortwechsel gegeben, bei denen niemand höflich geblieben war, aber hatte ihm jemals jemand prophezeit, dass er elend zugrunde gehen würde?

Ja. Irgendetwas daran kam Tibor bekannt vor, und er glaubte, sich auch zu erinnern, dass er darauf nicht geantwortet, sondern nur sehr gelacht hatte.

Er beugte sich vor, starrte auf seine Schuhe. Versuchte, dieses Fragment einer Erinnerung mit einem Gesicht in Verbindung zu bringen. Warum hatte ihn das damals so amüsiert, war er betrunken gewesen?

Gut möglich. Allerdings war er das nur selten, wenn es um geschäftliche Dinge ging. Hatte es sich also um einen privaten Streit gehandelt? Vielleicht sogar um einen, an dem Nadine beteiligt gewesen war? Sie hatten sich des Öfteren angebrüllt, aber ...

Nein. Das fühlte sich nicht wie ein Treffer an.

Tibor stand auf, es half nichts, er musste eine Entscheidung fällen. In das Leichenhaus fahren oder nicht? Versuchen, die Spuren von gestern zu beseitigen, und dabei vielleicht erwischt werden?

Zurück zum LKA gehen und doch melden, was er in der Kirchfeldgasse entdeckt hatte? Einen Augenblick lang fühlte sich das wie die beste Lösung an. Die Verantwortung in andere Hände geben. Zwangsläufig, weil die eigenen dann in Handschellen liegen würden, da musste er sich nichts vormachen.

Außer vielleicht, wenn er die Polizistin allein antraf, die heute kein Wort gesprochen, sondern ihn nur forschend angesehen hatte, während sie Protokoll führte. Sie würde ihm möglicherweise glauben. Homburg nicht, der hatte sich innerlich bereits festgelegt, was Tibors Täterschaft betraf.

Aber was, wenn der Tote gar nicht der Mann war, den sie suchten? Der, dessen Name ihm nun nicht auf Anhieb einfiel. Doch. Julius Beyer hieß er.

Ohne es richtig zu bemerken, hatte Tibor sich auf den Weg zur Tiefgarage gemacht. Zuerst würde er nach Hause fahren. Abwarten, ob sich der Anrufer noch einmal meldete, denn vielleicht war es wirklich nur ein Spinner, der ins Blaue geschossen und zufällig getroffen hatte.

Wenn nicht, würde Tibor noch einmal in die Kirchfeldgasse fahren. Mit einem Mikrofasertuch und einem Handbesen. Aber erst, wenn es dunkel war.

43.

Fina sichtete ihr Protokoll. Aus ihrer Sicht ergaben sich jetzt mindestens zwei zwingende Schritte: Prüfen, was Glaser am Abend des neunzehnten April wirklich getan hatte, und in seinem Wohnhaus nachfragen, ob jemand in der letzten Woche einen Handwerker bestellt oder – noch wichtiger – gesehen hatte. Ihn beschreiben konnte.

»Mach das ruhig«, sagte Oliver. »Musst aber ohne mich auskommen, ich kläre mit der Staatsanwaltschaft, ob das, was wir haben, für Untersuchungshaft ausreicht.«

»Dann nehme ich Ahmed mit.« Sie sah sich suchend um.

»Wird schwierig, er und Manfred sind zu Quick-TV gefahren. Was Sieghart immer sagt, stimmt: Bei einer Serie ist der erste Mord der, den man sich am genauesten ansehen muss. Ahmed und Manfred befragen noch einmal die Mitarbeiter, die an dem Abend im Haus waren. Glaser muss einen Komplizen gehabt haben, jemanden, der den Stick für den Teleprompter ausgetauscht hat.« Er griff nach seinen Autoschlüsseln. »Ich wünschte, ich hätte ihn heute richtig in die Enge treiben können, wir sind so nah dran ...«

Fina verkniff sich die Bemerkung, dass Nadine Just nicht das erste Mordopfer gewesen war. »Für dich gibt's keinen Zweifel mehr, oder?«, fragte sie. »Glaser ist dein Täter, Punkt. Jetzt müssen wir nur noch die Fakten passend machen.«

Es war Oliver am Gesicht abzulesen, dass er ihr die Bemerkung übel nahm. Dass er gleich wieder unter die Gürtellinie zielen würde. »Wäre nicht schlecht, Serafina, wenn du akzeptieren würdest, dass alle in der Gruppe mehr Erfahrung haben als du. Und vielleicht solltest du dir nicht so stark anmerken lassen, wie sehr du auf den Werbefuzzi stehst, sonst könnte jemand auf die Idee kommen, dass du die Ermittlungen mehr behinderst als voranbringst.«

»Ich stehe nicht ...«

»Ach komm.« Er war schon fast bei der Tür. »Du schmilzt jedes Mal dahin, wenn er im gleichen Raum ist.« Oliver schmunzelte. »Oder schwitzt du nur?«

Sie fühlte, wie ihr das Blut ins Gesicht stieg, aus Wut, aber das würde Oliver natürlich völlig anders interpretieren. »Was für ein Sch...«

»Tsss, nicht fluchen!« Nun lachte er tatsächlich. »Locker sein, hm? Bisschen mehr Spaß verstehen. Sonst denken noch alle, dir fehlt ein Kerl!« Damit war er aus dem Büro.

Fina saß an ihrem Schreibtisch und wünschte sich, sie hätte ihm etwas nachgeworfen, bevor er verschwunden war. Ihre Heftmaschine zum Beispiel, mit der sie nun das ausgedruckte Protokoll zusammentackerte. Das Schlimme war, er würde vermutlich recht behalten. Am Ende würde sich herausstellen, dass Glaser die Morde begangen hatte, aus wer weiß welchem Grund. Seit Marziks Notizbuch aufgetaucht war, hielt sie das ja selbst für wahrscheinlich.

Also gut. Dann hieß es jetzt, die Wut auf Oliver in etwas Sinnvolles zu wandeln. Nägel mit Köpfen zu machen. Erst würde sie in die Agentur fahren, dann in die Ferrogasse, dort die Nachbarn befragen. Und dann endlich die Vorräte für zu Hause auffüllen. Wie schön wäre es, wieder einmal eine Stunde Zeit zum Kochen zu haben, dazu ein Glas Wein zu trinken und sich über belanglose Dinge zu unterhalten.

Sie konnte Chrissie anrufen, merkte aber sofort, dass sie dazu nicht richtig Lust hatte. Was sie sich wünschte, war ein Abend so wie früher mit Flo.

Verdammt noch mal, nun dachte sie schon das Gleiche wie Oliver. Dass ihr ein Kerl fehlte. Was für ein Quatsch. Vorübergehende Single-Phasen waren gut für die persönliche Entwicklung, und außerdem hatte sie Wichtigeres zu tun, als über ihr kaputtes Privatleben nachzudenken. Sie würde in die Agentur fahren. Jetzt.

»Sie hätten vorher anrufen sollen.« Die junge Frau vom Empfang sah bekümmert drein. Sabina Arnetz hieß sie, Fina hatte extra noch einmal in ihren Aufzeichnungen nachgesehen. »Herr Glaser ist beurlaubt und Herr Aschbach auf einem Termin.«

»Ich verstehe.« Fina verschränkte die Arme auf der Marmorplatte des Empfangstresens. »Aber das macht nichts, ich denke, Sie können mir genauso gut weiterhelfen.«

Die perfekt gezupften Augenbrauen der Frau hoben sich. »Ich? Ach, Sie meinen, weil ich mit Nadine Just befreundet war?«

»Nein, weil Sie den Terminkalender von Herrn Glaser verwalten.«

Arnetz lächelte. »Ja, das stimmt. Was möchten Sie denn wissen?«

»Können Sie mich einen Blick auf die April-Einträge werfen lassen?«

»Natürlich.« Die Frau drehte den Bildschirm so, dass Fina gute Sicht darauf hatte, klickte mit der Maus auf die Kalender-App und wählte den vergangenen Monat an.

Neunzehnter April. Fina beugte sich vor.

9.00 Uhr: Besprechung BA und TG mit Fotostudio Lehr.

13.00 Uhr: Präsentation Touristik Weinland Thermenregion.

19 Uhr: Reservierung: Kundendinner im Salonplafond. BA, TG, CW, AD.

22 Uhr: Reservierung: Atmosphere Rooftop Bar. BA, TG, CW, AD.

Fina seufzte. TG war natürlich das Kürzel für Tibor Glaser, BA für Bernhard Aschbach. CW musste Celine sein, deren Nachnamen Fina ebenso wenig im Kopf hatte wie den von AD. Amir irgendwas. Die beiden leiteten Text und Grafik. »Diese Abendessen«, sagte sie, »haben stattgefunden? Der Barbesuch auch?«

»Ja«, sagte Sabina Arnetz. »Warten Sie, ich kann Ihnen die Bewirtungsbelege zeigen.« Sie zog einen Ordner aus dem Schrank und hatte die passenden Rechnungen innerhalb weniger Sekunden parat. »Hier, bitte.«

Die Summen, die die Agentur ausgegeben hatte, waren beträchtlich. Sie waren mit Kreditkarte beglichen worden, und Fina erkannte auf beiden Belegen Glasers Unterschrift. Der aus dem Restaurant war um 21.48 Uhr ausgestellt worden, der aus der Bar um 01.33 Uhr. Dann gab es auch noch eine Taxirechnung, ebenfalls von Glaser unterschrieben. Frühmorgens mit dem zwanzigsten April datiert.

Damit stand so gut wie fest, dass er nicht um neunzehn Uhr dreißig bei der Wasserwiese gewesen war und Gunther Marzik erschlagen hatte. Was er aber ohne Weiteres am Tag davor oder danach hätte tun können. »Davon bräuchte ich eine Kopie«, sagte Fina. »Danke.«

Als sie eine halbe Stunde später vor dem Haus in der Ferrogasse stand – jemand hatte dem Ö in MÖRDER Hörner aufgesetzt –, war sie im ersten Moment stark versucht, bei Glaser anzuläuten. Ihn unter vier Augen zu sprechen, weil sie beinahe sicher war, dass er ihr gegenüber offener sein würde.

Nein. Sie drückte den Klingelknopf, neben dem Skrapek/ Hausmeister stand, und wartete, bis der schnarrende Öffnungston erklang.

»So schnell sieht man sich wieder!« Skrapek schien erfreut. »Kommen Sie heute den Herrn Glaser verhaften?«

»Nein. Aber ich würde Sie gerne etwas fragen: Gab es in der letzten Zeit jemanden mit einem Wasserschaden im Haus?«

Der Hausmeister schüttelte entschieden den Kopf. »Nein. Das wüsste ich.«

»Waren trotzdem Handwerker hier? Ein Mann im blauen Overall, normal groß, dunkle Haare?«

Skrapek stieß die Luft aus, als würde diese Frage ihn völlig überfordern. »Also, das kann ich Ihnen nicht genau sagen. Wann soll das gewesen sein?«

»Irgendwann letzte Woche.«

»Ich glaube nicht. Aber ich sehe nicht jeden, der hier rein- oder rausgeht.«

Die wenigen Bewohner, die Fina danach bei ihrer Tour durchs Haus antraf, waren ebenfalls keine große Hilfe. Nein, einen Handwerker hatten sie weder gerufen noch gesehen. Die Frau, die direkt unterhalb von Glaser wohnte, schien nicht zu Hause zu sein.

Fina stieg langsam eine Etage höher. Betrachtete die Schrammen an der Sicherheitstür und legte dann ein Ohr an das massive Holz.

Etwas bewegte sich in der Wohnung. Scharrte, wie Stuhlbeine auf Parkettboden. Leises Klirren. Ein dumpfer Schlag, wie von einer schwungvoll zugeworfenen Tür.

Er war zu Hause. Und es hörte sich an, als wäre er sehr beschäftigt. Beinahe, dachte Fina, als würde er packen.

44.

Die Erkenntnis überkam Tibor, während er vor seinem Tablet saß und sich Julius Beyers Videos ansah. »Die magischen Rituale, die die Menschen im alten Ägypten an einem Verstorbenen vollzogen, dauerten bis zu siebzig Tage«, raunte er in die Kamera. Seine Haut war bleich, die Augen hatte er kohlschwarz geschminkt. Ob dieses Gesicht das gleiche war, das Tibor aufgeschwemmt in einer schmutzigen Badewanne hatte treiben sehen, war beim besten Willen nicht festzustellen.

»Die Gehirne der Toten«, fuhr Beyer fort, »zogen sie durch die Nase mit einem langen Haken heraus, dann öffneten sie den Bauch und entfernten die Organe. Legten alles in große Krüge und gossen eine Mischung aus Öl und Harz darüber.«

Tibor stoppte das Video; hier würde er nichts erfahren, was ihm weiterhalf. Er klickte noch einmal den Film an, den Beyer zuletzt hochgeladen hatte. Der den Titel *Ankündigung* trug.

»Liebe Freunde, es ist heute das letzte Mal, dass ich mich bei euch melde. Denn – ihr habt es wahrscheinlich schon erraten – ich werde aus diesem Leben scheiden. Es ist höchste Zeit dafür.«

In dem Film zuvor, wie auch in den drei anderen, die Tibor sich bereits angesehen hatte, trug Beyer dicke Silberringe an jedem Finger, mit Totenkopf- oder Runengravur. Nicht in diesem Video. Die Hände waren schmucklos, das Gesicht wirkte geglättet. Deep Fake, dachte Tibor. Und gar nicht schlecht gemacht.

Sie hatten selbst erst kürzlich einen Werbespot gedreht, in dem ein gefakter Albert Einstein einer ebenso per Software erstellten Marilyn Monroe einen Handyvertrag aufschwatzte.

Die juristischen Hürden dafür waren enorm gewesen, die

technischen dagegen ein Klacks. Mit dem richtigen Programm bekamen auch Laien eine überzeugende Fälschung hin.

»Ein trauriges Ereignis steht bevor. Eines der hoffnungsvollsten Talente auf YouTube wird in Kürze tot aufgefunden werden. Ein Verbrechen wird man nicht ausschließen können.«

Aufgefunden, dachte Tibor. Von mir, ausgerechnet von mir.

In diesem Moment fiel der Groschen, ohne dass Tibor den geringsten Zusammenhang zwischen dem Video und seinem Geistesblitz hätte feststellen können. Aber er wusste plötzlich wieder, wer ihm ein düsteres Schicksal prophezeit hatte, und warum. Allerdings lag der Vorfall schon fünf oder sogar sechs Jahre zurück, und Tibor konnte sich beim besten Willen nicht mehr daran erinnern, wie der Mann geheißen hatte.

Er war Rebeccas Ex-Freund gewesen. Ein großer, sportlicher Wirtschaftsinformatiker, der in das Restaurant geplatzt war, in dem Tibor und Becca Händchen haltend gesessen hatten, noch sehr frisch verliebt. Sie waren bei der zweiten Flasche Wein gewesen, wobei Tibor die erste fast im Alleingang geleert hatte.

Es war Rebecca so unangenehm gewesen. Sie hatte ausgesehen, als hätte sie sich am liebsten in Luft aufgelöst, als der Typ den Kellner abgeschüttelt und begonnen hatte, sie als untreues Luder zu beschimpfen.

Tibor war natürlich dazwischengegangen, lachend und scharfzüngig. Daraufhin hatte der Mann ihm gedroht. Dass er elend zugrunde gehen würde – die Formulierung war ihm trotz fortgeschrittener Alkoholisierung im Gedächtnis geblieben. Zugrunde gehen, wie es Arschlöchern gebührt. Rebecca hingegen wolle er auch dann nicht mehr zurücknehmen, wenn sie auf Knien angerutscht käme.

Danach war es zwei Kellnern und dem Besitzer des Lokals gelungen, den Kerl hinauszuwerfen.

Das alles ähnelte sehr stark dem, was der Mann bei seinem Anruf heute Vormittag in der Agentur von sich gegeben hatte.

Es ergab nur leider überhaupt keinen Sinn; Tibor und Rebecca waren seit Jahren getrennt, und seit dieser denkwürdigen Begegnung war der Typ nicht mehr in seinem Leben aufgetaucht.

Aber eventuell in Beccas? Möglich, aber selbst wenn – was versprach er sich davon, ihren Ex zu belästigen? So nachtragend konnte niemand sein, dass er nach sechs Jahren einem früheren Rivalen ein paar Morde in die Schuhe schieben wollte, weil es sich gerade günstig ergab.

Das Beunruhigende war, dass er Leichen im Keller erwähnt hatte.

Es ließ Tibor keine Ruhe. Er öffnete WhatsApp, scrollte bis zu seinem letzten Nachrichtenwechsel mit Rebecca und begann zu tippen.

Liebe Becca, sorry, dass ich dich schon wieder nerve. Noch dazu mit einer komischen Frage: Erinnerst du dich an den Zwischenfall beim Italiener, damals, als wir frisch zusammen waren? Dein Ex ist aufgetaucht und hat eine ziemliche Szene gemacht. Wie hieß der noch mal? Und weißt du, wo er heute steckt und was er so treibt?

Ich wünsche dir einen tollen Tag mit Charly und dem Rest der Schildkröten! Tibor.

Er wandte sich wieder YouTube zu, als ihm einfiel, dass ja auch Marielu am Vormittag bei ihm angerufen hatte.

Sie war schon nach dem zweiten Läuten am Apparat. »Hallo! Wie geht es dir, Tibor? Wie schlimm ist es?«

»Grauenvoll, danke. Ich musste heute Morgen zu einer Vernehmung, deshalb melde ich mich jetzt erst.«

»Mir tut das alles so leid für dich.«

»Danke.«

»Ja. Ich wollte dir vorhin nur sagen, dass die Presse bei mir angeklopft hat und ein Interview wollte. Keine Ahnung, woher die wissen, dass wir mal ein Paar waren, ich habe es ihnen jedenfalls nicht erzählt. Und habe auch zum Interview Nein gesagt.«

»Du bist ein Schatz, danke.«

Er hörte sie kurz zögern. »Sie haben ja schon mit Esther gesprochen. Hast du das gelesen?«

»Leider.«

»Ich verstehe nicht, wie sie so etwas sagen kann. Du bist weder gefühllos noch ein Psychopath. Sie muss doch wissen, was sie damit anrichtet.«

Ja, dachte Tibor. Das sollte sie. Das tut sie auch. »Ich fürchte, sie mag mich eben nicht mehr besonders.«

In Wahrheit hätte ich mit dir zusammenbleiben sollen, dachte er weiter. Die Zeit mit dir war schön, und heute würde ich das fehlende Drama zu schätzen wissen. Ich Idiot.

Nichts davon sagte er laut. Aber er hörte, wie viel weicher seine Stimme bei der nächsten Frage klang. »Wie geht es dir? Läuft es gut in der Klinik?«

»Ja, alles okay. Ich habe heute schon zwei OPs hinter mir, die zweite war tricky, ein ziemlich komplizierter Darmverschluss, aber es ist alles gut gegangen.«

Während ihres letzten Satzes hatte Tibor den leisen Klingelton gehört, der das Eintreffen einer Textnachricht anzeigte. »Du bist großartig«, sagte er und hoffte, dass es nicht hastig klang. »Und nur, falls du dich irgendwann gefragt hast: Ich war das nicht. Ich habe niemanden umgebracht, das schwöre ich.«

»Weiß ich doch«, sagte Marielu.

»Okay. Danke. Dann will ich dich nicht länger aufhalten. Wir hören uns, ja?«

Kaum war das Gespräch beendet, öffnete Tibor WhatsApp. Rebecca hatte zurückgeschrieben.

Das ist wirklich eine komische Frage. Vor allem, weil ich tatsächlich wieder Kontakt mit ihm habe, aber nur freundschaftlich. Er heißt Markus, und wir haben uns vor einem halben Jahr ausgesprochen. Solange ich nicht im Land bin, wohnt er in meinem Haus, das habe ich ihm angeboten. Er zahlt ein bisschen Miete, ich verdiene hier ja nicht so viel. Wir verstehen uns wieder ganz gut, er hat sich längst bei mir entschuldigt.

Verrätst du mir, warum du nach ihm fragst? LG, Becca

Markus, richtig. Der also tatsächlich wieder in Rebeccas Leben aufgetaucht war und ihr den Housesitter machte. So weit, so egal, aber was wollte er von Tibor?

Na ja, unter den gegebenen Umständen war es nicht schwierig, eins und eins zusammenzuzählen. Dieser Markus würde warten, bis Rebecca aus Panama zurückkam, und noch einmal sein Glück bei ihr versuchen. Dabei war Tibor ihm zwar nicht im Weg, aber wenn sich die Gelegenheit bot, ihm eins reinzuwürgen, wollte er möglicherweise die Chance nicht ungenutzt verstreichen lassen.

Könnte sein, dass er zu den Leuten gehört, die mich für einen Mörder halten, schrieb er zurück. Genauer würde er nicht ins Detail gehen, wozu auch.

Das tut mir leid, kam kurz darauf die Antwort. *Stimmt, er hat gesagt, er ist immer noch wütend auf dich, weil du ihn damals so ausgelacht hast. Hat er versucht, dir zu schaden? Soll ich mit ihm reden?*

Das fehlte gerade noch. Dann gab es morgen ein neues Interview in irgendeiner Zeitung: »Ich weiß, wo Tibor Glaser seine Leichen versteckt.« Oder die Polizei stand wieder vor der Tür, diesmal mit einem Haftbefehl.

Nein, schrieb er zurück. *Ist schon okay. Er dürfte in der Agentur angerufen haben, aber das muss dich nicht kümmern. Ich kläre das selbst mit ihm.*

Rebecca wünschte ihm noch einen schönen Tag, und er schleppte sich aufs Sofa. Er hatte nicht daran gedacht, sie nach Markus' Familiennamen zu fragen, aber das war auch nicht so wichtig, er wusste ja, wo er ihn notfalls finden konnte.

Aber vielleicht war ein Treffen gar nicht nötig. Vielleicht genügte es diesem Markus, ihn einmal kräftig zu erschrecken, und er würde es dann gut sein lassen.

Tibor schaltete den Fernseher ein und starrte ein paar Minuten lang hinein, ohne irgendetwas von der Handlung der laufenden Sitcom mitzukriegen. Dann rief er in der Agentur an. »Hat der Typ von heute Vormittag sich noch einmal gemeldet?«

»Na ja. Jaaa«, sagte Sabina gedehnt. »Aber du hast wahrscheinlich recht, der ist ein Verrückter. Hat diesmal nur herumgeschrien, mich beschimpft und dann irgendwas von einer Badewanne gefaselt. Und dass dir deine ganzen Reichtümer nichts helfen werden, all so Zeug. Ich wollte ihm deine Handynummer geben, wie du gesagt hast, aber er hat noch vorher aufgelegt.«

Tibors versuchte, etwas zu entgegnen, aber er brachte nur ein Krächzen heraus. Sein Magen krampfte sich zusammen, ihm war mit einem Schlag eiskalt. Badewanne. Markus, wenn wirklich er der Anrufer war, stieß keine leeren Drohungen aus. Er wusste von dem Toten in der Kirchfeldgasse.

45.

Gummihandschuhe, Putzmittel, Küchenrolle. Tibor suchte sämtliche Utensilien zusammen, von denen er sich vorstellen konnte, dass sie nützlich waren, und packte sie in seine Sporttasche.

Sobald es draußen dunkel wurde, sobald die Straßenbeleuchtung anging, würde er losfahren. Zuerst in die Kirchfeldgasse, wo er die Türklinken abwischen würde, außerdem die Wand im Badezimmer, an der er sich in seinem Schock abgestützt hatte. Dann zu Rebeccas Haus, in der Hoffnung, Markus anzutreffen. Mit ihm vernünftig reden. Und eventuell herausfinden, ob er von den Toten nur wusste oder ob er etwas zu ihrem Ableben beigetragen hatte.

Tibor würde einen dunklen Hoodie tragen, um in der Nacht möglichst unsichtbar zu sein. Licht machen würde er nur, wenn es absolut nötig war.

Taschenlampe. Taschenlampe nicht vergessen.

Die große Frage war, ob er sein Handy mitnehmen sollte. Konnte die Polizei ihn noch nachträglich darüber orten? Nicht nur die aktuellen Bewegungsdaten überprüfen, sondern auch die der letzten Tage und Wochen?

Eine schnelle Suche auf Google bestätigte: Ja, Standorte wurden gespeichert. Man konnte den Verlauf aber löschen, was Tibor umgehend tat. Als Nächstes deaktivierte er die GPS-Funktion. Sobald er aus dem Haus war, würde er das Handy ausschalten, dann sollte für niemanden mehr nachvollziehbar sein, wo er sich aufhielt. Aber für den Notfall hatte er es dabei.

Blieben die Bewegungsdaten seines Autos. Da war das Navi eingebaut und, soweit Tibor wusste, das GPS nicht ausschaltbar. Er würde den Wagen also möglichst weit entfernt parken und die letzte Strecke mit öffentlichen Verkehrsmitteln zurücklegen müssen.

Eine halbe Stunde später hatte Tibor sich seinen Plan zurechtgelegt, sich an den Tisch gesetzt und den Blick starr aus dem Fenster gerichtet. Es gab für ihn nichts mehr zu tun, außer, auf die Dunkelheit zu warten. Und sich zu fragen, wieso er sich wie ein Verbrecher fühlte, obwohl er sich nicht das Geringste zuschulden hatte kommen lassen.

Er erwartete beinahe, dass der Leichengeruch herauswabern würde, dass bereits die Hunde aus der Nachbarschaft heulend die Nasen in die spätabendliche Luft reckten.

Doch das Haus in der Kirchfeldgasse wirkte unauffälliger und verlassener denn je. Tibor blickte sich nach allen Seiten um, bevor er das Grundstück betrat. Er huschte vom Zaun weg, als ein Auto sich näherte und, ohne langsamer zu werden, vorbeifuhr.

Mit der Taschenlampe leuchtete er über den bröckeligen Steinplattenweg, der zum an der Rückseite liegenden Eingang führte. Keine erkennbaren Trittspuren, trotzdem bückte Tibor sich und kehrte jede der Platten mit dem Handbesen ab. Dann ging er die Stufen bis zur Eingangstür hinauf.

Es machte nicht den Eindruck, als sei seit seinem Besuch gestern – erst gestern! – jemand hier gewesen. Nicht Markus, nicht die Polizei. Tibor putzte mit dem Mikrofasertuch die Klinke innen und außen, bevor er mit dem Ellenbogen die Tür aufdrückte.

Man würde keine Haare von ihm finden, denn er hatte die Kapuze des Hoodies aufgesetzt. Man würde keine Fingerabdrücke finden, denn er hatte Haushaltshandschuhe übergezogen. Im Vorraum blieb er stehen.

Ja, man konnte es riechen, wenn man es wusste. Seine heimliche Hoffnung, dass der Tote einfach verschwunden war wie ein ekelhafter Albtraum, würde sich nicht erfüllen.

Langsam und mit unendlichem Widerwillen ging er auf das Badezimmer zu. Der Geruch wurde stärker. Auf keinen Fall, ermahnte Tibor sich selbst, durfte er sich übergeben. Er würde nur die Flächen abwischen, die er beim letzten Mal berührt haben konnte, gleichermaßen schnell und gründlich. Würde nach kurzen, dunklen Haaren Ausschau halten, die er beim letzten Mal vielleicht verloren hatte. Dann würde er wieder gehen und auf dem Rückweg hinter sich den Boden fegen, sodass niemand Spuren würde erkennen können.

Vor der Badezimmertür blieb er stehen. Sammelte alles, was er an Kraft und Überwindung aufbringen konnte. Er würde die Sache jetzt schnell hinter sich bringen und anschließend nie wieder hier auftauchen. Drei Minuten widerwärtige Arbeit, dann fünf Minuten Fußweg zur Straßenbahn, mit der er zurück zu seinem Auto kommen würde. Dann nach Hause. Ein bis zwei Flaschen Rotwein. Schlafen.

Tibor öffnete die Tür und richtete die Taschenlampe auf die Beine des Toten, der unverändert vor der Badewanne kniete. Versuchte, nur noch durch den Mund zu atmen. Hier, rechts an der Wand, hatte er sich abgestützt. Vorsichtshalber wischte er großflächig über die Fliesen, danach über den Badewannenrand, den er möglicherweise auch berührt hatte.

Das Wasser war trüber als gestern noch, aber wenn Tibor hineinleuchtete, konnte er das Gesicht schemenhaft erkennen. War das Julius Beyer? Gab es Ähnlichkeiten mit dem Mann, dessen Videos er sich vor ein paar Stunden angesehen hatte?

Die Haarfarbe stimmte, die Haarlänge auch. Das Gesicht war eine furchtbare, vom Wasser zusätzlich verzerrte Fratze, und Tibor dachte nicht daran, den Kopf am Haar hochzuziehen, um sich Gewissheit zu verschaffen und ...

Ein Geräusch hinter ihm, zu nah, um von der Straße kommen zu können. Ein Knirschen. Tibor schoss herum und schloss geblendet die Augen. Zwei-, dreimal flammte Blitzlicht auf, die Gestalt, die das Handy hielt, war nur ein breitschultriger Schemen in der Dunkelheit und im nächsten Augenblick verschwunden. Schwere Laufschritte entfernten sich, in der Diele noch hörbar, danach war alles ruhig.

Es war so schnell gegangen, dass Tibor immer noch wie erstarrt dastand. Kaum begriff, was eben passiert war, aber wie schon beim letzten Mal reagierte sein Körper wieder fast ohne sein Zutun. Setzte sich in Bewegung; langsam erst, dann immer schneller.

Tibor rannte aus dem Haus, fiel beinahe über die Stufen, sprintete über den Steinweg zum offenen Gartentor, wo er sich hektisch nach rechts und links umsah.

Aber die Gestalt war nirgendwo mehr zu sehen. Was eigentlich unmöglich war ... außer sie verbarg sich hinter den Lkw auf dem Betriebsparkplatz gegenüber.

Er war stehen geblieben, schwer atmend. Vorbei, hämmerte

es in seinem Kopf, alles vorbei. Er rührte sich auch nicht, als tatsächlich ein dunkler Van vom Parkplatz fuhr und in Richtung Bahnunterführung abbog.

Eine Falle war zugeschnappt, aber er hatte keine Ahnung, wer sie gestellt hatte. Der Schemen, den er für Sekunden wahrgenommen hatte, war höchstwahrscheinlich ein Mann gewesen. Groß, mit athletischem Körperbau – mehr hatte Tibor nicht ausmachen können.

Sicher war hingegen, dass es nun Fotos von ihm gab, direkt neben der Leiche in der Badewanne. Wie er mit Putzlappen und Gummihandschuhen Spuren beseitigte. Er war dumm genug gewesen, in die gestellte Falle zu tappen; das Einzige, was ihm jetzt noch blieb, war, zur Polizei zu gehen.

Aber was sollte er dort erzählen? Er konnte kein Geständnis ablegen, er hatte schließlich niemanden ermordet. Er konnte nur die Wahrheit sagen, und die würde ihm niemand glauben, er glaubte sie ja selbst kaum.

Wie hatte er so dumm sein können, so unfassbar dumm. Er hätte sofort die Polizei rufen müssen, Sekunden nach Betreten des Fundorts. Jetzt konnte er nur noch aufgeben. Darauf warten, dass sie ihn festnahmen.

Oder nein ... Eine Sache gab es noch, die er versuchen konnte. Eine letzte Sache.

46.

Fina schob ihren Einkaufswagen durch den Supermarkt. Der Tag war frustrierend gewesen, aber vielleicht war der Abend noch zu retten. Sie würde Pasta kochen, und zwar nicht irgendeine, sondern Penne al tartufo nero, mit einer Tonne darüber geriebenem Parmesan. Dazu würde sie irgendetwas streamen, das definitiv nichts mit Mord zu tun hatte.

Sie hatte alles beisammen und reihte sich eben in die Schlange an der Kassa ein, als ihr jemand auf die Schulter tippte. Fina fuhr herum, viel erschrockener, als es der Situation angemessen war.

Georg. Ebenfalls mit Einkaufswagen, in dem sich Fertigtortellini, Butter, ein halber Laib Brot und ein Sechserpack Bier befanden.

»Hallo«, sagte Fina, ehrlich überrascht. »Was tust du denn hier?«

Lächelnd deutete er auf seinen Wageninhalt. »Ich wette, da kommst du von selbst drauf.«

»Äh, ja. Sicher.« Sie begann, ihre Sachen auf das Förderband zu räumen. »Aber ich wusste gar nicht, dass du hier in der Nähe wohnst.«

»Im Siebenten. Einmal über die Mariahilfer Straße. Wie lief's denn heute bei euch?«

»Zäh. Unergiebig. Bei euch?«

»Möglicher Durchbruch beim Juwelierraub, aber leider auch nichts Neues, was euren Fall betrifft.« Er stellte das Bier hinter Finas Einkäufe auf das Band. »Hey, Trüffelbutter. Ist ja nobel, hast du Gäste?«

»Nein, was ich habe, ist bloß Hunger und keine Lust auf Mikrowellenessen. Die Trüffelbutter wird der Höhepunkt des Tages.«

Er schob die Unterlippe vor, was drollig wirkte. Fina lachte. »Nur kein Mitleid. Mein Abendessen wird besser als deines, wenn ich mir deine Einkäufe so ansehe.«

Er nickte bedächtig. »Außer vielleicht, wenn ich dich zum Essen einlade. Es gibt einen ganz neuen Griechen, gleich hier um die Ecke. Was hältst du davon? Oder wartet jemand bei dir zu Hause?«

Die Frage war ihr überraschend unangenehm, obwohl sie

vollkommen unschuldig geklungen hatte. Weder übertrieben neugierig noch anrüchig.

»Nein«, sagte Fina nach einer kurzen Pause.

»Bei mir auch nicht.« Er kratzte sich am Hinterkopf. »Wie wär's? Wenn wir schon beinahe Nachbarn sind! Wir tragen unsere Einkäufe nach Hause und treffen uns in einer halben Stunde?«

Die Kassiererin hatte begonnen, Finas Waren über den Scanner zu ziehen. Nudeln, Parmesan, Pinot Grigio, alles ganz für sie alleine. Wie konnte etwas gleichzeitig so verlockend und so traurig sein?

»Heute nicht«, sagte sie. »Ich fühle mich einfach nur k. o. und nicht gesellschaftsfähig. Aber irgendwann die nächsten Tage – gerne.«

Georg wirkte weder beleidigt noch enttäuscht. »Kann ich verstehen. Na gut, dann verschieben wir das einfach. Hab einen schönen Abend, wir sehen uns ja.« Er grinste. »Zwangsläufig.«

Ich hätte ihm sagen sollen, dass er nicht davon anfangen soll, wenn Oliver dabei ist, dachte sie auf dem Weg nach Hause. Für den wäre das ein gefundenes Fressen. *Hey, Georg, hältst du es wirklich für eine gute Idee, Fina zu füttern? Hast du sie dir nicht genauer angesehen?*

Vielleicht war es ja tatsächlich keine gute Idee. Denn was, wenn Georg am Ende doch mehr als nur ein freundschaftlich-kollegiales Abendessen wollte? Sie mochte ihn gern, aber attraktiv fand sie ihn nicht. Er war auch mindestens fünfzehn Jahre älter als sie, wenn nicht sogar zwanzig.

Quatsch, was bildete sie sich da ein. Er hatte sie wie einen befreundeten Kollegen behandelt, nicht wie eine Frau, mit der er ein Date wollte. Da war Fina so gut wie sicher. Es hatte keinen Sinn, es zu bestreiten, sie entwickelte sich immer mehr zum klassischen Kumpeltyp.

Die Vorfreude auf den gemütlichen Abend war verflogen. Fina

kochte Penne und Sauce, verrührte beides miteinander und goss sich ein Glas Weißwein ein. Damit setzte sie sich auf die Couch vor den Fernseher und suchte nach einer passenden Serie.

Aber nichts fühlte sich richtig an. Nichts fesselte sie ausreichend, und auch die Pasta schaufelte sie ohne großen Genuss in sich hinein, denn ihre Gedanken schweiften ständig ab. Zu Georg. Zu Tibor Glaser. Zu diesem verdammten, vertrackten Fall.

Um halb neun griff sie zum Handy und rief in der Dienststelle an, einfach nur, um herauszufinden, ob noch jemand dort war. Ob es Neuigkeiten gab.

Manfred hob ab. »Ich habe morgen die zweite Zahn-OP, deshalb mache ich heute länger. Ich will euch nicht ständig hängen lassen.«

»Oliver ist schon weg?«

»Jaja. Längst.«

»Woran sitzt du denn?«

Er gab einen gequälten Ton von sich. »Ich sichte noch einmal die Überwachungsvideos aus dem Sendegebäude. Weil wir etwas übersehen haben müssen, das sagt auch Sieghart. Manchmal, wenn mehrere Leute gleichzeitig das Haus betreten, sind nicht alle Gesichter zu erkennen. Diese Lücken versuche ich gerade zu schließen.«

Fina betrachtete den beinahe leer gegessenen Teller auf dem Couchtisch. Die Sauce, die einzutrocknen begann. »Weißt du was? Ich komme noch mal rein und helfe dir.«

Wieder völlig zwiespältige Gefühle. Einerseits fühlte Fina sich beschwingt, als sie in die Straßenbahn stieg, andererseits wie die letzte Idiotin. Niemand würde es ihr danken, dass sie ihren Abend opferte.

»Das hättest du echt nicht tun müssen«, erklärte Manfred prompt, als sie die Büroräume betrat. »Willst du einen Keks?« Er hielt ihr die beinahe geleerte Packung entgegen.

»Nein, danke. Wo finde ich denn die Videodateien?«

»Gibt einen extra Ordner dafür, der heißt QuickÜberwachungEingang.«

»Okay. Bis wohin bist du schon gekommen?«

Er verengte die Augen und beugte sich zum Bildschirm vor. »Ich habe die Videos ab vierzehn Uhr gesichtet. Die Stunden von da an bis zum Mord müssten die entscheidenden sein. Wenn ich in dem Zeitraum wieder nichts finde, mache ich mit dreizehn Uhr weiter und arbeite mich von dort zurück.«

»In Ordnung.« Fina suchte eine bequeme Sitzposition auf ihrem Drehstuhl. »Dann starte ich von der anderen Richtung her. Fünf Uhr morgens. Da müssten die ersten Leute für die Frühnachrichten eintreffen, oder?«

Sie klickte das erste Video an. Alles schwarz-weiß, von schräg rechts oben. Minutenlang passierte nichts, und Fina ließ den Film schneller laufen, bis um fünf Uhr sieben ein Mann und eine Frau auftauchten. Beide dem Portier sichtlich bestens bekannt.

Dann wieder nichts, aber ab fünf Uhr dreizehn trafen die Mitarbeiter in kürzeren Abständen ein. Der Portier begrüßte sie, drückte für jeden den Öffnungsknopf, der die Glastür zum Foyer entriegelte.

»Weißt du noch, wo der Scanner für die Anmeldung im Haus steht?«, fragte Fina. »Wo das Personal die Mitarbeiterkarten drüberzieht?«

»Gleich, wenn man reinkommt, links«, sagte Manfred. »Die Stelle wird aber nicht von der Kamera erfasst.«

Fina stützte das Kinn in die Hände. Fünf Uhr vierundzwanzig. Die Frau, die jetzt hereinkam, war Moderatorin, Fina hatte ihre Sendung schon ein- oder zweimal gesehen. Sie hatte ihre Mitarbeiterkarte in der Hand und winkte dem Portier damit zu. Jetzt kam ein sechsköpfiger Putztrupp und danach zwei Männer, die gemeinsam einen riesigen, schweren Koffer schleppten.

Fina stoppte das Bild und zoomte näher heran. Die naheliegende Annahme war, dass sich in diesem Koffer technisches Equipment befand. Theoretisch konnte es aber auch eine Person sein. Jemand ohne Mitarbeiterpass, der sich ins Sendegebäude schmuggeln ließ.

Gab es Luftlöcher in diesem Koffer? Um das zu erkennen, war das Bild zu körnig, aber falls die Antwort Ja lautete, konnte die Person einige Stunden darin ausharren. Bequem war das nicht, aber machbar.

Fina schrieb sich die Uhrzeit auf, zu der die Männer eingetroffen waren. Fünf Uhr achtunddreißig. Die Identität der beiden musste bereits festgehalten worden sein, aber der Koffer war ein Fall für die Spurensicherung.

Sie achtete jetzt genauer auf alle Behältnisse, die von den Eintreffenden in den Sender getragen wurden, die meisten davon waren nicht groß genug, um darin einen Menschen zu verstecken.

Fina stoppte das Video. Ging noch einmal zurück auf fünf Uhr fünfundzwanzig, den Zeitpunkt knapp vor Ankunft der Kistenträger. Sie ließ den Film nun langsamer laufen und achtete auf jedes Detail.

Moment. Da war etwas seltsam gewesen, noch bevor die Männer mit ihrer schweren Last auftauchten. Fina ließ das Video eine Minute zurücklaufen. Bis zu dem Punkt, an dem die Moderatorin dem Portier mit ihrer Mitarbeiterkarte zuwinkte.

Da kam sie, ging hinein, lächelnd. Hinter ihr die Reinigungskolonne, sechs Frauen, die deutlich weniger ausgeruht wirkten.

Da. Nun wusste Fina, weswegen ihr Unterbewusstsein Alarm geschlagen hatte. Sie stoppte das Video, zoomte näher heran, an eines der Gesichter. Eine Frau mit Kopftuch und im gleichen Kittel wie die anderen, den Blick halb zur Seite gewandt, der Mund ein schmaler Strich. Das Alter schwer zu schätzen.

Fina kannte sie. Sie hatte sie schon einmal gesehen, aber sie wusste beim besten Willen nicht, wo.

47.

Das Haus, das Rebecca von ihrem Vater geerbt hatte, lag am Rand von Wien, in einer der weniger charmanten Ecken des Dreiundzwanzigsten Bezirks. Es war nicht so klein und schäbig wie das Haus in der Kirchfeldgasse, aber eine Renovierung hätte ihm durchaus gutgetan.

Das hatte Tibor in seiner Zeit mit Rebecca immer wieder erwähnt, also zumindest die wenigen Male, die er dort gewesen war. Die meiste Zeit hatte sie bei ihm gewohnt – weil er das so gewollt hatte. Er hatte seine schicke Dachgeschosswohnung dem Haus mit der bröckeligen Fassade und dem verwilderten Garten klar vorgezogen und auch nie ein Geheimnis daraus gemacht.

Doch mittlerweile schien zumindest der Garten in Ordnung gebracht worden zu sein. Kaum noch Gestrüpp, dafür eine Blumenwiese und zwei gepflegte Beete mit Lavendel und irgendetwas Gelbem.

Tibor hatte seinen Wagen eine Straße weiter abgestellt. Ihm war nicht klar, warum dieser Markus immer noch so wütend auf ihn war, aber vielleicht ließ sich das in einem Gespräch klären. Eventuell mithilfe von Geld, das er gerne zu zahlen bereit war, wenn er im Gegenzug irgendwie sicherstellen konnte, dass die Fotos rückstandslos gelöscht wurden.

Wobei ja noch nicht einmal sicher feststand, ob es Markus gewesen war, der sie geschossen hatte. Aber das würde er hoffentlich gleich erfahren. In einem der Zimmer im ersten Stock brannte Licht, also war jemand zu Hause.

Tibor fand das Gartentor nur angelehnt und schlüpfte hindurch. Blickte hinauf zu dem erleuchteten Fenster, halb in der Erwartung, dass sich dort eine Silhouette abzeichnen würde, doch es war niemand zu sehen.

Während seiner Fahrt hierher hatte er versucht, aus den vorhandenen Anhaltspunkten ein stimmiges Bild zu bauen, was ihm nicht so recht gelungen war. Wenn Markus von dem Toten in der Wanne wusste – bedeutete das gleichzeitig, dass er der Täter war? Und wenn ja, aus welchem Grund hätte er nicht nur ihn, sondern auch Nadine, einen heruntergekommen Blogger, einen Kulturkritiker und eventuell einen todesverherrlichenden Youtuber umbringen sollen?

Was zu Tibors nächster Frage führte: Angenommen, es gab einen Grund dafür – der wahrscheinlich darin bestand, dass Markus den Verstand verloren hatte –, war es dann klug, nachts zu ihm zu fahren? Alleine?

Die Antwort war ein klares Nein, aber Tibor sah keine andere Möglichkeit. Sicher war eine Sache: Die Morde sollten ihm in die Schuhe geschoben werden, also würde Markus ihn wohl am Leben lassen. Er war sein Sündenbock, den würde er nicht schlachten.

Die schwere Taschenlampe in der Hand, fühlte Tibor sich außerdem ganz passabel bewaffnet. Er würde diesen einen, letzten Versuch wagen, das Ruder herumzureißen. Wenn es nicht klappte, fuhr er noch heute Nacht zur Polizei.

Nach den ersten zögernden Schritten blieb er stehen. Sich dem Haus in der Dunkelheit zu nähern, fühlte sich wie ein schauriges Déjà-vu an, auch wenn dieses Gebäude größer und viel gepflegter war und es hier nach Lavendel und nicht nach totem Fleisch roch. Hinter dem beleuchteten Fenster regte sich immer noch nichts. Also weiter. Tibor erreichte die Eingangstür, legte den Finger auf die Klingel. Drückte. Lauschte.

Aus dem Inneren des Hauses war nichts zu hören. Weder der Klingelton noch Schritte. Er läutete noch einmal. Merkte erst dann, dass auch diese Tür nur angelehnt und nicht ins Schloss gefallen war.

Wenn es je eine Falle gegeben hat, dachte er, dann diese hier.

Alle Türen offen, aber sobald ich das Haus betrete, schlägt mir vermutlich jemand einen Vorschlaghammer ins Gesicht.

Er blieb stehen, lauschte auf fremde Atemgeräusche, doch alles, was er hörte, waren sein eigener Herzschlag und der Motor eines vorüberfahrenden Autos.

Eine Falle, ja. Andererseits: Niemand konnte wissen, dass er hier auftauchen würde. Er hatte es ja selbst erst vor einer knappen Stunde entschieden. Wenn es tatsächlich Markus gewesen war, der vorhin die Fotos von ihm geschossen hatte, dann wusste Tibor mit Sicherheit, dass der ihm nicht gefolgt war. Sondern in seinen Wagen gesprungen war und das Weite gesucht hatte.

Hier auf ihn warten konnte er aller Logik zufolge auch nicht: Er konnte nicht wissen, dass Tibor ihn als den Anrufer in der Agentur identifiziert hatte. Es sei denn, Rebecca hatte es ihm verraten.

Trotzdem beging er wahrscheinlich einen riesigen Fehler, indem er das Haus betrat; einen, angesichts dessen jeder Mensch, der nicht in Tibors Haut steckte, die Hände über dem Kopf zusammenschlagen würde. Aber immerhin war er auf der Hut. Er packte die Taschenlampe fester und öffnete die Tür ein Stück weiter.

Alles dunkel. Niemand zu sehen. Tibor räusperte sich. »Markus?«, rief er. »Ich möchte kurz mit dir sprechen. Ganz in Ruhe, okay?«

Keine Antwort. Kein Knarren, keine Schritte, nicht einmal ein Rascheln. Tibor ging weiter. Sah im Vorraum drei Jacken an der Garderobe hängen, darunter standen fünf Paar Schuhe. Zwei davon Damenschuhe.

»Hallo!«, rief er, noch lauter diesmal. »Lass uns die Dinge klären. Ich weiß, dass du es warst, der mich vorhin fotografiert hat.«

Immer noch keine Reaktion. Tibor blickte in Richtung Wohnzimmer, malte sich aus, wie Markus dort hinter der Ecke stand, mit angehaltenem Atem, den schmiedeeisernen Schürhaken in der Hand.

Er sprang vorwärts, duckte sich und blickte wild nach allen Seiten. Nichts, immer noch. Das Wohnzimmer lag verlassen und vage vertraut vor ihm, die ausladenden Polstermöbel der Sitzecke wirkten wie große, schlafende Tiere.

Aber hinter ihm kam etwas in Bewegung. Er hörte hastige Schritte und dann einen Knall – keinen Schuss, wie er im ersten Moment fürchtete, sondern das Geräusch der Eingangstür, die zugeschlagen wurde. Ein Schlüssel drehte sich im Schloss, kurz darauf ertönte Krachen und metallisches Quietschen, von außen, mehrmals.

Tibor wirbelte herum, suchte tastend nach einem Lichtschalter, fand keinen, schaltete die Taschenlampe ein.

Er war allein im Raum, vor dem Haus allerdings hörte er Laufschritte. Er hastete zur Tür – abgesperrt. Also riss er eines der Fenster auf, nur um sich metallenen Läden gegenüberzusehen, die sich trotz allen Rüttelns von innen nicht öffnen ließen.

Damit war auch das eben gehörte Quietschen erklärt. Er war eingesperrt, und das hatte er sich zu hundert Prozent selbst zuzuschreiben.

Stellte sich die Frage, was als Nächstes kam. War es Markus zuzutrauen, dass er das Haus anzündete? Gas einleitete? Wo kam überhaupt dieser Hass her, sie waren sich doch nur ein einziges Mal begegnet?

Tibor rüttelte noch einmal an der Türklinke, und an der Außenseite schien sich etwas zu lösen. Er hörte es draußen zu Boden fallen, scheppernd.

Erst jetzt merkte er, dass er keuchte, mehr aus Angst als vor Anstrengung. Die Taschenlampe wie einen Prügel erhoben, lief er die Treppen hinauf, ins Schlafzimmer, von wo aus er zuvor Licht gesehen hatte. Das war immer noch an, aber im Raum befand sich niemand. Er hastete zum Fenster und blickte hinaus. Der Garten lag dunkel und verlassen da, wohin war Markus verschwunden?

Es trieb Tibor wieder raus aus dem Schlafzimmer. Die Tür zu seiner Linken führte ins Bad, doch er ließ sie geschlossen. Aus Angst, wie er sich ehrlich eingestehen musste. Er wusste nicht, was ein weiterer vor einer Badewanne kniender Toter mit seiner geistigen Gesundheit anstellen würde.

Ein schneller und ergebnisloser Blick ins Gästezimmer, dann polterte er die Treppen wieder nach unten, zurück ins Wohnzimmer. Von dort aus in die Küche.

Der Lichtkegel seiner Taschenlampe glitt über Fliesenboden, Schränke, den Geschirrspüler, den Herd und einen Stuhl, der einsam in der Mitte des Raums stand.

Direkt unter der Schlinge, die jemand um einen Deckenbalken geknüpft hatte.

48.

Der Anblick war so surreal, dass Tibor einige Sekunden lang einfach nur dastand und das Seil betrachtete, das von der Decke hing wie ein böses Omen. Als hätte jemand alles vorbereitet, um sich zu erhängen, es sich dann aber anders überlegt.

Rebecca konnte nicht ahnen, dass sie ihr Haus jemandem überlassen hatte, der vollkommen durchgedreht war. Er würde versuchen, es ihr möglichst schonend beizubringen, in der Hoffnung, nebenbei ihre Hilfe erbitten zu können. Sollte er ein Foto von der Galgenschlinge schicken? Nein, so wie er sie kannte, würde sie das erschrecken.

Tibor zog das Handy aus seiner Hosentasche. Es gab hier irgendwo sicher einen Ersatzschlüssel, nach dem er sie fragen konnte, ohne sie allzu sehr zu verstören.

Hallo Becca!, schrieb er. *Kein Anlass zur Beunruhigung, aber ich stecke gerade in einer unangenehmen Situation. Ich wollte mit Markus reden, bin zu deinem Haus gefahren, und nun sitze ich hier fest. Er hat mich eingeschlossen. Gibt es irgendwo einen Zweitschlüssel, mit dem ich wieder rauskomme?*

Das klang locker genug, fand er und schickte den Text ab. Seine Taschenlampe flackerte, und Tibor ließ ihr Licht über die Küchenwand gleiten. Da war der Lichtschalter. Sekunden später leuchtete die Deckenlampe auf.

Tibor schaltete das Licht in allen Räumen ein. Im Wohnzimmer, der Diele, dem Esszimmer. Sofort fühlte sich seine Situation weniger Furcht einflößend an. Als er in die Küche zurückkehrte, vibrierte das Handy in seiner Hosentasche.

Ich fürchte, du wirst keinen Schlüssel finden, hatte Rebecca zurückgeschrieben. *Tut mir sehr leid für dich, dass du ausgerechnet in diesem Haus festhängst, das du ja nie gemocht hast. Aber keine Sorge. Du wirst bald Gesellschaft bekommen.*

Er musste die Nachricht dreimal lesen, bis er sie gänzlich begriffen hatte. Rebecca war nicht überrascht von seiner Situation? Nein, sie wusste Bescheid. Und der letzte Satz klang wie eine Drohung – er würde Gesellschaft bekommen?

Tibor lief ins Wohnzimmer, riss eines der Fenster auf und rüttelte an den Läden, die kein Stück nachgaben. Was sollte das alles? Warum ließ Rebecca ihn derart im Stich, sie hatten sich doch immer gut verstanden?

Vielleicht ein Missverständnis, aber über Textnachrichten würde sich das nicht klären lassen. Tibor öffnete seine Kontakte und wählte ihre Nummer.

Die Voicemail sprang unmittelbar an. Er wartete auf den Signalton und legte los; er sprach so schnell, dass seine Worte sich überschlugen. »Rebecca, was soll das, ich verstehe es nicht.

Wen meinst du mit Gesellschaft? Markus? Mit ihm möchte ich ja reden, deshalb bin ich hier, aber diese ganze Inszenierung …« Er holte Luft. »Weißt du, was in der Küche hängt? Das ist doch nicht witzig. Markus muss vollkommen durchgedreht sein. Wenn du das hörst, ruf mich bitte zurück. Danke.«

Er legte auf, vollkommen ratlos. Dass Markus ihm aus dubiosen Gründen Böses wollte, hätte er widerwillig akzeptieren können. Aber Becca? Wenn das stimmte, wusste sie möglicherweise auch von der unentdeckten Leiche und nahm es hin, dass ihr Tod wohl Tibor in die Schuhe geschoben werden würde.

Das sah ihr so gar nicht ähnlich. Nadine, ja, die wäre zu einem solchen Racheakt fähig gewesen, aber nicht Rebecca, die bei den kleinsten Meinungsverschiedenheiten sofort Tränen in den Augen hatte. Die keine Fernsehkrimis ertrug. Sie waren jahrelang ein Paar gewesen, und niemand konnte sich so lange verstellen …

Tibor hielt inne. Er hatte etwas gehört, nicht von draußen, sondern von oben. Ein Plätschern.

Natürlich stand ihm sofort die Szenerie mit dem knienden Toten vor Augen. Beinahe meinte er, ihn riechen zu können. Jemand versuchte, ihn in den ersten Stock zu locken, aber diesmal würde Tibor sich nicht reinlegen lassen. Er würde hier unten bleiben und …

Tja, und was? Auf die *Gesellschaft* warten, die Rebecca angekündigt hatte? Noch einmal versuchte er, sie telefonisch zu erreichen, wieder ohne Erfolg. Mutlos begann er, die Optionen abzuwägen, die ihm noch blieben.

Er konnte nach oben gehen und aus einem der Fenster klettern. Das würde möglicherweise klappen – nur wusste er jetzt, dass jemand sich im ersten Stock befand. Immer wieder hörte er Plätschern, als würde derjenige seine Position in der Badewanne verändern.

Was, wenn dieser Jemand ihm einen Stoß versetzte, kaum,

dass Tibor nach draußen gestiegen war? Er würde sich alle Knochen brechen. Eventuell auch das Genick.

Die zweite Möglichkeit: ein Anruf bei der Polizei. Wenn er die Adresse durchgab und schilderte, in welcher Lage er sich befand, würde in einigen Minuten ein Streifenwagen hier sein.

Wieder vibrierte sein Handy, und drei helle Glockentöne signalisierten das Eintreffen von ebenso vielen Nachrichten. Er öffnete sie, hoffte, dass Rebecca mit Verzögerung begriffen hatte, in welcher Misere er sich befand. Tatsächlich kamen die Mitteilungen von ihr, aber sie halfen ihm nicht weiter. Im Gegenteil.

Rebecca hatte Fotos geschickt. Diesmal nicht von Sonnenuntergängen, Sandstränden und geretteten Schildkröten, sondern von ihm, Tibor.

Wie er mit halb offenem Mund an der Badewanne stand, die Augen gegen das Blitzlicht zusammengekniffen. In einer Hand die Taschenlampe, deren Lichtkegel auf die Beine des Toten fiel. In der anderen Hand den Putzlappen.

Jedes dieser drei Fotos würde ihm ebenso das Genick brechen wie ein Sturz aus dem Fenster. Oder ein Sprung vom Küchenstuhl, mit der Schlinge um den Hals.

Warum?, schrieb er ihr zurück. *Was habe ich dir getan? Ich war das nicht, und ich glaube, das weißt du. Ich verstehe nicht, was du da tust. Ich verstehe es einfach nicht.*

Draußen rauschte der Wind in den Blättern. Das Plätschern aus dem oberen Stockwerk hatte aufgehört. Dann legte sich der Wind, und es herrschte Stille, dehnte jede Sekunde zur Ewigkeit. Bis erneut ein heller Glockenton sie durchbrach.

Becca hatte zurückgeschrieben, ihre Nachricht bestand aus einem einzigen Wort.

Gleich.

49.

Wer ist das? Ich kenne sie, aber ich weiß nicht, wie ich sie einordnen soll!« Fina hatte Manfred zu sich an den Computer gerufen und wies auf das vergrößerte Bild der Frau aus dem Reinigungsteam.

»Also, ich glaube nicht, dass ich die schon jemals gesehen habe«, brummte Manfred.

»Bist du sicher? Ich könnte schwören, wir haben mit ihr gesprochen.«

»Vielleicht am Abend von Justs Mord? Im Sender?«, schlug Manfred vor. »Oder in der Agentur? Könnte ja sein, dass die Werber dieselbe Firma angeheuert haben, um ihre Marmorschreibtische polieren zu lassen.«

Fina kniff die Augen zusammen, um besser denken zu können. Am ersten Abend war sie nur bei zwei Befragungen dabei gewesen: der von Glaser und der von Iris Radnitzky, der Chefin vom Dienst. In der Agentur … nein, da war während ihrer Anwesenheit nie geputzt worden.

Beyers Nachbarn? Nein.

Jemand aus Marziks Schrebergarten? Nein.

Sie öffnete die Augen wieder, ihr Blick fiel auf das grobkörnige Bild, und mit einem Schlag wusste sie, woher sie das Gesicht kannte. Sie stieß einen überraschten Laut aus, der Manfred ein Lächeln entlockte. »Na? Geistesblitz?«

»Ich habe sie vor Glasers Haus gesehen. Als wir mit dem Durchsuchungsbeschluss dort waren. Die anderen haben Rauchpause gemacht und gehofft, dass er auftaucht, damit sie die Tür nicht aufbrechen müssen. Ich bin ein Stück spazieren gegangen.« Als sie zurückgekommen war, hatte da dieses Mädchen gestanden. Fina hätte ihm keine Aufmerksamkeit geschenkt, wenn es nicht so fasziniert auf die MÖRDER-Schmiererei an Glasers Fassade geblickt hätte. Und wenn da nicht die Erzählung von Julius Beyers Nachbarin gewesen wäre, über das Kind, in dessen Begleitung sie Beyer zuletzt gesehen habe.

Ich darf nicht mit fremden Leuten reden, hatte das Mädchen Fina erklärt. Sekunden später war eine Frau aufgetaucht. Diese Frau. Sie hatte das Mädchen zur Eile angetrieben, wollte das gute Wetter nutzen.

Die ausgeprägten Augenbrauen, die tiefen Falten um den Mund, die schmale Nase – Fina hätte sich das Gesicht nicht so gut eingeprägt, hätte sie sich nicht überlegt, in welchem Verhältnis die Frau zu dem Kind wohl stand. Ob es eine familiäre Ähnlichkeit gab.

»Okay«, sagte sie. »Halten wir fest: Wir haben einen Beweis für die Anwesenheit dieser Frau im Gebäude von Quick-TV am Tag des Mordes an Nadine Just. Und wir haben sie unmittelbar vor Tibor Glasers Wohnhaus beobachtet. Niemals ist das ein Zufall.«

Manfred wirkte nicht hundertprozentig überzeugt. »Freu dich nicht zu früh, Fina, das ist ziemlich dünn. Erstens kannst du dich geirrt haben, und es sind zwei verschiedene Personen, die sich bloß ähnlich sehen. Zweitens: Auch wenn es die gleiche Frau ist, was beweist das? Sie war in der Nähe von Glasers Haus. Das ist alles.«

Sein Mangel an Enthusiasmus irritierte Fina nicht im Geringsten. »Wir müssen herausfinden, wer sie ist. Wir machen einen digitalen Bildabgleich.«

»Vergiss es«, sagte Manfred. »Erstens ist das Foto nicht scharf genug. Zweitens wird das in diesem Fall niemals genehmigt.« Er senkte die Stimme. »Ein digitaler Bildabgleich darf nur erfolgen, wenn bei unbekannter Täterschaft der Verdacht auf Begehung einer vorsätzlichen gerichtlich strafbaren Handlung vorhanden ist«, dozierte er.

Erstmals wandte Fina den Blick von dem grob gepixelten Gesicht der Frau ab und heftete ihn ungläubig auf Manfred. »Hast du das auswendig gelernt?«

»Ich habe eine Schwäche für Gesetzestexte«, sagte er. »Gerade dann, wenn es um unsere Arbeit geht. Ich weiß gerne, wann ich wo wie weit gehen darf.«

»Na gut.« Fina vergrößerte das Bild noch ein wenig und klickte auf Drucken. »Aber herumfragen können wir. Beim Sender, bei Reinigungsfirmen und vor allem bei Glaser selbst. Komm, lass uns loslegen. Ich fahre.«

Manfred schüttelte den Kopf. »Ist doch schon viel zu spät. Wir besprechend das morgen, wenn alle wieder im Haus sind.« Kurz biss er sich auf die Lippen. »Also, ihr besprecht das. Ich liege ja unterm Messer.«

Überredungsversuche hatten bei Manfred nur selten Erfolg, also versuchte Fina es gar nicht erst. Sie holte das Bild aus dem Drucker und warf einen prüfenden Blick darauf. Ja, man konnte das Gesicht erkennen. »Ich möchte nicht bis morgen warten. Ich fahre wenigstens zum Sender und höre mich um, dort ist jetzt sicher noch jemand.«

»Zumindest der Portier«, bestätigte Manfred. »Ja, versuch das ruhig. Vielleicht hast du Glück.«

Im Badezimmer schwappte Fina sich kaltes Wasser ins Gesicht, froh darüber, dass sie nur ein halbes Glas Pinot Grigio getrunken hatte. Vielleicht würde sie am nächsten Morgen schon einen Namen präsentieren können.

Sie hatten sich die ganze Zeit über gefragt, ob Tibor Glaser einen Komplizen gehabt haben könnte. Einen mit Zugang zum Sender, mit Zugang zu Nadine Justs Garderobe.

Möglicherweise war der Komplize ja eine Komplizin.

50.

Gleich.

Das Wort hing wie eine Drohung im Raum. Tibor konnte die Augen nicht von seinem Handydisplay wenden. Er war sicher, Rebecca würde noch etwas schreiben, ein paar erklärende Worte wenigstens.

Aber nichts dergleichen geschah. Tibor war auf das ausladende Sofa gesunken, hier hatte er sowohl die Treppe als auch die Fenster im Blick. Bisher war noch durch keine der Ritzen Rauch gedrungen, und niemand hatte sich von oben herangeschlichen. Es war wieder vollkommen ruhig im Haus, nur gelegentliche Straßengeräusche erinnerten ihn daran, dass draußen das Leben weiterging. Die Menschen in ihren Autos hatten keine Ahnung, dass sie an einem Haus vorbeifuhren, in dem jemand festgehalten wurde und wo in der Küche ein improvisierter Galgen aufgebaut war.

Noch einmal versuchte er, Rebecca zu erreichen. Wieder landete er auf der Sprachbox und legte diesmal sofort auf.

Er würde jetzt die Polizei anrufen. Ihnen die Fotos zeigen und die Adresse in der Kirchfeldgasse nennen. Flucht nach vorne. Natürlich würden die Konsequenzen zuerst einmal unangenehm sein, aber man würde ihn aus diesem Haus holen. Und nach ein paar Tagen würde sich herausstellen, dass er niemanden getötet hatte. Es war Zeit, sich einzugestehen, dass er es nicht schaffen würde, die Dinge alleine zu regeln.

Weder von Fina Plank noch von den anderen Ermittlern hatte er die Telefonnummern eingespeichert, aber natürlich wusste er die des allgemeinen Notrufs auswendig. »Hallo«, rief er ins Telefon, kaum dass am anderen Ende abgehoben worden war. »Mein Name ist Tibor Glaser, können Sie mich bitte ins LKA durchstellen? Oder zu einer anderen Stelle, die mit dem Mordfall rund um Nadine Just vertraut ist?«

Keine Antwort. »Hallo?«, rief Tibor noch einmal, bevor er das Telefon vom Ohr nahm und das Display betrachtete. Der Anruf war unterbrochen worden. Warum, erkannte Tibor schnell: Sein Handy hatte keinen Empfang mehr.

Er war technisch nicht besonders versiert, aber ihm war klar, dass er das nicht einem unglücklichen Zufall zu verdanken hatte, sondern wohl eher einem Störsender, einem sogenannten Jammer. Den jemand eingeschaltet haben musste, als deutlich geworden war, dass Tibor die Polizei zu Hilfe rufen wollte.

Wie viel hatte die Beamtin, mit der er verbunden gewesen war, noch mitbekommen, bevor die Leitung unterbrochen worden war? Seinen Namen, davon konnte er ausgehen. Jedes Wort mehr war Glückssache.

Er lief in die Küche, mied den Anblick der Schlinge. Nein, auch hier kein Empfang.

»Also schön«, rief er durchs Haus. »Sie können mich hören, richtig? Dann hören Sie mir gut zu. Ich weiß nicht, wie es zwischen Ihnen und Rebecca steht. Sie hat mir erzählt, dass sie Sie hier wohnen lässt, und vielleicht sind Sie ja sogar wieder mit ihr zusammen, keine Ahnung. Wenn ja, freue ich mich für Sie.« Er brach ab. Wie sollte er die Morde erwähnen, ohne mitschwingen zu lassen, dass er Markus für einen möglichen Täter hielt? Der den Spieß so geschickt umdrehte, dass ausschließlich Tibor im Fokus der Ermittlungen stand? Nun hatte er offenbar auch Rebecca gegen ihn aufgebracht, wahrscheinlich hatte er ihr ebenfalls die Fotos geschickt. Und sie glaubte ihm mehr als Tibor, was man ihr angesichts ihrer gemeinsamen Geschichte nicht mal verdenken konnte.

»Bitte, kommen Sie doch einfach nach unten und lassen Sie uns miteinander reden«, rief er. »Ich bin sicher, wir können das alles friedlich regeln.«

Es blieb ruhig im Haus. Niemand antwortete, niemand rührte sich. Auch das Plätschern aus dem Badezimmer kehrte nicht wieder, und allmählich fragte Tibor sich, ob er nicht doch nach oben gehen und dort nachsehen sollte. In dem einzigen Raum, in den er sich bisher nicht gewagt hatte. Er räusperte sich, hüstelte, um die Stille im Haus zu durchbrechen, die ihm zunehmend die Luft abschnürte.

Nach wie vor kein Handyempfang. Er wischte einmal nach links, und da waren wieder die Bilder, diese furchtbaren Fotos, bei deren Anblick er selbst fast bereit war, an seine Schuld zu glauben. Und dabei wusste er noch nicht einmal, wessen Oberkörper in dieser Badewanne hing.

Wenn draußen Polizei vorfuhr, würde er es mitbekommen? Würde durch irgendeine Ritze in den Fensterläden blaues Flackern dringen?

Hier zu sitzen, untätig und mit wachsender Angst, ertrug er nicht länger. Er stemmte sich hoch und ging ein paar Schritte. »Sie müssen doch irgendetwas von mir wollen!«, versuchte er es noch einmal. Hörte das Schwanken in seiner Stimme, kämpfte gegen die Vorstellung an, dass auch in dieser Badewanne ein Toter lag, der nur darauf wartete, von ihm entdeckt zu werden.

»Sprechen Sie mit mir. Oder rufen Sie meinetwegen die Polizei, wenn Sie es mich nicht tun lassen.«

Es war, als würden die Wände seine Worte schlucken, ungehört. Aber dann, als Tibor innerlich bereits aufgegeben hatte, hörte er doch etwas. Es war ein so leises Geräusch, dass es unter normalen Umständen kaum wahrnehmbar gewesen wäre. Ein Schnarren, als würde ein Schloss entriegelt. Und Sekunden später Schritte im oberen Stockwerk.

Tibor war zurückgewichen, instinktiv. Mit der rechten Hand umklammerte er die schwere Taschenlampe, in dem Bewusstsein, dass sie ihm nicht das Geringste nutzen würde, wenn sein Gegner eine Schusswaffe besaß.

Die Schritte kamen näher, die erste Stufe knarzte. Die Treppe beschrieb eine sanfte Kurve, daher konnte Tibor sein Gegenüber noch nicht sehen. Als es schließlich so weit war, ließ er unwillkürlich die Hand mit der Taschenlampe sinken. Er hatte mit Markus gerechnet, den er zumindest flüchtig kannte. Doch nun kam ihm eine Frau entgegen, von der er nicht glaubte, dass sie ihm jemals begegnet war.

Sie musste zwischen sechzig und siebzig sein, bewegte sich aber, als wäre sie keinen Tag älter als vierzig. Ihre schmale Gestalt steckte in einer schwarzen Hose und einem dunkelgrauen Kapuzenshirt, das seinem eigenen nicht unähnlich war. Das weiße Haar trug sie schulterlang und offen.

Am unteren Ende der Treppe blieb sie stehen, und nun kam etwas an ihr Tibor doch bekannt vor. Die Gesichtsform, die markanten Augenbrauen. »Hallo, Herr Glaser.«

Auch die Stimme war ihm vage vertraut, aber zuordnen konnte er sie nicht. »Ja«, stammelte er. »Hallo. Müsste ich Sie kennen?«

Die Frau lächelte freudlos. »Sie könnten mich kennen, wenn Sie Wert darauf gelegt hätten. Aber nachdem das nicht der Fall war – nein. Wir haben uns nie getroffen.«

Was sollte das heißen? Tibor wünschte, sein Kopf hätte in gewohnter Weise funktioniert, doch es fühlte sich an, als wäre er mit Schaumstoff gefüllt, der jeden Gedanken dämpfte.

Das hier ist Rebeccas Haus.

Ich habe vorhin mit Rebecca geschrieben.

Von ihr weiß ich, dass Markus derzeit hier wohnt.

Ich müsste mich sehr täuschen, wenn es nicht auch ein Mann gewesen wäre, der die verräterischen Fotos geschossen hat.

Er sagte das Erste, was ihm in den Sinn kam. »Ich dachte, ich würde hier auf jemanden namens Markus treffen. Ich weiß nicht, ob Sie ihn kennen, aber er glaubt, er hat noch eine alte Rechnung mit mir zu begleichen. Um ehrlich zu sein, blicke ich im Moment überhaupt nicht durch.«

Die Frau hatte ihm mit ungerührter Miene zugehört. »Ja, ich kenne Markus. Aber er ist nicht hier, er lebt seit über einem Jahr in Berlin.«

Wieso denn in Berlin, dachte Tibor, warum ruft er aus Berlin an ...

Der Groschen fiel spät, aber er fiel. Tibor selbst hatte sich zusammengereimt, dass es Markus gewesen war, der in der Agentur angerufen hatte. Weil der Anrufer gewisse Phrasen und Reizworte benutzt hatte. Aber das musste noch lange nichts bedeuten.

»Seien Sie doch so freundlich und geben Sie mir Ihr Handy«, sagte die Frau.

Ganz allmählich gewann Tibor seine Fassung zurück. »Nein, ich glaube nicht. Und ich möchte Sie bitten, mich hier rauszulassen. Weiß Rebecca, dass Sie hier sind?«

Wieder lächelte die Frau. »Nein, das weiß Rebecca nicht. Was Ihre Bitte angeht: Tut mir leid. Ich könnte Sie auch dann nicht aus dem Haus lassen, wenn ich wollte. Es ist von außen zugesperrt, und ich habe den Schlüssel nicht.«

Er starrte sie an. Was war es, das ihm vertraut vorkam? Der naheliegende Gedanke, dass es eine Ähnlichkeit zu Rebecca geben könnte, traf nicht zu. Aber sie erinnerte ihn an jemand anderen ...

»Ich würde wirklich gerne verstehen, was Sie von mir wollen. Falls Sie denken, ich hätte etwas mit den Morden der letzten Wochen zu tun – das habe ich nicht.«

»Ich weiß.«

Sie sagte es ganz schlicht, wie selbstverständlich. Tibor öffnete den Mund, ohne zu wissen, wie er weitermachen sollte. Sie wusste? Das hieß ...

»Dann wissen Sie auch, wer tatsächlich der Täter ist?«

»Natürlich.«

Er tastete mit der Hand nach hinten, fand die Sofalehne und ließ sich auf den Sitz gleiten. Weiche Knie waren ein Klischee, das er immer für übertrieben gehalten hatte, doch nun drohten seine unter ihm nachzugeben. »Aber Sie möchten gerne, dass ich als Mörder ins Gefängnis gehe?«

»Ja.« Sie strich sich die Haare hinters Ohr. »Das werden Sie auch, Herr Glaser.«

Angst und Verblüffung wurden von einem neuen Gefühl verdrängt. Wut. Das war, wie er fand, ein Fortschritt. »Ganz sicher nicht. Wir beide werden gemeinsam zur Polizei spazieren, und Sie werden dort genau das Gleiche sagen wie gerade eben.« Er hätte mit dem Handy eine Tonaufzeichnung machen sollen, zu dumm, dass er daran nicht gedacht hatte. »Sie werden sagen, dass ich unschuldig bin. Dass Sie wissen, wer die Morde begangen hat.«

Während er sprach, hatte er versucht, unauffällig sein Smartphone zu entsperren. Doch die Frau hatte jede seiner Bewegungen beobachtet; nun kam sie auf ihn zu, die Hand fordernd ausgestreckt.

Tibor hob die Taschenlampe. »Bleiben Sie stehen.«

Ganz offensichtlich dachte sie nicht daran; sie verlangsamte nicht einmal ihr Tempo. »Schlagen Sie ruhig zu«, sagte sie. »Fest. Wenn Sie mich erschlagen, vereinfacht das die Dinge sehr.«

ABER STILLE BLUTET
IN DUNKLER HÖHLE
STUMMERE MENSCHHEIT

Ich habe einmal gelesen, jeder Mensch gleiche einer Stickerei. Die Vorderseite: ein geordnetes Bild, meist angenehm fürs Auge, gleichmäßige Stiche, alles am rechten Fleck. Die Hinterseite? Chaos. Lose Fäden, wirres Durcheinander, Knoten und Schlingen. Kein Muster, kein System.

Ich erkenne mich in dieser Metapher mehr als in jeder anderen, nur dass sie in meinem Fall zu kurz greift. Bei mir ist die Vorderseite geradezu von pedantischer Gleichmäßigkeit und Struktur. Die Hinterseite ein Blick in den Schlund der Hölle. Die Fäden wandeln sich zu dunkelblau pulsierenden Venen, das Gewebe des Stoffs öffnet sich zu schreienden Mündern, jeder Knoten ist ein Geschwür.

Ich kenne niemanden, der gerne zeigt, was sich auf dem abgewandten Teil seiner persönlichen Stickerei befindet. Doch die meisten Menschen sind insgeheim überzeugt, bei allen anderen wären beide Seiten herzeigbar und schön.

Ich weiß, dass das nicht so ist, weiß es schon sehr lange. Umso penibler achte ich darauf, dass niemand die abstoßenden Verstrickungen sieht, die mein Leben zusammenhalten.

Vorne Lächeln, hinten Schmerz. Vorne Liebenswürdigkeit, hinten schwarzer Hass. Ich habe mein Leben so gestaltet, dass es mir immer wieder Gelegenheit dazu gibt, Stickereien zu wenden und ins Licht zu drehen. Ich tue es sachlich, aber in mir ist wilde Freude.

Und dann nehme ich die Schere. Schneide die Fäden auf der Hinterseite durch und sehe zu, wie das ganze Bild sich auftrennt und zerfällt.

Das sind Momente, für die es sich zu leben lohnt.

51.

Nein.« Der Portier gab Fina das ausgedruckte Foto zurück. »Tut mir leid, aber ich habe keine Ahnung, wie sie heißt. Am besten, Sie fragen in der Reinigungsfirma nach.«

»Habe ich versucht, aber da ist um diese Zeit niemand mehr im Büro.«

»Tja«, sagte der Portier und verzog den Mund. »Sie können gerne Ihr Glück im Haus versuchen, es sind ja noch einige da. Aber erwarten Sie sich nicht zu viel. Die Firma schickt immer wieder andere Reinigungskräfte, es gibt kein fixes Team, das für uns zuständig ist.«

Das hatte Fina befürchtet. »Trotzdem danke.« Sie ließ sich die Tür öffnen und sah sich um. Die Redaktion, in die Iris Radnitzky sie geführt hatte, würde sie wiederfinden, und vielleicht gab es dort jemanden, der sie dann weiter durchs Haus begleitete.

Von zwei Personen abgesehen war das Großraumbüro verwaist. Radnitzky war nicht unter ihnen, dafür aber die Assistentin, die am Abend von Nadine Justs Mord Dienst gehabt hatte. Sie schüttelte Fina die Hand. »Ich bin Melanie Dell, wir kennen uns schon, erinnern Sie sich?«

»Ja, sicher!« Fina ließ ihren Blick über den leeren Raum gleiten, und Melanie Dell interpretierte ihren Blick richtig. »Um die Zeit ist nur noch Minimalbesetzung hier, und wir gehen nach den News um zwölf.« Sie lächelte. »Für Sie ist Feierabend aber auch ein Fremdwort, oder?«

»In Phasen wie jetzt schon.«

»Sie wissen noch immer nicht, wer Nadine auf dem Gewissen hat?«

»Nicht mit Sicherheit. Aber wir kommen voran.« Sie zog das Foto hervor. »Diese Frau hier, kennen Sie die?«

Melanie betrachtete das Bild. Nickte dann langsam. »Ja, ich glaube, die gehört zum Reinigungspersonal. Aber oft habe ich sie nicht gesehen. Ich erinnere mich nur, weil sie einmal eine Tasse Kaffee über meine Unterlagen geschüttet hat und danach ganz verzweifelt war. Ich habe versucht, sie zu beruhigen, aber sie konnte kaum Deutsch.«

»Ah.« Fina machte sich eine innerliche Notiz. »Welche Sprache hat sie gesprochen?«

Verlegenes Schulterzucken. »Kann ich nicht so genau sagen. Eine, die ich nicht kenne. Eventuell Polnisch? Ich würde jedenfalls auf etwas Slawisches tippen. Wollen wir eine Runde drehen und nachsehen, wen wir im Haus noch auftreiben können?«

Es befanden sich noch mehr Mitarbeiter im Sender, als Fina vermutet hätte, aber niemand von ihnen kannte den Namen der Frau, und nur zwei glaubten, sich an ihr Gesicht zu erinnern.

Fina war eben dabei, mit der Maskenbildnerin zu sprechen, die für das Make-up des Moderators der Spätnachrichten hier war, als ihr Handy läutete. Manfred.

»Ich gehe jetzt nach Hause, drück mir die Daumen für morgen.«

»Mache ich.«

»Ach, und ich habe die Überwachungsvideos weiter überprüft und dabei besonders nach dieser Frau vom Putztrupp Ausschau gehalten. Weil ich wissen wollte, wann sie den Sender verlassen hat.«

»Sehr gut. Und?«

Er ließ eine bedeutungsvolle Pause entstehen. »Also. Die fünf anderen, mit denen sie am Morgen das Haus betreten hat, sind zu Mittag wieder gegangen. Sie nicht.«

Finas Kopfhaut prickelte. Das war allerdings eine wertvolle Information. »Ist sie überhaupt noch einmal am Eingang aufgetaucht?«

»Ja. Um einundzwanzig Uhr achtzehn, da ist sie gemeinsam mit der zweiten Schicht Reinigungspersonal gegangen. Um diese Zeit waren wir schon längst im Haus und mit der Befragung der Anwesenden ziemlich durch. Wir müssten auch sie vernommen haben, schätze ich.« Er brummte zufrieden. »Aber das Protokoll müsst ihr morgen raussuchen, ich gehe jetzt nach Hause.«

Fina blickte auf die vor dem Garderobenspiegel aufgereihten Make-up-Stifte. »Ist in Ordnung. Danke, Manfred. Und alles Gute für morgen!«

»Wird schon schiefgehen.« Er lachte gequält. »Ich melde mich.«

Sie steckte das Handy weg und wandte sich wieder der Maskenbildnerin zu. Zeigte ihr das Foto, doch die Frau schüttelte den Kopf. »Nein, tut mir leid. Aber ich habe mit den Putzfrauen eigentlich nie Kontakt, das ergibt sich einfach nicht.«

Melanie lotste Fina weiter, ins Studio, wo ein Kameramann und ein Tontechniker mitten in einer Unterhaltung steckten. »Sorry, dass wir euch stören«, sagte Melanie, »aber Frau Plank von der Polizei würde euch gerne etwas zeigen.«

Fina hielt ihnen das Foto hin, im gleichen Moment fühlte sie das Handy in ihrer Hosentasche vibrieren. Wahrscheinlich Manfred, der etwas vergessen hatte.

Sie drückte dem Tonmann das Bild in die Hand und zog das Smartphone heraus. Eine Textnachricht, anonym. Allerdings ohne Text, dafür war ein Foto angehängt.

Fina tippte es an und drehte sich automatisch weg von den beiden Männern, weg von Melanie. Ging ein paar Schritte aus dem Studio hinaus. Es dauerte ein paar Sekunden, bis sie begriffen hatte, was sie sah.

Das Bild war überbelichtet, offenbar hatte der Fotograf mit Blitz gearbeitet, trotzdem war alles Wichtige erkennbar. Tibor Glaser blickte sichtlich erschrocken in die Kamera. Er trug einen Pulli mit Kapuze und hielt ein Tuch in einer, eine Taschenlampe in der anderen Hand.

Neben ihm hing etwas. Über dem Rand einer schmutzigen Badewanne. Jeans, wenn Fina das richtig sah. Sie zog das Foto mit zwei Fingern größer.

Nein, das waren nicht einfach Jeans, das waren Beine. Jemand kniete vor dieser Badewanne und hing so über den Rand, dass der Oberkörper nicht zu sehen war.

Aber wo war das? Und wer hatte das Foto ...

»Also«, hörte sie Melanies Stimme direkt hinter sich und fuhr herum, »die beiden kennen die Frau auch nicht, keiner hat je mit ihr gesprochen. Fritz meint, er hat sie zumindest irgendwann gesehen, sicher ist er aber nicht.«

Fina nickte. Riss ihren Blick von dem Bild los. »Danke. Danke für die Hilfe. Ich muss jetzt los, aber ich melde mich wieder.«

52.

Natürlich schlug Tibor nicht zu; sein Handy gab er allerdings auch nicht heraus. Die Frau wollte, dass er sie erschlug? Weil das die Dinge vereinfachen würde?

»Hören Sie«, sagte er langsam, »ich weiß nicht, was ich Ihnen getan haben könnte und warum Sie mir Morde in die Schuhe schieben wollen, von denen Sie wissen, dass ich sie nicht begangen habe. Aber ich möchte, dass wir beide unbeschadet dieses Haus verlassen.«

Die Frau betrachtete ihn mit einer Intensität, als wollte sie mit ihrem Blick seine Haut durchdringen. »Ich verstehe es nicht«, murmelte sie, mehr zu sich selbst.

»Oh gut, dann sind wir schon zwei«, gab Tibor zurück. Wahrscheinlich war die Frau verwirrt. Eventuell sogar dement, obwohl sie körperlich in bester Verfassung zu sein schien.

»Es ist doch nichts Besonderes an Ihnen.«

Tibor nickte. »Da haben Sie völlig recht. Ich bin ein ganz normaler Mensch.« Er lächelte verbindlich. Wenn die Frau nicht plötzlich irgendwo ein Messer oder eine andere kleine Waffe herbeizauberte, würde er sie problemlos überwältigen können.

»Waren Sie schon in der Küche?«, fragte sie.

»Ja. Hübsches Arrangement.«

»Das habe ich für Sie vorbereitet. Es ist Ihre einzige Chance, einem entwürdigenden Prozess und einem Leben im Gefängnis zu entgehen, wissen Sie? Tut nicht weh und ist schnell vorbei.«

Sie ist verrückt, beschloss Tibor. Unterbreitet mir diesen Vorschlag so sachlich wie ein geschäftliches Angebot.

»Hören Sie«, sagte er. »Das hier ist Rebeccas Haus, und das sollten wir respektieren. Wir haben hier beide nichts zu suchen, wir sollten sehen, dass wir rauskommen.«

Wieder dieser Blick. Weniger durchdringend diesmal, mehr schneidend. Als wollte sie ihn häuten. »Es wäre mir lieber, Sie würden ihren Namen nicht in den Mund nehmen.« Sie drehte ihm den Rücken zu. »Vielleicht habe ich Sie ja belogen? Vielleicht habe ich einen Schlüssel, trage ihn irgendwo am Körper.«

Sie legt es darauf an, begriff Tibor. Sie will, dass ich sie angreife, dass ich eine echte Gewalttat begehe. »Vergessen Sie's«, sagte er und ging an ihr vorbei, in die Küche. Setzte sich auf den Stuhl unterhalb der Galgenschlinge und schlug die Beine übereinander. Höchste Zeit, selbst verwirrendes Verhalten an den Tag zu legen. Vielleicht brachte sie das aus dem Gleichgewicht.

Sie kam ihm nach. Blieb im Türrahmen stehen. Wieder erinnerte ihr Gesicht ihn an jemanden, der nicht Rebecca war, trotzdem fragte er. »Sind Sie Rebeccas Mutter?«

Sie zögerte kurz, dann nickte sie. »Das bin ich.«

Er atmete durch. Damit war zumindest schon eine Frage geklärt. Nun musste er es nur irgendwie schaffen, Handyempfang zu bekommen, Becca zu kontaktieren und ihr klarzumachen, dass mit ihrer Mutter etwas gehörig falsch lief. Dass sie sie zur Vernunft bringen musste.

Nachdem sie allerdings die Fotos kannte, würde sie ihm kein Wort glauben. Aber wenigstens die Polizei würde sie hierherrufen, angesichts der Tatsache, dass sich der Badewannenmörder mit ihrer Mutter im selben Haus befand.

»Ich weiß«, tastete er sich vorsichtig voran, »dass ich Rebecca damals sehr wehgetan habe mit der Trennung. Aber in der Zwischenzeit verstehen wir uns wieder bestens. Haben Sie ihr gesagt, was Sie hier tun?«

»Nein.«

»Das denke ich mir. Sie wäre ganz sicher nicht damit einverstanden.«

Sie verschränkte die Arme vor der Brust. »Wissen Sie, dass Nadine Just Kontakt zu ihr aufgenommen hatte? Nachdem Sie sich ihretwegen von Becca getrennt hatten?«

Nadine. Von der er sich immer heftiger wünschte, er wäre ihr nie begegnet. »Ja, Rebecca hat so etwas erwähnt. Wenn ich es gewusst hätte, hätte ich es ganz sicher verhindert.«

Wortlos ging sie zum Küchenschrank und öffnete eine der Schubladen. In Tibors Kopf arbeitete es, wie hieß die Frau noch mal? Becca hatte ihren Vornamen mehrmals erwähnt, weil sie ihn so passend fand. Hatte gesagt, sie wäre mehr als eine Mutter, beinahe ein ... Engel.

»Angela«, sagte er, in der Hoffnung, dass seine Erinnerung ihn nicht täuschte und dass es kein Küchenmesser war, das sie in der Schublade suchte. Sie zuckte leicht zusammen, der Name schien richtig zu sein. »Nadine war ein schwieriger Mensch«, fuhr er fort, »mit mehr als nur einer Persönlichkeitsstörung, sie ...«

Die Frau drehte sich zu ihm um, ein paar bedruckte Blatt Papier in der Hand. Sie legte sie vor ihm auf den Tisch. »Lesen Sie.«

»Wir sollten wirklich …«

»Lesen Sie!«

Gehorsam senkte er den Kopf. Es war ein ausgedruckter E-Mail-Wechsel zwischen Becca und Nadine. Tibor überflog die ersten Zeilen und stöhnte auf.

Hey, Rebecca, soll ich dir etwas Lustiges erzählen? Mein Schatz und ich haben uns gestern den schlechtesten Porno aller Zeiten angesehen, und weißt du, wer die weibliche Hauptrolle gespielt hat? Du! Er hat ein paarmal mit versteckter Kamera mitgefilmt, wenn ihr es getrieben habt, und die Filme sind zum Schießen! Ich habe vorher nicht gewusst, dass man sich im Bett so ungeschickt anstellen kann. Hast du dir schon eine chirurgische Oberschenkelstraffung überlegt?

In dem Ton ging es weiter.

Tibor versteht überhaupt nicht mehr, wie er sich je mit dir einlassen konnte. Es ist ihm richtig peinlich, aber angeblich hast du ihn so lange angebettelt, dass er sich am Ende hat breitschlagen lassen. Ich finde ja, so tief sollte keine Frau sinken.

Becca hatte nicht auf jede Mail geantwortet. Nur manchmal *Lass mich bitte in Ruhe* geschrieben, mehr nicht. Aber das schien Nadine nur angestachelt zu haben.

»Nichts davon ist wahr«, flüsterte er. »Wirklich. Ich hätte nie heimlich mitgefilmt, wenn wir zusammen waren, so etwas würde mir überhaupt nicht einfallen. Und schlecht über Becca geredet habe ich erst recht nicht. Ich mochte sie auch nach unserer Trennung noch wirklich, wirklich gerne.«

Er fühlte neue Wut in sich aufsteigen. Hauptsächlich darüber, dass Nadine tot war und er ihr nicht mehr seine ganze Verachtung entgegenschleudern konnte. Und auf sich selbst, dass er sie so falsch eingeschätzt hatte. Seinen Computer und sein Handy zu leicht zugänglich gelassen hatte, denn nun folgten auch noch einige Mails, die Nadine von seinem Konto aus in seinem Namen verfasst – und danach sicherlich sofort gelöscht hatte.

Sie waren so voller Niedertracht, dass Tibor mitten in der zweiten zu lesen aufhören musste. »Die habe ich nicht geschrieben. Niemals. So etwas würde ich meinem schlimmsten Feind nicht schreiben.«

»Das würde ich an Ihrer Stelle auch behaupten«, sagte Angela.

»Ich schwöre es Ihnen, bei allem, was mir heilig ist.«

Ihre Augen glänzten. »Ist Ihnen denn etwas heilig?«

Er wünschte sich, es beweisen zu können. Dass er nicht dieser Typ Mann war. Er kannte seine Fehler, es waren viele, aber Bösartigkeit gehörte nicht dazu.

»Wenn Sie es waren, die Nadine getötet hat«, sagte er, »dann kann ich das verstehen. Hätte ich Kinder und jemand würde sie so verletzen, könnte ich auch für nichts garantieren.«

»Nur haben Sie keine Kinder.«

»Richtig. Aber wissen Sie was? Ich werde Sie nicht bei der Polizei verraten. Ich werde den Mund halten.«

Sie zog sichtlich amüsiert die Augenbrauen hoch. »Sie würden für mich ins Gefängnis gehen?«

So hatte er das nicht gemeint. »Nein, ich meinte eher, der Fall bleibt ungelöst. Unbekannter Täter, aber die Serie reißt ab, und irgendwann legt die Polizei alles zu den Akten.«

»Sie sind ganz schön naiv.« Angela lehnte wieder im Türrahmen. »Es sind Ihre Spuren, die man an den Tatorten gefunden hat. Nicht meine.«

Dass sie davon wusste, beseitigte seine letzten Zweifel. Auf seinen fragenden Blick hin sprach sie weiter. »Sie haben ein paarmal in diesem Haus übernachtet, nicht wahr?«

»Ja.«

»Und sich die Haare gebürstet. Da bleiben immer ein paar zwischen den Borsten hängen. Kurz und dunkel. Die können sich an den unwahrscheinlichsten Orten wiederfinden.«

»Zum Beispiel in einem Schrebergarten an der Wasserwiese?«

»Zum Beispiel.«

Es war gewissermaßen ein Geständnis, auch wenn Tibor nichts damit würde anfangen können. »Was hat Marzik Rebecca angetan? Ich bin ihm nie begegnet. Nadine angeblich schon, aber das habe ich nicht mitbekommen.« So wie offenbar vieles nicht. Immer noch hielt er sein Smartphone in der Hand, das ohne Netz nutzlos geworden war, wenn man von der Aufnahmefunktion absah.

»Er war Nadines widerlicher kleiner Helfer. Sie wollte, dass er Rebecca stalkt, sie erschreckt, ihr ekelhafte Fotos schickt. Anscheinend – wenn er die Wahrheit gesagt hat –, dann hat sie ihm dafür einen Job beim Fernsehen versprochen. Dem heruntergekommenen Schmierfink. Bezahlt hat sie ihn schon die ganze Zeit über. Er meinte, er hätte für sie auch ihren Chef und seine Frau beobachtet.« Es musste Tibors ungläubiger Gesichtsausdruck sein, der sie zum Lächeln brachte. »Seien Sie nicht so erstaunt. Ich bin eine harmlose alte Frau, mich nimmt niemand mehr besonders ernst. Vor solchen Menschen nehmen andere kein Blatt vor den Mund. Marzik hat sich mit Nadines Bekanntschaft geschmückt wie mit einem Orden. Hat sich schon als Moderator seiner eigenen Talkshow gesehen.«

Falls all das stimmte, war es unbegreiflich. Welche Anstrengungen Nadine auf sich genommen hatte, um einer vermeintlichen Rivalin das Leben zur Hölle zu machen. Woher war der ganze Hass auf Rebecca gekommen? Moment, nicht nur auf sie, Marielu und Esther waren ja ebenfalls belästigt worden. Aber vor allem über Becca hatte Tibor immer wieder freundliche Worte verloren. Sich gern an die Zeit mit ihr erinnert und das auch Nadine gegenüber erwähnt. Die dem wohl nicht so gleichmütig gegenübergestanden war, wie es den Anschein gehabt hatte.

»Marzik hat Rebecca so zugesetzt, dass sie ihren Job verloren hat. Sie hat sich ein paar schwere Schnitzer geleistet und wurde gekündigt.«

Die Forschungsstelle im Nationalpark, über die sie sich so maßlos gefreut hatte. Deshalb also jetzt Panama. In Tibors Augen kein schlechter Tausch, aber vielleicht sah Becca das anders.

»Und dafür haben Sie ihn umgebracht?«

»Das habe ich nicht gesagt«, antwortete sie, doch er war überzeugt davon, in ihren Augen eine klare Antwort lesen zu können.

»Warum hat er in seinem Kalender einen Termin mit mir notiert?«

Sie nahm die ausgedruckten Mails wieder an sich. »Weil er einen hatte, leider erst einen Tag nach seinem Tod. Sie haben ihm einen Job in Aussicht gestellt, als Texter. Weil Sie den Ton in seinem Blog so erfrischend fanden.«

Tibor fragte nicht nach, ob Angela sich am Telefon als seine Kollegin oder Assistentin ausgegeben hatte, solche Details spielten keine Rolle. So oder ähnlich musste es gelaufen sein.

»Und was hat der Kulturtyp verbrochen? Lothar Hesselmann?«

Angela richtete ihren Blick auf die Schlinge. »Keine Ahnung. Den kannte ich nur aus dem Fernsehen. Ich glaube nicht, dass er und Rebecca sich je begegnet sind.«

»Aber …«

»Ja, ich weiß schon, wie es aussieht«, unterbrach sie ihn. »Und ich denke, die Polizei wird einen Weg finden, Ihnen auch diese Tat zuzuordnen. Aber ich kann Ihnen da nicht weiterhelfen.«

Das war verblüffend. Rebeccas Mutter legte gewissermaßen ein umfassendes Geständnis ab, aber bestritt diesen einen Mord?

»Jetzt werden Sie mich gleich noch nach Julius Beyer fragen«, sagte sie. »Das ist ein bisschen komplizierter.« Sie drehte den Kopf, und im nächsten Moment hörte es auch Tibor. Einen Schlüssel im Schloss der Eingangstür.

»Da ist sie ja«, sagte Angela. »Sehr gut.«

Tibor war aufgesprungen. »Was? Wer?«

Sie lächelte. »Meine Tochter.«

53.

Keiner da. Und wenn doch, macht er nicht auf.« Ahmed stand vor Glasers Sicherheitstür, als Fina die Treppen hochgejagt kam. Sie hatte das Foto an alle Kollegen geschickt, Sieghart hatte die ganze Gruppe zum Haus in der Ferrogasse beordert – alle, mit Ausnahme von Manfred.

Den Haftbefehl hatten sie noch während der Fahrt zugeschickt bekommen, aber es schien, als kämen sie zu spät. Von der Straße aus war kein Licht hinter Glasers Fenstern zu sehen, und auch nachdem der Hausmeister sie eingelassen hatte, blieb ihr Klingeln und Hämmern an der Wohnungstür unbeantwortet.

Oliver trat gegen das Holz. »Der hat den Braten gerochen und ist abgehauen. Wir müssen ihn zur Fahndung ausschreiben. Ist das Auto auch weg?«

»Hier in der Straße steht es nicht«, sagte Fina. »Ich rufe gleich bei der Staatsanwaltschaft an, die sollen uns eine Genehmigung zur Handyortung beschaffen. Denkt ihr, das auf dem Foto ist Beyer?«

»Ich würde sagen, ja«, meinte Ahmed. »Außer, es gibt noch ein weiteres Opfer.«

»Diesmal brechen wir die Tür jedenfalls auf.« Oliver trat noch einmal dagegen. »Eventuell verschanzt er sich da drin und stellt sich tot.«

Fina hörte, wie der Aufzug sich in Bewegung setzte, jemand fuhr nach oben. Nicht Glaser, wie sie kurz gehofft hatte, sondern die vier Kollegen, die Sieghart als Unterstützung geschickt hatte. Während zwei von ihnen sich gemeinsam mit Oliver das Türschloss vornahmen und die beiden anderen sich im Haus verteilten und aufgeschreckte Mieter baten, in ihren Wohnungen zu bleiben, setzten Fina und Ahmed sich auf die Treppe und telefonierten. Falls Glaser nicht zu Hause war, hatte die Handyortung Priorität.

Sie mussten herausfinden, wo das Foto mit der mutmaßlichen Leiche aufgenommen worden war. Das Bild selbst bot keinerlei Hinweise; ohne Hilfe würden sie wochenlang suchen.

»Wenn es nicht zu abgelegen ist, müssten die Nachbarn eigentlich bald den Geruch bemerken«, sagte Ahmed.

»Möglich, aber verlassen würde ich mich nicht darauf.« Fina hatte sich das Bild wieder aufs Display geholt und zog es größer. Versuchte, neue Details zu finden. »Erinnerst du dich an den Mann, den die Kollegen vor zwei Jahren in seiner Wohnung gefunden haben? Der seit einem halben Jahr tot war?«

Was man auf dem Bild mit ein wenig Mühe erkennen konnte: Das Haus war unbewohnt. Badezimmerschränke gab es nicht, aber an zwei Stellen konnte Fina Bohrlöcher erahnen. Auch zerbrochene Fliesen und Schuttspuren am Boden wertete sie als deutliche Hinweise.

Was aber nichts am Grundproblem änderte: Sie wussten nicht, wo diese Badewanne sich befand. Tibor Glaser hingegen würde es wissen.

Eine Stunde später war die Wohnungstür offen; Oliver ging als Erster hinein. Rief nach Glaser, doch niemand meldete sich.

Sie überprüften das Wohn- und das Schlafzimmer, die beide noch deutlich Spuren der Hausdurchsuchung aufwiesen; danach die Küche, das Gästezimmer und die Terrasse, aber Finas erster Eindruck bestätigte sich. Tibor Glaser war nicht zu Hause.

»Fahndung läuft«, erklärte Oliver, der in der Mitte des Zimmers stand und sich auch dieses Mal umsah, als überlege er, die Wohnung zu kaufen. »Schon Ideen zu dem Haus auf dem Foto? Fina, hast du versucht, den Absender zu identifizieren?«

»Dazu brauche ich Experten. Die Nachricht ist anonym reingekommen, und wenn der Absender sie über eine Website geschickt hat, vielleicht auch noch mit VPN-Server, haben wir keine Chance.« Sie stellte sich ans Fenster und sah in die Nacht hinaus, halb in der Hoffnung, die Frau vom letzten Mal wieder zu entdecken.

Sie konnte kaum Deutsch, hatte Melanie gesagt, die sie in der Redaktion gesehen und auf dem Foto wiedererkannt haben wollte. Bei der kurzen Begegnung auf der Straße war hingegen nicht einmal ein Akzent zu hören gewesen.

Doch nicht dieselbe Frau? Oder hatte sie sich verstellt, um ihrer Rolle gerecht zu werden?

Finas Handy klingelte. Sieghart. »Handyortung ist genehmigt, ich melde mich wieder, wenn wir mehr wissen. Wie sieht es bei euch aus?«

»Wir sind in der Wohnung, da ist alles unauffällig. Glaser ist nicht hier, aber das war zu erwarten.«

»Okay. Sobald wir wissen, wo wir ihn finden, stoße ich zu euch. Wir sind fast am Ziel, Fina. Bald haben wir ihn.«

»Ja«, sagte sie und versuchte, möglichst viel Überzeugung in dieses kurze Wort zu legen. Ihn würden sie wirklich bald haben, fragte sich nur, ob es damit getan war.

54.

Tibor hatte Rebecca seit über zwei Jahren nicht mehr gesehen, außer auf den Fotos, die sie ihm geschickt hatte. Er war von seinem Stuhl aufgestanden, bereit, sich zu entschuldigen für alles, was Nadine ihr angetan hatte. Seinetwegen.

Wie leid ihm sein eigenes, kaltschnäuziges Verhalten von damals tat, hatte er ihr bereits mehrfach geschrieben, aber wenn er ehrlich zu sich selbst war, hatte er Floskeln von sich gegeben. Leere Worte, um vor sich selbst besser dazustehen.

Die Nervosität, die seinen Puls jetzt schneller gehen ließ, rührte aber nicht ausschließlich von seinem schlechten Gewissen, sondern vor allem von den Fragen, die er sich zwangsläufig stellen musste: Wusste Rebecca, was ihre Mutter getan hatte? War sie vielleicht sogar daran beteiligt gewesen?

Wenn ja, hatte ihr Charakter sich von Grund auf geändert, und auch das würde er zum Teil sich selbst zuschreiben müssen.

Er hörte, wie die Eingangstür sich öffnete und unmittelbar danach wieder geschlossen und abgesperrt wurde. Angela hatte die Küche bereits in Richtung Vorraum verlassen; er folgte ihr.

Doch die Worte, die er sich im Kopf zurechtgelegt hatte, entglitten ihm, noch bevor er sie aussprechen konnte. Er fand auch keine anderen, sein Gehirn war wie stillgelegt; ausschließlich damit beschäftigt, den unerwarteten Eindruck zu verarbeiten.

Es war nicht Rebecca, die eben den Schlüssel in ihre Hosentasche steckte und ihm voller Abscheu entgegenblickte. Aber er wusste jetzt, woher Angelas Gesicht ihm bekannt vorgekommen war.

»Hallo, Tibor.«

»Sabina.« Es war, als müsse er seine Stimme durch einen sandgefüllten Schlauch pressen. »Wieso. Ich verstehe nicht …«

»Natürlich nicht.« Sie hatte Angela kurz an sich gedrückt. »Die Fotos sind bei der Polizei«, sagte sie zu ihr. »Ich denke, es sollte jetzt schnell gehen. Hat er sich schon entschieden?«

Entschieden, wofür denn entschieden?

»Er glaubt noch, er kommt auf die einfache Tour wieder raus«, sagte Angela. »Mein Angebot nimmt er nicht ernst, fürchte ich.«

»Setz du dich ins Wohnzimmer, ich kümmere mich um ihn.« Sabina drückte ihr einen Kuss aufs Haar. »Komm, Tibor. Lass uns in der Küche reden. Aber erst gibst du mir dein Handy.«

Er hielt es immer noch fest umklammert, wie er jetzt feststellte. »Wozu? Ich habe sowieso keinen Empfang.«

»Gib es mir. Ich möchte dir ein paar Dinge erklären und will dabei nicht ständig aufpassen müssen, ob du Tonaufnahmen machst oder genug Verbindung für einen Notruf kriegst. Du bekommst es zurück, wenn du gehst.« Sie streckte die Hand danach aus. Tibor zögerte, dann reichte er es ihr, in der Hoffnung, dass er dann schneller hier raus sein würde. Gleichzeitig mit dem Gefühl, einen Fehler zu begehen. Schon wieder.

»Möchtest du einen Kaffee?«

Er schüttelte stumm den Kopf, folgte ihr aber. Ließ sich wieder auf den Stuhl unter der Schlinge fallen.

»Na also, da bist du doch schon fast am richtigen Ort.« Sabina lehnte sich gegen den Kühlschrank. »Rauf auf den Stuhl, Strick um den Hals und ein kleiner Hüpfer.« Sie legte den Kopf schief. »Wenn du willst, helfe ich dir.«

Ihr lockerer Ton täuschte nicht über das Eis in ihrer Stimme hinweg. Immer noch hatte er Schwierigkeiten, die Person vor ihm mit der in Übereinstimmung zu bringen, die bei Aschbach&Glaser am Empfang saß. Die Termine verwaltete. Die Post erledigte.

»Du bist Angelas Tochter? Rebeccas Schwester?«

»Ja. Was du wüsstest, wenn du dich je wirklich für Becca interessiert hättest. Wenn du irgendwann zu einem der Familientreffen gekommen wärst. Waren ja nicht so viele, nachdem ich kaum je im Lande war.«

In Tibors Hinterkopf klickte etwas. Eine vage Erinnerung daran, dass Becca von Bina gesprochen hatte, ihrer Schwester, die in den USA lebte, seit ihr Mann einen Job im Silicon Valley angenommen hatte.

»Das war nichts Persönliches. Ich bin kein Familienmensch«, sagte er lahm, während er versuchte, sich genauer an das zu erinnern, was sie in seinem Büro gesagt hatte. Wie sehr sie Nadine gemocht habe und wie verstört sie über das Foto auf Facebook gewesen sei. Dabei musste das ein erster Stein in dem Mosaik gewesen sein, das ihn am Ende als Mehrfachmörder dastehen ließ.

»Du hast dich mit Nadine angefreundet, um dich für die Gemeinheiten zu rächen, die sie deiner Schwester angetan hat? Warte, und dann verschafft sie dir den Job in der Agentur ... und mit mir hast du ein zweites Opfer in Griffweite?«

Ihre Augen wurden schmal. »Ja, du bist ein sehr bedauernswertes Opfer. Gleich weine ich.«

»Ich habe es deiner Mutter schon gesagt, ich habe nichts von dem getan, was Nadine in ihren Mails behauptet hat. Nichts! Und die Nachrichten, die angeblich von mir gekommen sind, hat ebenfalls sie geschrieben.« Er suchte in ihrem Gesicht nach Anzeichen dafür, dass sie ihm glaubte. Fand kein einziges. »Sie hat uns alle reingelegt«, fuhr er fort.

»Du kannst viel erzählen, nur bin ich nicht so gutgläubig wie Rebecca«, sagte sie. »Aber wer weiß, mag sein. In dem Fall ist es leider Pech für dich. Auf jeden Fall trifft es keinen Unschuldigen. Du hast dich kein Stück darum gekümmert, wie es Rebecca nach eurer Trennung ging. Wusstest du, dass sie wegen Nadines Psychoterror zwei Monate stationär in die Psychiatrie musste?«

»Nein«, murmelte er. »Das hat sie mir nie gesagt. Aber ich bin sicher, sie will mir nichts antun. Wir haben Kontakt, und sie hat mir erst vor ein paar Tagen nette Grüße geschrieben. Sie hält mich nicht für einen Mörder, übrigens. Oder jedenfalls hat sie das nicht, bevor sie diese Fotos bekommen hat.«

Sabina nickte. »Becca war immer schon zu gut für diese Welt. Und besonders für dich.«

»Ja.« Er blickte zu Boden. »Das bestreite ich überhaupt nicht. Ich gebe dir auch darin recht, dass ich mich viel zu sehr für mich selbst und viel zu wenig für meine Mitmenschen interessiere.« Er musste aufpassen, dass er nicht zu kitschig klang. »Wäre das anders, hätte ich bestimmt früher begriffen, was Nadine für ein furchtbarer Mensch ist.«

»War.« Sie warf einen Blick auf die Uhr. »Willst du nicht vielleicht doch einen Kaffee? Bisher hast du dir immer gerne welchen von mir bringen lassen. Vier-, fünfmal am Tag. Und nie hast du deine Tassen selbst in den Geschirrspüler geräumt. Danke dafür.«

Erst hielt er es für Sarkasmus, war auch ein wenig erstaunt darüber, dass sie die Aufgabenverteilung in der Agentur kritisierte. In dieser Situation. Aber dann begriff er. Sie dankte ihm tatsächlich, denn so war es ein Leichtes gewesen, eine der Tassen mitzunehmen. Und sie an anderer Stelle zu deponieren.

Wir glauben, dass Sie bei Beyer in der Wohnung waren. Auf einen Kaffeeplausch, hatte Oliver Homburg bei der Vernehmung gesagt. Sie hatten Tibors DNA auf einer Tasse. Das war ein Fakt, gegen den er nur schwer argumentieren konnte.

»Seit ungefähr einer halben Stunde sind die Fotos von dir und der Leiche bei der Polizei«, fuhr Sabina fort. »Sobald sie das richtige Haus identifiziert hat, wird sie deine Fingerabdrücke auf der Türklinke finden. Ich habe sie mit der von diesem Haus vertauscht, die hast du freundlicherweise mit bloßen Händen angefasst.«

Daher war das klappernde Geräusch gekommen, als er vorhin an der Eingangstür gerüttelt hatte. Von der nachlässig angebrachten Klinke, die zu Boden gefallen war.

Tibor fühlte sich, als hätte er sich zu lange im Kreis gedreht, im Dunkel, in der Hoffnung, irgendwo ein Licht zu entdecken, das auf einen Ausgang hinwies. Ihm war schwindelig. »Das wird nicht funktionieren«, brachte er mühsam heraus.

»Doch, wird es.«

»Die Polizei muss sich doch fragen, wer die Fotos gemacht hat. Die fallen ja nicht einfach vom Himmel.«

In einer denkbar gleichgültig wirkenden Bewegung hob Sabina die Schultern. »Das war eben ein Komplize. Oder ein Unbekannter, der dich erpresst hat. Die Frage wird wohl unbeantwortet bleiben, aber das ändert nichts daran, dass du als Täter angeklagt wirst.« Sie wies mit dem Kinn auf den Strick, der über ihm hing. »Außer, du möchtest dir das lieber ersparen. An deiner Stelle würde ich das wollen, schätze ich.«

Was Tibor wirklich wollte, war aufspringen und ihr an die Gurgel gehen. »Ist mir schon klar, dass euch das am liebsten wäre. Denn dann könnte ich nichts von dem weitererzählen, was du mir gerade verraten hast.«

»Ach, da mache ich mir keine Sorgen. Es würde dir sowieso keiner glauben, denn es gibt ja nicht das kleinste Indiz, das auf uns hinweist. Keine DNA, keine Fingerabdrücke, nichts. Du würdest dich lächerlich machen.«

Er schloss die Augen, riss sie aber sofort wieder auf, als sich der Schwindel verstärkte. »Wer hat die Fotos wirklich geschossen? Das war ein Mann, das heißt also, es gibt noch jemanden in eurem reizenden Club.«

Er bekam keine Antwort, also versuchte er einen Schuss ins Blaue. »Bernie?«

Sabina lachte auf. »Der? Das ist eine abwegige Idee. Der stirbt doch fast vor Angst um den Ruf der Agentur. Bernie würde fünfzig Meineide schwören, um den Fokus auf jemand anderen zu lenken.« Sie beugte sich vor. Senkte ihre Stimme. »Aber sobald du durch die Medien gezerrt wirst, wird er sich von dir distanzieren, so öffentlichkeitswirksam, wie er kann. Er wird so enttäuscht sein. So entsetzt. Und dann wird er ein oder zwei Gratiskampagnen für Charity-Organisationen spendieren, als Buße für seine mangelnde Menschenkenntnis.«

Was sie sagte, klang sehr wahrscheinlich. Tibor konnte Bernies betroffenes Froschgesicht förmlich vor sich sehen. Gefaltete Hände, fassungsloses Kopfschütteln. Die Vorstellung ließ die Galgenschlinge zum ersten Mal wie eine verlockende Option scheinen.

Das Gefühl verschwand so schnell, wie es gekommen war. »Und du findest nicht, dass ihr auf entsetzliche Weise übers Ziel hinausgeschossen seid? Dass ihr es Nadine anders hättet heimzahlen können – und mir meinetwegen auch? Ihr habt vier Menschen umgebracht!«

Sabina schüttelte entschieden den Kopf. »Drei. Wer Lothar Hesselmann getötet hat, weiß ich nicht. Mit Trittbrettfahrern haben wir nicht gerechnet. Aber du hast natürlich recht, sie werden ihn ebenfalls auf deine Rechnung setzen.«

»Drei gibst du zu, und beim Vierten zierst du dich?« Tibor fühlte, wie seine Beherrschung ihm zunehmend entglitt. »Auch einer wäre zu viel gewesen! Warum habt ihr Nadine nicht einfach angezeigt, ihren miesen Charakter publik gemacht? Sie hätte sich ihre Karriere sonst wohin schieben können, und glaube mir, das wäre Strafe genug gewesen.«

Sabina sah ihn mehrere Sekunden lang schweigend an. »Nein. Menschen wie sie fallen immer auf die Füße. Es gibt einen großen Markt für professionelle Arschlöcher.«

In diesem letzten Punkt hatte sie nicht unrecht, aber alles andere ... Er verkrampfte die Hände ineinander, fühlte erst jetzt, wie kalt sie waren. »Und das alles tut ihr hinter Beccas Rücken, ja? Ohne ihr Einverständnis? Könnt ihr ihr jemals wieder in die Augen blicken?«

Sabinas Schultern strafften sich. »Sie wird es nie erfahren.

Niemand wird das. Nadine, Marzik und Beyer werden niemanden mehr verletzen und …«

»Oh, jetzt komm mir doch nicht so«, höhnte Tibor. »Ihr seid nicht die Rächer der Gemobbten, sondern einfach nur Verbrecher. Und ihr habt euch das hübsch zurechtgelegt, aber es wird nicht klappen. Weil niemand, weder Polizei noch Staatsanwalt, noch Richter mir ein Motiv nachweisen können.«

Zum ersten Mal glaubte er, Mitleid in ihrem Gesicht zu lesen. »Hm. Ich fürchte, da werden sie leider doch etwas finden.« Sie öffnete sie die Küchenschublade und holte auch wieder ein Blatt Papier heraus. »Das ist nur eine Kopie, das Original liegt in der Agentur. Du kannst es also gerne zerreißen oder aufessen, das ändert nichts.«

Sie drückte ihm den Zettel in die Hand. »Hier. Lies es. Ich muss kurz nach Mama sehen.«

Es war ein Brief, auf dem Papier der Agentur. Tibor überflog die Zeilen; seine Fassungslosigkeit wuchs mit jeder Sekunde.

Sehr geehrter Dr. Breisinger!
Ich wende mich vertraulich an Ihre Kanzlei, in einer sehr unangenehmen Sache. Ich werde erpresst. Meine Ex-Partnerin, Frau Nadine Just, und ein ehemaliger Journalist namens Gunther Marzik verlangen ***300.000*** *Euro von mir, die ich innerhalb einer Woche an Frau Justs Konto überweisen soll. Falls ich dieser Aufforderung nicht nachkomme, drohen sie, vertrauliche Dokumente an die Öffentlichkeit zu geben, die mich und meine Firma in größte Schwierigkeiten bringen würden. Ich will hier nicht ins Detail gehen, aber es handelt sich um Vorwürfe, bei denen es einerseits um Geldwäsche, andererseits um angebliches Schweigegeld an eine ehemalige Mitarbeiterin geht.*
Ich habe festgestellt, dass ich in dieser Sache vermutlich juristische Hilfe brauchen werde, die wirksam und gleichzeitig diskret ist. Ihre Kanzlei wurde mir wärmstens empfohlen.

Ich werde mich in den nächsten Tagen mit der Bitte um einen Termin an Ihr Sekretariat wenden.
Mit freundlichen Grüßen
Tibor Glaser

Der Text war völliger Quatsch – weder hatte die Agentur je Geldwäsche betrieben, noch war an irgendjemanden Schweigegeld geflossen. Doch das würde keine Rolle spielen, denn am Ende des Briefes stand klar und unverkennbar Tibors Unterschrift.

Es war seine, daran bestand kein Zweifel. Es konnte für Sabina kein großes Problem gewesen sein, sie zu beschaffen – an manchen Tagen legte sie ihm zehn oder fünfzehn Geschäftsbriefe zum Unterzeichnen hin. Wenn er in Eile war, sah er sich nicht jeden davon einzeln an. Ein- oder zweimal hatte er auch blanko Briefbögen unterschrieben, wenn er zu einem Termin musste, auf die Sabina später den dazugehörigen Text drucken sollte.

Da war nun also das Motiv. Es lag offen vor ihm, während Sabina und ihre Mutter offiziell keines hatten. Ihm war egal, wer von beiden die Morde wirklich begangen, wer Nadines Hals durchstochen hatte. Zum ersten Mal befürchtete er ernsthaft, dass auch die gewiefteste Anwältin ihn nicht mehr würde retten können. Dass er keine Chance mehr hatte, den Kopf aus der Schlinge zu ziehen.

Aus der Schlinge. Das konnte ihnen so passen.

Er stand auf, er musste raus aus dieser Küche, aus diesem Haus. Die beiden Frauen saßen im Wohnzimmer, Sabina hatte den Arm um die Schultern ihrer Mutter gelegt. Beide sahen ihn an.

Tibor suchte nach Worten. Stellte fest, dass er den Tränen nahe war. Er hielt den Zettel hoch. »Das ist so niederträchtig, Sabina. So unglaublich widerlich.« Wie brüchig seine Stimme klang.

»Es ist nötig«, antwortete sie ruhig. »Aber für heute hast du genug, nicht wahr? Wenn du willst, kannst du gehen. Die Tür ist offen, dein Handy liegt auf der Kommode im Vorzimmer.«

Es war kein Zugeständnis an ihn, das begriff er. Die Räder hatten sich längst in Bewegung gesetzt, es war nur eine Frage der Zeit, bis es einen Haftbefehl gegen ihn geben würde. Sabina musste ihn nicht weiter hier festhalten. Sie würde kein Wort mehr über die Morde verlieren, das war klar – sonst hätte sie ihm sein Handy nicht zurückgegeben.

Er nahm es an sich und schleppte sich nach draußen. Die frische Luft war wie ein Schlag, und er blieb kurz stehen. Etwas war merkwürdig, doch es dauerte ein wenig, bis er es benennen konnte.

Die Stille. Natürlich war es bereits spät am Abend, aber trotzdem mussten um diese Zeit auch am Stadtrand eigentlich noch Autos unterwegs sein.

Er wartete. Lauschte. Hörte dann etwas, aber es waren keine Motorgeräusche, es waren Stimmen. Sie kamen von links, von dort, wo er seinen Wagen geparkt hatte.

Tibor schlich zum Gartenzaun und spähte auf die Straße. Ja, da standen drei Autos in zweiter Spur, das letzte hatte sich gerade erst positioniert, und zwar so, dass sie seines blockierten. Polizei, hundertprozentig. Zivilfahrzeuge. Gab es eine Straßensperre? War es deshalb so ruhig?

Er machte kehrt, plötzlich voller Panik. Natürlich würde er sich ihnen stellen müssen, aber noch nicht jetzt, nicht so früh. Er musste erst nachdenken. Sich eine Taktik zurechtlegen. Mit Kathrin Neuwirth sprechen und ihr schildern, was er von Sabina und ihrer Mutter erfahren hatte.

Wenn er auf das linke Nachbargrundstück kletterte und von dort aus noch mal über den Zaun, würde er auf eine schmale Nebengasse kommen und sich mit etwas Glück davonstehlen können. Einen Bus erwischen, der ihn von hier fortbrachte.

Aber nicht nach Hause, natürlich nicht, denn dort würden sie sicher auch ...

Er machte kehrt und lief los, doch er war zu schnell, konnte im Dunkel nicht ausmachen, wo er hintrat, und blieb mit dem Fuß an etwas hängen. Der steinernen Umrandung eines der Blumenbeete. Der Sturz ließ sich nicht mehr verhindern, aber immerhin landete Tibor nicht allzu hart, mitten zwischen Lavendel und Frühlingsastern.

Hatte er ein Geräusch von sich gegeben? Nein, hoffte er und stemmte sich auf einen Ellenbogen hoch. Direkt vor ihm lag noch ein Stein, den er mit dem Kopf zum Glück verfehlt hatte. Er war kleiner als die der Umrandung, die ihn zu Fall gebracht hatten, ungefähr faustgroß. Und bei näherem Hinsehen erkannte Tibor, dass es nicht einfach nur ein Stein war.

Es war eine Schildkröte. Glänzend schwarz, mit grauweißen Adern durchzogen.

Und da begriff Tibor. Er begriff.

55.

Sieghart meldete sich eine knappe Viertelstunde später. Glasers Handy war zuletzt in einer Funkzelle auf der Brunner Straße eingebucht gewesen, doch jetzt war es bereits seit gut einer Stunde offline. »Wahrscheinlich ist er längst wieder über alle Berge, trotzdem werden wir uns dort umsehen. Die Gegend ist zur Nachtzeit nicht sehr belebt, vielleicht haben wir Glück, und jemandem ist etwas aufgefallen.«

Sie ließen zwei uniformierte Kollegen vor Ort und machten sich auf den Weg. Oliver alleine in einem der Wagen, Fina fuhr bei Ahmed mit. Während der Fahrt checkte sie das Sendekataster und seufzte. Der Sendemast auf der Brunner Straße schien der leistungsstärkste in der Gegend zu sein, damit war der Umkreis, in dem Glaser sich befunden haben musste, relativ groß.

Sie erreichten das Zielgebiet noch vor Sieghart und fuhren langsam die Straßen entlang. Hauptsächlich Einfamilienhäuser, dazwischen zwei- bis dreistöckige Wohnblocks aus den Sechzigern. Kleinere Industriebetriebe, Tankstellen, ein Gasthaus. Vor ihnen schnellte der dunkle Schatten einer Katze über die Straße und verschwand zwischen Zaunlatten auf der anderen Seite.

»Völlig tote Gegend«, murmelte Ahmed und lenkte den Wagen in die nächste Seitengasse. In den meisten Häusern brannte kein Licht mehr, und Fina fragte sich, was Glaser hier gewollt haben konnte. Wusste er, wie nah sie an ihm dran waren, und versuchte, sie auf eine falsche Spur zu lenken? In diesem Fall verschwendeten sie hier …

Ihre Aufmerksamkeit blieb an etwas haften, ohne dass Fina gleich gewusst hätte, warum. Sie drehte den Kopf, blickte zurück. »Bleib stehen!«

Ahmed bremste ruckartig. »Was ist los?«

»Ich glaube, wir sind gerade an Glasers Auto vorbeigefahren.«

Er legte den Rückwärtsgang ein und blieb so stehen, dass man das Nummernschild des anthrazitfarbenen BMW6 im Scheinwerferlicht lesen konnte. »Das hier?«

»Ja.«

»Sitzt aber niemand drin, oder?«

»Ich glaube nicht. Park gegenüber, ich informiere die anderen.«

Zwei Minuten später war auch Oliver hier. Er und Ahmed leuchteten mit Taschenlampen ins Innere des Wagens. »Wenn er nicht im Kofferraum liegt«, stellte Oliver fest, »ist er nicht hier.«

Sieghart, der ebenfalls kurz darauf mit zwei Beamten eintraf, wertete den Fund immerhin als Teilerfolg. »Kann sein, dass er hier jemanden besucht. Wir sperren die Umgebung ab und beobachten den Wagen, bis Glaser zurückkommt.«

»Falls er das tut«, wandte Ahmed ein. »Es gibt in Fußnähe einen Bahnhof und eine U-Bahn-Station. Ich könnte mir vorstellen, dass er sein Handy ausgeschaltet im Auto gelassen hat und längst auf und davon ist.«

»Dann kriegen wir ihn über die Fahndung.« Sieghart trommelte leise mit den Fingern auf seine Motorhaube. »Geduld, Leute. Wir haben es bald geschafft.«

Doch bald erwies sich als sehr relativer Begriff. Fina und Ahmed drehten mehrere Runden durch die benachbarten Straßenzüge, bevor sie sich wieder ins Auto setzten. Sieghart und Oliver ließen Glasers Wagen nicht aus den Augen.

Aber die Nacht blieb ruhig. Nur zweimal spazierten Hunde mit ihren Besitzern vorbei. Ahmed lag wohl richtig. Tibor Glaser war längst über alle Berge.

Tatsächlich hatte Tibor sich wie in Trance hochgerappelt und war über den brusthohen Zaun aufs Nachbargrundstück geklettert, wo er sich zur Straße hin einem wesentlich höheren Zaun gegenübersah.

Am liebsten hätte er sich in der Wiese zusammengerollt und wäre liegen geblieben. Jemand würde ihn finden und der Polizei übergeben, die ohnehin schon bei seinem Auto auf der Lauer lag.

Doch im Moment war er einem Verhör nicht gewachsen. Er wäre einfach nur weinend zusammengebrochen, und das würden sie ihm als Schuldgeständnis auslegen. Er brauchte Zeit, um sich wieder zu fangen. Seine Gedanken zu ordnen.

Die Straßenbeleuchtung warf gerade so viel Licht auf das Grundstück, dass Tibor eine Trittleiter ausmachen konnte, die am Gartenschuppen lehnte.

Er bemühte sich, leise zu sein, als er sie hochhob, zum Zaun trug und aufklappte. Natürlich quietschte sie, und er hielt die Luft an. Die Polizisten würden ihn aus der Entfernung nicht hören können; die Hausbewohner aber schon, wenn sie nicht allzu tief schliefen.

Doch alles blieb ruhig. Kein Hund kläffte, keine Lichter gingen an. Tibor kletterte die Leiter hinauf, stieg über das Gitter, dessen spitze Enden er erst jetzt richtig zur Kenntnis nahm, und schaffte es unverletzt auf die andere Seite.

Ohne zu wissen, wohin er wollte, lief er los. Hauptsache, weg von der Polizei, das musste für den Anfang reichen. Zweimal änderte er die Richtung, weil er am Ende des eingeschlagenen Wegs eine Sperre erahnte. Er schlich quer über Supermarktparkplätze und gelangte über Umwege zu einer größeren Kreuzung, wo endlich seine Orientierung wieder einsetzte. Er wusste, wo der nächstgelegene Bahnhof zu finden war, und auch wenn keine Züge mehr fuhren, würde es dort Nachtbusse geben.

Sein Handy hatte er noch nicht wieder eingeschaltet. Wozu auch, es gab niemanden, den er anrufen oder dem er schreiben wollte.

Oder vielleicht doch. Aber noch nicht jetzt.

Am Bahnhof angelangt, verschwand er als Erstes auf der Toilette, wo es zwar bestialisch stank, wo aber auch ein Spiegel über den Waschbecken hing. An seinem Gesicht klebte immer noch Erde, auf seinem Sweater ebenso.

Er wusch sich. Klopfte den Dreck aus und schlich dann mit halb über die Augen gezogener Kapuze zu der Haltestelle, an der der Bus bereits wartete.

Fünf Minuten bis zur Abfahrt. Fünf Minuten, in denen Tibor damit rechnete, dass Polizei heranstürmen und den Bus durchsuchen würde.

Als die Türen sich zischend schlossen und der Fahrer den Motor startete, lehnte Tibor den Kopf gegen die Scheibe. Es würde über eine Stunde dauern, bis sie in der Innenstadt waren, die Nachtbusse hielten an jeder zweiten Ecke. Er konnte die Zeit nutzen, um nachzudenken. Oder um ein paar kurze Momente Schlaf zu finden.

Oder um zu trauern, um alles, was unwiederbringlich verloren war.

Er war am Schwedenplatz ausgestiegen und dann durch die schlafende Stadt gewandert. Eine Stunde lang ruhig im Bus zu sitzen war ihm schwerer gefallen, als er erwartet hatte. Schon nach zehn Minuten hatten seine Nerven zu vibrieren begonnen; in seinem Kopf hatten sich die Bilder der Schlinge mit denen des Schildkrötensteins abgewechselt.

Wieder draußen zu sein und sich bewegen zu können, hatte ihm gutgetan. Nun ging langsam die Sonne auf, und er saß auf derselben Bank im Votivpark wie am Tag zuvor. Schaltete sein Handy ein und öffnete die Nachrichtenapp.

Ich verstehe es einfach nicht, war das Letzte, was er an Rebecca geschrieben hatte.

Gleich, war ihre Antwort gewesen, und sie hatte recht gehabt. Es hatte nicht mehr lange gedauert, bis er verstanden hatte, zumindest glaubte er das.

Tibor tippte auf das Textfeld. Natürlich war es Unsinn, was er gleich tun würde, aber es war ihm ein Bedürfnis.

Es tut mir so leid, Becca, schrieb er. *Dass ich dich so plötzlich habe fallen lassen. Dass ich nicht bemerkt habe, wie Nadine mit dir umgesprungen ist. Dass ich überhaupt so blind war für ihre Menschenverachtung und Bosheit.*

Ich zahle jetzt dafür, aber ich zahle nicht so teuer wie du. Du würdest mir wahrscheinlich verzeihen, ich selbst werde damit Schwierigkeiten haben.

Er speicherte die Nachricht, aber er schickte sie nicht ab, denn er wusste, wo sie landen würde. Und er war gerne bereit, für die Schuld zur Rechenschaft gezogen zu werden, die er auf sich geladen hatte – aber nicht für die von anderen.

56.

Er erlaubte sich ein letztes Frühstück im Café. Genoss jeden Bissen und jeden Schluck. Ignorierte die Blicke des Kellners, die sicher seinem schmutzigen Sweater galten.

Um halb zehn bezahlte er und ging sehr langsam in Richtung Schottentor, dann die Währinger Straße entlang bis zur Berggasse. Dort zögerte er.

Sie würden ihm nicht glauben, und sie würden nicht tun, worum er sie bat. Er war dabei, sich selbst ans Messer zu liefern wie ein naives Kind, das noch an eine faire Ordnung der Dinge glaubte.

Dann gab er sich einen Ruck. Wenn er nicht aus freien Stücken auftauchte, würden sie ihn festnehmen, heute oder morgen. Also besser auf diese Weise.

Die beiden Beamten an der Eingangspforte musterten ihn erst neutral, dann mit plötzlichem Erkennen. Der Ältere griff nach dem Telefon, und Tibor nickte. »Mein Name ist Glaser, ich möchte eine Aussage machen. Zu dem Mordfall an Frau Just. Und dem an Gunther Marzik.«

Danach ging es sehr schnell. Drei uniformierte Polizisten erschienen, zwei von ihnen nahmen Tibor in die Mitte und führten ihn mehrere Treppenabsätze nach oben. In einen schlichten Raum, durch dessen Fenster immerhin Tageslicht fiel. Die Einrichtung war karg – sie bestand aus nichts als einem Tisch und ein paar Stühlen.

Einer der Polizisten verschwand wieder, die zwei anderen blieben bei ihm. »Leeren Sie bitte Ihre Taschen aus.«

Er tat, was sie verlangten, ließ sich auf Waffen abtasten und setzte sich auf den ihm zugewiesenen Platz. Dann wartete er. Niemand im Raum sprach ein Wort; Tibor blickte auf die zerkratzte Tischplatte. Eine Ewigkeit, wie ihm schien, vielleicht dachten die beiden Beamten, er würde beten.

Als die Tür sich schließlich wieder öffnete, erschrak er beinahe, so tief hatte er sich in sich selbst zurückgezogen. Als Erstes betrat Fina Plank den Raum, danach ihr Kollege, der Sympathischere der beiden Dunkelhaarigen, Kayali.

Beide wirkten blasser als sonst, unter Planks Augen lagen tiefe Ringe. »Guten Morgen, Herr Glaser«, sagte sie.

»Guten Morgen.«

»Wir haben Sie gesucht. Vernünftig von Ihnen, freiwillig zu uns zu kommen.«

Er hatte die halbe Nacht damit verbracht, sich zu überlegen, wie er ihnen erzählen sollte, was er wusste. Wie es sich möglichst überzeugend anhören würde. »Ich weiß, dass Sie dieses Foto von mir geschickt bekommen haben. Das mit dem Toten in der Badewanne.«

Der Dunkelhaarige nickte. »Haben wir. Wo wurde dieses Bild aufgenommen?«

»Zwölfter Bezirk, Kirchfeldgasse 80A. Ein kleines Haus, ziemlich heruntergekommen. Aber leicht zu finden.«

Kayali hatte bereits sein Handy am Ohr. »Oliver? Guten Morgen. Nein, du musst nicht reinkommen, fahr lieber in den Zwölften, und bestell dir die Spusi hin. Wir haben eine Adresse zu dem Foto: Kirchfeldgasse 80A. Genau. Danke.« Er legte auf. »Sie haben diesen Mann getötet?«

»Nein«, sagte Tibor. »Ich weiß nicht einmal, wer er ist.« Möglicherweise, stellte er fest, war es ein Fehler gewesen, sich der Vernehmung in seinem Zustand zu stellen. Nach einer durchwachten Nacht und nach allem, was sie an erschreckenden Erlebnissen gebracht hatte.

»Bevor wir weitermachen«, meldete sich Plank, »müssen wir Sie über Ihre Rechte aufklären. Sie haben das Recht auf juristischen Beistand und das Recht zu schweigen. Ich vermute, Sie möchten Ihre Anwältin informieren? Bis zu ihrem Eintreffen würden wir die Vernehmung dann aufschieben.«

Das war natürlich vernünftiger. Andererseits bereitete der Gedanke an Kerstin Neuwirths Auftreten ihm massives Unbehagen. »Ein Anwalt wäre gut, aber ich hätte lieber jemand anderen. Gerne auch einen Pflichtverteidiger. Mit Dr. Neuwirth komme ich weniger gut zurecht, als ich gehofft habe.«

Es dauerte. Natürlich tat es das. Tibor bat darum, auf die Toilette geführt zu werden, danach lag er mit dem Kopf auf seinen auf dem Tisch verschränkten Armen und musste tatsächlich eingeschlafen sein. Denn als die Tür das nächste Mal geöffnet wurde und er hochschreckte, wusste er einige Sekunden lang nicht, wo er war.

»Dr. Beate Rieler«, stellte sich eine etwa vierzigjährige Frau mit blondem Haarknoten vor. »Am besten, wir kommen gleich zur Sache, und Sie erzählen mir, wie die Dinge aus Ihrer Sicht aussehen.«

Tibor schüttelte den Kopf, sein steifer Nacken protestierte. »Nein. Ich möchte Sie nur dabeihaben, damit Sie mich unterbrechen, wenn ich etwas Dummes sage. Essenziell müssen Sie nur wissen: Ich war es nicht, ich habe niemanden umgebracht. Aber ich weiß, wer es getan hat.«

Es dauerte mehrere Stunden. Tibor begann von vorne, erzählte alles, woran er sich erinnerte. Fina Plank unterbrach ihn schon nach wenigen Minuten, als die Sprache auf sein Eintreffen bei Quick-TV kam. Sie zog ein Foto aus ihren Unterlagen. »Diese Frau hier. Kennen Sie die?«

Er betrachtete das Bild. Sah Angelas entschlossene Miene, von einem Kopftuch umrahmt. »Ja. Ich kenne sie. Seit gestern. Dazu kommen wir gleich noch.«

Tibor gab sich Mühe, nichts auszulassen. Kein noch so unangenehmes Detail, egal, wie sehr es ihn als Arschloch dastehen ließ. Oder als Dummkopf, der in offensichtlich gelegte Fallen tappte. Er legte auch alle seine Wissenslücken offen: dass er beispielsweise keine Ahnung hatte, wer der Handwerker gewesen war, der Marziks Kalender in seiner Küche versteckt hatte.

Zu allem, was Lothar Hesselmann betraf, konnte er ebenfalls nur den Kopf schütteln. »Ich kannte ihn nicht, und Rebeccas Familie offenbar auch nicht. Keine Ahnung, wie er ins Muster passt.«

Irgendwann zwischendurch kam ein Anruf. Die Leiche in der Kirchfeldgasse war gefunden worden, die Wahrscheinlichkeit, dass es sich um Julius Beyer handelte, hoch. Doch gerade über dessen Rolle konnte Tibor nicht das Geringste sagen. Als Kayali insistierte, ging Tibors neue Anwältin dazwischen. Aber der Zwischenfall hatte ihn aus dem Konzept gebracht, ihn den Faden verlieren lassen. Er kam nur stockend weiter, und sie boten ihm an, eine Pause zu machen, was er ablehnte. Er wollte das alles endlich hinter sich bringen.

Der Nachmittag war bereits fortgeschritten, als er zum Ende kam. Zum Finale der vergangenen Nacht, als er nach Stunden in Rebeccas Haus nach draußen gelassen worden war, um von der Polizei aufgegriffen zu werden. Wie er seine Festnahme hatte hinauszögern wollen und der Länge nach hingefallen war.

Er unterbrach seinen Bericht. Griff nach dem Wasserglas, das man ihm hingestellt hatte, und nahm einen tiefen Schluck. »Mir ist klar, dass Sie mir nicht glauben. Damit rechnet auch Angela fest, denn egal, was ich sage, es wird Aussage gegen Aussage stehen, und alle Indizien weisen auf mich. Aber es gibt noch einen unbekannten Faktor in der Gleichung.« Er suchte den Blick der Polizistin. »Ich glaube, im Garten dieses Hauses befindet sich ein Grab. Unterhalb des Blumenbeets auf der linken Seite. Ich befürchte, dort liegt meine frühere Freundin, Rebecca Gorski.«

57.

Tibor Glaser hatte sein Smartphone entsperrt und es Fina in die Hand gedrückt. »Sehen Sie sich die Nachrichten an, die Rebecca mir in den letzten Tagen geschickt hat. Mittlerweile bin ich überzeugt davon, dass keine einzige von ihr selbst stammt.«

Fina scrollte durch Fotos von Traumstränden und Schildkröten in Wasserbecken; Fotos von einer hübschen Frau mit Kastanienhaar, deren Lächeln die Augen nicht erreichte. »Sie glauben also, die Nachrichten aus Panama kamen anderswoher? Und dass Rebecca Gorski nicht mehr am Leben ist?«

»Genau. Sie hatte schon früher oft depressive Phasen, die sie aber mit Therapie und Medikamenten ganz gut in den Griff bekommen hat.« Fina sah, dass es ihm nicht leichtfiel, weiterzusprechen. »Es könnte sein, dass unsere Trennung dieses Gleichgewicht wieder zerstört hat. Und offenbar hat zusätzlich Nadine ihr das Leben schwer gemacht. Das hat sie auch bei einigen anderen meiner früheren Beziehungen getan, aber die waren psychisch stabiler. Sie können sie selbst fragen, ich bin sicher, sie geben gerne Auskunft.«

Fina notierte sich die Namen, die er ihr diktierte. Sie hatte nur drei Stunden geschlafen, und ihre Gedanken flossen zäher als sonst. »Was ist Ihrer Meinung nach mit Rebecca Gorski passiert?« Sie hatte ihre eigene Vermutung, wollte es aber von Glaser hören.

»Ich fürchte, sie hat sich das Leben genommen. Das hat zwar niemand aus ihrer Familie ausgesprochen, aber ich bin mir so gut wie sicher. Es gibt ... einen bestimmten Ton, in dem man über Tote spricht, wissen Sie?«

Ja, Fina wusste. Und obwohl sie es selbst voreilig fand, fand sie Glasers Theorie nicht völlig unplausibel. Denn damit passte auch Julius Beyer plötzlich ins Bild, der selbst ernannte, hinterhältige Suizidbegleiter.

»Graben Sie vor Rebeccas Haus in diesem Blumenbeet«, sagte Glaser. »Dann wissen wir alle mehr.«

So einfach war es natürlich nicht, auch zum Graben brauchte man einen gerichtlichen Beschluss. Um etwa halb fünf wurde Tibor Glaser in die Haftanstalt gefahren; zu diesem Zeitpunkt hatten alle Beteiligten bereits mehrfach die Grenzen der Erschöpfung überschritten.

Trotzdem wollte Sieghart, der gemeinsam mit Oliver am Fundort von Beyers Leiche gewesen war, in aller Ausführlichkeit informiert werden. Sie saßen in seinem Büro, und Fina hielt sich an ihrer Teetasse fest. »Er ist überzeugt davon, dass seine Ex-Freundin in ihrem eigenen Garten begraben liegt«, resümierte sie. »Wenn das stimmt, hat die Familie natürlich ein Motiv. Aber er hat keinerlei Beweis dafür, im Gegenteil: Von Rebecca Gorskis Handy sind noch gestern Nachrichten an ihn geschickt worden.« Sie unterdrückte ein Gähnen. »Was natürlich auch nichts beweist.«

Sieghart blickte in die Runde und rieb sich den Nacken. »Ich telefoniere morgen mit der Staatsanwaltschaft. Dass uns jemand ein Umackern des Gartens bewilligt, halte ich für unwahrscheinlich, aber möglicherweise gibt es eine andere Lösung. Für heute machen wir Schluss.«

Fina befürchtete, dass sie in der Straßenbahn einschlafen und erst an der Endstation von einem unwilligen Fahrer geweckt werden würde, also machte sie sich zu Fuß auf den Heimweg. Rebecca Gorskis lachendes Gesicht ging ihr nicht aus dem Kopf. Wie sie in Shorts und T-Shirt vor dem Becken stand, die Schildkröte in beiden Händen. *Ich habe zwar immer noch die schwarzen Tage, die du ja kennst, aber davon abgesehen habe ich mich noch nie so wohlgefühlt,* hatte sie geschrieben.

Die schwarzen Tage. Julius Beyer schien vorzugsweise Menschen angezogen zu haben, die ihre schwarzen Tage nicht mehr ertrugen. War es mit Rebecca genauso gewesen? Hatte er sie zu einem vermeintlichen gemeinsamen Suizid gelockt und dann betäubt und vergewaltigt? Ihr damit den letzten Stoß versetzt, sie zu diesem letzten Schritt getrieben?

Fina kaufte sich im Thai-Restaurant ein Hühnercurry mit einer doppelten Portion Reis, trug es nach Hause und setzte sich damit auf die Couch vor den Fernseher. Sie bekam nicht mit, welches Programm lief – irgendeine Dokumentation über Korruptionsaffären der letzten fünf Jahre.

Sie dachte an ihre eigenen schwarzen Stunden, Tage und Wochen und dass sie sich manchmal ein schnelles Ausknipsen ihrer selbst gewünscht hatte. Doch bei ihr half Essen, so wie jetzt. Ebenso wie die Stimmen, die aus dem TV-Gerät drangen und ihr das trügerische Gefühl vermittelten, dass sie nicht alleine war.

Sie hatten keinen richterlichen Beschluss für ein Umgraben des Gartens bekommen, sehr wohl aber eine Erlaubnis, ihn mit Spürhunden begehen zu dürfen. Zwei Hundeführerinnen warteten bereits am Zaun, als Fina, Ahmed und Oliver eintrafen. Sie hielten einen belgischen Schäfer und einen Weimaraner an der Leine. Ein Stück weiter die Straße entlang stiegen Georg und zwei seiner Kollegen aus dem Auto.

»Ist jemand im Haus?«, fragte Oliver und drückte die Klingel, ohne eine Antwort abzuwarten.

»Glaube nicht«, sagte die Frau mit dem Weimaraner. »Wir haben auch schon geläutet. Rührt sich aber nichts.«

Es wohnte ja auch niemand mehr hier, wenn man Tibor Glaser Glauben schenken wollte. Schon gar nicht sein Ex-Rivale, von dem er nur den Vornamen kannte. *Ich weiß, wie das wirken muss,* hatte Glaser gestern geächzt. *Aber Sie haben ja meine Chats mit Rebecca gelesen. Ich erfinde das nicht.*

Auch Olivers Klingeln blieb unbeantwortet, also brachen sie das Schloss des Gartenzauns auf. Die beiden Hundeführerinnen ließen ihre Tiere von der Leine, die sofort die Nasen auf den Boden senkten.

Das Grundstück war nicht sehr groß, und das Ergebnis eindeutig. Der Belgische Schäferhund erstarrte förmlich, als er das Blumenbeet an der linken Seite des Hauses erreichte. Er hob den Kopf und schlug an, nur Sekunden später war auch der Weimaraner zur Stelle und stimmte nach kurzem Schnüffeln ein.

»Okay«, sagte Ahmed. »Wir sperren hier ab.«

Alle Versuche, Sabina Arnetz oder Angela Gorski zu erreichen, scheiterten. Sieghart schickte je zwei Beamte zu jeder Meldeadresse und organisierte in Rekordgeschwindigkeit einen richterlichen Beschluss. Sie durften in Garten und Haus das Unterste zuoberst kehren.

Während draußen ein Sichtschutz rund um das Beet aufgestellt wurde, stieg Fina in einen der weißen Papieroveralls und betrat hinter Georg das Haus. Glasers Schilderungen waren noch frisch in ihrem Kopf, und sie konnte sie wie eine Schablone über ihre eigenen Eindrücke legen.

Das Wohnzimmer mit den ausladenden Sitzmöbeln. Die Fenster, die über die einbruchsichersten Läden verfügten, die Fina je gesehen hatte. Die Küche, an deren Dachbalken angeblich der Strick gehangen hatte.

Jetzt hing dort nichts mehr. Georg war dabei, den Status fotografisch festzuhalten, und scheuchte Fina aus dem Raum.

Sie ging die Treppen hinauf in den ersten Stock und betrat das Schlafzimmer. Rebecca Gorskis Liebe für das Meer und seine Bewohner war auf den ersten Blick unverkennbar. Ein ganzes Regal voller Fachbücher, eine von Fotos überquellende Pinnwand. Fina schlang die Arme um den eigenen Oberkörper.

Betrachtete die angehefteten Bilder und biss sich auf die Unterlippe.

Es war, als hätte eine Sechzehnjährige dort alles gesammelt, was sie liebte. Wale, Schildkröten und Rochen einerseits. Tibor Glaser andererseits. Auf einem Foto umarmte er sie von hinten und drückte ihr einen Kuss auf die Schläfe. Auf einem anderen stand er auf einer Bühne und nahm einen Preis entgegen.

Trotz ihrer Trennung und allem Ekelhaften, was danach passiert war, hatte sie Glaser trotzdem auf Fotos um sich haben wollen. Hatte ihn vielleicht nie aufgegeben.

Fina schoss mit ihrem Handy ein Foto der Pinnwand, dann ging sie wieder nach unten, langsam. Sie nahm sich vor, noch heute Abend Flo von allen ihren Social-Media-Kanälen zu tilgen. Fragte sich gleichzeitig, wie schlimm es um sie bestellt sein musste, wenn sie in einer Situation wie dieser an ihn dachte.

»Sie haben gerade den Bagger gebracht«, berichtete Georg, während er die Fenstergriffe mit Fingerabdruckpulver bestäubte.

»Das sagst du nur, weil du mich aus dem Haus haben willst«, gab sie zurück.

»So ist es. Schon eine Idee, wann wir den neuen Griechen testen wollen?«

Sie zog eine Grimasse. »Sobald ich irgendwann einmal wieder ausgeschlafen bin.« Als sie nach draußen trat, wurde der Bagger gerade abgeladen. Es war ein kleines Modell mit einer schmalen Schaufel. Oliver stand neben dem Transportwagen und vertrieb ein paar Schaulustige, die sich am Gartenzaun versammelt hatten.

Die oberste Erdschicht war schnell abgetragen, und sofort wurde klar, dass die Hunde sich nicht geirrt hatten. »Stopp!«, rief Ahmed. Von ihrer einige Meter entfernten Position aus sah Fina etwas Rotes aus der dunklen Erde hervorlugen. Roten Stoff.

Der Bagger wurde nach seinem sehr kurzen Einsatz von zwei Männern mit Schaufeln abgelöst, die behutsamer graben konnten. Nach und nach legten sie eine längliche Form frei, etwas, das in den roten Stoff eingewickelt war.

Ahmed, der am nächsten stand, zog sein Handy hervor. »Hallo? Hier Kayali, LKA. Wir brauchen Dr. Weigel oder Dr. Shiman, wir haben einen Leichenfund. Ja, bitte schnell.« Er sagte die Adresse durch und gab den beiden grabenden Männern ein Zeichen. »Aufhören fürs Erste. Wir warten auf die Rechtsmedizin.«

Weigel kam persönlich, nur mit einer Assistentin. Gemeinsam mit Ahmed und Oliver hatte Fina hinter dem Sichtschutz gewartet; sie hatte den Blick nicht von der feuchten, roten Samtdecke wenden können, an der Erde klebte und zwischen deren Falten die Überreste einer Hand sichtbar geworden waren. Es war ein zulässiger Schluss, dass es sich um die Hand einer Frau handelte, denn der Lack auf den Nägeln schimmerte metallisch blau.

Sie machten alle Platz, als Weigel sich neben die Tote kniete und die Decke zur Seite zog. Einen Moment lang hielten alle inne.

Der Körper war fast zur Gänze skelettiert und lag seitlich da, in lockerer Embryostellung. Ja, dachte Fina, das ist Rebecca. Das gleiche Haar, nur verfilzt und stumpf. Aber warum hat sie nichts an? Nicht einmal Unterwäsche?

Fina war nicht Expertin genug, um einschätzen zu können, wie lange es dauerte, bis ein menschlicher Körper bei den gegebenen Bodenbedingungen verrottete. Auf jeden Fall schneller als Kleidungsstücke, besonders, wenn sie Kunstfasern enthielten. Man sah es ja auch an der Decke, an der sich rein gar nichts zersetzt hatte.

Warum hatte man Rebecca nackt begraben? Finas erster Gedanke galt Julius Beyer. Was, wenn er sie mit GHB betäubt und dann vergewaltigt hatte? Was, wenn die Dosis zu hoch gewesen und sie daran gestorben war?

Nein. Dann wäre ihre Familie zur Polizei gegangen, und Beyer hätte kaum mit seiner Masche weitergemacht. Dass sie hier begraben war, dass ihre Familie sie virtuell am Leben erhielt – das alles sprach gegen Finas Theorie.

Nach einer ersten oberflächlichen Untersuchung drehte Weigel sich zu ihnen um. »Ich kann euch später Genaueres sagen, aber der Tod muss zumindest ein Jahr zurückliegen. Wahrscheinlich länger.«

Fina warf einen letzten Blick auf die exhumierte Frau, bevor sie hinter dem Sichtschutz hervortrat. Wieder hatten sich einige Leute eingefunden, die neugierig die Vorgänge auf dem Grundstück beobachteten, dabei aber Abstand hielten.

Als sie den Wagen der Bestattungsfirma um die Ecke biegen sah, setzte sie sich ins Auto, öffnete ihren Fotoordner und zog das Bild der Pinnwand größer.

Rebecca Gorski in Tibor Glasers Armen. Fina war froh, nicht zusehen zu müssen, wie die Knochen in den Sarg gelegt wurden.

58.

Sie waren überrascht, dass Angela Gorski der Vorladung zur Vernehmung tatsächlich folgte. Pünktlich auf die Minute und in Begleitung eines bärtigen Anwalts stand sie am nächsten Tag am Eingang des LKA und ließ sich in denselben Raum führen, in dem vor zwei Tagen Tibor Glaser gesessen hatte.

Sabina Arnetz würden sie nur als Zeugin befragen können – es gab keinerlei Hinweis darauf, dass sie an einer der Taten beteiligt gewesen sein könnte. Auch bei Angela Gorski wäre ein richterlicher Beschluss schwierig gewesen, hätte es nicht das Foto aus der Überwachungskamera von Quick-TV gegeben.

Die Frau saß sehr aufrecht, als sie sie über ihre Rechte aufklärten. Sie war schlicht und elegant gekleidet, und man hätte denken können, sie wäre noch beim Friseur gewesen, vor ihrem Termin bei der Polizei.

»Frau Gorski«, begann Oliver, nachdem er sie über ihre Rechte aufgeklärt hatte, »wir waren gestern im Haus Ihrer Tochter Rebecca. Sie hat es von Ihrem geschiedenen Mann geerbt, richtig?«

»Richtig.«

»Wir haben einen Hinweis darauf bekommen, dass im dazugehörigen Garten jemand beerdigt worden sein könnte. Das hat sich als korrekt erwiesen.«

Sie senkte ihren Blick, ohne jede Spur von Überraschung.

»Wir vermuten«, fuhr er nach einer kurzen Pause fort, »dass es sich bei der geborgenen Toten um Ihre Tochter Rebecca handelt.«

Kein Schock bei der Frau, nicht einmal ein scharfes Atemholen, sie drehte nur den Kopf zur Seite, und damit waren für Fina die letzten Zweifel beseitigt. Sie und Oliver tauschten einen kurzen Blick, und diesmal ergriff Fina das Wort. »Frau Gorski, erkennen Sie sich auf diesem Foto wieder?« Sie schob ihr den Computerausdruck hin. »Das sind Sie, nicht wahr?«

Die Frau griff nach dem Bild und betrachtete es. »Oh«, hauchte sie. »Wie dumm von mir.«

Bisher hatte der Anwalt die Vernehmung aufmerksam, aber stumm verfolgt; jetzt nahm er seine Mandantin am Arm. »Sie müssen nichts sagen, was Sie belasten könnte. Ich empfehle Ihnen, keine übereilten Antworten zu geben.«

Fina beobachtete sie, wie sie den Kopf senkte, wie in Andacht. Oder als würde sie auf eine Eingebung warten. Als sie wieder aufblickte, hatte ihre Miene sich verändert. Man konnte förmlich sehen, dass sie eine Entscheidung getroffen hatte. »Ja«, sagte sie, »das auf dem Foto bin ich, und Sie haben mich auch schon einmal befragt. Im Sendehaus von Quick-TV, an dem Abend, an dem ich Nadine Just getötet habe.«

Das Flehen des Anwalts verhallte ungehört. Angela Gorski bat um ein Glas Wasser, nahm einen großen Schluck und sah dann Fina an. »Wo soll ich anfangen?«

»Bei Nadine Just«, antwortete Oliver an Finas Stelle. »Sie haben sich ihretwegen als Reinigungskraft bei Quick-TV eingeschlichen, ja?«

Es war Gorski anzusehen, dass Olivers Formulierung ihr nicht gefiel. »Wenn Sie so wollen. Ich habe mich von einer Firma anheuern lassen, von der ich wusste, dass Quick-TV auf ihre Dienste zurückgreift. Dort war man großzügig, was Papiere angeht und was Alter oder Sprachkenntnisse betrifft. Ich bin als Kind mit meinen Eltern aus Polen eingewandert und spreche immer noch gut Polnisch. Das habe ich mir beim Bewerbungsgespräch zunutze gemacht.« Ihr Blick wanderte zu Ahmed. »So wie auch bei der Vernehmung im Sender.«

»Sie haben die Tat also von langer Hand geplant?«

Es sah aus, als wollte der Anwalt sich über Gorski werfen, um sie am Sprechen zu hindern. »Darauf antworten Sie bitte nicht.«

Die Frau zuckte mit den Schultern. »Meinetwegen.«

Fina hatte noch nie erlebt, dass jemand sich bei einer Vernehmung so verhielt. Nicht das Geringste für sich herausholen wollte, dem Anwalt gewissermaßen einen Maulkorb verpasste. Sie ahnte, was der Grund dafür war.

»Die Todesankündigung«, griff sie einen neuen Faden auf. »Dieser Text, den Frau Just in die Kamera gesprochen hat. Sie haben die Datensticks ausgetauscht?«

»Nein.« Gorski nippte an ihrem Wasser. »Ich habe den originalen Stick verwendet, aber vor der Sendung eine der Meldungen gelöscht und meine eigene eingefügt. An einem Computer in der Sportredaktion, da war gerade niemand. So etwas lässt sich planen, wenn man die Abläufe im Haus ein wenig kennt.«

»Aber warum?«, insistierte Fina. »Wozu der Aufwand? Es hätte ja auch sein können, dass Frau Just danach sofort nach Hause fährt, sich beurlauben lässt, sich vor dieser Bedrohung schützt.«

Angela Gorski verzog leicht den Mund. »Dafür war sie nicht der Typ. Und selbst wenn – dann hätte die Voraussage sich eben ein paar Tage später bewahrheitet.« Der Zug um ihren Mund war härter geworden. »Wissen Sie, ich wollte, dass sie es vorher erfährt, und zwar so öffentlich wie möglich. Vor allem, weil sie so oft andere öffentlich beschämt hat. Aber auch, weil ich dachte: Wäre doch nicht schlecht, wenn es aussieht wie eine Mordserie an Medienleuten, oder? Dann würde die Polizei den Täter vor allem in diesen Kreisen suchen.« Sie nickte, wie um das Gesagte vor sich selbst zu bekräftigen. »Aber vor allem wollte ich, dass sie Angst hat. Todesangst, die sie niemandem gegenüber eingestehen würde, um ihr Image als Karrierefrau ohne Schwächen nicht anzukratzen.«

»Und?«, fragte Fina. »Hatte sie Angst?«

Gorski lächelte. »In den letzten Momenten ihres Lebens bestand sie aus nichts anderem mehr.«

Sie hatte sich in der Duschkabine versteckt, erzählte sie, mit einer Ahle aus dem Werkzeugkasten als Waffe. Hatte mitgehört, wie Nadine die Mitarbeiter beschimpft und weggeschickt hatte. Nervös war sie lediglich geworden, als diese eine Redakteurin Nadine angeboten hatte, bei ihr zu bleiben, doch im Fall einer Entdeckung hätte sie eben getan, als würde sie gerade das Badezimmer putzen und sich bei der Streiterei nicht hinauswagen.

Als alle fort waren, hatte kurz darauf auch Nadine die Garderobe verlassen, und Angela hatte gewartet, über eine halbe Stunde lang. Hatte sie zurückkommen, herumrumoren und ein wenig fluchen gehört, und dann, endlich, waren Schritte näher gekommen. Als Nadine das Badezimmer betrat, war Angela aus der Dusche getreten und hatte noch in der gleichen Bewegung die Tür von innen verriegelt. Hatte »Ein Verbrechen wird man nicht ausschließen können« gesagt und die Ahle hochgehalten. Nadine war kurz erstarrt, und den Moment hatte Angela genutzt. »Erinnern Sie sich an Rebecca Gorski?«, hatte sie gefragt und zugestochen. Direkt in den Hals, mit der Absicht, die Schlagader zu treffen, was ihr beim dritten Mal auch gelungen war, trotz Nadines Abwehrversuchen. Natürlich hatte sie von dem spritzenden Blut etwas abbekommen, aber das war alles auf dem dünnen Plastikumhang gelandet, den sie über ihren Arbeitskittel gezogen hatte. Und in ihrem Gesicht, für das sie Reinigungstücher mitgebracht hatte.

»Nadine hat nicht geschrien.« Gorski lächelte Fina an. »Sie hat mich nur angestarrt und die Hände auf den Hals gepresst. Hat gurgelnde Geräusche von sich gegeben und versucht, nach draußen zu kommen, aber sie hat die Tür nicht aufgekriegt. Dann ist sie zusammengebrochen. Ich habe ihr beim Sterben zugesehen, es hat sicher zwei oder drei Minuten gedauert. Ich habe keine Sekunde davon verpasst.«

Der Anwalt gab ein gequältes Stöhnen von sich.

»Das alles«, sagte Fina langsam, »hat aber nur geklappt, weil Nadine Just so in Eile war. Weil sie erst in letzter Sekunde zu ihrer Sendung erschienen ist, sonst hätte sie vielleicht ihren Moderationstext vorab noch einmal kontrolliert. Oder wäre ohne das Chaos rundherum vor der Kamera konzentrierter gewesen.«

Gorski nickte bedächtig. »Manchmal muss man eben Glück haben.«

»Oder«, warf Fina ein, »geeignete Komplizen.«

Hastig schüttelte Gorski den Kopf. »Hatte ich nicht. Komplizen machen alles ... komplizierter.« Sie lächelte tatsächlich über ihren eigenen Scherz. »Ich habe alles alleine durchgezogen.« Dabei blieb sie. Es sei Zufall gewesen, sie habe mit Justs verspätetem Auftauchen nichts zu tun.

»Und Gunther Marzik?«, meldete Oliver sich wieder zu Wort. »Ihn haben Sie schon Tage vorher getötet? Auch ganz alleine?«

Sie nickte. »Ja. Ich habe mich für Tibor Glasers Sekretärin ausgegeben und einen Termin für ihn vereinbart. Wegen eines möglichen Jobs in der Agentur, aber das erste Treffen sollte besser bei ihm stattfinden. Dass statt Glaser ich aufgetaucht bin, hat Marzik nicht geschmeckt, aber ich habe ihm versprochen, dass mein leider verhinderter Chef ihm am nächsten Tag alles bestätigen würde.« Sie verlagerte das Gewicht auf ihrem Stuhl. »Dann habe ich ihn zu einem Spaziergang überredet. Bei Regen, da waren kaum Leute in dieser Schrebergartensiedlung. Er musste vor Nadine sterben, sonst hätte ihr Tod ihn aufgeschreckt. Er war cleverer als sie. Wir sind in dieses Wäldchen gegangen, und ich habe ihm eine frei erfundene, aber sehr deftige Geschichte über einen berüchtigten Parteichef erzählt. Erst war er fasziniert, dann hat er leider relativ schnell Verdacht geschöpft, aber nicht schnell genug.«

Es war also wirklich Marzik gewesen, der den Termin in seinen Kalender eingetragen hatte. Nach dem Mord hatte Gorski ihn mitgehen lassen, aber wie war er in Glasers Wohnung gelangt?

Angesichts der Erzählung wiegte Oliver skeptisch den Kopf. »Ich weiß nicht. Marzik war ein großer Mann, ziemlich massig. Sie – mit Verlaub – sind eine ältere Frau.«

»Richtig. Eine ältere Frau mit einem marmornen Kerzenständer. Ein Schlag auf den Kopf damit, und weder Alter noch Größenverhältnisse spielen noch eine Rolle. Glauben Sie mir.«

Nicht mehr lange, dachte Fina, und ich werde Sabina Arnetz ansprechen. Tochter Nummer zwei, die in alldem eine Rolle gespielt haben muss. Die über alles informiert war, wenn man Tibor Glasers Erzählung Glauben schenken wollte.

»Kommen wir zum nächsten Opfer«, sagte sie. »Lothar Hesselmann. Was hat er …«

»Mit seinem Tod habe ich nichts zu tun«, fiel Gorski ihr unmittelbar ins Wort. »Absolut nichts. Das glauben Sie mir nicht? Aber warum sollte ich gerade in der einen Sache lügen, wenn ich Ihnen alles andere gestehe?« Sie zog die Stirn in Falten. »Ich weiß nicht, warum Lothar Hesselmann getötet wurde und von wem. Ich war selbst erstaunt, als ich mitbekommen habe, dass der Täter offenbar nach dem gleichen Muster vorgegangen ist.«

Sie wechselten Blicke. Oliver beugte sich ein Stück vor. »Frau Gorski, das ist doch albern, Sie sagen es selbst ...«

»Ich habe damit nichts zu tun!« Sie beugte sich ebenfalls nach vorne, wie um Oliver zu demonstrieren, dass sie keinen Millimeter von ihrer Aussage abweichen würde. »Aber wenn Sie über Julius Beyer sprechen möchten – dazu bin ich gerne bereit.«

Den Namen hatten sie bisher noch gar nicht ins Spiel gebracht. Doch damit war die Identität des Toten in der Badewanne bereits vor Abschluss der DNA-Analyse geklärt. Wieder stöhnte der Anwalt auf, und Fina fragte sich, ob er nicht ebenfalls ahnte, was sie mehr und mehr begriff: Angela Gorski legte ihr Geständnis so bereitwillig ab, um Fragen nach ihrer lebenden Tochter gar nicht erst aufkommen zu lassen.

»Na gut.« In einer fernsehtauglichen Bewegung legte Oliver seinen Stift auf den Tisch und verschränkte die Arme vor der Brust. »Reden wir über Beyer. Hat er Rebecca vergewaltigt?«

Zum ersten Mal, seit sie mit der Vernehmung begonnen hatten, war in Gorskis Gesicht echtes Erstaunen zu lesen. »Vergewaltigt? Wieso ... nein!« Sie schüttelte den Kopf, als wäre die Frage völlig abwegig. »Aber er hat alles zunichtegemacht, was wir mit so viel Anstrengung erreicht hatten.«

Nach der Trennung von Tibor Glaser war Rebecca am Boden zerstört gewesen, erzählte Gorski. Hatte tagelang geweint und mit niemandem gesprochen. Erst nach einer Woche hatte sie der Familie Details anvertraut. Dass er sich gerade einmal fünf

Minuten genommen hatte, um Rebecca das Ende der Beziehung zu verkünden. Dass er sie danach alleine im Café hatte sitzen lassen, nachdem er nachlässig fünfzig Euro auf den Tisch geworfen hatte, um die Rechnung zu bezahlen. Währenddessen hatte Nadine bereits am Eingang des Cafés gestanden und ihn überschwänglich in die Arme genommen, als er nach draußen ging. Hatte, ohne dass er es mitbekommen hätte, Rebecca den Finger gezeigt.

»Danach ist es mit den Mails und Textnachrichten losgegangen. Ich habe Rebecca so sehr gebeten, sich eine neue Mailadresse und Handynummer zuzulegen, aber sie hat sich geweigert. Für den Fall, dass Tibor sie doch zurückhaben will. Er würde bald erkennen, dass er sich falsch entschieden habe.« Angela knetete ihre Hände. »Ich habe sie zu einer neuen Therapeutin gebracht, sie hat Antidepressiva bekommen, und es wurde sehr, sehr langsam besser. Irgendwann war es so weit, dass sie sich von mir überreden ließ, gemeinsam nach Panama zu fliegen. Für einen ganzen Monat. Abschalten, das Meer genießen, nicht aufs Handy schauen. Einige Tage dieser Zeit hat sie wirklich gelöst gewirkt, und ich dachte, wir würden es schaffen. Sie würde diesen Widerling ad acta legen können und neu starten. Ihr Biologiestudium abschließen und eines Tages in die Forschung gehen, wie es schon immer ihr Traum gewesen war.«

Doch kaum waren sie zurück in Wien gewesen, war Rebecca wieder in ihr schwarzes Loch gestürzt, tiefer denn je. Denn Nadine hatte während ihrer Abwesenheit keine Pause gemacht, im Gegenteil. Nachdem von Rebecca keine Reaktion mehr gekommen war, hatte sie das Bombardement verschärft, die Nachrichten waren von Mal zu Mal tiefer unter die Gürtellinie gegangen. Und offenbar hatte sie auch Tibor dazu bewegt, Rebecca gegenüber seine Verachtung kundzutun.

Angela hatte sie wieder zur Therapeutin geschleppt, doch nach drei Sitzungen hatte Rebecca ihr erklärt, sie brauche diese

Gespräche nicht mehr. Sie habe jemanden gefunden, der ihr besser helfen konnte.

Tatsächlich schien sie aufzuleben. Lächelte mehr, umarmte ihre Familie bei jeder Gelegenheit. Bestand auch bald darauf, dass Angela, die bei ihr eingezogen war, wieder in ihre eigene Wohnung zurückkehrte.

Nur um zwei Wochen später in tiefe Verzweiflung zurückzufallen. Erst nach langem Bohren erzählte sie, dass sie sich mit einem Mann getroffen habe. Zu einer Art Rendezvous. Dass er sie betäubt und bestohlen habe. Fünftausend Euro habe er ihr abgenommen.

An diesem Punkt der Geschichte unterbrach Fina sie. »Fünftausend Euro? Warum hatte sie so viel Geld bei sich?«

»Das wollte sie mir nicht sagen. Das habe ich erst später herausgefunden, viel zu spät leider.« Sie wischte sich kurz über die Augen. »Er verabredet sich mit unglücklichen Menschen zum gemeinsamen Suizid, wissen Sie? Und er behauptet, das Mittel, das einen friedlich und schmerzfrei in den Tod gleiten lässt, könne er nur illegal und für viel Geld beschaffen. Jemand würde es vorbeibringen, aber den müsse man bar bezahlen. Jeder die Hälfte.«

»Und das glauben die Leute?«, fragte Oliver. Es klang nicht sehr einfühlsam, was er selbst zu merken schien. »Na ja. In solchen emotionalen Extremsituationen vielleicht schon«, lenkte er ein.

»Ich glaube, meine Mandantin braucht eine Pause«, meldete sich der Anwalt zu Wort, aber Gorski winkte ab. »Kommt nicht infrage. Jedenfalls«, sie atmete ein, als müsse sie Kraft sammeln, »habe ich ab da wieder bei Rebecca gewohnt und das Haus immer nur kurz verlassen, wenn sie geschlafen hat. Am Donnerstagnachmittag etwas länger, um die Einkäufe für die ganze Woche zu erledigen. Doch dieses Muster hatte sie bald heraus, und an einem dieser Donnerstagnachmittage …« Sie brach ab. Eine

Pause entstand, die Ahmed nach ewig wirkenden Sekunden mit sanfter Stimme unterbrach. »Sie sind nach Hause gekommen und haben sie gefunden?«

Angela Gorski nickte. »In der Badewanne. Sie ist in ihrem eigenen Blut geschwommen. Hat gelächelt.« Sie biss die Zähne so fest zusammen, dass die Kiefermuskeln hervortraten. »Julius Beyer«, fuhr sie nach kurzer Zeit fort, »hat am Ende nicht gelächelt. Ich habe Rebeccas Computer und ihr Handy durchforstet, habe alle Chats und Mailwechsel gelesen. Die mit Nadine, mit Tibor und mit Beyer. Ich habe mir alle seine Videos angesehen und ihn nach einiger Zeit auch kontaktiert, unter falschem Namen natürlich. Er war sehr gerne bereit, mir beim Übergang zu helfen, wie er es nannte. Wir würden es gemeinsam tun, Hand in Hand.« Ihr Blick war hart wie Glas. »Ich bin überzeugt, dass er es war, der sie über diese unsichtbare Grenze gestoßen hat. Hinter der der Tod wie die einzige Möglichkeit aussieht.« Sie sah Fina direkt an, als spräche sie nur mit ihr. »Rebecca hat keinem dieser drei Menschen etwas angetan, trotzdem haben sie sie zerstört. Und ich konnte sie nicht beschützen. Aber …«

Sie redete nicht weiter, trotzdem blickte sie Fina unverwandt in die Augen, als wolle sie ihr eine stumme Botschaft übermitteln. Fina glaubte zu begreifen, was sie meinte. *Aber meine andere Tochter werde ich beschützen.*

Sie dachte an das Mädchen in der Ferrogasse, vor Glasers Wohnung. Das anschließend mit Angela Gorski in den Park gegangen war. Und an die Erzählung von Beyers Nachbarin, die ihn zuletzt am späten Abend in Begleitung eines etwa elfjährigen Kindes gesehen hatte.

Fina würde herausfinden müssen, ob Sabina Arnetz eine Tochter hatte.

Oliver hatte die Vernehmung bereits fortgesetzt. »Sie haben Rebeccas Tod geheim gehalten und sie heimlich begraben, ja? Wie haben Sie das hinbekommen?«

»Mithilfe einiger junger Männer aus Polen, die dringend Geld brauchten und die ich für das Ausheben von zwei Gräben gut bezahlt habe. Ich habe ihnen erklärt, ich möchte dort etwas anbauen.«

»Also haben sie Ihnen nicht bei der Bestattung geholfen? Sie wollen mir nicht weismachen, dass Sie das alleine geschafft haben, oder?«

Wieder wanderte Gorskis Blick zu Fina. »Doch. Sie würden nicht glauben, was man alles schafft, wenn man muss. Ich habe Rebecca aus der Wanne geholt, sie sauber gemacht und sie in eine Decke gewickelt. Ich hatte Zeit ... mich zu verabschieden, bevor alles bereit war.« Sie war ein Stück in sich zusammengesunken, nun straffte sie sich wieder. »Es war auch bei Gott nicht so schwierig, Julius Beyer zu töten. Er hat mich nicht als Bedrohung betrachtet, bloß als eine weitere Kuh, die man melken kann. Habe ich Ihnen schon gesagt, dass er in dem Haus gestorben ist, in dem er Rebecca beraubt hat?«

»Nein.« Fina fühlte sich innen wund, ohne genau zu wissen, warum. »Haben Sie nicht.«

»Es war einer der drei Orte, an denen er sich für die angeblichen Selbstmorde verabredete. Ein verlassenes Haus, in dem man, wie er sagte, die Schäbigkeit des irdischen Daseins besonders deutlich spürte.« Sie schloss die Augen. »Aber das ist Unsinn. Man spürt sie überall.«

Danach wurde Gorski einsilbig. Auf Detailfragen antwortete sie nur noch kurz und stellte mehrfach fest, es wäre jetzt alles gesagt.

»Sie wissen, dass wir Tibor Glaser ebenfalls vernommen haben?« Irgendwann musste Fina es ansprechen. »Er hat uns geschildert, was er in Rebeccas Haus erlebt hat. Und dass Ihre zweite Tochter, Sabina Arnetz, ebenfalls dort anwesend war.«

Gorski nickte müde. »Ja. Wenn Sie darauf hinauswollen, dass

sie vom Tod ihrer Schwester wusste – das stimmt. Ich habe es ihr erzählt, als sie aus den USA zurückgekehrt ist.« Als sie weitersprach, war ein leichtes Zittern in ihrer Stimme. »Ich musste ihr doch sagen, dass ihre Schwester nicht mehr lebt. Aber sie war nicht an den Tötungen beteiligt, sie wusste nicht, was ich vorhabe.«

Oliver hatte wieder mit der nervigen Klopferei begonnen. Kugelschreiber auf Tischplatte. »Schwer zu glauben, wenn man sich vor Augen führt, dass Sabina Arnetz bewusst die Bekanntschaft mit Frau Just gesucht hat. Dass sie sich in Tibor Glasers Agentur hat anstellen lassen, ohne jemals ein Wort über ihr Verwandtschaftsverhältnis zu Rebecca zu verlieren.«

»Das hatte völlig andere Gründe.« Man sah Angela Gorski an, dass die Kraft sie allmählich verließ. »Sie wollte die Quelle des Bösen aus der Nähe betrachten. So hat sie es ausgedrückt. Sie hat nach Wegen gesucht, Nadines Beziehung und Karriere zu zerstören, und dann an diesem Trümmerhaufen zu stehen und Nadine wissen zu lassen, womit sie das verdient hat. Mit der Gelegenheit zu dem Agenturjob hatte sie gar nicht gerechnet, aber dann natürlich zugegriffen.«

»Wie praktisch«, bemerkte Oliver trocken. »Damit hatte sie dann ja auch Zugriff auf Glasers benutzte Kaffeetassen. Und ein paar Haare lassen sich auf dem Büroteppich sicher auch finden.«

»Die Tasse«, sagte Gorski, »habe ich heimlich mitgehen lassen, als ich Sabina einmal aus der Agentur abgeholt habe. Die Haare stammen aus einer Bürste, die Tibor im Haus zurückgelassen hat.« Zum ersten Mal drehte sie sich zu ihrem Anwalt herum. »Ich würde für heute gern Schluss machen. Ich bin erschöpft, habe Kopfschmerzen, und es gibt nichts mehr zu klären.«

Das wunde Gefühl hatte sich in Finas Innerem eingenistet, als würde es bleiben wollen. »Sie wissen, dass wir Ihre Tochter auch vorladen werden?«

»Natürlich. Sagen Sie ihr, sie muss mich nicht schützen. Sabina trifft überhaupt keine Schuld, es wäre furchtbar unfair, wenn sie noch mehr unter meinen Taten zu leiden hätte, als sie es ohnehin tun wird.«

59.

Sie saßen um den Tisch im Besprechungsraum, allen war die Müdigkeit anzusehen. Manfred hatte seinen Krankenstand beendet, allerdings bekam er den Mund fast nicht auf und schluckte regelmäßig Schmerzmittel. Georg und zwei seiner Kolleginnen von der Tatortgruppe waren ebenfalls dazugestoßen, sie hatten mehrere wagenradgroße Pizzen mitgebracht und weigerten sich, sie von Sieghart bezahlen zu lassen. Der schüttelte alle Hände und gratulierte zur guten Arbeit; Feierstimmung kam trotzdem nicht auf.

»Glaubt ihr, was Gorski uns aufgetischt hat?«, fragte Ahmed mit vollem Mund. »Dass sie das alles alleine durchgezogen hat?«

»Das mit der Just ziemlich sicher«, meinte Oliver. »Da wäre jemand Zweiter nur im Weg gewesen. Was Marzik und Beyer angeht – puh. Möglich ist es schon. Und ihre Schilderungen passen zur Spurenlage.«

Fina hatte sich ein Pizzastück mit Anchovis geangelt, die sie liebte. Jetzt lag es unangetastet auf dem Teller vor ihr und wurde langsam kalt, weil sie das Gesicht der Frau nicht aus dem Kopf bekam. Weil der Erfolg sich nicht wie Erfolg anfühlte.

War sie die Einzige gewesen, die Angela Gorskis Angst gefühlt hatte? Nicht um sich selbst, sondern um die zweite Tochter? Die selbst eine Tochter hatte, eine Familie?

Gedankenverloren hatte Fina nun doch die Spitze des Pizzastücks in den Mund geschoben und abgebissen. »Gut ist die«, sagte sie und wartete auf Olivers gehässigen Kommentar. Doch er nickte ihr nur zu.

»Ist Glaser noch in Haft?«, erkundigte sich Georg.

»Wenn ja, kann es sich nur noch um Minuten handeln.« Sieghart pickte die Oliven von seinem Pizzastück und drapierte sie am Tellerrand. »Einer der Richter hat sicher schon grünes Licht zur Enthaftung gegeben.«

»Na bestens.« Georg ließ seinen Blick über das noch bestehende Pizzaangebot gleiten und nahm sich ein Stück mit Pfefferoni. »Ihr sagt Bescheid, wenn ihr noch Spuren ausgewertet haben wollt, zwecks Festigung der Beweislage, ja?«

»Absolut.« Fina wischte sich die Finger an ihrer Serviette ab. »Vor allem den Mord an Lothar Hesselmann müssen wir uns noch einmal genauer ansehen, findet ihr nicht?«

Müde Blicke von allen Seiten. »Das war auch die Gorski, da bin ich ziemlich sicher«, meinte Oliver. »Wo sie doch schon so schön im Schwung war. Aber wahrscheinlich ist das Motiv ein anderes – hat nichts mit der armen, gequälten Tochter zu tun. Sondern hat einen egoistischeren Hintergrund, deshalb gibt sie es nicht zu.«

Fina schüttelte den Kopf. »Glaube ich nicht, es gibt ja auch noch einen anderen großen Unterschied. Hesselmanns Wohnung ist der einzige Tatort, an dem keine Spuren gelegt wurden, die auf Tibor Glaser hinweisen. Niemand hat dort versucht, ihn als Täter verdächtig zu machen.«

Sieghart schluckte seinen letzten Bissen Pizza hinunter. »Da ist was dran. Wir überprüfen die Spuren noch einmal genauer, ja, Matejka?«

»Jederzeit«, sagte Georg kauend. »Aber aufessen würde ich vorher noch gerne. Danach könnt ihr von mir haben, was ihr wollt. Zum Beispiel Tiramisu.«

Sabina Arnetz kam am nächsten Tag ins LKA, auch sie in Begleitung eines Anwalts. Sie war ungeschminkt und blass, ihre Schultern gebeugt. »Ja, ich habe seit ein paar Tagen gewusst, was Mama getan hat.« Während die Augen ihrer Mutter die ganze Zeit über trocken geblieben waren, sonderten die von Arnetz beständig Tränen ab. »Aber ich konnte sie doch nicht verraten! Hätten Sie das getan?« Sie bat Fina um ein Papiertaschentuch, und die reichte ihr die ganze Box.

»Waren Sie in irgendeiner Form an der Planung oder Durchführung der Taten beteiligt?«, fragte sie. »Oder haben Sie Ihrer Mutter Gegenstände zur Verfügung gestellt, mit denen sie falsche Spuren legen konnte? Kaffeetassen, beispielsweise?«

Arnetz schüttelte den Kopf. »Nein. Und ich mache mir riesige Vorwürfe, dass ich das alles nicht verhindern konnte. Der Gedanke, dass meine Mutter ins Gefängnis gehen muss, ist entsetzlich.« Sie unterdrückte ein Schluchzen und putzte sich die Nase. »Meine Familie zerbricht Stück für Stück.«

»Apropos Familie«, hakte Fina ein. »Sie sind verheiratet?«

»Ja.«

»Und haben eine Tochter?«

»Ja.«

»Wie alt ist sie?«

Arnetz griff nach dem nächsten Taschentuch. »Teresa wird im kommenden November zwölf.«

Fina wechselte kurze Blicke mit Ahmed und Oliver, der bereits verstohlen auf die Uhr sah. Für ihn war der Fall gegessen, das hatte er am Vortag schon deutlich gemacht.

»Hätten wir das Grab Ihrer Schwester nicht gefunden«, übernahm Ahmed, »dann würden nach wie vor alle Indizien auf Tibor Glaser weisen. Das hätten Sie hingenommen?«

»Darauf müssen Sie nicht antworten«, ging der Anwalt dazwischen, und Sabina Arnetz zerknüllte das Taschentuch zwischen den Fingern, schweigend. Fina dachte an Glasers Schilderungen der Begegnung mit ihr in Rebeccas Haus. Ihm zufolge war sie dort völlig anders aufgetreten. Siegessicher und ohne jegliche Skrupel, ihn ans Messer zu liefern. Oder besser noch, ihn in den Freitod zu treiben.

»Tibor Glaser hat uns von einer Galgenschlinge erzählt, die jemand an einen Deckenbalken in Rebeccas Küche geknüpft haben soll. Waren Sie das?«

Wieder riet der Anwalt Sabina Arnetz zu schweigen, wieder folgte sie seinem Rat. Erst, als die Sprache auf Lothar Hesselmann kam, wurde sie lebhafter. »Ich kenne ihn nicht. Meine Mutter kennt ihn nicht. Sie hat mit seinem Tod nichts zu tun, das hätte sie mir erzählt. Was das angeht, müssen Sie nach jemand anderem suchen.«

Nach zwei nicht sehr ergiebigen Stunden beendeten sie die Vernehmung. Fina sah Arnetz nach, als sie ging, mit gesenktem Kopf und hängenden Schultern. Oliver hatte sich schon vorher unter einem Vorwand entschuldigt, und nun erhob sich auch Ahmed. »Was hältst du davon, wenn du heute den Nachmittag freinimmst?« Er tätschelte im Vorbeigehen Finas Rücken. »Manfred ist ja wieder da, Papierkram kann er auch mit operiertem Kiefer erledigen.«

»Ich weiß noch nicht.« Sie versuchte, sich den freien Nachmittag vorzustellen; etwas zu finden, das sie gern tun würde. Ihr fiel nichts ein, wenn man von Schlafen absah. Wahrscheinlich würde sie zu Hause sitzen, unkonzentriert eine Serie anschauen und im Kopf trotzdem immer noch den Fall hin- und herwälzen. »Ich überlege es mir.«

Sie trat zum Fenster und sah nach unten. Gerade kam Sabina Arnetz aus dem Haus. Sie blieb kurz stehen, sah sich um und überquerte dann die Straße, wo ein dunkler Volvo parkte. Ein Mann stieg aus – groß, dunkelhaarig und, soweit Fina es erkennen konnte, gut aussehend. Er nahm Arnetz in die Arme, drückte sie an sich.

Nun öffnete sich auch eine der hinteren Autotüren, und ein blondes Mädchen stieg aus. Es stand da und sah zu Fina hinauf. Hastig lösten die beiden Erwachsenen ihre Umarmung; der Mann schirmte das Kind vor Finas Blick ab und schob es in den Wagen zurück. Eine Minute später fuhren sie davon.

Es war dasselbe Mädchen, daran hatte Fina keinen Zweifel. Und sie fragte sich, was es tatsächlich in Beyers Wohnung getan hatte. Wohl kaum eine Katze gesucht. Eher eine gebrauchte Tasse in seiner Küche deponiert.

Fina hoffte, dass es nicht gewusst hatte, zu welchem Zweck. Und dass es das auch nie erfahren würde.

60.

Anfangs hatte Tibor es nicht glauben können, dass sie ihn einfach gehen ließen. Erst als sie ihm seinen persönlichen Besitz inklusive Handy und Schlüssel aushändigten, hatte es sich real angefühlt.

Er war noch nie so kraftlos gewesen. So unfähig, klare Gedanken zu fassen. Alles, was er sich zu tun vorstellen konnte, war nach Hause zu fahren und sich ins Bett zu legen.

Da war er nun, lag auf dem Rücken und starrte an die Decke. Rebecca war wirklich tot. Tibors Anwältin hatte ihm die Umstände kurz umrissen, hatte Angelas Geständnis in dürren Worten für ihn zusammengefasst, das Drama dahinter unter sachlichen Begriffen begraben.

Wenn er die Augen schloss, projizierte seine Fantasie sofort Bilder von der toten Rebecca in der blutigen Badewanne ins Dunkel. Von ihren exhumierten Knochen im Garten.

Also hielt er den Blick fest auf die weiße Decke seines Schlafzimmers gerichtet und ließ es zu, dass das Schuldgefühl ihn packte und würgte. Er hatte niemanden getötet, aber er hatte gewusst, wie labil Rebecca war. Dass sie ihn nicht hatte kontaktieren können, mochte Nadines Hinterlist zuzuschreiben sein – dass er es nie von sich aus versucht hatte, nicht.

Er hatte seinen Teil an der Tragödie zu verantworten, und er wusste nicht, wie er das hinbekommen sollte. Wie gelähmt hier liegen zu bleiben schien ihm am einfachsten.

Nur, dass er irgendwann auf die Toilette musste. Der pinkelnde Tod, dachte er, als er vor der Muschel stand.

Vielleicht würde er sein Original-Hausner-Gemälde an eine wohltätige Organisation spenden. An eine, die psychisch erkrankten Menschen half. Anonym, ohne dafür Lorbeeren einheimsen zu wollen.

Er schleppte sich zurück ins Bett, aber als es draußen dunkel wurde, hielt er es nicht mehr aus. Er würde in die Agentur fahren. Manchmal arbeitete Bernie bis spät in den Abend hinein, und sie mussten besprechen, wie es weitergehen sollte.

Von der Straße aus betrachtet lagen die Büroräume unbeleuchtet da. Wahrscheinlich würde er also Pech haben, aber das war egal. Besser, er schaufelte sich durch eine Tonne ungelesener Post, als sich weiterhin bildlich vorzustellen, wie Rebecca das Rasiermesser ansetzte. Es durch die Haut drückte. Den Schnitt zog.

Nein. Schluss. Mit schnellen Schritten ging er auf das Eingangstor zu und steckte den Schlüssel ins Schloss. Als er im zweiten Stock vor der polierten Tür stand, hörte er von drinnen Geräusche. Dann hatte er möglicherweise doch Glück, und Bernie war noch da.

Er sperrte auf und stand Sabina gegenüber. Ihre Augen waren rot, ihr Haar zu einem nachlässigen Pferdeschwanz gebunden.

Keiner von ihnen sagte ein Wort. Aber Tibor konnte den Hass in ihren Augen lesen, die Trauer und die Enttäuschung. Da war er also wieder. Etwas durchgerüttelt, aber er würde sein Leben weiterleben können. Würde es nicht hinter Gittern verbringen, dabei hatte alles schon so gut ausgesehen.

Erst jetzt sah er, was sie tat: Sie räumte ihren Arbeitsplatz. Packte die persönlichen Dinge aus den Schubladen der Empfangstheke in eine große Stofftasche.

Tibor hatte noch nie eine so surreale Situation erlebt. Als er Sabina das letzte Mal gegenübergestanden hatte, war das in einer Küche gewesen, von deren Decke eine Schlinge gebaumelt hatte. In einem Haus, vor dem im Garten die Überreste einer toten Frau lagen. Sabina hatte ihm vorgeschlagen, sich doch der Einfachheit halber umzubringen, und erst im Nachhinein hatte er begriffen, wie perfekt sich in ihren Augen dann der Kreis geschlossen hätte. Der Verursacher allen Übels tötet sich im selben Haus wie die unglückliche Schwester.

Er war drauf und dran, einfach umzudrehen und wieder zu gehen, als Sabina die Tasche auf den Empfangstisch stellte. »Ich habe heute Nachmittag bei Bernie gekündigt. Mit sofortiger Wirkung.« Ihre Stimme war brüchig wie altes Papier. »Du wirst mich hier also nicht mehr sehen müssen. Und ich dich auch nicht.«

Er nickte, immer noch stumm. Räusperte sich. »Ihr hättet es fast geschafft«, sagte er. »Nur, mich in Rebeccas Haus zu locken war ein Fehler.«

»Ich weiß.« Sabina griff nach der langen Schere, die auf dem Tisch lag. Wog sie in der Hand. Sah Tibor nachdenklich an und legte sie wieder zurück.

»Ich wünschte, ich hätte gewusst, wie es um Rebecca steht.« Es klang dürftig, er hörte es selbst. »Und ich wäre nicht so blind gewesen, was Nadine betrifft.«

Sabina strich über die Tischplatte. »Aber immerhin warst du nicht verliebt in sie.« Es klang verächtlich. »Dieses Foto von euch, im Café Sperl – wusstest du, dass ich das geschossen habe?«

»Du? Äh. Nein.«

»Nadine hat mich darum gebeten, von draußen ein paar Bilder zu machen. Von diesem war sie sehr entzückt, sie wollte es unbedingt über die Social Media verbreiten. *Sieht er nicht wie ein Gewalttäter aus?*, hat sie gesagt.« Sie blickte an Tibor vorbei. »Das hat den Stein ins Rollen gebracht. Nadine hat gewissermaßen selbst die Idee geliefert: Sie als Opfer, du als Täter.«

»Ich ...«

Sie ließ ihn nicht zu Wort kommen. »Wenn du gehört hättest, wie sie über Rebecca gesprochen hat. Mit wie viel Hohn. Wie sie mir lachend erzählt hat, was sie sich für deine früheren Freundinnen überlegt und was sie ihnen angetan hat. Sie hatte so viel Spaß dabei, und währenddessen lag meine Schwester mit aufgeschnittenen Armen unter der Erde.«

Es fiel Tibor immer noch schwer zu glauben, dass er diese sadistische Seite an Nadine nie bemerkt hatte. Gelegentlich hatte ihn ein mulmiges Gefühl beschlichen, aber das hatte er immer schnell wieder beiseitegewischt. Hatte nie tiefer gebohrt. Wahrscheinlich stimmte es, was ihm auch Marielu vorgeworfen hatte: Er interessierte sich hauptsächlich für sich selbst, alle anderen blieben Statisten in seinem Leben.

»Warst du es, die mir geschrieben hat?« Diese eine Sache wollte er noch wissen. »Über Rebeccas Instagram? Hast du mir die Fotos geschickt?«

Sabina nickte. »Ja. Die Fotos aus Panama, von den letzten Tagen, an denen es ihr noch halbwegs gut ging.« Sie nahm ihre Tasche und hängte sie sich über die Schulter. »Ich bin hier fertig, ich gehe jetzt.«

Er trat zur Seite, gab den Weg zur Tür frei. »Eine Frage noch«, sagte er. Sie sah zu ihm hoch, und er war froh, dass sie die Schere am Empfang hatte liegen lassen. »Ja?«

»Marziks Kalender in meiner Küche. Wie ist er dorthin gekommen? Wer war der Handwerker?«

Sie lächelte. »Darüber darfst du dir gerne weiterhin den Kopf zerbrechen. So wie über Beyers Feuerzeug in deiner Jackentasche.« Damit ging sie. Nahm nicht den Aufzug, sondern die Treppen. Tibor blieb an der Tür stehen, bis er ihre Schritte nicht mehr hörte.

FÜGT AUS HARTEN METALLEN DAS ERLÖSENDE HAUPT

Wie froh sie alle sind. Gute Arbeit haben sie geleistet. Die Dinge sind aufgeklärt. Schuld wurde zugewiesen.

Manche Rätsel haben sich nicht erschließen lassen, aber damit können sie alle gut leben.

Nur die kleine Polizistin nicht. Serafina. Der Halbe Salomon lässt ihr keine Ruhe, sie begreift nicht, wie er ins Bild passt. Ich frage mich, ob es ihr den Schlaf raubt. Ob sie nachts wach liegt, dieses eine, letzte Puzzleteil vor Augen, das sich partout nicht nahtlos einfügen lassen will. Ob sie es hin und her dreht. Ob sie schon zu dem Schluss gekommen ist, dass es eigentlich zu einem anderen Puzzle gehört.

Wir werden ihr nicht auf die Sprünge helfen, oder? Was meinst du? Nein, denn sie soll doch weiterleben, es macht viel zu viel Freude, sie zu beobachten.

Sie ist wirklich etwas Besonderes.

Ich würde zu gerne ihre Stickerei von hinten sehen.

ENDE

EIN GANZ GROSSES DANKESCHÖN AN:

Barbara Karlich, österreichische Talkshow-Königin und bekennender Krimi-Fan. Ihr verdanke ich detaillierte Informationen zu den Abläufen während TV-Sendungen, und sie hat extra für mich Nachforschungen in der Nachrichtenredaktion angestellt, damit ich den Teleprompter fachgerecht manipulieren kann. Und ja, USB-Sticks kommen tatsächlich noch zum Einsatz.

Oberstleutnant Dietmar Berger, stellvertretender Leiter des Ermittlungsdienstes am Landeskriminalamt Wien, der mir alle meine Fragen zu Mordermittlung, Mordgruppen und vor allem zum Alltag ermittelnder Beamt:innen beantwortet hat. Dass ich einiges davon im Sinne eines flüssigeren Handlungsablaufs zurechtgebogen habe, geht allein auf meine Kappe – vieles habe ich aber freudig umgesetzt. Zum Beispiel den Fakt, dass nicht alle gesicherten Spuren auch ausgewertet werden, weil jede Auswertung Geld kostet.

Carolin Graehl und Regine Weisbrod, meinen wunderbaren Lektorinnen, für ihre scharfen Augen, ihren scharfen Geist und ihre Gnadenlosigkeit gegenüber Füllwörtern.

Und nicht zuletzt dem Verlag Droemer Knaur und meiner Agentur AVA international für die entspannte und freundschaftliche Zusammenarbeit.

TRIGGERWARNUNG

In diesem Roman werden erwähnt oder dargestellt:

- Körperliche, sexualisierte und seelische Gewalt
- Tod
- Suizid
- Blut
- Mobbing
- Bodyshaming

9